职业院校公共课教材

大学生就业指导教程

赵林平　安晓婷　肖佳鹏　主　编
冯　佳　陈承欢　副主编

电子工业出版社
Publishing House of Electronics Industry
北京·BEIJING

内 容 简 介

本书旨在通过教学活动和实践活动，指导大学生认清就业形势、熟悉就业政策、提高就业竞争意识和依法维权意识；帮助大学生培养职业发展意识、树立正确的就业观念、提高综合素质和就业能力；引导大学生主动思考、积极探讨、乐于实践，使大学生尽快明确职业定位、加快实现角色转变、提高职场适应能力。

全书围绕"就业指导"这一中心任务，形成了从入校到毕业、从课堂到课外、从线上到线下的系统化的就业指导体系，明确了就业指导工作的18项教学任务，并合理构建为9个教学模块。每个教学模块都设置了"分析思考""学习领会""感悟反思""交流探讨""训练提升"5个教学环节，形成颇具特色、能力递进的教学过程，帮助大学生通过案例分析、知识学习、问题思考、话题探讨、主题训练等多样化的教学活动与实践活动，逐步积聚能量、提升素质、适应职场。

本书可作为职业院校各专业的"职业发展与就业指导"课程教材，也可作为相关培训教材和自学参考用书。

未经许可，不得以任何方式复制或抄袭本书之部分或全部内容。
版权所有，侵权必究。

图书在版编目（CIP）数据

大学生就业指导教程 / 赵林平，安晓婷，肖佳鹏主编. —北京：电子工业出版社，2023.8
ISBN 978-7-121-45931-3

Ⅰ. ①大… Ⅱ. ①赵… ②安… ③肖… Ⅲ. ①大学生－职业选择－教材 Ⅳ. ①G647.38

中国国家版本馆 CIP 数据核字（2023）第 123923 号

责任编辑：程超群　　文字编辑：徐云鹏
印　　刷：北京盛通数码印刷有限公司
装　　订：北京盛通数码印刷有限公司
出版发行：电子工业出版社
　　　　　北京市海淀区万寿路 173 信箱　邮编 100036
开　　本：787×1 092　1/16　印张：15　字数：423 千字
版　　次：2023 年 8 月第 1 版
印　　次：2025 年 8 月第 4 次印刷
定　　价：48.00 元

凡所购买电子工业出版社图书有缺损问题，请向购买书店调换。若书店售缺，请与本社发行部联系，联系及邮购电话：(010) 88254888, 88258888。
质量投诉请发邮件至 zlts@phei.com.cn，盗版侵权举报请发邮件至 dbqq@phei.com.cn。
本书咨询联系方式：(010) 88254577，ccq@phei.com.cn。

前　　言

党的二十大报告明确提出:"实施就业优先战略。就业是最基本的民生。强化就业优先政策,健全就业促进机制,促进高质量充分就业。"

就业工作事关人民群众切身利益,事关国家发展大局和社会和谐稳定。有效的就业指导,能够帮助大学生树立正确的择业观,选择较为适合自己身心特点的职业,使用人单位招聘到所需要的劳动者,对国家建设与社会发展及大学生实现自身价值具有积极意义。就业指导能够帮助大学生客观分析主客观条件,理性看待不同工作岗位的利弊得失,教会大学生在市场竞争日益加剧的环境下把握机会,找到一个比较满意的工作岗位,以便能以健康的心态走向社会。

本书的主要特色与创新如下。

(1) 就业指导系统化。

本书不只是就业指导课程的教材,也是就业指导工作的指南,全书形成了从入校到毕业、从课堂到课外、从线上到线下的系统化的就业指导体系。针对大学生的特点和求职择业要求,从职业定位到职业发展、从环境分析到求职技巧、从形势政策到有关法律法规、从自我认知到求职礼仪、从角色转换到环境适应等方面对大学生予以全面系统的指导和帮助,从而培养他们的就业意识,帮助他们树立正确的择业观、就业观。

(2) 教材结构模块化。

围绕"就业指导"这一中心任务,全面调研大学生职业生涯规划、择业、就业、适业过程中的多样性需求,明确就业指导工作的 18 项教学任务——明确职业定位、确立职业目标、转变就业观念、调适就业心态、认清就业形势、把握就业政策、加强就业指导、提升就业能力、精准认知自我、完善个人简历、注重求职礼仪、塑造优雅形象、领悟面试诀窍、巧答面试提问、保障就业权益、办理就业手续、成功转换角色、适应职场环境,并将这 18 项教学任务合理构建为 9 个教学模块,即明确职业定位与确立职业目标、转变就业观念与调适就业心态、认清就业形势与把握就业政策、加强就业指导与提升就业能力、精准认知自我与完善个人简历、注重求职礼仪与塑造优雅形象、领悟面试诀窍与巧答面试提问、保障就业权益与办理就业手续、成功转换角色与适应职场环境。

(3) 教学活动多样化。

由于不同大学生喜欢的教学活动不同,有的喜欢聆听,有的喜欢思考,有的喜欢探讨,有的喜欢动手,本书尽量减少说教式讲授,提供更多的分析、理解、思考、探讨、训练机会。每个教学模块都设置了"分析思考""学习领会""感悟反思""交流探讨""训练提升"5 个教学环节,形成颇具特色、能力递进的教学过程,让每位大学生都能通过案例分析、知识学习、问题思考、话题探讨、主题训练等多样化的教学活动与实践活动,逐步积聚能量、提升素质、适应职场。各个教学环节根据教学实施的实际需要,教学组织形式可以灵活安排,可以为线上学习或线下教学,也可以为课堂教学或课外学习,任课教师可以视具体情况而定。

(4) 指导功能实用化。

通过对当前我国经济发展、就业政策和就业形势的分析探讨,激发大学生关注自身职业发展,使其意识到确立自身发展目标的重要性。

通过教学活动和实践活动的开展,引导大学生树立职业生涯发展的自主意识,树立积极正确的人生观、价值观和就业观，正确处理个人与社会的关系，把个人发展和国家需要、社会发展相结合，把个人自身价值的实现和整个社会的进步与发展结合在一起，愿意为个人的职业生涯发展和社会发展主动付出积极的努力；引导大学生树立自信心，学会收集、管理和使用就业信息，果断做出职业决策并制订个人行动计划；引导大学生正确认识自身的个性特质、兴趣、能力和价值观，清楚自己喜欢的、适合的、能够从事的职业和工作，了解现有的与潜在的资源优势等；引导大学生将自己的优势与劣势进行对比分析，正确评估自己的现状，评估个人目标与现实情况之间的差距，分析自己的需求结构，确定前瞻与实际相结合的职业定位，搜索、发现新的或有潜力的职业机会，形成初步的职业期待。

（5）能力培养全面化。

通过安排结构性的教学活动和实践活动，充分利用课堂教学和课外活动，让大学生通过协作完成指定任务，以使其掌握求职、择业、适业的各种能力，即语言文字表达能力、人际沟通和交往能力、逻辑思维能力、分析判断能力、团队协作能力、解决问题能力、环境适应能力、客户服务能力、组织管理能力、动手能力、创新能力等。注重开展就业指导教学实践活动，使大学生把满足社会人才需求和培养自身就业能力结合起来，全方位提升其综合能力。

本书在编写的过程中，参阅了有关著作、论文和多个网站上的文章，吸收了多方面的研究成果，并引用了许多文献和案例，谨此向各参考文献、案例设计作者表示衷心感谢！

本书由云南交通职业技术学院赵林平、安晓婷、肖佳鹏担任主编，云南交通职业技术学院冯佳、湖南铁道职业技术学院陈承欢担任副主编，湖南铁道职业技术学院王姿、张丽芳参与了部分章节和案例的编写工作。

由于编者水平有限，书中疏漏之处在所难免，敬请专家和读者批评指正。

编　者

目　录

模块 1　明确职业定位与确立职业目标 (1)

　【分析思考】 (1)

　　【案例 1-1】探讨"职业并没有高低贵贱之分" (1)

　　【案例 1-2】探讨"如何将工作做到极致，实现岗位成才" (2)

　　【案例 1-3】探讨"第一份工作决定职场前途" (3)

　【学习领会】 (5)

　　【知识 1-1】区分职业定位、职业目标和职业计划 (5)

　　【知识 1-2】关于职业目标的确立 (6)

　【感悟反思】 (9)

　　【问题 1-1】如何为自己的职业发展定向和定位 (9)

　　【问题 1-2】如何选择适合自己的职业 (10)

　　【问题 1-3】如何选择第一份工作 (11)

　【交流探讨】 (12)

　　【话题 1-1】找工作一定要专业对口吗 (12)

　　【话题 1-2】面对多种选择，你会举棋不定吗 (13)

　【训练提升】 (14)

　　【训练 1-1】调研企业招聘信息与获取岗位需求 (14)

　　【训练 1-2】职业性格测验 (19)

　　【训练 1-3】运用 SWOT 分析法分析个人的优势、劣势、机会和威胁 (23)

　　【训练 1-4】认知自我 (24)

　　【训练 1-5】探析择业方向与目标 (26)

模块 2　转变就业观念与调适就业心态 (29)

　【分析思考】 (29)

　　【案例 2-1】脚踏实地，成功就在你身边 (29)

　　【案例 2-2】调整心态，笑对就业 (30)

　　【案例 2-3】适合你的才是最好的 (30)

　【学习领会】 (31)

　　【知识 2-1】就业观与就业观念 (31)

　　【知识 2-2】就业心理与择业认知心理 (31)

　　【知识 2-3】心理调适 (31)

　【感悟反思】 (32)

　　【问题 2-1】自查与克服大学毕业生就业时的不良心理表现 (32)

　　【问题 2-2】择业时要避免哪些思想观念误区 (32)

　　【问题 2-3】就业时有哪些心理障碍，如何自我调适就业心理 (34)

　【交流探讨】 (40)

　　【话题 2-1】你的求职观念正确吗 (40)

　　【话题 2-2】如何走出就业观念误区，树立正确的就业观 (41)

　　【话题 2-3】如何调整择业心态，走出择业心理误区 (45)

　【训练提升】 (47)

【训练2-1】大学毕业生就业观念与心态调查…………………………………………(47)
　　【训练2-2】探析大学毕业生如何走出求职误区，找到合适的工作……………………(47)
　　【训练2-3】如何调整就业心态，打造就业好心态………………………………………(49)

模块3　认清就业形势与把握就业政策…………………………………………………(53)

【分析思考】……………………………………………………………………………………(53)
　　【案例3-1】如何看待当前和今后一个时期的就业形势…………………………………(53)
　　【案例3-2】促进高校毕业生充分就业的举措……………………………………………(54)

【学习领会】……………………………………………………………………………………(56)
　　【知识3-1】政策性就业岗位与就业计划…………………………………………………(56)
　　【知识3-2】高校毕业生就业的主要优惠政策与措施……………………………………(58)
　　【知识3-3】补偿学费和代偿助学贷款……………………………………………………(62)
　　【知识3-4】大学生应征入伍服义务兵役…………………………………………………(62)
　　【知识3-5】高校毕业生自主创业…………………………………………………………(64)
　　【知识3-6】提供就业服务与获取就业信息………………………………………………(65)

【感悟反思】……………………………………………………………………………………(66)
　　【问题3-1】目前我国高校毕业生就业面临的困难有哪些………………………………(66)
　　【问题3-2】适应新就业形态快速发展，通过新经济实现就业创业……………………(67)

【交流探讨】……………………………………………………………………………………(68)
　　【话题3-1】如何破解大学毕业生找不到工作与企业招不到人之间的矛盾……………(68)
　　【话题3-2】适应就业环境变化，促进大学生市场化社会化就业………………………(70)
　　【话题3-3】解决大学毕业生就业难的问题，要从自身做起……………………………(72)

【训练提升】……………………………………………………………………………………(72)
　　【训练3-1】梳理国家、地方、高校稳就业、促就业的举措……………………………(72)
　　【训练3-2】熟知和运用促进高校毕业生高质量就业的措施……………………………(74)
　　【训练3-3】领会《教育部关于做好20××届全国普通高校毕业生就业创业工作的通知》精神，
　　　　　　　促进高质量就业……………………………………………………………………(74)
　　【训练3-4】对当前就业形势与就业政策的认知调查……………………………………(78)

模块4　加强职业指导与提升就业能力…………………………………………………(79)

【分析思考】……………………………………………………………………………………(79)
　　【案例4-1】扬长避短顺利就业……………………………………………………………(79)
　　【案例4-2】做好就业引导，助力大学毕业生成功迈入职场……………………………(80)
　　【案例4-3】求职新视野：朋辈互助与求职新理念——信任、分享、合作……………(81)

【学习领会】……………………………………………………………………………………(84)
　　【知识4-1】大学生就业指导的作用与意义………………………………………………(84)
　　【知识4-2】大学生就业指导的主要内容…………………………………………………(86)

【感悟反思】……………………………………………………………………………………(87)
　　【问题4-1】应届毕业生在找工作时需要注意哪几点……………………………………(87)
　　【问题4-2】什么样的工作才是好工作……………………………………………………(87)
　　【问题4-3】企业喜欢的大学生特性你有吗………………………………………………(87)

【交流探讨】……………………………………………………………………………………(88)
　　【话题4-1】大学毕业生如何提高就业竞争力……………………………………………(88)
　　【话题4-2】如何拥有一份稳定满意的工作………………………………………………(90)

【话题4-3】正确把握自己，努力提高就业竞争力 …………………………………… (91)
　【训练提升】 ……………………………………………………………………………… (92)
　　【训练4-1】做好求职前的准备 …………………………………………………………… (92)
　　【训练4-2】有效提高解决问题的能力 …………………………………………………… (94)
　　【训练4-3】"五问"自我训练，提高就业适应能力 …………………………………… (95)

模块5　精准认知自我与完善个人简历 …………………………………………………… (97)
　【分析思考】 ……………………………………………………………………………… (97)
　　【案例5-1】一份与众不同的简历赢得了面试机会 ……………………………………… (97)
　　【案例5-2】站在HR人员的角度花大力气准备简历 …………………………………… (97)
　【学习领会】 ……………………………………………………………………………… (99)
　　【知识5-1】简历是什么 …………………………………………………………………… (99)
　　【知识5-2】简历的构成要素与基本内容 ……………………………………………… (100)
　　【知识5-3】制作简历的具体要求 ……………………………………………………… (109)
　　【知识5-4】什么是求职信 ……………………………………………………………… (113)
　　【知识5-5】求职信与简历的区别 ……………………………………………………… (113)
　　【知识5-6】求职信的作用与功能 ……………………………………………………… (114)
　　【知识5-7】求职信的组成与写作要求 ………………………………………………… (114)
　【感悟反思】 ……………………………………………………………………………… (115)
　　【问题5-1】判断简历是否合格 ………………………………………………………… (115)
　　【问题5-2】简历标题怎么写 …………………………………………………………… (117)
　　【问题5-3】判断求职信是否合格 ……………………………………………………… (117)
　【交流探讨】 ……………………………………………………………………………… (118)
　　【话题5-1】优秀求职简历应如何写 …………………………………………………… (118)
　　【话题5-2】在求职信中如何展示最佳"卖点" ……………………………………… (124)
　【训练提升】 ……………………………………………………………………………… (125)
　　【训练5-1】撰写简历中的兴趣爱好 …………………………………………………… (125)
　　【训练5-2】判断求职信是否符合其基本要求 ………………………………………… (127)

模块6　注重求职礼仪与塑造优雅形象 ………………………………………………… (128)
　【分析思考】 ……………………………………………………………………………… (128)
　　【案例6-1】懂礼仪、有修养就是最好的介绍信 ……………………………………… (128)
　　【案例6-2】职场也需要仪式感 ………………………………………………………… (128)
　　【案例6-3】酒店招聘时将视为"生活小节"的行为作为硬性条件 ………………… (129)
　【学习领会】 ……………………………………………………………………………… (130)
　　【知识6-1】仪容、仪态、仪表 ………………………………………………………… (130)
　　【知识6-2】求职礼仪 …………………………………………………………………… (130)
　　【知识6-3】面试礼仪 …………………………………………………………………… (130)
　　【知识6-4】身体语言 …………………………………………………………………… (131)
　　【知识6-5】面试时的姿态礼仪 ………………………………………………………… (131)
　　【知识6-6】面试时语言表达礼仪 ……………………………………………………… (133)
　　【知识6-7】面试交谈技巧 ……………………………………………………………… (133)
　　【知识6-8】面试过程中的礼仪 ………………………………………………………… (134)
　　【知识6-9】面试后的礼仪 ……………………………………………………………… (134)

· VII ·

【感悟反思】…………………………………………………………………………（135）
　　【问题6-1】面试过程中哪些礼仪可以帮你加分…………………………………（135）
　　【问题6-2】面试时应该注意哪些仪容礼仪…………………………………（137）
　　【问题6-3】如何给面试官留下好印象…………………………………（139）
【交流探讨】…………………………………………………………………………（141）
　　【话题6-1】面试从接听电话就开始了…………………………………（141）
　　【话题6-2】大学毕业生面试时着装要得体…………………………………（142）
　　【话题6-3】面试时无声胜有声的形体语言…………………………………（143）
【训练提升】…………………………………………………………………………（148）
　　【训练6-1】接打电话技巧训练…………………………………（148）
　　【训练6-2】面试礼仪训练…………………………………（148）

模块7　领悟面试诀窍与巧答面试提问…………………………………（152）

【分析思考】…………………………………………………………………………（152）
　　【案例7-1】从面试淘汰到顺利进入普凌公司的"逆袭之路"…………………（152）
　　【案例7-2】巧答面试问题，提高面试成功率…………………………………（153）
【学习领会】…………………………………………………………………………（154）
　　【知识7-1】面试分类…………………………………（155）
　　【知识7-2】面试提问的类型…………………………………（156）
　　【知识7-3】笔试过程中的注意事项…………………………………（157）
　　【知识7-4】面试和简历的主要区别…………………………………（157）
【感悟反思】…………………………………………………………………………（158）
　　【问题7-1】面试时如何展现自己的优势…………………………………（158）
　　【问题7-2】回答面试问题有哪些常用技巧…………………………………（158）
　　【问题7-3】面试时应该掌握哪几个诀窍…………………………………（160）
　　【问题7-4】面试时要注意哪些影响面试成功的忌语…………………………（161）
【交流探讨】…………………………………………………………………………（162）
　　【话题7-1】面试前如何做好全方位准备…………………………………（162）
　　【话题7-2】应聘者运用语言有何技巧…………………………………（165）
　　【话题7-3】如何缓解面试紧张情绪…………………………………（166）
【训练提升】…………………………………………………………………………（166）
　　【训练7-1】面试时自我介绍的优劣分析…………………………………（166）
　　【训练7-2】面试过程中有效沟通训练…………………………………（168）
　　【训练7-3】扬长避短地进行自我介绍…………………………………（171）
　　【训练7-4】自我介绍及巧答相关面试问题训练…………………………………（173）
　　【训练7-5】运用面试评分标准评价模拟面试效果…………………………（175）

模块8　保障就业权益与办理就业手续…………………………………（179）

【分析思考】…………………………………………………………………………（179）
　　【案例8-1】加强法治教育，运用法律武器保护合法权益…………………（179）
　　【案例8-2】劳动关系应如何认定…………………………………（181）
　　【案例8-3】劳务关系不等于劳动关系…………………………………（182）
　　【案例8-4】拒签有留白的劳动合同…………………………………（183）
　　【案例8-5】劳动合同未签名、未盖章是有效的吗…………………………（184）

- 【学习领会】 …… (184)
  - 【知识8-1】什么是就业权益 …… (184)
  - 【知识8-2】大学毕业生就业权益的主要内容 …… (184)
  - 【知识8-3】大学毕业生就业权益保护的渠道 …… (186)
  - 【知识8-4】什么是社会保险，我国建立了哪些社会保险制度 …… (187)
  - 【知识8-5】用人单位应该履行哪些社会保险义务，享有哪些社会保险权利 …… (187)
  - 【知识8-6】参加社会保险的个人享有哪些权利 …… (187)
  - 【知识8-7】就业协议 …… (187)
- 【感悟反思】 …… (188)
  - 【问题8-1】高校毕业生违约会带来哪些不良后果 …… (188)
  - 【问题8-2】高校毕业生如何与用人单位订立劳动合同 …… (189)
  - 【问题8-3】高校毕业生如何处理劳动人事纠纷 …… (190)
  - 【问题8-4】就业协议与劳动合同有哪些区别 …… (190)
  - 【问题8-5】劳动合同中的劳动报酬怎么写比较好 …… (191)
- 【交流探讨】 …… (192)
  - 【话题8-1】高校毕业生签订就业协议时应该注意的细节问题 …… (192)
  - 【话题8-2】大学毕业生签订劳动合同的关键环节与注意事项 …… (193)
- 【训练提升】 …… (197)
  - 【训练8-1】节假日加班，工资该怎样计算 …… (197)
  - 【训练8-2】大学生毕业时要办理的手续与要注意的问题 …… (197)

模块9 成功转换角色与适应职场环境 …… (202)

- 【分析思考】 …… (202)
  - 【案例9-1】你不理职，职不理你 …… (202)
  - 【案例9-2】坚持站好最后一班岗 …… (203)
  - 【案例9-3】第一份工作决定职场前途 …… (203)
  - 【案例9-4】谁在职场上没委屈，哪份工作不辛苦 …… (204)
- 【学习领会】 …… (206)
  - 【知识9-1】职业适应 …… (206)
  - 【知识9-2】职业适应性 …… (206)
  - 【知识9-3】职业适应性测评 …… (206)
  - 【知识9-4】职业适应性的分类 …… (206)
  - 【知识9-5】角色与角色转换 …… (206)
  - 【知识9-6】大学生角色与职业角色 …… (207)
  - 【知识9-7】大学毕业生的角色转换 …… (208)
  - 【知识9-8】大学毕业生尽快完成角色转换的途径 …… (209)
- 【感悟反思】 …… (211)
  - 【问题9-1】大学毕业生角色转换过程中容易出现哪些问题 …… (211)
  - 【问题9-2】职场新人融入新环境有哪些妙招 …… (212)
  - 【问题9-3】大学毕业生在角色转换过程中应该培养哪些角色转换意识 …… (213)
  - 【问题9-4】大学毕业生应该如何面对工作中的挫折 …… (214)
- 【交流探讨】 …… (216)
  - 【话题9-1】从大学生角色到职业角色的角色转变内容有哪些 …… (216)

【话题9-2】大学毕业生如何成功"蜕变"……………………………………………(217)
【训练提升】……………………………………………………………………………(218)
　　【训练9-1】熟悉职场新人快速适应职场新岗位和新环境的方法………………(218)
　　【训练9-2】大学毕业生要养成关注职场细节的习惯………………………………(220)
　　【训练9-3】大学毕业生要努力适应职场规则………………………………………(226)

模块1　明确职业定位与确立职业目标

前辈们各有说法，后浪们蜂拥而至。选择看似无限多，自己却觉得条条大路都不怎么通罗马——我的路在哪儿？

在求职择业的过程中，机会应该说对每个人都是均等的，就看你如何把握它。各种招聘人才的信息，每时每刻通过各种渠道在发布、在传递，好比一条河流，信息是一朵朵浪花，你抓住了，就归你所有，你错过了，就无法回头。因此，只要你认准这条信息对你有用，你感兴趣，就必须主动以最快捷的方式向信息发出方做出回应，让对方知道你、了解你，这样对方才有可能看中你。机会往往就是这样被主动者拥有的。

【分析思考】

没有人会甘于平庸，每个人都有追求成功的欲望，然而，大多数人都在迷惘，不知道该怎样才能到达成功的彼岸。

分析以下3个案例，探讨案例中提到的主人公是如何到达成功彼岸的。

【案例1-1】探讨"职业并没有高低贵贱之分"

【案例描述】

虽说焊接行业是一个非常枯燥且非常辛苦的工作，但是来自清华大学的博士能够从事这个行业，这对我们何尝不是一种启发呢？职业并没有高低贵贱之分，每个人要做的就是在自己所选择的行业里充分发挥自己的光和热，将自己的价值发挥到最大，只有这样，社会上各行各业都会迎来新的辉煌。当下，我国正处于实现中华民族伟大复兴的中国梦这一关键时期，只有出现更多的像刘霞这样的人，中华民族伟大复兴的中国梦才能更早地实现。

【案例分析】

认真阅读以下案例，结合文中清华大学博士刘霞的职业选择与岗位成才之路，思考你未来的职业选择。

中国女焊工刘霞逆袭成清华大学博士，攻克顶级技术难题

俗话说得好，"人不可貌相"，对于一个人的职业及身份也是一样的。当提到焊工这一职业时，人们总会产生许多偏见，也并不看好这一职业。如果说一个来自清华大学的博士从事焊工这一职业，或许很多人都不相信，甚至根本不会将这两个名词联系到一起，但确实有一个人颠覆了你的认知，以清华大学博士的身份从事着大多数人并不看好的工作！

被迫选择焊接专业

这个人名叫刘霞，其实她的本意并不是做焊接工作，因为在她看来，这个工作极其简单，并没有什么挑战性，甚至在上大学选择专业时，她还刻意避开了这个专业，但由于分数不理想，她最终被调剂到了这个专业，开启了她的焊接生涯。

在多数人的眼中，这一工作的特点表面上就是"脏乱差"，而且需要一定的体力，因此，从事焊接工作的人一般都是男性，而这个外表文弱的刘女士却进入了这个行业，让人们很是吃惊。

经过四年的本科学习之后，她对焊接工作有了更深刻的认知，同时焊接领域的各种未知技术也深深地吸引着她。工作后，刘霞致力于解决焊接过程中出现的技术问题，经过多年沉淀，她积累了很多经验，同事在工作当中遇到的许多技术难题都能被她轻松解决，她也由此得到了许多人的认可。

新老传承，初遇难题

但事情并不总是一帆风顺的，由于老一代焊接工人的接连退休，年轻一代的工人们面临着巨大的考验与技术难题，而刘霞就是年轻一代工人的代表。新世纪初，在焊接行业面临的众多技术难题中，最艰难的莫过于焊接过程中所需转子的自主研发，这是对年轻一代能否挑起大梁的一次严峻考验！

由于刘霞工作经验丰富，是年轻一代的佼佼者，她自然而然地成为这项工程的主要负责人。那时，焊接领域的转子技术几近被国外垄断，国内根本没有这方面的专家，可以说刘霞等人是摸着黑往前走。刘霞以往事业上的一帆风顺，让她产生了一丝骄傲情绪，导致她对技术选择的判断出现错误，第一次研究尝试以失败告终。经历过这次失败之后，她重整旗鼓，再次出发，不断完善项目方案。

成功破解转子自主研发问题

为保障安全，在进行焊接工作时必须穿上帆布工作衣，到了夏天，工人们必须忍受超过40℃的高温，整个焊接过程异常艰难，而刘霞带领的团队就是在这种环境下展开研发工作的。在"内忧外困"之下，她的团队在历经七十余次失败之后，成功解决了焊接工程中的"低压异种钢转子"技术难题，为焊接行业做出了巨大贡献。

解决了这个核心问题之后，她的团队乘胜追击，不断努力，这才使得该技术于2008年真正投入生产过程中，这也意味着在这个领域中，我国不再受制于人，将核心技术牢牢掌握在自己手中。

再遇难题

没过一年，国内焊接行业又面临一个重大难题，那就是"华龙一号百万核电汽轮机低压转子"的技术研发，由于此次所要研发的转子无论是尺寸上还是重量上都要求更高，难度自然更大。但该团队并没有因为眼前的挑战变得更加艰巨而产生丝毫畏惧，因为失败对他们而言早已是"家常便饭"，她们也正是在一次次失败中总结经验、不断成长的。整个团队戮力同心，在不到一年的时间里，就攻克了这一难题，同时，极大促进了这项技术的商业化应用进程。

获得高度评价，德国专家"登门造访"

由于技术难度较大，这项技术得到了高度评价，被国内知名专家赞美为"世界领先"。这项技术甚至还吸引了一些德国专家的来访，德国专家的"登门请教"也从侧面表明我国的这项技术在世界上已经居于领先地位，这一切都得益于刘霞所带领团队的不懈努力和勇于创新的精神。

不满现状，进一步深造

成功的人都有一个特质，那就是在取得阶段性成就之后，并不会满足于现状，而是继续向着自己的梦想不断奋进。刘霞也不例外，她没有沉浸于这项技术的成功之中，而是刻苦钻研焊接领域的其他技术难题，不断增强自己的学习能力，前往清华大学读博，进一步深造。她的成功之旅诠释了平凡的岗位也能造就不平凡的人生。

传授技术，培养新人

多年来，她都坚守在工作的第一线，兢兢业业地工作，刻苦钻研技术难题。她深知，好的技术一定要传承下去，只有这样，一个行业才能永远兴旺。因此，她不断学习，在增强自身本领的同时，不忘将自己手中的技术传给下一代人，为祖国培养新一代焊接领域的优秀人才。每当有人向她请教时，她都会毫无保留地将技术传授给后来者，耐心细致地为后辈讲解，她乐于奉献的品质得到了大家的一致认可，许多后辈都亲切地称她为"师姐"。

【案例1-2】探讨"如何将工作做到极致，实现岗位成才"

【案例描述】

精益求精，是宁允展对技艺的不懈追求，刻苦钻研、无私奉献的宁允展是我们最敬佩的"宁师傅"。二十多年来，宁允展一心一意搞技术，攻克了诸多技术难关。他是国内第一位从事高铁列车转向架"定位臂"研磨的工人，并把高铁转向架研磨做到了极致。

【案例分析】

　　认真阅读以下案例，结合文中"高铁工匠"宁允展的优秀事迹，探讨在日常学习工作中如何践行精益求精的工匠精神，如何将工作做到极致，实现岗位成才。

"高铁工匠"宁允展：毫厘之间见"匠心"

　　"工匠嘛，就要凭实力干活，想办法把活干好。"这是中车四方股份公司动车组钳工高级技师宁允展常挂在嘴边的话。

　　宁允展是国内从事高铁列车转向架"定位臂"研磨的第一人，其精度小到0.05毫米，比头发丝还细；创造了十几年无次品纪录，他和团队研磨的产品，装上了800多列高速动车组，奔驰10亿多千米，相当于绕地球2.5万多圈。

　　"定位臂"对于大部分人来讲很陌生。宁允展说，"如果把高铁列车比作一位长跑运动员，转向架就是它的'腿'，而'定位臂'作为转向架上构架与车轮之间的接触部位，相当于人的'脚踝'。"

　　高速动车组运行时速在200千米以上时，"定位臂"的接触面要承受相当于二三十吨的冲击力，按要求，必须确保"定位臂"和车轮对节点有75%以上的接触面间隙小于0.05毫米，否则可能影响行车安全。"定位臂"的接触面不足10平方厘米，手工研磨是保证接触面间隙精准的唯一可行方法。

　　困难就在于，经过机器粗加工后，"定位臂"上留给人工研磨的空间只有0.05毫米左右。磨少了，精度不达标，磨多了，动辄十几万元的构架就会报废。磨多磨少都是个难题，"定位臂"成了困扰转向架制造的难题。

　　宁允展主动请缨，挑战这项难度极高的研磨技术。"是党员，就该带头去攻克难题。"宁允展说。接下了任务，他就跟着了魔似的，一个星期没怎么休息。也就是在这一个星期，他便掌握了熟练工人需用数月才能掌握的技术，成为中国高铁转向架"定位臂"研磨的第一人，被同事们称为"鼻祖"。

　　能取得这么快的突破，与宁允展的基本功扎实不无关系。"工匠嘛，手上要有'绝活'，不练怎么行？"宁允展说。除了在公司勤学苦练，他还有一处公开的秘密基地——他在家里专设的"小车间"，30多平方米的小院子里，家用机床、电焊机、打磨机……摆满了各式各样的工具。这些东西都是他在网上或五金市场上自费买的，目的就是练手艺。

　　转向架检修加工部位容易损伤，且修复难度大、成本高，这一直是行业内公认的难题。宁允展决定将自己的研磨技术和焊接手法结合，看看能否发生"化学反应"——修复精度最高可达到0.01毫米，能够有效还原加工部位，这就是他独立发明的"精加工表面缺陷焊修方法"。此后，宁允展又发明了动车组排风消音器、动车攻丝引头工装、动车定位臂螺纹引头定位工装等，这些发明每年能为该公司节约创效近300万元。

　　有了绝活，他也不藏着掖着，宁允展将自己的经验无私地传授给同事。"让他们少走点弯路，同时力所能及地给高铁事业培养一些人才。"如今，他的徒弟都是冲在生产一线的技术骨干。

　　有时候，同事、妻子觉得他工作起来有些偏执，有些疯狂，但就是这样对技术精益求精、一丝不苟，才成就了他在高铁研磨技术方面"一把手"的地位，才能保证疾驰的高铁列车的安全。

【案例1-3】探讨"第一份工作决定职场前途"

【案例描述】

　　根据职业方向选择一个适合自己的职业并实现自我价值，是每个大学生的愿望，也是实现自我的基础，但迈出这一步要相当慎重。就人生第一个职业而言，它往往不仅是一份单纯的工作，更重要的是它会初步使你了解职业、认识社会，从一定意义上来说，它是你的职业启蒙老师。

老师、家长和职场前辈都不厌其烦地告诉我们，先就业再择业，别挑剔第一份工作，因为它只是一个跳板，积累了一定的经验，你就可以往高处跳。但如果我们一开始做舒适的工作，就会像杜娟那样，再也不愿尝试艰辛的工作，自然也就失去了往高处跳的机会；如果一开始做那种烦琐、艰辛的工作，像齐茉那样，以后的每份工作则可以轻松胜任。

初入职场，对一切都不甚了解，但有一种初生牛犊不怕虎的精神，一定会想方设法做好第一份工作，而这个过程会成为一种惯性，你习惯了舒适，就不想再艰辛，你习惯了艰辛，就不怕艰辛。而所有的好工作，都不会很舒适。

所以，我们的第一份工作一定要挑剔再挑剔，剔掉那些轻松、舒适、没发展的，挑烦琐、艰辛、压力山大、有挑战的，只有这样的工作，才是通往成功的"阶梯"。

人生成功的秘密在于机会来临时，你已经准备好了！机遇对于任何人来说都是平等的，千万别在机遇面前说抱歉。

【案例分析】

认真阅读以下案例，思考以下问题：

（1）如果你选择第一份工作，你是倾向杜娟的做法还是齐茉的做法，你认为谁的胜算大一些？

（2）你选择第一份工作时，如果摆在你面前有两份工作：一份是烦琐、艰辛的工作，另一份是舒适、轻松的工作，你会如何选择？

杜娟与齐茉的第一份工作

杜娟大学毕业后，在一家大公司找到一份文员的工作，虽然该工作没有多少含金量，工资也不高，好在舒适又体面，也不用承受多大压力。

初入职场，有很多东西要学，杜娟也算勤勤恳恳，可是一年以后，一切都熟悉了，就觉得工作跟玩似的，无非就是做做表格，复印一些文件，帮经理跑跑腿，无聊又无趣，根本没有任何上升空间。

眼看着同时入职的新人一个个升了职、加了薪，或者变成部门骨干，可杜娟还是拿着当初的薪水，还是一个无关紧要的角色。很多次，她想要调岗，去做物流，或者跑销售，但一打听，这些工作都挺烦、挺累，加班是常态，更别想有时间坐在办公室里聊天。放弃目前舒适的工作去受罪，实在不甘心，于是，她只能一边羡慕别人一边纠结。

杜娟在文员的岗位上一干就是三年，后来部门大换血，新领导带来了新文员，迫于无奈，她只得接受人事部的调岗决定。好在，有几个岗位可以选择，她选择做计划员，这份工作虽然不及文员轻松，但含金量颇高，很受公司重视，而且工资也高出很多。

刚开始，杜娟觉得自己因祸得福，一次人事变动，让自己有了更好的工作，可是好景不长，她开始叫苦不迭。这份工作要求她了解公司产品，随时跑生产现场，及时与各个部门协调，还有大量数据需要录入，忙得她焦头烂额，别想坐下来聊天休息，连喝口水的时间都没有，就连周末，也是电话不断，都是急需处理的棘手问题。

两个月下来，杜娟人瘦了一圈，觉得自己像天天都被放在火上烤，想想觉得真不划算，还不如做文员呢，于是打了辞职报告，重新到另一家公司找了一份文员的工作。虽然偶尔也会羡慕别人拿高薪，嫉妒别人升职，但她再也不敢轻易换工作了。

和杜娟比起来，齐茉的运气似乎要差一些，大学毕业后，一直找不到合适的工作，最后，不得不在一家小公司做销售。作为一个无经验、无背景的新人，最初的艰辛可想而知。她每天天不亮就起床，一边吃早餐一边在脑海里演练和客户见面的情景，坐公交车还在翻看客户资料，打电话说到嗓子哑，感冒了还得出差。

如此辛苦，头几个月也没多少业绩，还经常被其他同事抢单，齐茱觉得特别委屈，无数次萌生辞职的念头，但转念一想，连个普通的销售员都做不好，还能做什么呢？天底下哪有轻松的工作？

无路可退，只得咬牙坚持。慢慢地，她积累了不少客户，也适应了职场上的激烈竞争，不再觉得苦和累，并凭着骄人的业绩，做了部门主管。

后来，齐茱不想过这种无规律的生活，于是主动申请调岗，到人事部做个小职员。虽然新工作需要从头学习，但比起做销售的艰辛，这点困难根本不算什么，她不但很快胜任，还一路坐到了经理的位置。

【学习领会】

使用思维导图、优化排序等方法梳理、理解各个知识点。

【知识 1-1】区分职业定位、职业目标和职业计划

职业规划看似在空想未来，其实有很多决策都是有理有据的，而我们学习职业规划的目的，就是要把自己职业方向和未来的规划，做得更加有理有据。

职业规划是对职业生涯进行持续的、系统的、计划的过程，它包括职业定位（职业方向）、职业目标和职业计划三个要素。

1. 职业定位

职业定位就是确定职业方向，包括具体职业类型、细分行业、所在城市等，简单来说，就是确定自己要做什么事情。帮助我们确定自己未来要从事工作的行业、城市，以及具体的工作类型，也就是确定我们的职业方向，这一点是至关重要的。

我们的职业定位和时代机遇息息相关。我们每个人都只是这个时代的小小影响者，用自己的努力推动时代，同时又被整个时代的洪流裹挟着前进，所以想要获得好的职业发展机遇，就必须学会顺势而为。选择一个未来有较大发展机会的行业，然后从中选择适合自己的岗位。

2. 职业目标

做好职业定位（选择职业方向）后，就要考虑职业目标的设定。

职业目标就是给我们自己的职业设定一个目标，有利于帮助我们在职业发展的道路上不断努力和进步，朝着实现目标的方向发展。我们可以在招聘网站上，寻找对应行业的管理岗位其未来的发展路径，比如，三年经验——主管；五年经验——经理；十年经验——总监。从而按照这个晋升速度，为自己的职业发展设定合理的目标。

某大学有一个关于目标对人生影响的跟踪调查。对象是一群智力、学历、环境等条件都差不多的年轻人，调查后发现：27%的人没有目标；60%的人目标模糊；10%的人有清晰但比较短期的目标；3%的人有清晰且长期的目标，并能把目标写下来，经常对照检查。

这个调查可以说明：目标与人生的成败有至关重要的关联。你是不是经常因为无所适从而感到忧心忡忡？没有目标的人就像行驶的帆船迷失方向，不知道终点在哪里。而一旦有了目标，你的精神就有了支撑，不管有多大困难，都会坚持下去。

那么我们如何知道自己的职业目标是什么呢？

首先，确定职业价值观。其次，确定的职业价值观遵循 SMART 原则，即目标的明确性（Specific）、目标的可衡量性（Measurable）、目标的可实现性（Attainable）、目标的相关性（Relevant）、目标的时限性（Time-based）。在合理的范畴，设定一个合理的、明确的、具体的目标。最后，学

会"以终为始"（从结果出发）的目标管理，想一想20年后的自己是什么样子。

3. 职业计划

设立好职业目标、找到了职业方向，接下来应考虑怎样实现这个目标。

职业计划（通道设计），简言之，就是你怎样去实现这个目标，要经历哪些过程、学习哪些东西等。就是将职业目标进行拆分，并整理出合适的实现步骤，从而帮助我们更合理地实现自己的职业目标。

毕竟职业规划并不是一件简单的事情，其中包含很多未知因素，所以我们必须制订可实施的计划。在你刚入行—基础技能学习—技能和岗位晋升—资源积累—职业的再次晋升等一步步的目标实现中，需要有系统的规划。

所以，我们首先要把职业发展分成阶段。例如：第一阶段（1年内），通过学习和实习，进入目标行业和岗位；第二阶段（1~2年），积累经验、学习专业知识、提升竞争力；第三阶段（3~5年），通过项目成果获得岗位的晋升，开始接触管理；第四阶段（5~8年），升职并负责更大的项目和业务，为团队负责……把每个阶段需要的时间和具体需要实现的目标设定下来，从而为后续的计划铺路。基于这样的拆解，我们可以对每个阶段的目标都进行规划。接下来我们就可以制订季度计划和月度计划，基本上就能达到可执行的层面，合理又清晰。

了解这几点之后，我们就可以开始逐个击破，建立自己的职业规划：

（1）根据自己的天赋、性格、兴趣等，确定自己的内在优势，了解这些优势可以用在什么样的工作中。

（2）根据详尽的数据分析报告并结合招聘网站和自己的意愿，了解行业的发展状况、从业者的收入和职业发展空间，从而确定自己想要从事的具体行业和细分岗位，即有明确的、可行的职业定位。

（3）合理设定自己的职业目标，并通过有效拆解目标，制订可行的计划，以便实现目标。

【知识1-2】关于职业目标的确立

事业的成功是由无数个大大小小的目标组成的，上一个目标是下一个目标的基础，下一个目标是上一个目标的延续。

1. 如何理解目标

目标指的是在一定时期内，人生可以实现的事情。目标有三大作用：第一个作用是作为克服困难、继续努力学习的精神支柱；第二个作用是作为航标，引领自己的行动方向；第三个作用是发挥领导力，成为带动周围人共同前行的标杆。

如果我们把大目标的实现看作无数小目标实现后的集合体，就可以把目标大致分为两种：短时期内，我们可以实现的目标叫作小目标；需要花费较长职业生涯达成的目标叫作大目标。小目标能随着不断积累，逐渐变成大目标；也能在积累的过程中设定新目标。

2. 主动目标和被动目标

回顾孩童时代，你是否有过这样的经历：
- 天生喜欢绘画，倾注了极大的热情，始终如一坚持这一目标；
- 在父母的建议下参加绘画培训，不断设定目标并努力；
- 在父母的安排下为考出好成绩而参加补习班。

随着时间的流逝，这3种行为会呈现两种走向：主动目标和被动目标。

第一种是天生喜欢，不忘初心，方得始终，从小就设定绘画这一职业目标，这就是主动目标。

第二种是从小学习绘画并坚持长期练习后，这一活动已经变成孩子的习惯，希望有一天能成为画家，这也是主动目标。

第三种是考试结束后，考试合格的目标随之消失，可能会变得讨厌或放弃学习。通过考试，这就是被动目标。

主动目标是自己真心实意主动设定的，被动目标是自己屈从于外在压力而不得不设定的，并非出自内心本意。

人们在孩提时代，无论通过什么方式，只有凭借自己的意愿而设定的在一定时期内可以实现的主动目标，才是真正属于人生最初的目标。职场上，道理与此相通，有的人为了自己喜欢的工作废寝忘食、乐此不疲，孜孜不倦沿着主动目标持续努力，逐步成为专家型人才。

3．小目标是怎样变成大目标的

大多数人，先是专心致志地完成眼前的工作，从中把握每次机会，做到一定程度，在积累小目标的过程中，才找到自己的大目标。少数人，从一开始就有宏大的人生目标，通过小目标的不断累积，使大目标更为具体化、可视化。

无论是哪种情况，只有不断朝着小目标努力，完成一个个小目标，才有可能实现大目标。

4．目标循环实现的环节

目标循环实现的环节如下。

（1）为实现目标采取的行动。

我们一旦有目标，下一步就是采取实际行动，促成其实现。例如，为参加学校运动会而练习跑步；为考上理想的大学而努力学习；为完成工作任务而废寝忘食地工作等。

需要避免的是，忘却了目标，失去了思考、判断、反思、总结的能力，工作被习惯和流程左右，变成了机械式流水线模式。不经意间才发现，只有年龄在增长，综合价值并没有获得真正提升。

在采取行动时，要有意识地经常返回原点，审视自己，努力保持高昂的斗志。

（2）行动的结果。

行动取得结果后，意味着实现目标的动力达到了高峰，此时，会出现以下3种情况。

①自身在提升的感觉有所弱化，甚至完全感觉不到了。

我们在为某一目标而努力工作的过程中，会出现一个瓶颈期，当初实现小目标带来的新鲜感、成就感逐渐弱化，思想上产生已经拼尽全力的感觉，产生懈怠情绪，使得实现目标的动力也随之消失。在这种情况下，为实现目标要拿出十二分的精力去努力，要有一鼓作气的勇气。

②目标动力本身不被本人的意志力左右，而是自行终止。

在这种情况下，行动对象的终止与本人的意向无关，例如，所在公司倒闭、部门被撤、企业重组、工作换人接手等。有时候本人的动力还没有达到极限，但面临无法继续实现目标的现实，因此，动力慢慢降低，最终在某一时机迎来了终点。

③出现了其他目标。

在这种情况下，我们在朝着现在的目标行动的过程中，会遇见各种各样的人，具有更多的能力，视野变得宽阔，最终使自身具有更多可能性，从而产生其他目标。有可能出现和现在完全无关的目标，或者作为现有目标的延伸，出现了更有利于他人和社会的目标。

（3）客观看待目标结果。

当积累了一定的行动经验，并出现不同类型的行动结果时，需要具体分析、客观看待。客观看待目标结果的环节是指从只顾眼前、只着眼于自己做的事情、盲目跟随别人设定好的目标行动的状态，转变为理解自身所处的位置、看透全局的架构，这就需要清晰地判断自己处于哪一位置，认识自己目前行动的意义和状态。

为了在一定距离下客观审视自己，可以采用比较法，把自己的行动和所处状况与其他事物进行比较。如果要跳槽，则首先把自己和职场相同专业领域的人放在一起，进行对比分析，思考自己的实力如何、强项和弱项是什么；其次依据自己在公司或社会中的地位、与他人的关系、文化价值体系的特征、自己的强项和弱项，客观地评价自己，找到自己下一步行动的目标。

（4）自问自答。

除了客观看待目标结果，我们还要进行独立思考，真实面对自己的内心。反思一直以来的职业目标活动，盘点各种需求、愿望，总结真正需要做的、想做的到底是什么。在具体方法上，可以写工作总结，进行自问自答，打破砂锅问到底，探究自己到底想要怎样的目标。

（5）设定新目标。

自己设定新目标，包括主动跳槽和主动获取公司内部的调动机会，以及独立创业。

设定新目标的步骤如下：

- 通过自问自答充分思考，做好准备，善于抓住机会。要避免因准备工作的不足而导致机会流失。
- 与各种各样的人建立人脉关系。
- 对公司内外信息保持敏感，积极争取机会。
- 拥有他人（其他公司）用得上的、明显的强项（竞争力）。
- 当机会到来的时候，果断采取行动。

5. 职业目标的发展方向

多数情况下，目标是沿着两个方向发展的：随着自律性的提高而发展；随着社会性的提高而发展。

（1）随着自律性的提高而发展。

所谓自律，指自我约束，自己决定自己的目标前进方向。在自律性之轴上发展目标，意味着扩大自己可以做决定、做选择的主动目标的范围。

在开始阶段，人们选择一个环境，例如进入一家公司，根据公司的规则、制度进行职业活动，同时积极开发自身能力。当达到一定专业深度，获得一定程度的自由度后，自律性目标由模糊变得清晰，就开始做自己想做的事情，自己创业，承担设定目标的全部责任，在未知的环境中砥砺前行。

还有的人，找一些能够成为行动模范的人，例如所在公司的前辈、行业内的成功人士，以他们的做法为参照，也能最终做出自己的决定。

（2）随着社会性的提高而发展。

目标的社会性是指以自己为起点，不断扩大自己所担负的责任范围。社会性之轴的发展过程，经历了从利己的以自我为中心，到利他的以他人为中心的目标变化。

从程度和范围上看，社会性的扩大可以分为以下4个维度。

①为自己。

当我们结束学生生涯、进入公司就职时，通过融入公司、学习并掌握工作方法，来给自己充电、提升综合能力。当然，有人会以为社会做贡献这个大目标而工作，但大多数情况下都是从融入社会开始的。

②为自己周围的人。

当我们在职场上锻炼出一定能力后，也就是在公司里能够独当一面后，自己能够影响的范围就扩大了。在这一阶段，我们只是在公司这个平台的影响力之下，扩大了职业目标的影响范围。

这一阶段的目标特点是以他人赋予的规则为基础，还处于费尽心力思考怎么完成公司任务的阶段，设定的目标大多还是满足公司发展、满足个人及家庭生活与发展，实质上，这些目标都与自己具有直接利益关系。

③为整个行业。

很多人在实力增强、拥有自信后，设定目标时不仅考虑所在公司利益，还会对所在行业领域进行思考。这是因为当人们长期身处这样的场合时，自身使命感会越来越强，于是越来越想做更有意义的事情。

一个人，到了被赋予一定权力，个人能力和人际关系都比较雄厚的阶段，个人影响力就会有极大的飞跃。我们在生活中能见到很多创业者，多数在比较年轻的时候就达到了这一目标认知程度。

④为全社会。

大多数公司职员，都是在前文所说的关心公司和整个行业的过程中，实现了自己的职责目标，直到退休。其实，作为公司中的一员，能够完成自己的责任，为社会做出贡献，是非常了不起的。在多重目标相互重叠的情况下，很多人不仅会追求行业目标、实现个人目标，还会思考能为社会做出怎样的贡献，并为此孜孜不倦地付诸行动。

老子曰："修之身，其德乃真；修之家，其德乃余；修之乡，其德乃长；修之邦，其德乃丰；修之天下，其德乃普。"以自律性和社会性为职业目标发展的横竖两轴，目标可以分为"他人决定的为自己而存在的目标""他人决定的为大家而存在的目标""自己决定的为自己而存在的目标""自己决定的为大家而存在的目标"4种类型。贯穿我们的职场生涯，人的目标价值在不断探索的过程中，每个人处于不同阶段，从而呈现千姿百态的生活态度，其背后引领性因素就在于我们选择的是怎样的目标。

《礼记·中庸》："凡事豫则立，不豫则废。言前定，则不跆；事前定，则不困；行前定，则不疚；道前定，则不穷。"这里的"豫"是预先的意思，讲的是不论做什么事，事先做好准备，就容易成功；说话之前先准备好，就不会理屈词穷站不住脚；做事之前先有准备，就不会陷入困境；行事之前做好计划先有定夺，就不会发生错误和后悔的事；道路预先选定好，就不会走投无路。

目标的循环实现包括以下5个环节：为实现目标采取的行动、行动的结果、客观看待、自问自答、设定新目标，这5个环节不断循环且呈螺旋式发展；目标的维度从为自己、为周围的人、为行业，直到为整个社会的人，层层递进、逐步深入。职场生涯中的成功，往往眷顾那些有计划、有准备、有目标的人。让我们遵循这些方法，制订一个清晰的计划，为实现心中的目标，努力前进吧。

【感悟反思】

【问题1-1】如何为自己的职业发展定向和定位

【问题思考】

认真阅读以下【方法指导】中的内容，然后思考以下问题。

（1）你是否赞成"规划职业生涯，就是一个为自己职业发展定向和定位的过程"的说法。

（2）你是否赞成"规划职业生涯要先定向再定位，最后进行评估和调整"的说法。

（3）你是否赞成"任何职业生涯规划都不是一劳永逸的，需要根据检查和评估结果，进行修正和适当调整"的说法。

（4）你是否赞成"规划的职业生涯目标不能太简单，也不能目标太大或太空，只有结合自身特征和社会环境设定的目标，才会对职业发展起到更好的作用"的说法。

【方法指导】

规划好自己的职业生涯，就是为自己的人生找到一个可以追求的目标，在心里描绘出一片属于自己的蓝天，就会知道该往哪里去努力，而不是漫无目的地横冲直撞，或者犹豫不决没有方向。

为自己规划一个既符合自身情况和条件，又满足社会需求的职业生涯，并不是一件容易的事。

规划好职业生涯，需要以敏锐的洞察力为基础，认清自我、认清环境、客观评价，把自己的美好愿望变成努力奋斗的目标。

职业规划就是根据自己的现状，确定既符合自己能力特点，又符合社会需求的职业。在规划职业生涯的时候，只有认清自我和社会环境，才能找准职业定位。

看清楚我是谁？需要从自己的职业兴趣、性格特点、能力倾向和自身所学的专业知识技能等方面进行自我评估。浓厚的兴趣是人追求成功的动力，性格特点决定自己适合什么样的岗位，能力倾向和知识技能是职业发展取得进步的保证，通过评估找到自己的兴趣爱好、专业能力和突出优势，明确自己能做什么、会做什么、想做什么。

每个人都要在社会中生存，在做好职业生涯规划的同时，还要对社会环境和自身环境因素进行评估。首先要考虑社会对职业的需求，然后考虑自身环境因素对职业发展的影响。这需要通过大量数据对社会经济形势和就业趋势进行深入研究，同时融入自身地域关系和人脉关系，做出综合分析和判断。

规划职业生涯，就是一个为自己职业发展定向和定位的过程。需要根据自己的兴趣爱好、职业特征和专业能力，明确职业发展方向和职业目标，要先定向再定位，最后进行评估和调整。

1. 定向

根据自己的兴趣爱好和专业能力寻找方向。分别列出自己的职业兴趣和职业技能，从中找到职业兴趣与专业能力的重合点，把互相产生交集的部分当作自己的职业发展方向。定向的范围不宜过于狭窄，可以宽泛一些，同时还要考虑社会需求。

2. 定位

有了职业发展方向，接下来要做的就是明确职业目标。方向可以是宏观的，目标需要缩小范围。比如，确定了自己的职业发展方向是法律，就要对法律方向进行详细分类，其中包括律师、司法人员、法律研究人员等，需要根据自己的分析和判断进行选择。

3. 评估和调整

在规划职业生涯的过程中，无论自身还是社会环境都在随着时间的推移而变化，并且很多事情都是无法预料的，需要在实施的过程中不断评估和调整。

正确的评估可以检查职业生涯的规划是否恰当，检查实现目标的可能性，还可以确定将自己的能力放在哪些重要的地方。结合自身的个性特征和社会环境变化，经常对职业生涯规划进行评估，有利于及时发现自身特点与实现目标的匹配度是否存在变化。

任何职业生涯规划都不是一劳永逸的，需要根据检查和评估结果，进行修正和适当调整，使之更加符合自身职业特征和社会需求。修正目标的重点是细节和具体策略，细节会影响职业目标的实现，具体策略会将修正的结果落实到实际行动中，确保取得成功。

规划的职业生涯目标不能太简单，也不能太大或太空，只有结合自身特征和社会环境设定的目标才会对职业发展起到更好的作用。规划好职业生涯可以更好地了解自己，了解社会的需要和发展，更好地挖掘自己的潜能，增强自己的实力，为职业梦想而努力，才会事半功倍。

【问题1-2】如何选择适合自己的职业

【问题思考】

认真阅读以下【方法指导】中的内容，了解职业发展五要素，然后思考以下5个问题，初步判断哪种职业适合自己。

问题1：你喜欢什么工作？对于喜欢的工作，你愿意持续投入精力吗？

问题2：你喜欢的工作能让你发挥优势，越干越好吗？

问题3：你喜欢的工作，你认为值得干吗？

问题 4：你喜欢的工作所在的行业未来 5 年会越来越好吗？在行业中你是稀缺的吗？

问题 5：如果你当前喜欢的工作对应的工种消失了，那么你有能力和资源应对变化吗？你为自己抗风险的能力打几分？

当你弄清楚这 5 个问题后，想必你一定会对自己想要做的工作、想要应聘的岗位有一个清晰的认知，并投身到适合自己的岗位中去。

【方法指导】

在求职的过程中，很多人都会有一种沮丧感，这种沮丧感主要来自相互冲突的欲望：我既想 A，又想 B，还想 C。那么，如何判断哪种职业适合自己呢？可以从职业发展的五要素，即喜欢干、擅长干、值得干、发展趋势和抗风险进行分析和判断。

1. 喜欢干

喜欢干，就是指喜欢做什么，在做事情的时候能沉浸其中，是真正发自内心且享受的事情，且不计较地投入。你提前很久就期待的事情是什么？

2. 擅长干

擅长干，就是指你的能力。你所擅长的通常是那些通过你的能力容易做到、进步得很快，或者很容易且有耐心坚持到最后的事情。这里的能力包括通用能力（组织能力、管理能力、计划能力、表达能力、思考能力、写作能力等通用的技能）、专业知识（所学到的一些专业知识）、核心才干（相对比较稳定的内在特质）。

3. 值得干

值得干，即一个人内在的价值观，可以是做什么能得到报酬，也可以是通过什么得到精神上的满足感。每个人的价值观、追求的东西可能是不同的。

4. 发展趋势

发展趋势，就是指高价值和稀缺的领域。有些人在做职业选择的时候，什么热门做什么，但从长远来说，都走不远；有些人却越做越好。所以，判断一件事情的发展趋势如何，关键在于你是否已经具有相关能力，并想清楚在这个领域自己是否为稀缺的。

5. 抗风险

风险，即你要了解在整个职业生涯中，自己会遇到哪些风险。例如，体能下降、能力下降、职业天花板、行业不景气、整个社会的风险、趋势的风险等。

【问题 1-3】如何选择第一份工作

【问题思考】

认真阅读以下【方法指导】中的内容，然后思考以下问题。

（1）你是否赞成"第一份工作的选择正确与否，对你未来的职业生涯发展很重要"的观点。

（2）如果没有选好第一份工作，那么后期想转行，可能会遇到哪些困难？成功的概率怎样？

（3）选择第一份工作时你更看重什么？

（4）你认为选择第一份工作时，应做好哪些准备工作？

【方法指导】

第一份工作很重要，它的重要性体现在三个方面。第一，它可能决定你一生的职业发展方向。如果你的第一份工作是人力资源管理，那么后期你的职业发展方向很大概率就是人力资源管理。第二，从第一份工作中习得的习惯会影响你的职业发展。有的人在第一份工作中做事不够规范，后期他做事就不会有规范的习惯。第三，后期想转行需付出巨大代价。

如果没有选好第一份工作，后期想转行，由于没有实际工作经验，就会遇到很多困难。比如，你的第一份工作是销售，做了一段时间后，你觉得销售不适合你，你想转 HR（Human Resource，人力资源管理），但很多企业招聘 HR 人员都需要其具有实际工作经验，所以，你很难成功。就算转行成功了，你也只能从零开始，还必须接受低工资的代价。

因此，第一份工作的选择正确与否，对你未来的职业生涯发展很重要。

选择第一份工作，有的人说要看重工资，有的人说要看重自己的兴趣，有的人说要看重自己的性格。其实，选择第一份工作时，最重要的是要做到三大了解：第一，了解社会，知道社会需要什么，有哪些职业；第二，了解你自己，知道你自己的兴趣、性格和能力等；第三，了解你的价值观，你想要什么，你想要成为什么样的人。只要做好以上三点，你就可以选择好第一份工作。

【交流探讨】

【话题1-1】找工作一定要专业对口吗

【话题探讨】

认真阅读以下【参考资料】中的内容，围绕以下话题展开讨论。

（1）找工作一定要专业对口吗？

（2）找工作具体应该看哪些维度呢？

【参考资料】

找工作一定要专业对口吗？不一定。

1. 从数据上看

中国社会科学院和社会科学文献出版社等共同发布的"中国社会蓝皮书"显示，中国高校毕业生工作与专业相关度为 65%左右。看起来数据还可以，但中国高校应届毕业生在就业半年内，离职率平均为 35%左右，工作几年后，专业对口率进一步下降，即使那些号称 90%以上专业对口的高校毕业生，几年后的数据也下滑了不少。也就是说，有不少人，在毕业后虽然选择了专业对口的工作，但是工作并不顺利，或者说与自己的想象差距比较大，所以最后选择辞去这份工作。所以，与其在毕业后选择转行，还不如早做打算，从事自己真正想要、适合从事的工作。

2. 从时代发展看

2019 年，某汽车制造企业宣布校招暂不招车辆工程专业、机械专业的毕业生，校招岗位全部要求招计算机专业、软件专业的毕业生。因为汽车工业的转型，导致 2020 年毕业的车辆工程专业的学生，失去了通过校招进入该汽车制造企业的机会。这种变化，其实也是时代发展的必然。当互联网造车新势力开始入侵、新能源汽车技术开始革新时，传统内燃机走向没落只是时间的问题。在这个时代背景下，车企开始布局人工智能、自动驾驶、新能源等新技术，对于人才的需求转向也是很正常的事情。但大学的专业设置，是远远落后于时代发展的。当时代开始追逐新技术和革命时，校园里所教的知识还是很久以前的，学生想要赶上时代的发展，就必须学习书本以外的知识。此外，专业的招生和目前的市场需求也存在脱节现象，很多热门专业，实际上企业的需求已经开始缩减，所以这也导致很多热门专业看起来热门，却不太好找工作，并出现就业率虽高，但就业质量一般的情况。

3. 从个人发展看

虽然个人在一个专业付出了几年的时间，但是从事不太对口的专业，其实也不是完全抛弃本专业。大学的学习和中学的学习不同，除了学习专业知识，还有大量的通识教育、非专业必修课、选修课等，如果个人时间富余，还能加入一些社团和组织，从事一些生产实践活动。从个人角度而言，大学里除了学到专业知识，还提升了自学能力、综合能力等。这些非专业的知识，同样是个人竞争力的组成部分。所以，如果真的不喜欢自己的专业，或者专业对口的就业方向没有发展前景，那么是可以考虑转行的。

既然不一定要专业对口，那么找工作时具体应该看哪些方面呢？

①个人擅长的方向。

在职场中，从事自己所擅长的事情，所做的工作能够很快、很好地完成，甚至获得领导的嘉奖，当获得来自外部的奖励、感受到成就感之后，个人对工作的积极性和自信心会更强。例如，小明毕业于软件工程专业，但从事的是非专业对口的硬件工作。在这个岗位上，小明虽然比不上专业对口的同学，但他擅长数据分析、动手能力强，工作很快就能上手。这种来自工作的正向反馈，能够有效帮助我们找到自己擅长的领域，增加工作中的成就感，让原本枯燥的工作干得越来越起劲。如果我们从事的是自己并不擅长的工作，对所做的工作总是抗拒或无法完成，那么自责、领导的批评、客户的谩骂就容易让我们产生负面情绪，获得负面的反馈。所以，除了专业对口，找工作可以从自己擅长的方向入手。

②这个行业和岗位的发展。

如果专业对口的方向已经逐渐走向没落，那么也没有必要死守。找工作的时候，还是尽量寻找一个有发展前景的行业，在这个行业寻找一个有发展前景的岗位。具体怎么找呢？想了解一个行业的发展状况，最好不通过个人有限的信息来判断，而通过专业的行业报告来了解。如果想了解5G领域的发展趋势，那么可以通过互联网进行搜索，找到一份专业机构如前瞻产业研究院出品的发展分析报告，在这份报告中，我们可以了解这个行业目前所处的阶段、未来可能的规模预测、典型的企业分析等，从而帮我们更好地判断自己是否要从事这一行业。另外，还可以从招聘网站里查询到这个行业的不同层次人员的薪酬待遇，虽然不是很准确，但可以作为参考。这样做出的决策才是有理有据的，自己未来的职业规划也会更加清晰。

③个人目标。

找工作一定要结合自己的实际情况，除了考虑个人擅长、行业和岗位发展空间，城市的选择、个人价值观、成就动机，也是要考虑的重要因素。总之，找工作时，一方面，不要过于担心沉没成本；另一方面，要在有限的条件和限制内，尽量寻找发展更好的领域。

【话题1-2】面对多种选择，你会举棋不定吗

【话题探讨】

认真阅读以下【方法指导】中的内容，围绕以下话题展开讨论：

（1）在商场购物或在美食城吃小吃，面对多种选择，你是如何快速做出选择的？

（2）在未来的职场，如果你也遇到类似举棋不定的选择，你会怎么办？

【方法指导】

小郝不喜欢现在的工作，觉得干起来没意思，可是他也不知道自己喜欢什么。他感觉外面的机会特别多，很怕自己选错而走了弯路。

不知道自己喜欢什么，说明小郝处于职业阶段的早期，没有完成探索。所以小郝不用特别纠结，只要行动就好。不要把时间浪费在纠结上，清晰定义自己的问题，然后去寻找答案。

其实职业规划要花很长时间去寻找答案。如果你不喜欢现在的工作，那么你喜欢的是什么？如果你觉得工作没意思，那么原因是什么？如果你觉得外面的机会特别多，那么你看到的是什么？怕选错而走弯路，你觉得什么是弯路？针对这些问题你要学会自己分析，不要纠结，已经确定你不喜欢现在的工作，现在你的情况是怎样的，你往前走一步，只要比现在的情况好，就可以了。

不要觉得会走弯路，真正的弯路其实是你没有在每天的工作中增加见识和能力，因为这样怎么走都是弯路。只要是工作，就能获得一定的价值。如果工作真的无法获得价值，那么这份工作并不适合你。

例如，现在你走进一家美食城，有100多个窗口卖各种各样的小吃，你都没吃过，这个时候

你会怎么办？我想大部分人都会转一圈，选择一个感觉还不错的试一试，如果有大众点评之类的信息，那么你就看看大家是怎么评价的，增加选对的概率，但不能保证你一定能吃到那个最美味的。其实没有最好的选项，你只能找到那个看着还不错的，去尝试、去迭代，然后找到下一个目标。

【训练提升】

【训练 1-1】调研企业招聘信息与获取岗位需求

（1）根据专业人才培养方案，了解专业定位、获取本专业所面向的岗位。

（2）编制岗位需求调研方案，调研方案主要包括确定调研岗位名称、调研城市名称、调研方式、调研内容、调研时间范围等。本活动采用的调研方式为网上调研，主要调研网站为前程无忧、智联招聘等知名的专业招聘网站。调研内容主要包括岗位职责和任职要求。

（3）明确团队成员分工，确定每位团队成员负责调研的城市或岗位，并确定调研企业的数量，如每位成员获取 50 家企业的岗位需求信息。

（4）参考以下【方法指导】中所介绍的方法，搜索与浏览相关企业招聘信息，通过浏览企业招聘信息收集城市名称、企业名称、岗位名称、岗位需求、任职要求等数据，并使用 Excel 电子表格逐条进行记录。

（5）对各企业的岗位需求、任职要求描述进行合并、调整、优化，得到本专业所面向岗位的通用岗位职责描述，并得到各企业在知识、技能、素养等方面的共性要求。

（6）撰写本专业岗位需求调研报告，重点阐述岗位职责和任职要求，同时预测本专业的人才需求数量与就业情况，对本专业课程开设与能力培养提出建议。

【方法指导】

（1）打开"前程无忧"招聘网站的首页。

启动浏览器，在地址栏中输入前程无忧的网址，然后按【Enter】键，打开"前程无忧"招聘网站的首页，如图 1-1 所示。

图 1-1 "前程无忧"招聘网站的首页

（2）搜索"网页设计师"岗位的招聘信息。

在"前程无忧"招聘网站首页的"请输入关键字"文本框中输入"网页设计师"，单击"选择地区"按钮+，打开【选择地区】页面，在该页面中选择"深圳"，如图 1-2 所示，然后单击【确定】按钮返回首页，设置的搜索条件如图 1-3 所示。

在首页中单击【搜索】按钮，部分搜索结果如图 1-4 所示。

单击一个"网页设计师"超链接，在打开的页面中，主要内容包括公司信息、岗位信息等，如图 1-5 所示。

图 1-2 选择"深圳"

图 1-3 设置的搜索条件

图 1-4 工作地区为"深圳"的"网页设计师"岗位的部分搜索结果

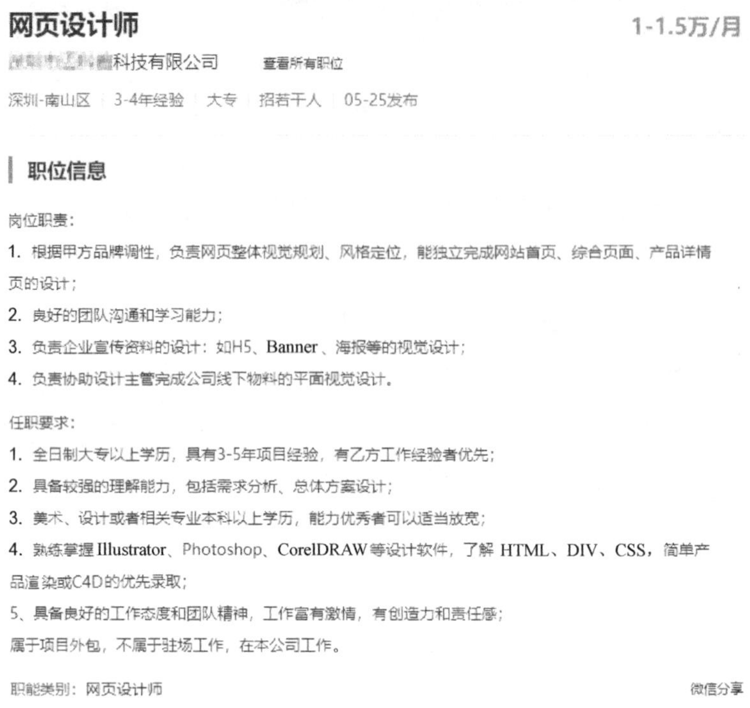

网页设计师　　　　　　　　　　　　　　　　1-1.5万/月

░░░░░科技有限公司　　　查看所有职位

深圳-南山区　｜　3-4年经验　｜　大专　｜　招若干人　｜　05-25发布

｜ 职位信息

岗位职责：
1. 根据甲方品牌调性，负责网页整体视觉规划、风格定位，能独立完成网站首页、综合页面、产品详情页的设计；
2. 良好的团队沟通和学习能力；
3. 负责企业宣传资料的设计：如H5、Banner、海报等的视觉设计；
4. 负责协助设计主管完成公司线下物料的平面视觉设计。

任职要求：
1. 全日制大专以上学历，具有3-5年项目经验，有乙方工作经验者优先；
2. 具备较强的理解能力，包括需求分析、总体方案设计；
3. 美术、设计或者相关专业本科以上学历，能力优秀者可以适当放宽；
4. 熟练掌握Illustrator、Photoshop、CorelDRAW等设计软件，了解HTML、DIV、CSS，简单产品渲染或C4D的优先录取；
5. 具备良好的工作态度和团队精神，工作富有激情，有创造力和责任感；
属于项目外包，不属于驻场工作，在本公司工作。

职能类别：网页设计师　　　　　　　　　　　　　　　　　　微信分享

图1-5　"网页设计师"岗位的相关信息

（3）招聘信息的"高级搜索"。

在"前程无忧"招聘网站的首页单击【高级搜索】超链接，打开"前程无忧"网站的【高级搜索】页面，如图1-6所示。

图1-6　"前程无忧"招聘网站的【高级搜索】页面

在"岗位名"对应的文本框中输入"网页设计师"，"工作地区"选择"深圳"，在"职能类别"行单击右侧的+按钮，打开【选择职能】页面，在该页面选择"计算机/互联网/通信/电子"类别的"前端开发"职能类别，如图1-7所示，然后单击【确定】按钮返回【高级搜索】页面。

图 1-7 【选择职能】页面

在"行业类别"行单击右侧的+按钮,打开【选择行业】页面,在该页面中选择"计算机/互联网/通信/电子"类别的"互联网/电子商务"行业类别,如图 1-8 所示,然后单击【确定】按钮返回【高级搜索】页面。

图 1-8 【选择行业】页面

"高级搜索"的前 3 项设置结果如图 1-9 所示。

图 1-9 "高级搜索"的前 3 项设置结果

单击其下方的【搜索】按钮，部分搜索结果如图 1-10 所示。

图 1-10 "高级搜索"的部分搜索结果

深圳某企业网页设计师岗位的岗位职责和任职要求如下：

岗 位 名 称	网页设计师
岗位职责	
（1）参与网站策划与设计	
参与公司及客户网站的总体及各个栏目的内容策划、功能需求分析	
完成公司及客户网站架构设计，树立统一的品牌形象	
（2）网页设计与制作	
负责确定公司及客户网站页面内容和风格	
按照行业及公司的规范完成网站原型设计和页面制作	
为网站 Web 程序开发团队提供脚本和网页模板	
（3）网站维护	
负责定期分析竞争对手产品，并对自有产品提出整改计划，定期策划网上活动	
根据审定的方案参与网站项目的上线升级实施工作，对方案实施的准确性负责	
协助网站开发人员对网站程序功能进行测试	
（4）与其他相关人员的协调和沟通	
与团队其他成员进行有效沟通，了解其他团队成员的工作情况、工作进度，定期进行技术交流与分享	
与客户进行有效沟通，了解客户的有效需求，以便对网站进行更新	
任职要求	
（1）知识与技能	
熟悉网站制作与设计流程，能跟踪最新的网页设计与制作技术	
熟练运用 HTML5、CSS3、JavaScript 等 Web 开发技术，制作符合 Web 标准的网页	
熟悉常用图像制作软件和 Flash 制作技术，能够使用 Dreamweaver 等工具制作网页	

(2) 素质要求

沟通协调能力：正确理解别人的感受和想法，善于倾听，能够理解他人思想和行为背后的原因

团队合作：愿意与他人合作，主动与其他成员进行沟通、交流，分享信息、知识和资源，愿意帮助其他成员解决所遇到的问题，无保留地将自己所掌握的技能传授给其他成员

思维能力：头脑灵活、思路清晰，具备缜密的逻辑思维能力和耐心细致的观察能力，处理事务有清晰的条理性，工作重点明确，具备较强的执行能力，学习能力强，有创新意识

坚韧性：处于较大的工作压力下或产生可能会影响工作的消极情绪时，能够有效地控制自己的情绪，通过建设性的工作化解工作压力或消极情绪

【训练1-2】职业性格测验

在职业心理中，性格影响一个人对职业的适应性，一定的性格适于从事一定的职业；同时，不同职业对人有不同的性格要求。因此，在考虑或选择职业时，既要考虑自己的职业兴趣，又要考虑自己的职业性格特点。

如何知道自己是属于哪种性格呢？这需要我们依靠一些测验来完成。

职业性格测验是一种自评测验量表，测验时在一定程度上受被试者主观意识或心理状态的影响。尽管在测验项的设计上已注意尽量避免这种影响，但并不能绝对排除。职业性格测验仅仅测验被试者的职业性格，职业的确定还需要根据被试者的职业能力、职业兴趣及当前社会就业形势等因素进行判断和决策。

1. 职业性格测验过程

下面的测验根据人的职业性格特点和职业对人的性格要求两方面来划分类型，第一种职业与其中的几种性格类型都相关。

根据自己的实际情况，对下面的问题做出回答。如果回答"是"，则在表1-1中相应题号的"是"列的单元格内画"√"；如果回答"否"，则在"否"列的单元格内画"√"。在完成每一组的测验项后统计"是"和"否"的个数，并将其填入该组的"小计"中。

表1-1 职业性格测验项

组 别	测 验 项	是	否
第1组	①喜欢内容经常变化的活动或工作情景		
	②喜欢参加新颖的活动		
	③喜欢提出新的活动并付诸行动		
	④不喜欢预先对活动或工作制订明确且细致的计划		
	⑤讨厌需要耐心、细致的工作		
	⑥能够很快适应新环境		
	小计		
第2组	①当注意力集中于一件事时，别的事很难使我分心		
	②在做事情时，不喜欢受到出乎意料的干扰		
	③生活有规律，很少违反作息制度		
	④按照一个设定好的工作模式来做事情		
	⑤能够长时间做枯燥、单调的工作		
	⑥读书期间的学习成绩优秀		
	小计		

续表

组 别	测 验 项	是	否
第3组	①喜欢按照别人的批示办事，不需要负责任		
	②在按别人指示做事时，自己不考虑为什么要做这些事，只是完成任务		
	③喜欢让别人来检查工作		
	④在工作上听从指挥，不喜欢自己做出决定		
	⑤工作时喜欢别人把任务的要求讲得明确而细致		
	⑥喜欢一丝不苟地按计划做事，直到得到一个圆满的结果		
	小计		
第4组	①喜欢对自己的工作独立做出计划		
	②能处理和安排突然发生的事情		
	③能对将要发生的事情负起责任		
	④喜欢在紧急情况下果断做出决定		
	⑤善于动脑筋、出主意、想办法		
	⑥通常情况下对学习、活动有信心		
	小计		
第5组	①喜欢与新朋友相识并一起工作		
	②喜欢在几乎没有个人秘密的场所工作		
	③试图忠实于别人且与别人友好		
	④喜欢与人互通信息、交流思想		
	⑤喜欢参加集体活动，努力完成所分给的任务		
	⑥持久工作的能力（如较长时间地抄写资料）		
	小计		
第6组	①理解问题总比别人快		
	②试图使别人相信你的观点，善于使别人按你的想法来做事情		
	③善于通过谈话或书信来说服别人		
	④善于使别人按你的想法来做事情		
	⑤试图让一些自信心差的同学振作起来		
	⑥试图在一场争论中获胜		
	小计		
第7组	①你能做到临危不惧吗		
	②你能做到临场不慌吗		
	③你能做到知难而退吗		
	④你能冷静处理好突然发生的事情吗		
	⑤遇到偶发事故可能伤及他人时，你能果断采取措施吗		
	⑥你是一个机智灵活、反应敏捷的人吗		
	小计		
第8组	①喜欢表达自己的观点和情感		
	②做一件事情时，很少考虑它的利弊得失		
	③喜欢讨论对一部电影或一本书的感想		

续表

组　别	测　验　项	是	否
第8组	④在陌生场合不感到拘谨和紧张		
	⑤相信自己的判断，不喜欢模仿别人		
	⑥很喜欢参加学校的各项活动		
	小计		
第9组	①工作细致而努力，试图将事情完成得尽善尽美		
	②对学习和工作抱认真严谨、始终一贯的态度		
	③喜欢花很长时间集中于一件事情的细小问题		
	④善于观察事物的细节		
	⑤无论填什么表格，态度都非常认真		
	⑥做事情力求稳妥，不做无把握的事情		
	小计		

2．职业性格测验结果分析

（1）统计回答"是"和"否"的次数。

将表1-1中每组回答"是"的总次数和"否"的总次数填入表1-2中。

表1-2　统计回答"是"和"否"的次数

组　别	回答"是"的次数	回答"否"的次数	对应的职业性格类型
第1组			变化型
第2组			重复型
第3组			服从型
第4组			独立型
每5组			协作型
第6组			劝服型
第7组			机智型
第8组			好表现型
第9组			严谨型

将选择"是"的次数和选择"否"的次数排在前3位对应的职业性格类型填入表1-3中。

表1-3　选择"是"的次数和选择"否"的次数排在前3位对应的职业性格类型

项目名称	职业性格类型		
	第1位	第2位	第3位
选择"是"的次数排在前3位对应的职业性格类型			
选择"否"的次数排在前3位对应的职业性格类型			

（2）确定你的职业性格类型。

各种职业性格类型对应级别与性格特点如表1-4所示。选择"是"的次数越多，则相应的职业性格类型越接近你的性格特点；选择"否"的次数越多，则相应性格类型越不符合你的性格特点。

表 1-4 各种职业性格类型对应级别与性格特点

序号	职业性格类型	对应组别	性格特点
1	变化型	第1组	能够在新的或意外的工作情境中感到愉快，喜欢工作内容经常有些变化，在有压力的情况下工作做得很出色，追求并能够适应多样化的工作环境，善于将注意力从一件事情转移到另一件事情上去
2	重复型	第2组	适合并喜欢连续不断地从事同样的工作，喜欢按照一个固定的模式或别人安排好的计划或进度办事，喜欢重复的、有规则的、有标准的职业
3	服从型	第3组	喜欢配合别人或按照别人的指示去办事，愿意让别人对自己的工作负责，不愿意自己担负责任，不愿意自己独立做出决策
4	独立型	第4组	喜欢计划自己的活动和指导别人的活动，会从独立的和负有责任的工作中获得愉快感，喜欢对将要发生的事情做出决定
5	协作型	每5组	会对与人协同工作感到愉快，善于引导别人按客观规律办事，希望自己能得到同事的喜欢
6	劝服型	第6组	乐于设法使别人同意自己的观点，并能够通过交谈或书面文字达到自己的目的。对别人的反应具有较强的判断能力，并善于影响他人的态度、观点和判断
7	机智型	第7组	在紧张、危险的情况下能很好地执行任务，在意外情况下，能够自我控制、镇定自如，工作出色。在事情出了差错时不会惊慌，应变能力强
8	好表现型	第8组	喜欢表现自己，通过自己的工作和情感来表达自己的思想
9	严谨型	第9组	注重细节的精确，愿意在工作过程的各个环节中，按照一套规则、步骤将工作过程做得尽善尽美。倾向于工作严格、努力、自觉、认真、保质、保量，喜欢看到自己出色完成工作后的效果

部分职业群所需要的职业性格类型如表 1-5 所示。根据前面的职业性格测验可以判断你的职业性格比较适合哪些职业群。例如，如果最接近你的性格类型是严谨型、重复型、服从型，则从表 1-5 可以看出你适合的职业群有会计、审计、统计人员；如果最接近你的性格类型是变化型、协作型、劝服型，则从表 1-5 可以看出你适合的职业群是营销人员。

表 1-5 部分职业群所需要的职业性格类型

序号	职业群	所需要的职业性格类型
1	农业技术人员	独立型、变化型、机智型
2	林业技术人员	变化型、独立型、机智型
3	畜牧养殖人员	重复型、独立型、机智型
4	水产捕捞人员	独立型、变化型、协作型
5	采煤工人	变化型、协作型、严谨型
6	服装设计人员	变化型、独立型、严谨型
7	印刷人员	重复型、服从型、协作型
8	广告美术设计人员	变化型、独立型、好表现型
9	商业经营管理人员	变化型、独立型、劝服型
10	营销人员	变化型、协作型、劝服型
11	园林绿化人员	重复型、独立型、协作型
12	保育员	变化型、劝服型、机智型
13	导游员	变化型、独立型、好表现型

续表

序 号	职 业 群	所需要的职业性格类型
14	会计、审计、统计人员	严谨型、重复型、服从型
15	保险公司工作人员	劝服型、独立型、严谨型
16	护士	变化型、独立型、协作型
17	美容美发人员	变化型、独立型、协作型
18	运动员	变化型、机智型、好表现型
19	演员	好表现型、协作型、服从型
20	图书管理员	重复型、独立型、严谨型
21	幼儿园教师	变化型、劝服型、协作型
22	计算机行业服务人员	重复型、服从型、严谨型
23	秘书	服从型、协作型、严谨型
24	警察	机智型、独立型、变化型
25	军人	服从型、机智型、协作型

【方法指导】

在职业心理中，性格影响一个人对职业的适应性，一定的性格适于从事一定的职业；同时，不同的职业对人有不同的性格要求。因此，在考虑或选择职业时，既要考虑自己的职业兴趣，又要考虑自己的职业性格特点。

通常个人在选择职业时，最好根据自己的性格特点，选择适合自己的职业和工作。一般来说，外向型性格的人更适合做与外界接触广泛的职业，如管理人员、政治家、律师、记者、推销员等；内向型性格的人比较适合从事有计划的、稳定的、不需要与人过多交往的职业，如科技工作者、技术人员、会计师、统计员、一般办公室文员等；乐观的人适合教师、社会工作者等职业；冷静的人比较适合会计、科研人员等职业；理性的人适合工程师、技师等职业。如果自己的性格和职业需要的性格相反，那么工作时会遇到很大的心理冲突，工作上成功的概率会较小。例如，缄默的人往往乐群性比较低，喜欢对事不对人，而销售工作需要进行人与人之间复杂的情感交流，所以缄默的人如果担任销售工作，那么在工作的过程中就不可避免地会产生很多心理冲突。因此，在就业前要了解自己的性格。

了解自己的性格有利于反省自己，提高个人修养，使自己更加适应岗位，协调好自己与周围人的关系。每个人的性格都有积极和消极两个方面。根据木桶原理，一个木桶中水面的高低取决于木桶壁上最短的那块木板。每个人的短处会限制他的发展，所以要取长补短。例如，有的人在工作中积极热情、乐于助人、善于表现自己，但做事持久性不长，常表现得虎头蛇尾，这种人就应该注意锻炼自己的坚持性和持久性的品格意志；有的人办事热情高、拼劲足、速度快，但有时马马虎虎，甚至遇事就着急，性情暴躁，这种人就应该在发扬其性格长处的同时注意培养认真仔细的精神，防止急躁情绪；有的人做事沉稳、认真、严谨，但有时优柔寡断、办事拖拉，这种人必须经常提醒自己"今天的事今天完成"，并逐步养成当机立断的性格。

【训练1-3】运用SWOT分析法分析个人的优势、劣势、机会和威胁

第一步，找出自己的优势和劣势。

每个人都有不同的特征，而这些特征代表不同的优势和劣势，不同的优势和劣势能反映每个人在职场中适合做什么工作。如做技术的人，一般需要较强的逻辑思考能力，能够沉得下心来，

不太适合那种非常活跃的性格。

在进行 SWOT 分析前,我们先评估自己的优势和劣势,每个人都有自己的长处和短板。

例如,某人的优势是有一定的销售工作经验、目标明确,有较强的沟通和实践能力,有对销售工作的热情和期待,有冷静沉着的性格……其劣势是过于急躁,急于表现,管理能力和动手能力差……

第二步,找出自己的职业机会和威胁。

如某人的职业机会是销售工作市场机会多,而威胁是同行竞争激烈等。

通过个人的 SWOT 分析,你对自身情况了然于胸,将对应内容填入表 1-6 中。

表 1-6　个人的 SWOT 分析

优　势		劣　势	
什么是我最优秀的品质		我的性格有什么弱点	
我学习了什么		我有哪些缺陷	
我最成功的经历是什么		我最失败的经历是什么	
机　会		威　胁	
什么样的环境我的机会多		什么样的环境对我有威胁	
什么样的行业、职业、组织我的机会多		什么样的行业、职业、组织对我有威胁	

【方法指导】

SWOT 分析法(也称 TOWS 分析法、道斯矩阵)即态势分析法。所谓 SWOT 分析,即基于内外部竞争环境和竞争条件下的态势分析,就是将与研究对象密切相关的各种内部的优势、劣势和外部的机会、威胁等,通过调查列举出来,并依照矩阵形式排列,然后用系统分析的思想,把各种因素相互匹配起来加以分析,从中得出一系列相应的结论,而结论通常具有一定的决策性。运用这种方法,可以对研究对象所处的情景进行全面、系统、准确的研究,从而根据研究结果制定相应的发展战略、计划及对策等。

S 代表优势(Strengths),W 代表劣势(Weaknesses),O 代表机会(Opportunities),T 代表威胁(Threats)。按照企业竞争战略的完整概念,战略应是一个企业"能够做的"(组织的强项和弱项)与"可能做的"(环境的机会和威胁)之间的有机组合。

因此,SWOT 分析法实际上是一个非常有用的职业决策工具,它能够将我们的优势、劣势和个人的内部条件进行综合概括,便于我们更好地理解自我、认识自我。

【训练 1-4】认知自我

从三方面认知自我,即了解自己的兴趣、性格、能力。

1. 了解自己的兴趣

了解自己的兴趣,并让自己的兴趣能够成为自己的工作,需要做好以下步骤:

步骤一:盘点自己的兴趣。

在一张纸上写出自己觉得有趣的事情。

步骤二:选择自己的兴趣。

选择的标准如下:

(1)选择那些能够转化为自己的能力的兴趣。例如,演讲就可以转化为自己的能力,但是像玩游戏,对于大部分人来说,未必能够转化为能力。

(2)选择那些与职场最贴近的兴趣。生活的兴趣可以怡情,而职场的兴趣才能兴家。

（3）选择与职业核心能力符合的兴趣。如果想当程序员，程序员的核心能力是写代码、研究程序，那么就要有研究的兴趣。

（4）选择能够帮助自己培养一技之长的兴趣。有些兴趣，只是某个职业能力的一部分。如演讲，它只是讲师的一项能力要求。但弹钢琴这项兴趣，却是成为钢琴师的全部。从职业发展前景来看，如果能够把弹钢琴这项兴趣培养好，那么职业前景肯定比只练好沟通更好。

步骤三：组合自己的兴趣。

通过组合自己的兴趣来选择职业。如果自己的职业兴趣很多，如写作、培训、咨询等，那么如何把自己的职业兴趣培养起来呢？通过组合自己的兴趣，把自己的职业定位于培训，同时，写作、咨询等兴趣，可以帮助自己把培训这个职业兴趣培养起来。这样，就不会为了做自己喜欢的事情，而放弃自己其他兴趣了。

步骤四：转换自己的兴趣。

确定自己的职业兴趣后，由于能力不足、经验不足等原因，也许还不能靠兴趣工作，但是可以通过学习、培训等方式，不断提升自己在兴趣这方面的能力。当自己能够做好它的时候，就能够促使自己将有趣的事情向热爱的职业转变。

步骤五：稳定自己的兴趣。

习惯的养成需要时间的积累。当我们不断做自己感兴趣的事情时，就会不断地感受到快乐，久而久之，我们的兴趣就培养起来了。

2. 了解自己的性格

（1）了解自己属于什么性格类型。

名著《西游记》中对人的4种性格刻画得出神入化，唐僧师徒代表了4种不同性格类型，唐僧属于完美型，孙悟空属于力量型，猪八戒属于活泼型，沙僧属于和平型。这4种性格类型（力量型、活泼型、和平型、完美型）的相关内容如表1-7所示。通过对照表1-7中的特征、外表、动作、爱好等内容，了解自己属于什么性格类型。

表1-7 性格类型

性格类型	力量型	活泼型	和平型	完美型
特征	外向、有行动力、傲慢、坚决、有挑战精神、直率、热情、精力旺盛、不怕困难、敢于面对	外向、有影响力、善于言辞、乐观、有趣、灵活、富有想象、反应迅速、注意力容易转移	内向、可爱、亲切友好、喜欢聆听、随和、有耐心、忠诚、善于忍耐、情绪不外露	内向、有条理、善于思考、谨慎、逻辑性强、喜欢批评别人、孤僻、认真、守规矩、原则性强
外表	眼睛炯炯有神、表情严肃有力、喜欢穿黑色的服装	表情丰富、喜欢大笑、喜欢穿鲜艳的衣服、手势多、肢体语言丰富	眼神呆滞、脸部表情一般没有变化、穿着朴素、不喜欢张扬	没有笑容、焦虑、忧郁、眼神闪烁、穿衣讲究、爱干净
动作	快而有力	快而夸张	慢而拘谨	慢而优雅
内在需求	成就感	新事物	舒适区	可靠的
口头禅	哇，马上干	哈，太棒了	嗯，好的	是吧？沉默……
爱好	工作狂	好玩的娱乐活动	没有特别的爱好，享受个人的安静	爱好不多，喜欢研究

（2）了解自己的性格适合什么职业。

不同性格类型适合的职业如表1-8所示，了解自己的性格适合什么职业。

表1-8 不同性格类型适合的职业

序 号	性格类型	适合的职业
1	力量型	教育培训、演艺人员、大众传播、设计师、广告创意、媒体客户主管、业务员、客户服务、节目制作、公共关系、娱乐服务、行销企划、柜台接待、旅游服务
2	活泼型	教师、主持人、教育行政人员、咨询人员、公关人员、销售人员、市场人员、培训人员、政府机关人员
3	和平型	教师、辅导员、社工、柜台接待、特别助理、顾问、行政人员、秘书、总务人员、幼教人员、公务人员、非营利事业组织人员
4	完美型	艺术家，作家，导演，工程设计师，投资理财人员，管理顾问，编辑，经营企划专员，土地开发员，法务，稽核人员，成本控制人员，会计，精算师，银行办事员，证券分析师，科技公司的品管员、制程技术员，开发人员，研究人员，制造业中面对机器、零件、生产流程的工程人员

3．了解自己的能力

能力是后天可以改变的，通用能力、专业能力和自我管理能力这3种能力的定义和细分能力如表1-9所示。

表1-9 3种能力的定义和细分能力

能力分类	定 义	细 分 能 力
通用能力（可迁移能力）	进行各种活动所需的基本能力	按照处理资料、与人打交道、处理事务三种标准，通用能力包括以下内容： ①凡是能从观察、解释、研究中所得到的事实、资讯、观念等皆属于资料，处理资料通常需要综合能力、整合能力、分析能力、收集能力、计算能力、处理能力、比较能力。 ②与人相处、共事通常需要顾问能力、磋商能力、教导能力、督导能力、娱乐能力、说服能力、说明能力、遵从教导能力。 ③处理事务通常需要建构能力、精密工作能力、操作与控制能力、接触处理能力等
专业能力	为了顺利完成某种专门活动所必备的能力	例如，音乐能力、绘画能力、数学能力、运动能力、设计能力、外语能力等
自我管理能力	受教育者依靠主观能动性按照社会目标，有意识、有目的地对自己的思想、行为进行转化控制的能力	自我管理能力主要包括自我反省能力、学习管理能力、行为管理能力、情绪管理能力、目标管理能力、时间管理能力、角色认知能力、激励管理能力、形象管理能力、心智管理能力、心态管理能力等

对照表1-9的各项细分能力，看看自己具备哪些能力，然后对照表1-8结合4种性格类型适应的职业，看看自己适合哪些职业。

【训练1-5】探析择业方向与目标

在收集企业招聘信息时，有一条招聘信息你比较感兴趣，相关内容如下：

【企业名称】湖南×××教育科技有限公司

【岗位名称】销售代表/销售业务员

【职能类别】渠道/分销专员/销售工程师

【岗位职责】

➢ 负责智慧校园产品智能讲台的销售工作，完成公司下达的任务。

➢ 负责市场及客户资料的收集、整理。

➢ 负责客户需求的调研及反馈。

- ➢ 负责客户售前服务工作。
- ➢ 按照要求进行客户分类管理并详细记录客户联系情况。
- ➢ 按照要求制订销售工作计划。
- ➢ 通过系统培训熟练讲解智能讲台产品。
- ➢ 通过渠道开发客户，掌握片区销售网络。
- ➢ 能积极做好新产品的铺市推广工作，参与公司促销活动。
- ➢ 能按照公司协议规定，及时与客户对账和结款，确保正常回收货款。
- ➢ 能与客户建立良好的客情及合作伙伴关系。

【岗位要求】
- ➢ 20～35 岁，大专及以上学历，男女不限，具备良好的沟通能力及语言组织能力，能讲流利的普通话；
- ➢ 熟练掌握 Office 办公软件，能熟练处理市场数据并运用于工作；
- ➢ 具有 3 年以上的销售工作经验，有一定的客户资源者及从事过教育或互联网行业销售者优先考虑；
- ➢ 具备完成任务的身体条件和素质，抗压能力强，能吃苦耐劳；
- ➢ 阳光开朗，主动性强，善于沟通，有明确的目标，品行端正。

【工资待遇】
- ➢ 底薪 2000 元+高额提成+奖金；
- ➢ 工作时间：每天 7 个小时，5 天工作制，周末双休，加班可调休；
- ➢ 公司购买"五险"；
- ➢ 提供国家规定的法定节假日、婚假、年假等；
- ➢ 提供节日福利。

【公司信息】

公司是一家致力于教育智能化研究和开发，专注于互联网、物联网、人工智能、云计算、区块链技术在教育智能化方面应用开发的高科技公司，拥有科技研发中心——成都分公司，并与某科研机构、湖南某教育投资集团合作，共同开发云智慧校园、云智慧教室和大型立体综合教学场所，具有强大的科研能力和市场竞争力。已经开发的智慧教学核心产品——全球首款多屏融合式 AI 讲台成为智慧校园建设的基础产品，对开启教育技术装备 3.0 时代、打通智慧校园建设"最后一公里"具有十分重要的意义。

根据以上招聘信息，结合你的专业能力、性格特点、兴趣爱好等方面，从价值认同、生存性、成长性、社会功能性，探析该招聘岗位是否符合你择业的方向与目标。

【参考材料】

择业时，要认真思考择业目标与方向。

1. 价值认同

你要选择的职业和公司是否与自己坚守的价值观相符合是非常重要的。根据马斯洛的需求层次理论，人们在满足基本生理需求之后，便会产生更高层次的精神需求。如果自己所选择的职业和公司从一开始就存在价值观方面的分歧，那么当谋生这一基本功能实现后，你会发现自己无法进一步得到更高层次的需求。所以在择业的时候，必须确定价值的认同度，切不可只看眼前的待遇等因素而匆忙做出决定。

2. 生存性

生存性是指这份工作可以养活自己，这是择业要考虑的因素，其中包括工作地点、工作时间、工资待遇、行业前景等。

- 工作地点决定了你必备的生活条件，如买房或租房，所乘坐的交通工具，附近生活设施和学区的情况等。
- 工作时间的长短会影响你个人时间的分配。如果工作时间太长，个人自由支配的业余时间太短，就不适合那些热衷休闲娱乐等业余生活的人。
- 工资待遇与个人的家庭条件有密切关系，工资的弹性和增长性是重点考虑的方面之一，如果一份工作从事 10 年，其待遇一成不变，那么这份工作的生存性便很低。
- 行业前景决定了这份职业的可持续性，是夕阳行业还是朝阳行业，对于个体的机会成本影响很大。

3. 成长性

成长性关注的是个体，思考的是自我对这个公司、这份职业的兴趣有多少；自我在这个公司和这份职业中的发展空间有多大。

- 兴趣不仅决定了你对这份职业的专注和投入，也决定了你从这份职业中将获得多少幸福感。

请记住以下两句格言：

兴趣是最好的老师。

天才，就是强烈的兴趣和顽强得入迷。

- 发展空间对于个人很重要。一个成长性强的职业和公司可以给个体提供广阔的发展平台，包括强有力的支持系统、宽松的创新环境、富有激励的成长体系等，个体在这里可以通过努力获得自己所梦想的生活。

4. 社会功能性

社会功能性是指这份职业、这家公司能够对个人的社会功能给予多少能量和支持。换句话说，个体在这家公司中能够获得多少社会功能，包括：

- 社交能力、范围和情感体验。通过这份工作，可以让自己融入怎样的社会阶层和圈子，拥有怎样的社交生活和情感体验，获得怎样的社会资源和利益。
- 与生活的融合度和幸福感。这份工作与自己的生活融合度是否紧密，是成为生活不可或缺的一部分还是一种阻碍，工作中的幸福感如何。
- 个体对组织的归属感、荣誉感、获得感、幸福感。个体在组织中是快乐、愉悦、和谐的，还是痛苦难耐的，个体对集体的依附性如何，组织对个体的影响力如何。

模块 2 转变就业观念与调适就业心态

又一批莘莘学子离开校园、走向社会，他们怀着激动与好奇的心情走出"象牙塔"，对社会充满希冀和梦想。但是，学校与社会毕竟是两个不同的环境，在生活、学习、工作及人际交往方面有很大差异，使刚刚踏入社会的大学毕业生难以适应。良好的心理状态是大学毕业生投入工作的前提，因此，做好大学毕业生的心理调节与适应工作，对他们今后的成长和发展至关重要。

就业本身就是认识和适应社会的一个过程，在求职过程中遇到困难是正常的；在就业中遇到许多心理冲突、困惑，产生一些不良情绪也是正常的。要学会调节自己的心态，能从容、冷静地面对这一人生重大课题。求职的大学毕业生，就业前应该充分了解自己，分析自己的优势、劣势，不要刻意寻找好的工作，而是要选择适合自己的工作。生活充满变化与挑战，沉着应对挑战的积极途径，就是维持健康的精神态度，大学毕业生求职时要放平心态，不要过分苛求，要以积极的心态去面对。

一边是企业求贤若渴，另一边是大学毕业生找工作越来越难，企业究竟具备怎样的特质才能赢得大学毕业生的青睐？而大学毕业生又应该具备什么样的素质才能被企业所赏识？如何才能跨越横亘在企业与大学毕业生之间、现实与理想之间的鸿沟？

【分析思考】

分析以下 3 个案例，探讨案例中提到的主人公是如何更新就业观念、调整就业心态、成功实现就业目标的。

【案例 2-1】脚踏实地，成功就在你身边

【案例描述】

林同学曾任某学院某班班长，毕业前夕，通过考试成为山东省选调到村任职的优秀高校毕业生。

听说林同学考取选调生，同学们都很吃惊。"他平时那么老实，除了干活比别人多，没看出哪里比别人强啊！"同学甲说。"那么多看起来特别强的同学都没考上，他怎么就能这么顺利地考上呢？"同学乙说。

确实，在很多老师眼里，林同学不像很多学生干部那样能说会道，表现非常突出，甚至有时表现得有点木讷。大二时，林同学所在班级的班长因个人原因提出辞职，林同学成功当选。当时他到办公室跟老师沟通这件事时，老师甚至担心他是否能管理好这个班级。可经过两年的锻炼，林同学不但各方面的能力得到很大的提高，而且他所在的班级，本来是本专业中最乱的班级，在他的带领下，逐渐团结一致，无论是升学还是就业，都取得了很好的成绩，总结起来，正是他这股"傻劲"，才赢得了同学们的信任，也正是这股"傻劲"，他才能从点滴中学到很多，实现最终的目标。

【案例分析】

认真阅读以上【案例描述】中的内容，然后思考以下问题。

（1）林同学能够通过考试成为山东省选调到村任职的优秀高校毕业生，分析其成功秘诀是什么？

（2）林同学的做法给了你哪些启示？

【案例2-2】调整心态，笑对就业

【案例描述】

案例1：大学毕业生李同学来自云南罗平，他一直未落实工作单位。在一次毕业生供需见面协调会上，就业指导老师将他的应聘材料推荐给多家用人单位。刚好罗平有一家制药厂要录用他，专业对口，又是在家乡，然而他本人的择业意向却是：单位地点必须在昆明市，至于到昆明市的什么单位、具体做什么工作都无关紧要，除此之外，什么单位都不考虑。在这种心态下，结果自然难以如愿。

李同学的就业观念在当前大学毕业生的择业中具有一定的代表性。不少大学毕业生期望值过高，过于向往经济发达地区，尤其是沿海地区的中心城市，最低的期望也是回自己家乡所在地的中心城市。他们只注重经济文化发达、工作环境优越的一面，而忽视了人才济济、竞争激烈的一面，择业期望值居高不下，甚至还有逐年上升的趋势，从而导致主观愿望与现实需求之间的巨大落差。

案例2：崔同学是学计算机专业的，毕业后到一家计算机公司工作了三个月，感到公司销售业务量大，技术工作量小，学不到东西。于是他跳槽到一家软件公司，以为这下有了学习机会，结果工作拿不下、技术跟不上，干的工作与原来学的专业关联不大，非常吃力，质量和进度都不能满足公司的要求。公司负责人很不满意地说："这是公司，不是培训班。"结果崔同学被公司辞退了。过了两个月，崔同学才找到一家弱电行业的公司，公司业务很丰富，电子、通信、计算机知识都用得上，崔同学和几位同事负责局域网安装，但在工作中崔同学看不惯的事很多，特别是单调重复的工作、紧张疲惫的加班和沉闷压抑的氛围，让崔同学又有了离职的念头。

不少刚毕业的大学生自恃能力高、心态浮躁，这山望着那山高，觉得现在的工作太屈才，刚踏进单位就计划着跳槽。结果跳来跳去，发现还是原来的单位好。大学毕业生应该抱有一颗平常心，不要一窝蜂去扎堆，要选择与自己匹配的岗位。

找工作就是人岗匹配，找适合自己的岗位，不能高攀也不能低就，低就会浪费自己的资源，导致心态不好，引发跳槽。职业规划就是找到最佳匹配点及未来各阶段的发展平台。具有一定专业背景知识，具备专业特长，思路开阔，善于与人合作的大学毕业生是受企业欢迎的类型。从上班的第一天开始，就要锻炼自己各方面的能力，取长补短。要虚心、耐心、热心、诚心，这是职场新人必须具备的素质。培养扎实的工作作风和敬业精神，企业领导就会欣赏你，你的心态就会变得豁达开朗。

【案例分析】

认真阅读以上【案例描述】中的内容，结合两个案例思考以下问题。

（1）李同学的择业心态是什么？其就业观是否正确？

（2）导致崔同学工作不稳定、频繁换岗的原因有哪些？大学毕业生择业时应注意哪些事项？

【案例2-3】适合你的才是最好的

【案例描述】

杨同学和赵同学在大学时是睡上下铺的好友。毕业时，杨同学认为，个人要想发展，就应当进大公司去寻找广阔的发展空间，因为大公司名气大，管理规范，发展的机会多，所以，他立志要到大公司去实现自己的梦想。通过努力他如愿以偿地进入一家大公司工作。赵同学认为，人在哪里工作不重要，重要的是要能施展自己的才能，实现自己的价值。他还认为，在小公司里，人少，个人发展的机会反而可能更多。所以，毕业时他找了一家小公司。

后来，在工作实践中，由于杨同学所在的公司人才济济，他只能做一些与自己的专业没有什么关系的工作，在相当长的一段时间里，他所在部门的重要工作领导都安排其他人去做，根本轮不到他。而赵同学所在的公司由于人手少，有了工作大家一起干，工作成果见效快，他的才能在这里很快就显露出来了。不久，赵同学所在的公司由于业务发展，成立了一个公关部和一个策划部，由他出任策划部的经理，负责招聘一批大学生来部门工作。

杨同学和赵同学经过一段时间后，一个郁郁寡欢，很不得志；另一个如鱼得水，志在必得。求职择业的大学毕业生应该对自己做出正确的评价，从不同的用人单位中选择一个适合自己发展的。记住：最好的未必适合自己，只有适合自己的才是最好的。

【案例分析】

认真阅读以上【案例描述】中的内容，结合以下案例，谈谈你的观点。

（1）杨同学进入一家大公司工作，赵同学进入一家小公司工作，从案例中描述的情况来看，哪一位同学的选择更适合一些？

（2）毕业求职时，你倾向找大公司还是小公司？理由是什么？

（3）怎样理解"最好的未必适合自己，只有适合自己的才是最好的。"这一说法？

【学习领会】

【知识2-1】就业观与就业观念

就业观是指个人在选择某一职业时的一种观念、态度、认识和心态，是个人对就业的一种反应性倾向，它是由认知、情感和行为倾向三个因素组成的。

就业观念是指求职个体对就业方向和职业选择的基本观点和判断，是求职个体在世界观、人生观和价值观的指导下，对自己未来所从事职业和发展目标的基本认识和态度。大学毕业生的就业观念在一定意义上是其世界观、人生观、价值观的反映。

就业观念是大学毕业生选择职业的前提，是他们对职业的基本评价和看法，也是其世界观、人生观和价值观在就业问题上的反映。由于政治、经济、文化教育和社会因素的影响，大学毕业生的就业观念是不同的，择业标准也是多样化的：有的人把事业放在第一位，有的人把地区放在第一位；有的人把薪金放在第一位，有的人把升职放在第一位。

【知识2-2】就业心理与择业认知心理

就业心理是指个人在考虑就业问题时，为获得职业做准备及在就业过程中产生的各种心理现象。

大学毕业生择业认知心理是指他们在择业的过程中对自己、对职业及其周围社会环境等的认识、了解，以及对事物的推理与判断。

【知识2-3】心理调适

调适又称心理调适，是指改变或扩大原有认知结构，以适应新情境的历程。大学毕业生在择业的过程中，不可避免地会遇到困难、挫折和冲突，引发各种心理问题，既不利于个人身心健康，也不利于求职就业。心理调适的作用是帮助大学毕业生在遇到挫折和冲突时，能够客观地分析自我与现实，有效地排除心理困扰，控制和调节自己的情绪，从而保持稳定且积极的心态，维护自己的身心健康。

所谓心理调适，就是根据自身发展及环境的需要对个人的心理进行控制和调节，从而最大限度地发挥个人的潜力，保持心理平衡，消除心理困扰。大学毕业生学会自我心理调适，能够帮助其在择业遇到困难、挫折和心理冲突时，进行自我调节与控制，化解困境，排除困扰，改善心境，寻找最佳途径来实现自己择业的理想和目标，不至于因受挫而使情绪一落千丈或丧失信心。因此，大学毕业生要充分认识心理调适的积极作用，提高自我调适的自觉性，增强承受挫折、化解冲突和矛盾的能力，及时调整自己的心理状态，促使心理健康，顺利择业。

就业市场化给大学毕业生带来了机遇，但许多大学毕业生对市场残酷的一面认识不足，对就业市场的客观实际了解不够。经过对就业市场、就业形势的客观了解与深刻体验，大学毕业生必须认清现实情况，勇敢地接受当前所面对的现实，脚踏实地地寻求解决问题的好办法。

【感悟反思】

【问题2-1】自查与克服大学毕业生就业时的不良心理表现

【问题思考】

1. 自查就业时的不良心理表现

以下所列举的大学毕业生就业时的不良心理表现，哪些你也存在？

☐ 临近毕业了，我到现在都不知道自己适合什么职业，应该找什么样的工作。
☐ 学长学姐找到的工作都不怎么好，我不知道该怎么办。
☐ 我心里有点矛盾，一方面想就业，另一方面想升学，总是摇摆不定。
☐ 我想留在大城市，不想回到家乡，觉得回去没有前途，大城市的机会比较多，但是大城市的工作很难找。
☐ 快毕业了，工作还没有找到，心里很着急。
☐ 我的颜值不高，成绩不好，能力也不足，我真的很担心自己找不到工作。
☐ 我的毕业设计（毕业论文）还没有完成，又没有找到好的工作，甚至连简历都做得不好，感觉自己没有自信。

2. 克服就业时的不良心理表现

要克服上述就业时的不良心理表现，以下所列举的各项措施，哪些是你比较赞成的？

☐ 改变那种以薪水高低确定职业好坏的观念，树立职业好坏看发展前景的观念。
☐ 改变等待观望的观念，树立直面现实、积极应对的观念。
☐ 改变"一个职业定终身"的观念，树立"锻炼为先，成长为重"的观念。
☐ 正确衡量你自己是否具有较高的综合素质，有多少专业知识、多丰富的实际操作经验。
☐ 认清目前严峻的就业形势，同时要珍惜就业机会。
☐ 明确自己的学习目的，把专业知识扎扎实实学好，熟练掌握几项技能。
☐ 学会在就业中了解社会，强化本领，提高自身，求得发展。
☐ 珍惜就业机会，切忌草率放弃。
☐ 忌仓促上阵，忌眼高手低，忌互相攀比。

【问题2-2】择业时要避免哪些思想观念误区

【问题思考】

在以下【参考资料】所列举的大学毕业生择业时的思想误区中，哪些在你的观念中也不同程度地存在？

【参考资料】

面对就业，大学毕业生的心理是复杂多变的。通过几年的大学生活，同学们在知识、能力与人格方面有显著发展，有强烈的就业意愿和积极的就业动机，为能尽快实现自己的人生价值而感到由衷的欢欣。就业岗位和就业方式的多样化为大学毕业生就业提供了更多的机遇和更大的自由度，许多大学毕业生摩拳擦掌，跃跃欲试，准备在所学专业领域里一展身手。但在其就业的过程中，又难免出现各种心理矛盾、思想误区和心理障碍。

大学毕业生就业难已经成为当今的一个社会问题。造成就业难的原因是多方面的，其中许多大学毕业生存在着各种模糊认识是一个主要原因。因此，面临就业的大学毕业生要克服思想障碍，走出如下思想观念误区。

（1）认为到农村就业没有奔头，只局限在大中城市求职。

与大中城市相比，农村交通不便、信息不畅、文化氛围相对淡薄。为改变农村经济社会相对落后的局面，缩小农村与城市的差别，全面加快现代化建设步伐，党中央、国务院做出了推进社会主义新农村建设和实施乡村振兴的重大决策。贯彻落实这个重大决策，不仅需要农村各级干部和群众付出艰辛与努力，还需要成千上万大学毕业生的积极参与。大学毕业生在建设新农村的伟大实践中，使自己的知识、技术派上用场，并在各自岗位上干出成绩，受到群众的尊重、社会的肯定，就会感到在农村工作有意义、有奔头。

（2）认为到经济欠发达地区就业难以实现自身价值，只局限在经济发达地区求职。

经济发达地区的软硬环境建设都普遍优于欠发达地区，对人才的流向有着强劲的吸引力。经过多年的吸纳，发达地区的人才已经相对饱和，一些地方甚至还出现人才高消费现象。欠发达地区与发达地区相比，确实存在不小的差距，但是，由于产业的分布不同，区域的特点不同，欠发达地区仍然有其独特的优势。大学毕业生到欠发达地区就业，并不是没有用武之地，难以实现自身价值，而是既可以以自己的知识和能力为当地优势产业、特色经济的发展等做出积极贡献，又可以在艰苦的环境中得到锻炼。

（3）认为到冷门行业就业没有前途，只局限在热门行业求职。

随着经济社会的不断变化和发展，热门行业不一定长期热门，冷门行业也不一定长期冷门；今天的热门行业明天可能会变成冷门行业，今天的冷门行业明天也可能会变成热门行业。行业是社会的分工，不管是热门行业还是冷门行业，都是党和国家事业的组成部分，不存在高低贵贱之分。只要干一行、爱一行、钻研一行，哪怕是在冷门行业工作，也能够有所作为。

（4）认为到专业不对口的岗位工作难以发挥优势，只局限在专业对口的岗位求职。

经过几年大学的寒窗苦读，大学毕业生打下了一定的理论基础，掌握了一定的专业知识和技能，如果能找到专业对口的工作岗位，对其自身发展无疑是有利的。但是应该看到，大学毕业生不单有专业技术的优势，还有年纪轻、观念新、综合素质较高、学习能力较强等优势。他们在专业不完全对口甚至不对口的岗位工作，经过刻苦学习和努力，同样能够成为内行里手，同样能够做出优异成绩。在专业不对口的岗位就业并不可怕，关键是自己如何去面对、去打拼。

（5）认为到内资企业就业得不到更大的锻炼，只局限在外资企业求职。

外资企业普遍建立了比较完善的现代企业管理制度，管理理念、管理手段等都比较先进。但是，外资企业目前在我国企业中还是占少数，需要的大学毕业生是有限的，多数大学毕业生还是要在内资企业谋求岗位。近几年来，在知识经济全球化、区域经济一体化的大格局影响下，我国内资企业的管理方式有了很大转变，产品的科技含量也有了很大提高，许多内资企业还拥有自主知识产权及品牌。大学毕业生在内资企业工作，能够得到锻炼，能够发挥自己的聪明才智，也能够干出一番事业来。

（6）认为到小企业就业埋没人才，只局限在大企业求职。

一般来说，大企业聚集了多方面的人才，科技力量相对雄厚，科研环境相对优越。但是，在人才济济的大企业工作，刚毕业的大学生未必就能很快安排在关键岗位或从事关键技术工作。在小企业工作固然有不利的因素，但由于小企业普遍缺乏人才，急需人才，大学毕业生上岗后，往往就要独当一面，甚至要起挑大梁的作用。小企业通过给任务、给压力，大学毕业生的知识和技能不但不会被埋没，反而会得到充分的运用和提升。

在我国就业市场，承受力最大、需求量最大的是中小企业。截至2022年底，我国中小企业总数突破5000万家，占国内企业总数的99%以上。中小企业在发展空间、提供创造能力的平台、提供个人职业发展机会，以及易于产生成就感等方面都优于外资企业。

（7）认为到经济效益较差的单位就业吃亏，只局限在经济效益较好的单位求职。

"人往高处走，水往低处流。"大学毕业生都希望到经济效益好、待遇高的单位谋求岗位，这是可以理解的。但是，经济效益好的单位对人才的需求也是有限的，部分大学毕业生还是要到经济效益相对较差的单位求职。到经济效益相对较差的单位工作，虽然收入暂时不高，但可以在工作的过程中积累实践经验，增强自身素质，提高工作本领，为今后重新择业打下基础。

（8）认为到技术性较低的岗位工作是大材小用，只局限在技术性较高的岗位求职。

大学毕业生在学校学到的多为基础理论知识，普遍比较缺乏实践经验。目前，企事业单位招聘人才基本上都要在笔试的基础上，进行以实际工作能力为主要内容的面试。如果不切合自己实际地选择技术含量较高的岗位，往往难过考试关。相反，如果摒除大材小用思想，把择业标准降低一点，把选择面扩大一点，竞争就业的成功率就会大得多。

（9）认为在非公有制企业工作不是为国家出力，只局限在公有制企业求职。

我国坚持公有制为主体、各种所有制经济共同发展的基本经济制度。在党的政策引导下，近几年来，非公有制经济发展非常迅速，不但为国家提供了大量税收，而且还有力地推动了我国生产力向前发展。合法经营、照章纳税的非公有制企业确实为我国社会主义现代化建设做出了重大贡献。大学毕业生应该消除思想顾虑，把到非公有制企业工作作为今后就业的一个重要途径，自觉自愿地到非公有制企业求岗位、谋发展。

（10）认为选择创业冒险，只局限于就业。

大学毕业生初出茅庐，年纪轻，社会经验少，创业是有一定风险的，但也存在机遇。近几年来，有不少大学毕业生毅然选择创业，已经取得骄人的成绩，为大家树立了榜样。大学毕业生选择创业，只要做好深入细致的市场调查和分析，在选准投资项目上下足功夫，并在自己相对熟悉的领域，利用所学到的知识、技术创业或合办企业，就会大大提高成功率。

【问题2-3】就业时有哪些心理障碍，如何自我调适就业心理

【问题思考】

在以下【参考资料】中所列举的大学毕业生就业过程中出现的心理障碍中，哪些你也或多或少出现过，是在什么情况下出现的？参考【参考资料】中所提供的大学毕业生就业心理障碍的自我调适方法，对自己所出现的就业心理障碍应采用哪些可行的方法进行有效调适？

【参考资料】

1. 大学毕业生在就业过程中常见的心理障碍

毕业后，大学生在知识储备、综合素质和人格个性等方面都有了显著发展，有强烈的求职就业意愿和积极的就业动机。然而面对激烈的人才竞争的就业现状，离开校园、走向社会的大学毕业生往往出现不同程度的心理矛盾和心理不适。

大学毕业生求职时，在竞争中的表现在很大程度上受自身心理状态的影响，不同的竞争心理产生不同的竞争表现，导致不同的求职结果。许多不健康的求职心理会导致求职出现困难和挫折，以下列举了大学毕业生求职时的不健康心理。

（1）自卑与自大心理。

一些大学毕业生在求职的过程中缺乏信心和勇气，常会产生自卑心理，对自己评价偏低，他们总以为自己的实力不如他人，水平比别人差，能力不行，单位要求很高自己肯定达不到，再加上因求职屡次受挫产生强烈的自卑感，进而转化为自卑心理，并发展到害怕求职，不敢面对招聘

者，导致自己丧失就业机会。就业中的自卑一般产生于以下一些情况：①一些冷门专业的大学毕业生看到就业市场寻求自己专业的单位少、待遇差或在求职中遭冷遇，容易悲观失望；②一些性格比较内向、不善言辞的大学毕业生看到其他应聘者口若悬河，自己什么也说不出来而自惭形秽；③一些在校成绩与表现一般的大学毕业生看到其他应聘者的自荐书上奖励、证书、成果一大堆，自己什么也没有，容易自我贬低；④一些女大学毕业生在就业受到用人单位的歧视后会自怨自艾。总之，自卑的大学毕业生不敢正视现实，对自己的长处估计不足，怀疑自己的能力，不善于发现适合自己的职业岗位，在对自己的抱怨、贬低中失去了求职的勇气。

自卑的反面是自大，两者有时会相互转化。一些专业较好、就业资本较雄厚的大学毕业生容易从自信变为自负。还有一些大学毕业生是脱离实际的自大，往往对自己估计过高，自认为出类拔萃、高人一等，于是傲慢自大、目空一切。他们既缺乏对自己的客观认识，又对就业市场、职业生活缺乏了解，一切都凭自己的主观想象。如有的大学毕业生自以为经过大学几年的学习和锻炼已经满腹经纶，任何工作自己都可以出色完成，在求职中自我感觉高人一等，一旦出现变故容易自卑、自责，而一蹶不振。有的大学毕业生被专业对口、工作条件不错的单位看中，但不屑一顾，挑三拣四，看不起这个部门，瞧不起那个岗位。殊不知，用人单位对这些大学毕业生往往很是忌惮，大多将其拒之门外。

自卑与自大是大学毕业生中常见的心理误区，在就业中对自己缺乏客观评价，对职业缺乏深入的认识。在就业中自卑与自大常存在交织的现象，如一些大学毕业生在求职比较顺利时容易自大，一旦出现挫折就自卑；一些大学毕业生虽然对自身条件比较自卑，但真正遇到用人单位时却又表现为自大，提出的条件很高。

（2）忧虑和恐惧心理。

大学毕业生的就业忧虑和恐惧心理是由于意识到就业的客观形式与自我主观推荐的矛盾而产生的心理体验。一方面渴望自己尽快走向社会，谋求到适合自己的理想职业；另一方面又患得患失，不愿意走出校门，对走上社会感到无所适从。总是担心自己找不到工作，担心得不到帮助，甚至不想毕业，不想面对社会。

（3）焦虑与急躁心理。

就业时许多大学毕业生既希望谋求到理想的职业，又担心被用人单位拒之门外，还担心自己在择业上的失误会造成终身遗憾，并对未来的职业生活感到心中没底。因此，在就业的过程中出现焦虑是正常的。但一些大学毕业生的焦虑过了头，成天忧心忡忡、烦躁不安、意志消沉，行为上反应迟钝、手忙脚乱、不知所措。

有些大学毕业生在就业时显得过于急躁，整个就业期情绪始终处于亢奋状态，常常心急如焚、东奔西跑，希望尽快找到合适的工作，但又缺乏对就业形势的冷静观察及对自我求职的理性思考，做了很多无用功。有些大学毕业生在并不完全了解用人单位的情况下就匆匆签约，一旦发现实际情况与自己想象的不一样或发现了更好的工作，就追悔莫及，甚至毁约，给自己带来许多不必要的麻烦与心理困扰。

只有正视就业压力，才会使自己积极行动起来。我们知道适度的心理焦虑能产生压力，这种压力可以变成动力，它可增强个人的进取心。但是，如果心理过度焦躁、不安，自己又不能在一定时间内调整这些情绪，这些情绪就会成为心理障碍或心理疾病，会严重影响个人主观能动性的发挥，甚至会埋没自己的潜能，给就业带来困难。

（4）攀比与嫉妒心理。

有的大学毕业生在择业时，同学之间"追高比低"的现象时有发生，缺乏对自我的客观分析，不是从自己的自身条件、职业特点和社会整体需求出发进行择业，而是互相攀比。以比同学的工作好为标准，特别是听说与自己成绩、能力差不多的同学找到令人羡慕的工作、获得可观的收入时心理上就不平衡，抱着"他能去，我更能去"的态度非要找一个条件更好的单位，觉得自己找不到理想职业很没面子，而不考虑自身条件、社会需要的特点、职业发展及就业中的机遇因素。即使有单位非常适合自身发展，因某个方面比不上同学选择的就业单位，就彷徨放弃，失去很多就业机会。为了获得心理上的平衡，将自己择业的目标设计过高，其结果是高不成、低不就，陷入苦恼之中。

（5）抑郁与逆反心理。

在择业时受到挫折后，一些大学毕业生会感到无能为力、失去信心，表现为不思进取、情绪低落、意志消沉，他们常常会放弃一切积极的求职努力，听天由命。严重时还会对外界的环境漠然置之，减少人际交往，对一切都无所谓，进而出现抑郁症。

有的大学毕业生对正面的职业教育、职业信息存在逆反心理。对来自辅导员、班主任、学校就业指导老师以及同学和用人单位的正确信息、善意批评与建议，他们不相信、不听从，偏要对着干，要按自己的一厢情愿去求职。例如，当别人为其推荐某工作单位时，总是抱有戒心，别人讲得越多他越不信。当求职失败时，不总结自己的问题，甚至明明知道自己失败的原因也不改正，在以后的求职中依然我行我素，听不进任何批评与建议。

（6）消极与被动心理。

有些大学毕业生在就业问题上表现得非常消极，平时也不参加招聘会，有单位来了就看看，如果不满意就等下去，满意时也不主动争取，抱着"你不要我是你的损失"的态度，期待着有单位会主动邀请。还有一些大学毕业生这山望着那山高，不肯轻易低就，明明已经找到工作，但拖着不肯签约，总希望有更好的单位出现。

有的大学毕业生在求职的过程中总是在郁闷抱怨中度过，或者只是一味等待有好的工作自动找上门来。在求职的道路上，没有人会主动找你，这就要求我们必须主动地进入求职市场，充分发挥自己的主观能动性，把自己的优势展示给招聘者，积极适应形势的变化，由被动求职转为主动进攻。

（7）从众与依赖心理。

由于大学毕业生已经习惯学校的群体生活，找工作时跟着凑热闹，随波逐流，缺乏主见。别人找什么工作，自己也跟着去找，什么工作热门就去找什么工作，而不从自身情况出发，不去分析社会需求，不去想是否和自己的专业有关，是否适合自己，是否为自己将来发展的方向，往往不能发挥自己的优势，反而错失最佳就业时机。

一些大学毕业生缺乏独立意识，不愿意把自己推向市场参与竞争，不适应独立谋取职业和通过多种渠道就业的新形势。求职应聘时总爱拉上父母、同学，或者一帮学友共同应聘同一单位，希望日后能相互照应；或者把希望寄托在家人、亲戚、朋友、老师身上，自己不去了解就业情况，不主动去找工作，也不愿意去尝试，这种人在工作中也是难有长进的。这种缺乏独立意识和能力的大学毕业生只会被用人单位抛弃。

（8）怯懦与挫折心理。

一些大学毕业生在面试时结结巴巴、面红耳赤、腼腆害羞、语无伦次、答非所问；一些大学毕业生在面试时怕说错话以影响用人单位对自己的印象，从而小声说话或不敢说话。这样的大学毕业生很难让用人单位相信他能独立开展工作，自然很难被用人单位赏识。

一些大学毕业生觉得没有适合自己的岗位，自己所学的专业工作岗位少，在招聘会中没能很好发挥自己的优势，连连受到打击，简历投了几十份，没有任何回音。

（9）侥幸与懒散心理。

一些大学毕业生认为用人单位不可能去查实每个人的自荐书是否真实，而且面试时间比较短，不可能对自己做全面的考查和了解，只要自己当时充分地表现，把工作骗到手，签好协议书就行了。于是，一些大学毕业生把别人的获奖证书、成果证明等偷梁换柱地复印在自己的自荐书里，自己明明没有当过干部，也没有参加过社会实践活动，也照着别人的写上，甚至胡编乱造一番，以致有时在用人单位收到的自荐书中一个班出现了五六个班长。还有的大学毕业生在面试时把自己吹得天花乱坠、无所不能，结果经过现场实践考核或试用时就马上露出了原形。

有的大学毕业生签约比较早，往往在离毕业半年前或更长时间就落实了单位，这时容易出现懒散心理，认为工作单位已定，没有什么可以担心的，应该松口气、歇歇脚了，于是学习没有动力，组织纪律散漫，考试仅仅追求及格，毕业设计（毕业论文）只求通过，甚至长期旷课。还有极少数大学毕业生因此受到学校处分，严重的甚至被开除或勒令退学，找到的工作也因此丢了，悔之莫及。

（10）求稳与求闲心理。

不少大学毕业生择业时希望一步到位，然而只有在工作的过程中才能找到最能发挥自己特长的岗位。因此，"先就业，后择业"能让大学毕业生在工作过程中逐渐找准自己职业生涯的发展方向，不必计较跨出校门的第一个台阶有多高，因为很多大学毕业生没有社会经验，对自己喜欢什么样的工作环境和岗位不清楚，要找一份理想的工作是有一定难度的。"专业对口"和"铁饭碗"的思想束缚了大学毕业生的择业范围，在择业时他们顾虑重重，思前想后，不敢冒险，缺乏风险意识和风险承受力，妨碍了自我推销的有效展开。

一些大学毕业生在求职时抱着清闲、自在的心理，希望找到轻松、稳定、薪水高、待遇好的工作，宁可待业也不干艰苦的工作，缺乏艰苦创业、为人民服务的精神。

2. 大学毕业生就业心理障碍的自我调适

在人的一生中，职业选择期是非常关键的。因此，在职业选择期，良好健康的心理关系一个人今后人生历程的发展，决定一个人在职业生活中能否发挥自己的个性、施展自己的才华、取得事业成功与自我价值的实现。

就业本身就是我们认识和适应社会的一个过程，在求职过程中遇到困难，甚至经过几次挫折才最后成功是正常的，在就业中遇到许多心理冲突、困惑，产生一些不良情绪也是正常的。遇到就业问题时，要学会调节自己的心态，使自己能从容、冷静地面对就业这一人生重大课题，并做出正确的选择。

为适应职业需要，大学毕业生除了应做好就业知识和能力方面的准备、职业道德准备，还应该有充分的心理准备，调整好就业心态，勇敢地迎接挑战。为避免大学毕业生择业时出现心理问题与心理压力，应该采取积极措施来调适大学毕业生在择业中存在的不良心理。

（1）充分认识职业价值，树立合理的职业价值观。

传统观点认为人们工作就是为了满足生存需要，但是对于现代社会的人来说，职业对个体的意义已经远不是如此简单，职业可以满足人们从低层次到高层次的多方面需要。职业的价值是丰富的，大学毕业生要充分认识到职业对个体发展、社会进步所起到的重要作用。

在择业时不能只考虑收入、工作条件、工作地点等因素，而要考虑职业对自我一生发展的影响与作用，应看重职业能否帮助实现自我价值。因此，要在考查社会需求的基础上，了解职业能否帮助实现自我价值。对那些虽然现在工作条件不太好，但发展空间大，能让自己充分发挥作用的就业单位要优先考虑，对那些现在经济发展水平不太高，但发展潜力大，创业机会多的工作地点也要重视。总之，盲目到一些表面上看来不错但不适合自己、才能不能得到有效发挥的单位去工作是不会让自己满意的。与其将来后悔，不如现在就改变自己，建立适应我国当前市场经济发展、人才需求规律的合理的职业价值观，以指导自己正确择业。

（2）接受客观现实，调整就业期望值。

就业市场上的用人单位招不到人、大量大学毕业生无处去的"错位"现象普遍存在，这是因为大学毕业生的就业期望普遍较高。因此，要顺利就业就必须首先根据自己的实际情况和就业形势，调整自己的就业期望值。调整就业期望值不是对单位没有选择，只要有单位要就去，而是要在职业生涯规划和职业发展观念的基础上重新确定自己的人生轨迹。也就是说，要树立长远的职业发展观念，放弃过去那种择业就是"一次到位"、要绝对安稳的观念。要知道现在去再好的单位，将来也有被辞退的可能，因此，在择业时要看得长远一些，学会规划自己的职业生涯。在当前获得一个理想职业的时机还不成熟时，应采用"先就业，后择业，再创业"的办法。也就是说，在择业时不要期望太高，可以先选择一个职业，不断提高自己的社会生存能力、增加工作经验，然后再凭借自己的努力，通过正当的职业流动来逐步实现自我价值。许多大学毕业生不愿意去经济落后的地区工作，可是随着西部大开发的推进，西部地区将成为经济发展的热点，也将给大学毕业生提供更多的发展机会，因此，抢先到这样的地区去工作可能会更有利于自己的职业发展，取得事业的成功。

（3）克服自卑心理，树立自信意识。

知人为聪，知己为明；知人不易，知己更难。大学毕业生应该对自己有充分的认识，把主观愿望和客观条件结合起来，增强自信心。一些大学毕业生在求职的过程中，由于怯于出头、羞于表现，常常给人以唯唯诺诺、缺乏能力的感觉，不利于给自己提供施展才华的机会。在面对日益激烈的人才竞争时，大学毕业生应该克服自卑心理，树立自信意识。应注意培养自己良好的人格品质，改变那些不适应发展的不良的人格品质，培养自信乐观、自强不息、宽容豁达、开拓创新等品质，树立自信心。在求职遇到挫折和困境时，要相信自己的能力，不被暂时的困难所吓倒，正视现实，放眼未来，要相信未来是美好的、前途是光明的，对自己抱有合理而坚定的信心，一定能达到理想的彼岸，找到自己满意的工作，同时要适时调整自己的不良心理。对求职的期望要适度，保持实事求是、知足常乐的心理。有理想、有抱负的大学毕业生，应该怀着一腔热血，到祖国最需要的地方去建功立业、奉献青春。

记得有这样一个寓言故事：有两只小青蛙，不小心掉进了一个装黄油的坛子里，想跳出来，黄油太腻，坛子太滑，多次努力都没有结果。其中一只想：反正没有希望还跳什么呢？这样想着于是越来越跳不动了；而另一只虽然疲劳还是坚持着，心想：只要有力气，我就要跳出去！跳着，跳着，它突然碰到了一块固体，是黄油在它不停搅动下凝固了，它踩在凝固的黄油上一用劲跳了出来——原来成功这么简单。

（4）怀抱成功希望，规划就业愿景。

在就业教育中，帮助大学毕业生怀抱就业成功的希望是激励大学生就业的前提。怀抱成功希望，关键的环节就是要规划美好的就业愿景，客观分析市场前景，形成就业预期。心理学研究表明，基于外在压力而形成的驱动力会随着时间的推移而减弱，基于自身需要而形成的内驱力具有持久的激励效果。用"分步法"确定具体而明确的就业目标，同时确定至少一种备选方案，以便就业受阻时及时调整，通过不断调整与现实匹配的就业目标保持就业的激情。

（5）用智慧武装自己，提高就业能力。

现实中我们经常看到这样的情形：用人单位在面试中问"你能为我们单位创造什么效益"或"你能做什么"时，应聘者往往"失语"，起码回答得不能令对方满意。其实，大学毕业生并不缺乏专业知识，但"知识≠智慧"，经过数年的学习，大多数大学毕业生是具备较好的专业知识的，问题是如何把"吸收"的知识"贡献"出来，而且要用自己的方式创造性地加以重新组织、发挥。

现在教育发展水平和普及程度提高了，大学毕业生不再是稀缺资源，对于沿海发达地区尤其如此。这就要求当下的大学毕业生必须"出新"——创造新的生产力，而要"出新"，就必须把知识变成智慧，把书本知识化为自己的能力。

（6）避免从众心态，克服依赖心态。

大学毕业生处在择业的洪流中，择业目标的确立会受到其他择业者的影响。虚荣、侥幸心理会使他们改变原有的择业目标而采取不切实际的从众行为。

一些大学毕业生在择业的过程中缺乏自信心，把希望寄托在拉关系、走后门上，有的甚至由家长出面与用人单位洽谈。殊不知，这样做的结果恰恰让用人单位对这些大学毕业生产生缺乏开拓能力、独立生活能力和工作能力差的印象。当今社会，机遇与挑战并存，只有在择业中树立信心，敢于竞争，才能在众多求职者中脱颖而出。

（7）培养乐观心态，形成合理归因。

积极乐观的心态能使人心情舒畅、积极向上，有助于大学毕业生克服就业过程中的不良情绪，消解来自各方的压力，也可促使大学毕业生会合理地进行就业归因。要培养大学毕业生的乐观心态，可从以下几个方面进行：①提升大学毕业生自我欣赏能力；②积极参加各种与就业有关的活动，如参加就业论坛、社会宣讲等；③通过锻炼，积累就业经验，学会客观分析，对成功或失败形成合理归因。

在求职的过程中，大学毕业生要充分发挥自己的优势，挖掘和发展自身潜力，从自身情况出发，将眼光放长远，不要只注重眼前利益，从自己最拿手的事业做起，一定能成功就业。

（8）认识与接受职业自我，主动捕捉机遇。

大学毕业生就业时的许多心理困扰都与他们不能正确认识和接受职业自我有关。因此，正确认识自我的职业心理特点并接受自我，是调节就业心理的重要途径，并可以帮助他们找到适合自己的职业方向。要知道自己喜欢什么样的职业、需要什么样的职业、自己的择业标准及根据自己目前的能力能干什么样的工作，这样才能知道什么样的工作更适合自己。许多大学毕业生通过参加求职活动发现自己的能力与水平并不像自己以前想象的那么高，容易出现失望、悲观、不满情绪。因此，在认识自我特点后还要接受自我，对自我当前存在的问题不能一味抱怨，也没有必要自卑，因为自己当前的特点是客观现实的，在毕业期间要做出大的改变是比较困难的，要承认自己的现状，学会扬长避短。另外，要用发展的观点来看待自己，要知道有缺点并不可怕，可以先就业然后在工作岗位上不断发展自己。

大学毕业生就业时的机遇因素也是非常重要的。因此，了解并接受自我特点后，还要学会抓住属于自己的机遇，这样才能保证以后顺利求职。要抓住机遇首先必须多收集有关的职业信息，多参加一些招聘会，并根据已定的择业标准进行选择。需要注意的是，机遇并不是对任何人都适用的。一份工作的好与不好，是相对的，对别人合适的，对自己不一定合适，因此不能盲从，要时时记住，只有适合自己的才是最好的。还要注意机遇的时效性，在发现就业机会时要主动出击，不能犹豫，也不要害怕失败，应该有敢试、敢闯的精神。

（9）开拓进取，勇于创业。

大学毕业生是有理想、有抱负、有创新精神、敢作敢为的青年先锋。因此，大学毕业生可以有自主创业的打算，既可以选择在毕业后马上实现，也可以通过一些社会积累再实现。大学毕业生要有开拓自己事业的信心与勇气。当前，一些大学毕业生创业时遇到了一些困难，但也有相当多成功的案例。大学毕业生创业是值得鼓励的，关键是要有准确的思路，要对自己有一个合理的规划与定位，要与有市场经验的人合作，要摆脱学生公司的意识，要进行科学化、职业化的管理。

（10）坦然面对就业挫折，提高心理承受力。

面对市场竞争、就业压力，大学毕业生在求职时总会遇到许多困难、挫折甚至委屈，如一些专业热门，一些则冷门，又如女大学毕业生找工作容易受到歧视等。面对这些问题抱怨是没有用的，重要的是调整心态，提高自己对各种突发事件的心理承受能力。其实，就业的过程也是大学毕业生重新认识自我、认识社会，并主动调整自我适应社会的过程。如果能通过求职来增强自我心理调节与承受能力，那么对大学毕业生今后的职业生活是非常有价值的。

在求职中遇到挫折时，要用冷静和坦然的态度来对待，客观地分析失败的原因，并进行正确的归因。首先，在就业市场化、需求形势不佳、就业竞争激烈的情况下，出现求职失败是在所难免的，不能期望自己每次求职都能成功。要对可能出现的求职挫折有充分的心理准备。同时，应把就业看作一个很好的认识社会、认识职业生活、适应社会的机会，应通过求职活动来发展自己，促进自我成熟，"不以成败论英雄"。其次，求职失败并不一定就是因为自己的能力不行。出现求职失败有许多原因，可能是因为你选择求职单位的方向不对，也可能是因为你的价值观与单位的企业文化不符合，还有可能是其他一些偶然因素。总之，要正确分析失败的原因，调整自己的求职策略，学会安慰自己，以便在下次的求职中获得成功。

【交流探讨】

【话题2-1】你的求职观念正确吗

【话题探讨】

认真阅读以下【参考资料】中的内容，结合你自己和身边同学的求职观念，你是否赞成以下求职观念？说说你的理由。

（1）工资不是老板给的而是自己给的。

（2）先做人，后做事。

（3）平静面对每一次求职失败，一直坚持到最后成功。

【参考资料】

学历仅代表过去，只有学习力才能代表将来。尊重经验的人，才能少走弯路。一个能成功就业的大学毕业生，也应该是注重经验和经历的综合素质高的复合型人才。

大学毕业生就业难，求职遭遇海选，早已不是一个新话题。职场如战场，这句话对千百万个奔波在求职征途上的求职者来说，应当是深有体会的。可是，为什么在现实生活中，总有一些人在求职的"战场"上屡战屡胜，一些人却机关算尽，使尽全身解数依然寸步难行呢？

1. 工资不是老板给的而是自己给的

某家公司要招聘业务人员，其中一位应聘者资历显赫，对公司来说，有"小庙容不下大佛"的顾虑，因此，该公司的招聘人员并不抱太大希望。面谈时，该公司的招聘人员告诉他，根据公司规定，无法给予太高的薪水。原以为该应聘者会就此放弃，但他竟然答应留下来，这让该公司的招聘人员感到有些意外。上班后，他准时上班，报表填写得非常清楚，并积极联系客户。过了不久，他的业绩远远超出大家原来的预期，于是公司在最短的时间破格晋升他，大幅度给他加薪。而他，也自此更加卖力，为该公司创造了更多业绩。

后来经过了解，该公司领导才知道：他在前一家公司已当上主管，工作相当顺利，对工资也十分满意，原以为可以衣食无忧，但没想到后来公司投资失败，老板不知去向，使员工哭诉无门。期间，他也曾经因为薪水无法与自己所要求的相符而怨天尤人，总认为自己怀才不遇，但在经历了一段时间的挫折与沉淀之后，他选择重新出发，重新体会到价值与价格的差异。

待遇是被人给予的，随时可以拿走；价值却是自己创造的，任谁也无法带来。

2. 先做人后做事

有一位记者在家写稿，四岁的儿子吵着要他陪。该记者很烦，就将一本杂志的封底撕碎，对他儿子说："你先将这上面的世界地图拼完整，爸爸就陪你玩。"过了不到五分钟，儿子又来抓他的手，说："爸爸我拼好了，陪我玩。"

该记者很生气地说："小孩子贪玩是可以理解的，但如果说谎话就不好了。怎么可能这么快就拼好世界地图!"

儿子非常委屈地说:"可是我真的拼好了呀!"该记者一看,孩子竟然拼得完整如初。不会吧?家里出现了神童?他非常好奇地问儿子:"你是怎么做到的?"

儿子说:"地图背面是一个人的头像。我反过来拼,只要这个人拼好了,世界地图就拼完整了。"

做事先做人,这是应聘的"潜规则"和软实力,只要做人做好了,你的世界就是美好的。

3. 平静面对每一次求职失败,一直坚持到最后成功

什么东西比石头还硬,或比水还软?软水穿透了硬石,坚持不懈而已。

有位大学毕业生去软件公司应聘,而该软件公司并没有刊登过招聘广告。见总经理疑惑不解,该大学毕业生解释道:"我碰巧路过这里,就贸然进来了。"总经理感觉很新鲜,破例让他一试。面试的结果出人意料,大学毕业生表现糟糕。他对总经理的解释是事先没有准备,总经理认为他不过是找个托词下台阶,就随口应道:"等你准备好了再来面试吧"。

一周后,该大学毕业生再次走进该软件公司的大门,这次他依然没有成功。但比起第一次,他的表现要好得多。而总经理给他的回答仍然同上次一样:"等你准备好了再来面试吧。"就这样,他先后5次踏进该软件公司的大门,最终被该软件公司录用,并成为重点培养对象。

也许,我们的人生旅途中沼泽遍布,荆棘丛生;也许我们追求的风景总是山重水复,不见柳暗花明;也许,我们前行的步履总是沉重、蹒跚;也许,我们需要在黑暗中摸索很长时间,才能找到光明;也许,我们虔诚的信念会被世俗的尘雾缠绕,而不能自由翱翔⋯⋯那么,我们为什么不可以以勇敢者的气魄,坚定而自信地对自己说一声"再试一次"?

再试一次,你就有可能达到成功就业的彼岸!

【话题2-2】如何走出就业观念误区,树立正确的就业观

【话题探讨】

认真阅读以下【参考资料】中的内容,说一说【参考资料】中所列举的大学毕业生就业观念的常见误区中,哪些在你的就业观念中或多或少地存在。参考【参考资料】中所提供的树立正确就业观的措施与方法,说一说自己会采取哪些措施与方法让自己走出就业观念误区,形成正确的就业观。

【参考资料】

1. 大学生就业观念的常见误区

(1) 好高骛远。

一些大学毕业生走出校门时往往踌躇满志、心比天高,认为参加工作就是要干一番大事业,而不愿脚踏实地地从日常平凡工作做起;如有的单位准备先让大学毕业生到基层锻炼两年再调回本单位工作,之前跃跃欲试的大学毕业生马上心灰意冷、犹豫不决。一部分大学毕业生,特别是一部分从所学专业到自身条件自我感觉良好的大学毕业生,往往用一种错误的方式或方法处理就业问题——他们从不急于与用人单位签订就业协议,而是一拖再拖,目的是落实一个自己认为各方面条件十分完美的单位,但结果常常事与愿违。正所谓"不积跬步,无以至千里;不积小流,无以成江河",如果没有从日常平凡的工作岗位干起来的思想准备,那么很难在日后的工作中有所作为。

(2) 急功近利。

一些大学毕业生一心只想留在大城市工资高、待遇好的单位,或者到合资企业、外企或沿海发达地区,为了功利不惜放弃自己的专业和兴趣,但心理上难免会感到困惑。况且,越是大城市、大型企业或沿海发达地区,人才越密集,竞争越激烈,离开自己的专业优势去竞争,大学毕业生容易遭受挫折。

一些大学毕业生择业时片面追求实惠，过于看重工资、福利待遇，而对自己所学专业是否与所用对口、是否能发挥自己的特长则考虑得较少。他们图的是生活安逸，工作没有压力。随着我国市场经济的发展，行业之间、人与人之间的竞争已越来越激烈。那种存在不思进取、只图安乐享受想法的人，注定要被社会淘汰。此外，直面现实需要理性的分析，工资、福利待遇的高低并不是衡量求职者自身价值大小的唯一标准，大学毕业生在择业时没必要对其过分关注。有关调研结果表明，职业发展已成为驱动员工敬业度的首要因素，职工对自己的职业发展已经超过对薪酬的关注度。因此，大学毕业生在择业的过程中应该顺势而为，调整薪酬第一的观念，转而关注单位的发展潜力，关注自己在单位的发展前途。

（3）自命不凡。

一些大学毕业生自恃学有所长，认为"天生我材必有用"，自我定位出现偏差，过高地估价自己，在择业时往往以个人的主观择业标准去衡量社会需求，造成自身尴尬的局面，出现高不成、低不就的现象，进而出现"就业不难，择业难"的情况。

（4）盲目从众。

看到别人找的工作不错，自己就盲目随大流，跟着找什么工作，或者找一些比较热门的工作，而忽略了自身的专业。

（5）角色错位。

一些大学毕业生过惯了校园生活，对父母和学校的依赖性很强，一旦独立面对社会，面对社会角色的客观要求，面对复杂的社会关系，常常产生逃避心理和抵触情绪，因此，很难找到理想的工作。

（6）频繁跳槽。

刚毕业的大学生就业中存在不稳定性和多变性，一方面对自己的工作不满意，经常会出现跳槽的行为，错失良机；另一方面对用人单位不利，频繁跳槽会延误用人单位挑选人才。

（7）盲目创业。

一些大学毕业生自认为已学到很多知识，不愿意先从底层做起，就开始自己的创业生涯，把创业问题简单化，没有想到在公司发展的过程中会出现问题，最后出现亏损。建议创业的大学毕业生先深入了解这个行业的类目，再去相同类目的公司上班，以积累相关经验。

（8）择业期望值过高。

一些大学毕业生在择业时对就业形势和用人单位的需求了解不够，完全按照自己的理想一厢情愿地谋求效益好、工资高的岗位，很多大学毕业生要求到大城市工作。由于目标不切合实际，在择业的过程中屡屡碰壁，导致心灰意冷，甚至丧失自信心。这说明大学毕业生对自身在社会中的定位没有正确的认识和分析。在进行个人社会定位时，必须认真考虑自身的知识和能力水平、专业的社会适应性、自身的个性特征等因素。

（9）只顾眼前利益，忽视职业发展。

一些大学毕业生在择业标准中只考虑工作条件、收入等眼前利益，而对自己的职业兴趣、能力、职业的发展前景等因素不做考虑，因而极易选择的是并不适合自己的职业。

（10）害怕艰苦，盲目追求高待遇的岗位。

一些大学毕业生怕吃苦，盲目追求享受，甚至受功利主义的影响，择业时名利心理过重，缺乏对自己的客观评价，不考虑新形势下用人单位对大学毕业生专业、能力、层次等方面的要求，盲目追求高待遇的岗位，而忽略社会需求的人才状况，不愿意到基层就业，找工作只关心收入和福利，以及上班累不累的问题，以至于很难走上工作岗位后完成岗位的角色转换。

（11）过分强调专业对口与学以致用。

目前，我国高等教育的人才培养与经济发展的客观现实不匹配、专业设置与市场需求不匹配的问题在一定程度上仍然存在。有的大学毕业生在择业时坚持把专业对口视为头等大事，缺乏"与时俱进"精神，在求职时，只要是与自己专业关系不密切的职业就不考虑，这样做只能是人为地增加了自己的就业难度。大学毕业生应该调整心态，能够实现就业专业对口、发挥所学之长当然好；若情况不允许，则在可以把握的范围内摒弃"专业对口、死守本行"的观念。一个大学毕业生之所以优秀应该体现在综合能力上，即专业不对口也能尽快进入角色，在工作岗位上保持工作积极性，做出突出贡献。

（12）求安稳，求职一步到位的传统观念根深蒂固。

当前"大学毕业生就业难"的现状，与许多大学毕业生在找工作时想"毕其功于一役"的想法有很大关系。一些大学毕业生受传统观念影响，固守着一次择业定终身的思维模式，希望一次择业就能抢占生活的制高点，一劳永逸。

一步到位地选定自己理想、喜欢的终身性职业、岗位，以发挥专业所长、体现人生价值和追求，这种想法没有什么不对，但最优选择总是稀缺的，何况一些大学毕业生的理想工作又是那么高不可攀——工资要高、福利要好、单位要体面、工作要稳定、上班要方便，而不愿意选择有风险、有挑战性的职业，更不敢去自己创业。考虑过多会使大学毕业生错过许多机会。其实在现代社会中，每个人都有多次择业的机会，那种"从一而终"的传统择业观念违背了社会发展潮流，应该摒弃。

（13）职业意义认识不当，个人主义倾向趋于严重。

一些大学毕业生从观念上来说，还是把工作当作一种谋生手段，过分强调职业的功利价值，没有充分认识到职业对个人发展、社会进步的重要意义。一些大学毕业生在择业时，不考虑国家和社会的实际需求，把个人兴趣爱好放在首位，把是否能在未来的职业生涯中发挥专长、实现自我发展作为择业的唯一要求，不愿意到不利于自身发展的地方去，不愿意到条件比较艰苦的地区和行业去工作。

2. 如何树立正确的就业观

大学毕业生要成功就业，需要有正确的就业观，这样，才能为自己的前途打下良好的基础。正确的就业观既是一个人立足企业、准确定位的风向标，也是我们踏入社会，最大化、最优化地实现人生价值的"金钥匙"。愿我们每个人都能很好地利用自己手中的这把"金钥匙"，开启事业成功的大门。

（1）客观认知自我。

一些大学毕业生无法正确地认清自己，无法衡量自己具备的综合素质、专业能力、实际动手能力，不去综合分析岗位要求，无法确定自己是否能干、是否能干好。

就业是一种双向选择行为，既是大学毕业生对单位各项条件，如单位性质、工作环境、工资、福利待遇、劳动强度的选择，也是单位对大学毕业生所具备的条件，如专业技能水平、实践操作能力、道德品行、待人接物的态度、思想觉悟水平、人际关系协调能力等的选择。当双方的条件都能被对方接受时，就业才能实现。

所以大学毕业生在选择单位和具体工作时，要实事求是地从自身条件出发，对就业单位提出的要求，要选择与自身条件基本一致的单位。切不可不顾自身条件，一味要求工作轻松、工资高、待遇好的单位。

一些大学毕业生求职时只会简单地说，我是×××大学毕业的，我有×××学历，我是学×××专业的，我的工资不能少于×××元。实际情况呢？自己只是花了钱在大学度过了×年时间而已，专业并不精，能力并不强。这个时候找工作还挑三拣四，自然一个单位也无法选中。因此，无法客观认知自我，盲目上阵就是错误的就业观。

俗话说得好"打铁还需自身硬"，所以在学校里，同学们必须刻苦锻炼，培养自己，不断提升自己的综合素质，到推荐就业时，要客观地评价自己，对号入座。

（2）降低就业期望。

就业市场用人单位找不到人、大量大学毕业生无处去的"错位"现象仍然存在，这是因为大学毕业生的就业期望普遍较高。大学毕业生找工作难与不难是相对的，如果你找的工作都要按照自己的预想，既要符合自己又要符合家人的要求，那么是很难的。但如果你只是想先找个工作稳定下来，然后根据自己未来的发展需要，再做适当的调整，那么就不难了。因此，要顺利就业就必须首先根据自己的实际情况和就业形势，及时调整自己的就业理想和价值取向，调整自己的就业期望值，拓宽就业范围，树立正确的就业观。对薪酬而言，也不一定非要高薪不可，从低薪就业开始，先赚取经验也是很有必要的。

调整就业期望值不是对单位没有选择，有单位要就去，而是要在职业生涯规划和职业发展观念的基础上重新确定自己的人生轨迹。也就是说，要树立长远的职业发展观念，放弃过去那种择业就是"一次到位"、要求绝对安稳的观念。因此，在择业时要看得长远一些，学会规划自己整个人生的职业生涯。在当前获得一个理想职业的时机还不成熟时，应采用"先就业，后择业，再创业"的办法。也就是说，在择业时不要期望太高，可以先选择一个职业，不断提高自己的社会生存能力，增加工作经验，然后再凭借自己的努力，通过正当的职业流动来逐步实现自我价值。许多大学毕业生不愿意去经济欠发达的地区工作，可是随着西部大开发的进行，西部地区将成为经济发展的热点，将给大学毕业生提供更多的发展机会，因此，抢先到这样的地区去工作可能更有利于自己的职业发展，取得事业的成功。

（3）正视社会现实。

人是社会之人，是现实之人。正视社会现实是大学毕业生择业必备的健康心态之一。积极的心态是正视社会、适应社会；消极的心态是脱离社会、逃避社会。随着我国劳动人事制度改革的推进，将为大学毕业生求职择业提供良好的环境，职业选择的机会将大大增加，为大学毕业生施展自己的才能提供广阔天地，也有利于大学毕业生自身的发展。但同时也必须看到，我国目前人才供需形势不平衡，社会为大学毕业生提供的工作岗位不可能使人人满意。另外，我国大学毕业生就业市场还需要进一步完善，用人单位对大学毕业生的要求会更加严格。所以，大学毕业生要从实际出发，更新择业观念，面对人才市场，必须勇于竞争，以便被社会承认和接受。还需要大学毕业生了解社会需求，根据社会需求选择适合自己的工作，而不能好高骛远、脱离实际。人不能离开社会而生存与发展，每个人自我愿望的实现都离不开他所处的社会环境。择业作为人的一种社会性活动，必然也会受到种种社会条件的制约。大学毕业生如果脱离社会需求，则很难被社会接纳，甚至难以生存下去。那种一味追求个人名利、满足自己愿望的择业观是不可取的。

（4）认清就业形势。

每年的毕业季都是求职高峰期，这个时候求职人员明显高于岗位数量，即供大于求，就业形势更加严峻。关键是找工作的人员不仅仅有应届大学毕业生，还有往届大学毕业生等。

（5）摆正自己的位置。

从市场就业情况来看，需要大学毕业生转变就业观念，社会对大学毕业生的期望也需要调整。当前大学毕业生就业观念已经出现"三多三少"的现象，即东部多、西部少，城市多、农村少，外企多、国企少。这些都是大学毕业生畸形就业观念的反映。由于就业观念的不适应，有的大学毕业生盲目跟潮，有的不能根据自身的特点进行择业，还有的不能根据实际进行就业目标的调整。

要想正确地选择职业，就必须转变角色，调整观念，不能把学校、家庭、亲友及同学所给予的关心、呵护、尊重当成社会对自己的最终认可，而要摆正自己的位置，客观、冷静地进入求职状态，认识社会、了解社会，以自身的实力，主动地去适应社会需要。在选择社会职业的同时，也要积极接受社会的选择，以积极的就业观念迈出人生这关键的一步。

(6) 学会转变角色。

大学生要想在毕业的时候找到理想的工作,就要改变这些错误的就业观念,学会转变角色,抛开幻想,了解自己所处的地位和社会现实,实事求是地面对就业现实。

对绝大多数大学毕业生来说,大学阶段过的是一种单纯而有保障的生活,学习、生活、交际、娱乐都较有规律,在这样的环境里,容易萌发浪漫的情调和美好的理想,但这样的生活与现实社会是存在距离的。几年美好的大学生活即将结束,在离别母校、踏上社会之前的阶段,一定要转换观念,转变角色,以适应社会。在毕业前大学生都应该有这个意识。

(7) 培养独立意识。

社会并不把大学毕业生当作学生看待,社会要求大学毕业生对自己行为负完全的责任。因此,大学生在校期间培养自己的独立意识是十分重要的。首先,要培养自己独立生活的能力。从纷繁琐碎的日常小事开始,训练独立处理问题和发展各种基本生活技能的能力,摆脱家庭的关怀呵护,学会自立。其次,要注重培养独立学习、生活、工作的能力。最大限度地发挥自己的创造性,而不是在老师安排和指导下去做,要学会顺应环境、改变环境。另外,要在思想上和心理上走向独立。思想上意识到大学生要走自己的路,要有自己独立的见解,寻求自己的奋斗目标,独立处理各种问题,不断完善自己;而心理上的独立,很重要的一方面是要有自信心,无论成功与否,身处顺境还是逆境都能坦诚地对待自己,相信自己的能力,做到自尊、自爱、自信、自强,保持乐观进取、积极健康的心态。

(8) 提升综合能力。

综合能力包括两个方面,一方面是个人的就职能力,另一方面是一些求职技巧。

就职能力很好理解,要想找到称心如意的工作,那么自己必须具有至少一项专业技术能力,否则别人凭什么招聘自己?没有特长是不是随时可以被取代?因此,专业技术能力是必不可少的,也是最值得提升的能力,有相关证书更佳。

求职技巧是一般人很少注意的能力,如简历制作、面试技巧。简历是自己的脸面,很多时候招聘者会根据简历来初步判断求职者是否符合岗位标准。这就要求我们面对不同岗位要微调我们的简历重点——当然要实事求是,只是改变叙说的重点而已。

简历通过了才有机会面试,同样,面试技巧也是一个重要的能力,求职者要多方面地去学习领悟,这里不再详细说明。

一方面要提升自己就职的能力。要了解用人单位的需求,有针对性地做好适岗准备;另一方面要注意培养求职技巧,求职是一门学问和艺术,涉及很多细节性问题,如言谈举止、交流沟通等,应在平时养成良好习惯。这就要求大学毕业生在学好专业知识的同时,时刻注意把知识转化为能力和水平。

(9) 坚持终身学习。

不管如何调整、改变、修正自己的就业观,有一点是永远不会变的,坚持下去永远不会吃亏,那就是学习。时刻学习,每天学习,哪怕今天通过学习提升了一点儿,至少我们在前进着,没有原地踏步,更没有倒退。知识、经验本身就是一个长期积累的过程。

【话题 2-3】如何调整择业心态,走出择业心理误区

【话题探讨】

以下【参考资料】中所列举的大学毕业生择业时要克服的 5 种不良心态,你在择业时会出现哪些?

认真阅读以下【参考资料】中的内容,结合自己和身边同学的想法,谈一谈大学毕业生应采取哪些有效措施调整择业心态、走出择业心理误区。

【参考资料】

当你走出校园，跨入社会，不可避免地要找一份工作。那么我们首先来聊一聊，如何跨出第一步，树立正确的择业心态。

在充分了解职场功能的前提下，将自身的实际情况与择业的准则相对照，在此基础上，我们就可以调整好择业的心态，以正确、健康、有效的心态去确定自己的择业目标，并真正指导自己跨出择业的第一步。

1. 大学毕业生择业时要克服5种不良心态

择业是当前很多人面临的一项难题，尤其是面临毕业的大学生，他们找工作既想专业对口、发挥专长，又想薪水高待遇好。但在求职的过程中，往往不能尽如人意，应该调整好心态，充分考虑个人实际情况。

择业时要克服以下5种不良心态。

（1）离开学校的失落心态。

大多数大学毕业生，已适应学校的生活节奏和学习模式，当要告别同学、离开学校时，一时难以适应身份转变，会恋恋不舍、失落彷徨、痛苦迷惘。

（2）面对选择的焦虑心态。

即将踏入相对陌生的社会生活，部分大学毕业生对以后的发展方向在哪里，如何选定适合自己的发展道路，怎样更快地适应新的工作环境等问题，感到心里没底、束手无策、忧虑焦急。

（3）失去约束的放松心态。

一些大学毕业生进入社会，会对自我放松要求，想体验新潮生活方式，尝试多种经商发财之道，渴望融入各种"圈子"，急于实现个人转型，容易诱发不良问题。

（4）择业选岗的盲目心态。

一些大学毕业生不顾自身条件、潜力特长和所学专业等，盲目听从他人建议，只考虑"最好的"，不愿意找"适合的"；还有一些大学毕业生缺乏明晰的个人设计和职业规划。

（5）初入职场的畏难心态。

由于不了解职场，有些大学毕业生担心学校所学的用不上、选择岗位不理想、未来发展受限制等，感到前途渺茫，无从下手。

2. 调整择业心态

（1）要知己知彼。

择业是一种双向选择，因此，必须正确分析自己的优势和劣势，明确自己在择业中可接受的范围，同时要全面准确地了解用人单位的用人需求和竞争对手的实力。在知己知彼的情况下去选择职业，就能增加成功的概率。

（2）要目标适中。

大学毕业生在择业的过程中，一定要实事求是地确定择业目标，切不可好高骛远。近几年大学毕业生择业时一个明显的特点是向往发达地区、沿海地区和大城市，那些地方因人才集中而很难找到理想的工作。而一些欠发达地区、内陆地区的中小城市或广大农村更需要大学毕业生，大学毕业生在那里往往更受重视，更有用武之地。目前，只要大学毕业生降低择业目标，就业市场还是十分广阔的。

（3）要脚踏实地。

要根据自己的学历、家庭背景、身体情况、技能水平、兴趣爱好、性格特点、生活习惯、个人优缺点等，综合考虑自己的择业目标和方向，不能好高骛远。

（4）要扬长避短。

扬长避短是任何竞争性活动都必须遵循的原则和必须采取的策略。任何人都有自己的长处和短处，问题在于如何发扬自己的长处、避开自己的短处，否则会影响择业。因此，在择业的过程中，有必要正确分析自己的长处和短处，使自己的长处得到充分发扬，并根据自己的长处选择职业。

（5）要坚韧不拔。

当你参加笔试和面试时，要有耐心和信心，要坚韧不拔地面对各种挑战。

（6）要长线思维。

第一次择业，不管结果如何都是一种尝试，想十全十美是不可能的，好工作难找，有时候需要为自己制定一个长期的职业规划，从长远的角度去审视眼前的择业。

【训练提升】

【训练2-1】大学毕业生就业观念与心态调查

（1）使用本模块提供的电子文档"大学生就业观念与心态调查"，完成大学毕业生就业观念与心态调查。

（2）开展以"成才观、职业观、就业观"为主题的专题研讨活动，引导大学毕业生树立健康、积极、理性的就业心态。

电子文档2-1

【训练2-2】探析大学毕业生如何走出求职误区，找到合适的工作

应届大学毕业生刚走向社会，还没有完全适应学校与社会的差距、理想与现实的差距，导致他们在求职的时候，容易走进一些误区。找工作是一项系统工程，既要讲究求职方法，又要运用求职技巧，还要有良好的心态。刚离开校门走向社会的大学毕业生，心中充满了理想和抱负。但是到社会上，巨大的落差、残酷的现实，让他们感到彷徨无奈。

目前，横亘在企业与大学毕业生之间的三道鸿沟为：企业与大学生之间信息的不匹配、期望的不匹配、要求与能力的不匹配。所以，大学毕业生感受到择业压力是正常的，适当的压力将成为大学毕业生择业的动力。建议大学毕业生尝试从用人单位的角度思考问题，也就是换位思考。为何大学毕业生就业那么难？其中很大一部分原因是他们中的绝大多数人只站在自己的立场考虑问题，而不从用人单位的角度审视自己。应届大学毕业生找人生第一份工作时，不妨站在企业的角度，看看这个岗位需要什么条件的人，自己是否具备这个条件，企业是否会要一个只讲待遇、不求上进或没有敬业精神的人。弄清楚用人单位是怎样评价自己的，自己与用人单位的需求之间存在哪些差距等，有助于在今后的面试等环节中把握分寸。

对每个大学毕业生来说，找工作是必须面对的。在找工作期间，大学毕业生将面临多少求职误区？他们将如何走出误区并进入求职"快车道"？他们怎样才能找到合适的工作？他们应该树立怎样的择业观和就业观？思考这些求职问题，参考以下【参考资料】中所列举的"大学毕业生就业的误区"和"大学毕业生就业策略"，探讨大学毕业生找工作时如何走出误区，需要采取哪些策略。

【参考资料】

当前，大学毕业生就业难，不仅有社会、学校的原因，也有其自身的原因。如果走进求职的误区，就找不到事业发展的方向。

1. 大学毕业生就业的误区

目前，大学毕业生找工作时可能存在以下误区。

误区一：留恋经济发达的大中城市。

很多刚毕业的大学生，选择就业地域时首选经济发达的大中城市，但真正能在大中城市成功就业的只占很小比例。因此，合理地选择才是明智之举，对大学毕业生而言，确立符合实际的择

业观和就业观是成功的关键。要能通过大城市优越的工作条件和生活条件，看到其在促进人才成长中不利的一面；也要对自己的实力和优势有正确的评估，也就是"衡外情、量己力"，谋定而后动。面对就业压力，大学毕业生要想办法加速跑入"职道"。

误区二：大企、名企、外企、公务员为首选目标。

在选择企业时，大企、名企、外企、公务员仍是大学毕业生的首选目标。青睐大企、名企、外企并无不当之处，公务员也令人向往，从尊重大学毕业生职业选择权的角度看，这种现象无可厚非。但就业是现实问题，它受多种因素制约，因此，消极面亦十分明显：对多数大学毕业生来说，大企、名企、外企、公务员如同水中月、镜中花，可望而不可即，这是大学毕业生就业难的现实问题。跟风盲从、"扎堆"外企、实力不够、死拼硬冲，结果大都碰得"头破血流、丢盔卸甲"。

误区三：追求热门职业、不愿意到基层工作。

一些大学毕业生只盲目追求脱离自身实际的高工资、高待遇的理想工作和热门职业，对基础岗位不屑一顾，于是在人才市场上出现了"热门难进，冷门更冷"的怪现象。而在企业眼中，刚毕业的大学生缺少实践经验，需要先到一线锻炼，积累经验。

大学毕业生只有从零做起、从基层做起，才能在社会上找到自己的位置。只有务实的人才能成就一番事业。很多人都是从基层做起的，一些人在起步阶段还经历了相当长时间的"煎熬"。在这个过程中积淀下来的经验，铸就了他们今后"高成长"的素质，即坚定的目标、顽强的意志、宽广的胸怀、奋进的品格。

误区四：就业能力不够，自我期望偏高。

一些大学毕业生在择业时眼高手低，心气太高，大事做不来小事又不做，挑来挑去挑花了眼。招聘会去了一次又一次，高不成低不就，挑了好久也没有结果。

选择职业时，必须明白：要想顺利找到工作，只有工作"拿得起"、架子"放得下"，才能快速跑入"职道"。明确职业发展方向后，为了能让自己进入职业"专列"，实现自身价值，就要跟上求职就业动向和求职节拍，寻找对工作经验要求相对较低或无明确经验要求的岗位。因为经验是大学毕业生的空白或弱势，在就业中碰到的很多问题都是工作经验、职业技能方面的问题，懂得避让才是明智之举。要求3～5年工作经验、有丰富业内资源的岗位门槛太高，以放弃为好，要从基层做起，等有了机会和经验，就会有更大的机会，机会和经验是相辅相成的。

误区五：没有自信、退缩低就。

在竞争如此激烈的当下，求职辛苦、艰难是必然的，书没读好、技不如人，不是名校、名系，就会产生自卑心理、灰心气馁，遂甘拜下风，不敢对自己"明码标价"，对于一些单位开出的不平等协议也违心签订，给日后工作带来严重隐患。

2．大学毕业生就业策略

大学毕业生就业时可参考以下就业策略，以便顺利就业。

策略一：不要非得到大中城市就业，可考虑到中西部就业。

大学毕业生选择到中西部就业，一样有用武之地、一样大有作为。中西部是一个具有发展潜力的地方，也是一个需要人才的地方，高学历人才可选择到中西部就业，以发挥人才的作用。近年来，中西部地区先后出台了一些吸引人才的优惠政策，现在正是"引凤"的好时机。

策略二：不要非得到大公司就业或考公务员，可选择有发展潜力的小公司或民营企业就业。

大公司中的人员相对饱和，现在考公务员也是僧多粥少。可以选择有发展潜力的中小公司或民营企业，那里岗位较多，也许当前工作条件差一些，但其发展前景不一定差，还是锻炼自己的好机会。

策略三：改变眼高手低的习惯，基层就业也是不错的选择。

大学毕业生求职应该从基层岗位开始，多积累工作经验，为以后晋升做好铺垫。在求职时不要总是觉得那些月薪三四千元的职员岗位是很卑微的，要知道每个高管都是从基层做起、一步一步晋升上去的。

当前,越来越多的基层单位都给出了很多优惠政策来吸引人才,大学毕业生到基层就业是大趋势,也是社会发展的必然,在基层会有更好的发展前景、更多的成长机会,生活状态会更好;在基层工作生活压力会减轻,生活幸福感会大大提升。当然,如果能在大城市找到不错的工作,则是非常幸运的事情,根据自己的实际情况选择即可。

策略四:提高自身素质和竞争意识。

要了解用人单位的需求,有针对性地做好各种准备;要学会运用求职技巧。求职也是一门学问和艺术,涉及很多细节性问题,如言谈举止、交流沟通等,应在平时养成良好习惯,提高自己的综合能力。这就要求大学毕业生在学好专业知识的同时,时刻注意把知识转化为能力和水平,提高自己的职业技能。

就业是人生发展中的重大转折点,是大学毕业生从学生向社会人过渡的重要阶段。大学毕业生要进行心理调整,克服就业焦虑心理,关键是要转变就业观念,要打破传统的事事求稳、事事求顺的思想,树立市场竞争意识。明白求职过程就是竞争过程,即使得到了比较理想的工作,如果缺乏竞争意识,不再继续努力,也会失去这个工作。有竞争就会有风险,确立竞争意识,不怕风险和挫折,焦虑心理就会得到缓解。面对就业焦虑,进行理性思考是基础,根据情况的变化更新自己的思想观念是关键。

策略五:提升自我效能感,增强就业信心。

自我效能感的高低关系到就业的成败。自我效能感高的人会将充满风险的就业前景看成一种挑战和机会,认为只要积极努力,未来就会充满光明,对就业充满期待。反之,自我效能感低的人则会出现悲观甚至逃避等消极的心理。大学毕业生应通过增强就业信心,提升自我效能感。

信心代表一个人在事业中的精神状态和把握工作的热忱及对自己能力的正确认知。有信心,求职应聘就有把握和冲劲,敢于面对失败和挫折,把每一次打击看成一次学习、一次力量和勇气的积累。所以,在任何困难和挑战面前,首先要相信自己,但自信不是自负、自大、自傲,而是一个人永不言败的信心。

自信是建立在具有充足的知识储备、大量的实践经验和优秀的综合素质基础上的。因此,要想有自信就必须学好文化知识,充分挖掘自己的潜力,发挥自己的优势,全面提高自己的综合素质,即使遇到困难和挫折或经历失败的打击,也能信心十足地站在招聘者的面前。

【训练2-3】如何调整就业心态,打造就业好心态

就业形势日益严峻,如何调整就业心态,在面试时以一个好的状态抓住机会找到好工作,这不是给自己鼓劲儿加油那么简单。

学成从业、服务社会、实现自身价值,是每个大学毕业生的美好愿望。但是,对一些大学毕业生而言,与其说是就业困难,不如说是就业迷茫、心态不正。一些大学毕业生在择业时,不是从自身的特点、能力和社会的需求出发,而是盲目攀比,只求一时心理平衡,殊不知这样往往不利于自身价值的实现和长远发展,甚至可能被汹涌的就业浪潮所吞噬,最后只能失业。

在就业时,大学毕业生要找到调整、打造好心态的方法。

参考以下【参考资料】中的内容,探讨哪些才是大学生求职时的正确心态,如何打造就业好心态,以保证自己能成功就业。

【参考资料】

1. 大学毕业生求职时的正确心态

在求职的过程中,由于竞争激烈和大学毕业生初次就业缺乏社会经验,许多大学毕业生在求职竞争中出现紧张、不自然、缺乏自信的情况,极大地影响其正常水平的发挥。这主要是由于自

卑心理和患得患失的心态造成的，一些原本十分自信的求职者在经历几次挫折后，也容易从极端的自信转为自卑和焦虑。

如何建立不怕挫折的信念和平常心态？

应届大学毕业生应当克服自卑心理，在面试中沉着冷静、坚定自信。要做到在面试中沉着冷静、坚定自信，首先要建立必胜的心态和信念。

（1）务实心态。

大学毕业生找工作时要有务实的心态，这种务实，不是为解决生存问题随便找一份工作，而是要有明确的方向，选准目标，先上"车"再找"座位"，按照既定的目标前进。

先有目标定位，大学毕业生最重要的是要有自己的梦想、宏伟的目标。职业生涯规划是每个大学毕业生的必修课，但是我们不可能按照规划一步到位。我们要把职业生涯规划变成具体的实施方案，将其拆分为近期、中期、远期和月度、半年、年度的成长发展计划。这样你每天都会有一种进步成长的成就感。

其次是买票上车，有了明确的目标，有机会我们就直奔目标，没有机会我们就寻找机会、分步实现、迂回到达。只要有决心，总有一天能够到达目的地。这样，我们选择岗位的机会就会增加。

如果你的目标是创业做老板，你就得全面熟悉企业运作，并积累资源，那么你就应该去应聘那些自己感兴趣且喜欢的中小型企业，不分岗位高低，不分部门岗位，先上"车"再凭自己的能力，找到自己的"座位"；就业后有机会再转岗，接触各个目标部门和岗位，积累丰富的创业资源，实现自己做老板的梦想。

如果你的职业规划是做一个职业经理人，那么你就要为实现远大的理想找到发展平台。最好是到大企业去锻炼，从基础做起，要忍辱负重，不计较待遇、不追求地位。

大企业在员工培训和企业文化、经营管理方面是比较先进的，员工能够很好地学习系统的业务知识，能够掌握很多先进的管理理念。但对新入职的大学毕业生而言，大企业有大企业的不足，人才济济，难以出头，且分工明确，岗位专业，每个员工的工作都只是其中一部分，简单、固化而重复，知识面比较狭窄。时间长了，如果不能进步，就会使人感到厌倦，还会失去晋升和提高管理能力的机会。在这种情况下，大学毕业生必须保持坚强的毅力和持久的耐心。

（2）市场心态。

首先是要认清市场，改变自己。在薪酬待遇上就低不就高，在工作安排上就重不就轻，同学之间不要攀比，同事之间不要推诿。切忌眼高手低。如果放低自己，则会有很多机会。现实的就业市场是我们无法改变的，我们只有下决心让自己适应市场，学着改变自己。尽管心里憋屈，但市场无情，千万不要抱怨，认为自己读了十几年书，找工作还不如学历不高的求职者，好像上大学真的没用了。特别是应届大学毕业生，应该有自知之明，要清楚地知道自己最缺乏的就是实际工作能力。

说实话，刚刚毕业的大学生，一般性的实操工作远远比不上一个熟练工。作为市场，看重的是性价比。大学毕业生接受的是系统的素质教育，拥有比较全面综合的理论知识，通过一段时间的学习培养，他们的接受能力和成长速度比那些没有大学学历的从业者强得多。将来的发展和进步，同样会以市场性价比来检验，大学毕业生应该接受这种现实。同时保持谦虚的态度，低姿态、严要求，脚踏实地，从基层开始有意识地进行学习，大学毕业生的工作价值和薪酬待遇很快就能够在工作中体现出来。因此，大学毕业生在企业的地位和薪酬一定能够超越那些没有大学学历的从业者。

（3）空杯心态。

一个人要想成功，必须具备三要素，即学识、见识和胆识。大学里我们学到的只是系统的理论知识，在实际工作中不可能原原本本地用得上，我们必须有空杯心态，虚心学习。读万卷书不如行万里路，行万里路不如阅人无数，阅人无数不如名师开路。这些都强调了学习的重要性。就业后，不能害怕困难，贪图享受，三天打鱼两天晒网，干了一阵子就想跳槽。遇到不懂的事情，不要放弃，要以学习的心态努力工作。不能老是想着自己是什么文凭学历，要学会当徒弟，学会吃亏、交流、沟通、感恩，要多听、多看、少说，要静下心来思考，怎样才能熟悉工作，怎样才能超越前辈，怎么才能更快地进步成长。

(4) 积极心态。

积极心态是一种主动的生活和工作态度，反映一个人的胸襟、魄力和思想境界。积极的心态会感染人，给人以力量。

积极心态主要表现为工作中的主动性、思想上的正能量。具有积极心态的人在生活、工作中主要有以下表现。

①执着：对个人、企业和团队目标、价值观坚定不移的信念。

②挑战：勇敢地挺身而出，积极地迎接变化和新的任务。

③热情：对自己的工作及企业的产品、服务、品牌和形象有强烈的感情和浓厚的兴趣。

④奉献：努力完成工作或处理事务。

⑤激情：始终对未来充满憧憬和希望，全力以赴地投入。

⑥愉快：乐于接受微笑、乐趣，并分享成功。

⑦爱心：助人为乐，感恩心态。

⑧自豪：因为自身价值或团队成绩而深感荣耀。

⑨信赖：相信他人和集体的素质、价值和可靠性。

(5) 成功心态。

要有一个成功的心态，对自己要有足够的信心。有了成功心态，每天信心百倍，充满阳光，你就成功了一半。一个应聘者或刚入职者，对自己有信心，不仅会激励自己还会感染别人。

我们要坚信自己一定能够成功，目前只是在选择适合自身定位的工作，这种心理暗示会让我们充满阳光，信心满满，交流沟通时就会精气神十足，举手投足之间气场必然不一般。

(6) 坚持心态。

应届大学毕业生找到工作后，凭着初生牛犊不怕虎的冲劲，本想轰轰烈烈地干一番事业，但由于自身能力问题或所在团队问题，工作一段时间后，感觉太劳累、辛苦快受不了了，且对目前的工作环境不满意，想跳槽。

来之不易的工作机会不应该轻易地放弃，珍惜、努力、拼搏、坚持才能走向成功，不要也不能轻易放弃机会。轻易放弃工作、轻易跳槽并不可取。

2. 打造就业好心态

(1) 做好职业规划。

研究数据表明，能在职场上取得成功的人，大部分都是因为他们有长远的职业规划并能够严格执行。

大学毕业生从踏出校门求职的那天开始，就要树立长远的职业规划，并要为实现自己的职业目标不断去掌握新技能、积累丰富的经验、获得上级的认可，这样，在晋升机会来临时，才有机会把握住。

大学毕业生只要能够从个人实际情况出发，做到从基层岗位干起、多学习职业技能、树立长远的职业规划，就一定能顺利求职并在职场上获得成功。

做职业规划，不是做完了就一辈子不变，而是先要有一个职业规划，让自己有一个全局的视角，这样心里就不会慌乱，也就奠定了在就业上能有一个好心态的基础。

(2) 认清就业形势。

目前的就业形势严峻，这是不争的事实，而大学毕业生的人数又比过去增加了很多，无形中更加剧了这种形势。大学毕业生面对严峻的就业形势而产生焦虑心理在所难免，但要实现顺利就业就必须认清就业形势、正视就业现状、转变就业观念、调整就业心态，从而把握就业机会。

明确就业形势、行业趋势、企业现状，做好充分的心理准备，做到知己知彼，这样在面试时就能气定神闲、有理有据地谈出自己对岗位、工作的理解和展望，就不会慌乱、紧张。

（3）明确自身优势。

明确自己的优势，人就会变得自信，好的就业心态能使自己在该发光的地方发光，有自信才能发光，这是调整心态、打造好心态的关键。

（4）树立正确观念。

大学毕业生应当树立正确的就业观，调整就业心态，做到不骄不躁。大学毕业生做自我评估后，对自身优势、就业期望值及未来发展就有了清晰的认知。要理性面对就业，不要对就业抱有过高的期望，而应遵循脚踏实地、逐步发展的原则。面对就业机会，大学毕业生要积极投递简历，大胆参与竞争。

（5）确定择业目标。

个人的择业目标应当和自身能力相符合，这样才有利于树立信心，从而使自己在择业中处于优势地位。目标适当，取决于知己知彼，研究目标、扬长避短是择业成功的一把"钥匙"。

（6）做好求职准备。

人生的成功，可以用一个简单的公式来表示：成功＝能力＋机遇。一个有才能的人是不会被埋没的，如果他同时又得到机遇，就能更快、更好地发挥才能，做出业绩。机遇是稍纵即逝的，它只赋予那些做好准备的人。对大学生来说，在学校的学习、锻炼就是为求职做准备的。

面对日益严峻的就业形势，大学毕业生必须明白，就业严峻是相对的，机会永远是为有准备的人准备的。你做好准备了吗？你认真做好准备了吗？你尽全力做好准备了吗？

单位招聘员工，会要求其品行端正、知识面广、专业基础扎实、肯吃苦、谦虚好学。当你做好准备，具备这些条件，机遇就一定会垂青于你；相反，你没有做好准备，即使有机会也会失去，只留下遗憾。

在校期间，同学们要积极参加社会实践活动，利用课余时间多接触社会，积累丰富的实践经验，加深对社会的认识。竞聘岗位时，要沉着冷静、从容面对；无论求职成败，都要自信乐观，要有越挫越勇的坚强意志。同时还应随时调整自己的职业规划，分析自己的实力、价值和需求，为自己的发展设定长远的目标。你准备好了吗？机会只属于做好准备的人。

大学毕业生就业形势虽然不太乐观，但并不是没有机会。只要大学毕业生做好充分准备，具备应有的专业素养，就可以在就业时打一场有准备的"仗"，一定会有胜出的机会。

模块3　认清就业形势与把握就业政策

就业事关人民群众切身利益，事关国家发展大局和社会和谐稳定。近年来，党中央始终把就业工作摆在突出位置，保持了就业稳定和发展大局稳定。

高校毕业生数量持续攀升，大学生就业形势越发严峻，现如今大学毕业生就业难已成为众人关注的话题。虽然政府在不断扩大社会市场的就业面，为大学毕业生增加了许多就业机会，然而面对日益增加的就业人群，供求失衡使得就业市场竞争异常激烈。在这种形势下，大学毕业生要与各类就业人员进行激烈的竞争，就业形势不容乐观。大学毕业生要有积极乐观的心态，要有敢闯、敢拼、敢干的决心和信心，要深信有党和国家作强大后盾，春天的阳光一定会普照大地，点亮你我前行的路，温暖呵护每个人。

即将毕业的你是否准备好直面新生活、迎接新的挑战？加油大学毕业生！虽然前路荆棘，也要勇敢地迈出第一步，跑起来，即使被绊倒无数次，也要豪迈地笑，虽是几度夕阳红，但风光依旧在。

【分析思考】

【案例3-1】如何看待当前和今后一个时期的就业形势

【案例描述】

当前和今后一个时期，我国就业领域固有矛盾依然存在，新的影响因素还在增加，工作推进中仍有不少短板弱项，我国的就业形势更加复杂严峻，就业任务更加艰巨繁重。

（1）从总量看，就业压力依然存在。

我国16～59岁劳动年龄人口从2012年开始有所减少，这一趋势还在持续，2020年后减幅加快。但必须看到，这种减少是供给高位上的放缓，而且由于受教育等因素影响，劳动年龄人口进入劳动力市场的时间相对滞后。2018年年末，我国劳动年龄人口仍接近9亿人，预计到2035年，劳动年龄人口仍将保持在8亿人左右。近几年，每年需要在城镇就业的新成长劳动力有1500多万人，加上近千万的城镇登记失业人员，需在城镇就业的劳动力年均约2500万人。不仅如此，在推进城镇化进程中，农村劳动力转移就业仍有增量。

（2）从结构看，就业矛盾更加凸显。

在经济结构调整、产业转型升级的过程中，结构性就业矛盾进一步凸显，突出表现为招工难与就业难并存。

一方面，企业反映招工难，技能人才的求人倍率一直在1.5以上，一线普通工人也面临短缺。

另一方面，部分高校毕业生等新成长青年群体存在就业难题，去产能等结构调整中产生的大龄失业人员再就业则更加困难。

这种"两难"并存的局面，其根源在于劳动力需求和供给的不匹配，是经济发展不平衡、不充分的结构性问题在就业领域的集中体现。

从需求端看，我国目前仍处于工业化中期和产业链的中低端，市场中增加的岗位大部分是制造业、服务业一线普通工人和服务员。

从供给端看，每年新成长劳动力中高校毕业生超过一半，农民工群体中"80后""90后"新生代已占主体，新一代求职者更加注重职业发展、工作条件和自我价值实现，供需对接存在错位。另外也要看到，相对于产业和技术的快速变化，人的变化是一种慢变量，实现职业转换需要一定的教育培训，转变就业观念更需较长时间。

（3）从重点群体看，青年就业任务艰巨。

青年就业是世界性难题，我国也不例外，以高校毕业生为主的青年就业压力将依然突出。"十三五"时期，我国高校毕业生规模年均超过800万人，再加上500万人左右的中职生，青年就业规模将继续扩大。与此同时，高校毕业生供给持续高企与有效岗位不足的矛盾凸显。目前，我国仍处在由产业链中低端向中高端转型发展阶段，市场上适合高校毕业生的岗位还不充足。部分毕业生专业技能水平、创新创业能力与市场和企业的用工需求存在较大差距，存在就业难与招工难并存的现象。

（4）从外部环境看，新的影响因素增多。

当前，国内外风险挑战明显增多，国内经济下行压力有所加大，不可避免地对企业用工和劳动力市场带来影响。从监测调研情况看，就业形势保持总体稳定，但部分地区、部分行业和企业稳岗压力有所加大。同时，"机器换人"的影响也要密切关注。近年来，随着人工智能技术快速发展，加之劳动力市场普通工人难招，一些企业加快推进"机器换人"，被替代岗位多为重复性、流程性工作，主要是流水线操作工、一线客服等对受教育程度、技能要求相对较低的岗位。未来，我国产业加速向中高端迈进，"机器换人"的步伐进一步加快，影响的就业岗位数量会持续增加、进程会提速，岗位结构发生深刻变化，部分劳动者不可避免地要面临下岗失业的阵痛。

当前，一些地方和部门对就业重要性的认识还有待提高，就业优先的目标导向尚需进一步增强。各地工作进展不平衡，政策落实有待加强，公共就业服务基层基础还需夯实，就业服务信息化程度有待提升。随着新动能蓬勃发展、新就业形态不断涌现，就业服务管理、用工制度和社保政策等需要改革完善。我国产业仍处在中低端，二元结构下就业不平衡、流动不顺畅的矛盾依然存在，创造充分高质量就业机会还需付出艰苦努力。

挑战是客观存在的，但同时我们必须认识到，确保就业形势稳定仍有很多积极因素。以习近平同志为核心的党中央的坚强领导，习近平新时代中国特色社会主义思想的科学指引，中国特色社会主义的制度优势和体制优势，将为应对就业挑战提供根本保证。党中央、国务院审时度势，实施就业优先政策，强化就业工作组织领导，推动减税降费、援企稳岗等重大举措落地，加强就业服务和职业培训，不断充实完善政策工具箱和资金准备，将为稳定就业形势提供有力支撑。我国经济稳中向好、长期向好的基本趋势没有变，韧性好、潜力足、回旋余地大的特征明显，新动能方兴未艾，服务业迅速发展，乡村振兴大有可为，将拓展更多新的就业空间。企业缺工现象依然存在，劳动力市场有一定回旋余地。只要充分发挥好这些积极因素，坚定不移办好自己的事情，就能在应对风险挑战中开创就业工作新局面。

（资料来源：《求是》2020/01，作者：人力资源和社会保障部党组）

【案例分析】

分析当前和今后一个时期的就业形势，今后一个时期的就业形势会出现哪些新特点、新趋势？

【案例3-2】促进高校毕业生充分就业的举措

【案例描述】

为促进高校毕业生充分就业，有关部门主要采取了以下强有力的举措。

（1）深入开展"访企拓岗促就业"行动。

各地各高校要在高校书记、校长访企拓岗的基础上，进一步扩大参与范围至二级院系领导班子成员，带动学校全员深入参与做好高校毕业生就业工作。

高校书记、校（院）长及校领导班子成员要发挥示范带头作用，新建普通本科高校、高等职业院校书记、校（院）长走访用人单位原则上不少于100家；2022届毕业生去向落实率低于当地平均水平的高校校领导班子新开拓用人单位不少于100家。要突出学科专业精准对接，2022届毕业生去向落实率低于本校平均水平的二级院系，院系领导班子和学科专业负责人要主动领任务、责任到人，原则上每个学科专业点联系走访用人单位不少于 10 家（毕业生人数在 30 人以上的要适当增加走访用人单位的数量）。要组织发动专任教师、辅导员、行政管理人员等广泛参与，扩大参与范围和走访的覆盖面。

要坚持以实地走访为主，"走出去"和"请进来"相结合，通过走访企业和用人单位，广泛开拓就业渠道和就业岗位，邀请一批用人单位到校招聘人才，建设一批毕业生就业实习实践基地。同时，深入开展社会需求调查和毕业生就业状况跟踪调查，充分吸收用人单位和毕业生反馈的意见建议，推动高校优化学科专业结构，深化教育教学改革，提高人才培养与社会需求的契合度。要建立长效机制，把走访用人单位作为深化供需对接就业育人的重要内容，不断拓宽就业新空间。

省级教育部门要加强工作统筹，结合本地高校学科专业布局和企业用人需求，积极搭建校企对接合作平台，组织开展集中走访，加强工作督促指导，确保行动取得实效。

（2）抓紧开展"万企进校园"招聘活动。

各地各高校要抓住春季招聘关键期，用好校园招聘主渠道，大力组织开展校园招聘活动，争取尽早帮助一批毕业生落实就业去向。

高校要千方百计汇聚市场化、社会化岗位资源，创造条件主动邀请用人单位进校招聘。加大对中小企业进校招聘的开放力度，积极为用人单位进校招聘提供便利。要开展招聘宣讲、职场体验、直播带岗等形式多样的活动，鼓励高校通过组团、联盟等方式共享岗位资源。要加强分类指导，结合学科专业特色、毕业生意向等情况，支持二级院系开展小而精、专而优的小型专场招聘活动。

全国普通高校毕业生就业创业指导委员会要主动发挥作用，密切与行业协会和企业的合作，广泛开展行业性、区域性、联盟性招聘活动。省级教育部门要加强组织协调，积极提供相应支持，确保校园招聘活动有序开展。

（3）加快"24365 校园网络招聘服务平台"联通共享。

加快建设部、省、校联通共享的线上招聘服务体系，持续推进各地各高校就业网站与国家大学生就业服务平台的互联互通、信息共享。平台将举办"全国中小企业百日招聘高校毕业生活动""面向西部地区高校毕业生招聘专场"等系列专场招聘活动，不断提升平台专业化、智能化、便利化水平。

高校要结合访企拓岗、"万企进校园"等活动的开展，积极引导用人单位、2023 届高校毕业生、毕业班辅导员和就业工作人员及时注册使用国家大学生就业服务平台。要用好"互联网+就业"新模式，深入开展线上线下相结合的就业服务，提升人岗匹配的精准度和实效性。

（4）开展"就业育人"主题教育活动。

各地各高校要把就业教育和就业引导作为"三全育人"的重要内容，深入开展以"成才观、职业观、就业观"为核心的"就业育人"主题教育活动，引导高校毕业生树立正确的就业价值观，客观看待个人条件和社会需求，从实际出发选择职业和工作岗位，尽早明确职业意向、尽快投身求职行动。

要认真做好"全国高校毕业生基层就业卓越奖"推荐活动，树立近年来赴基层就业表现优秀的高校毕业生和指导教师典型，引导更多毕业生到基层建功立业。要用好"互联网+就业指导"公益直播课等各类就业指导资源，通过校企供需对接、职业规划竞赛、简历撰写指导、面试求职培训、一对一咨询等形式为毕业生提供个性化就业指导和服务。要用好高校专职就业工作人员和毕业班辅导员工作队伍，密切关注毕业生思想状况和就业进展，帮助化解焦虑情绪，提振就业信心。要加强就业安全教育，帮助和支持毕业生防范求职风险，维护就业权益。

（5）开展"宏志助航"重点群体帮扶行动。

各地各高校要重点关注脱贫家庭、低保家庭、零就业家庭、残疾等困难毕业生，建立帮扶工作台账，按照"一人一档""一人一策"精准开展就业帮扶工作。要落实"一对一"帮扶责任制，高校和院系领导班子成员、就业指导教师、班主任、专任教师、辅导员等要与困难毕业生开展结对帮扶，确保每个困难毕业生都得到有效帮助。

省级教育部门要指导高校精心组织实施"宏志助航计划"就业能力培训项目，用足用好线上线下培训资源，进一步优化培训内容，提升培训质量，提高毕业生就业竞争力。鼓励各地各高校配套设立省级、校级项目，推动培训覆盖更多毕业生。组织开展"宏志助航专场招聘""百校万岗助就业公益行动"等活动，为困难毕业生提供更多岗位对接机会。配合做好向困难毕业生发放一次性求职创业补贴工作，鼓励有条件的地方和高校结合实际发放配套补贴。

【案例分析】
通过网络等方式进行调查，收集当年有关部门主要采取的促进充分就业的举措。

【学习领会】

【知识3-1】政策性就业岗位与就业计划

1. 基层就业

基层就业就是到城乡基层工作。国家近几年出台了一系列优惠政策鼓励高校毕业生积极参加社会主义新农村建设、城市社区建设和应征入伍。一般来说，"基层"既包括广大农村，也包括城市街道社区；既涵盖县级以下党政机关、企事业单位，也包括社会团体、非公有制组织和中小企业；既包含单位就业，也包括自主创业、自谋职业。

近年来，中央各有关部门主要组织实施了5个引导高校毕业生到基层就业的专门项目，包括：共青团中央、教育部、财政部、人力资源社会保障部等部门从2003年起组织实施的"大学生志愿服务西部计划"；中央组织部、人力资源社会保障部、教育部等部门从2006年开始组织实施的"三支一扶"（支教、支农、支医和扶贫）计划；教育部、财政部、人力资源社会保障部、中央编办等部门从2006年开始组织实施的"农村义务教育阶段学校教师特设岗位计划"；中央组织部、教育部、财政部、人力资源社会保障部等部门从2008年起组织实施的"选聘高校毕业生到村任职工作"；农业部（农业农村部）、人力资源社会保障部、教育部等部门从2013年起组织实施的"农业技术推广服务特设岗位计划"。

2. 基层社会管理和公共服务岗位

所谓基层社会管理和公共服务岗位，包括大学生村官、支教、支农、支医、乡村扶贫，以及城市社区的法律援助、就业援助、社会保障协理、文化科技服务、养老服务、残疾人居家服务、廉租房配套服务等岗位。

2009年4月，人力资源社会保障部下发《关于公布第一批基层社会管理和公共服务岗位目录的通知》（人社部函〔2009〕135号），向社会公布第一批基层社会管理和公共服务岗位目录，以指导各地做好鼓励和引导高校毕业生到基层就业的工作。这批发布的岗位目录共分为基层人力资源和社会保障管理、基层农业服务、基层医疗卫生服务、基层文化科技服务、基层法律服务、基层民政、托老托幼、助残服务、基层市政管理、基层公共环境与设施管理维护等，包括在街道（乡镇）、社区（村）等基层单位从事公共就业服务、社会保障、劳动关系协调、劳动监察、农业、扶贫开发、医疗、卫生、保健、防疫、文化、科技、体育、普法宣传、民事调解、托老、养老、托幼、助残、公共设施设备管理养护等相关事务管理服务工作的50种岗位。

3. 其他基层社会管理和公共服务岗位

其他基层社会管理和公共服务岗位是指在街道社区、乡镇等基层开发或设立的相应的社会管理和公共服务岗位。部分由政府出资，或由相关组织和单位出资。所安排使用的人员按规定享受相关补贴。

4．公益性岗位

公益性岗位是指由政府开发、以满足社区及居民公共利益为目的的管理和服务岗位。对符合条件在公益性岗位安置就业的就业困难人员，按规定给予社会保险补贴和岗位补贴。符合公益性岗位安置条件的就业困难高校毕业生，可按规定享受公益性岗位就业援助政策。

5．农村义务教育阶段学校教师特设岗位计划

2006年，教育部、财政部、原人事部、中央编办下发《关于实施农村义务教育阶段学校教师特设岗位计划的通知》（教师〔2006〕2号），联合启动实施"特岗计划"，公开招聘高校毕业生到"两基"攻坚县农村义务教育阶段学校任教。特岗教师聘期为3年。

6．选聘高校毕业生到村任职

2008年，中央组织部、教育部、财政部、人力资源社会保障部出台了《关于印发〈关于选聘高校毕业生到村任职工作的意见（试行）的通知》（组通字〔2008〕18号），计划用5年时间选聘10万名高校毕业生到农村担任村党支部书记助理、村委会主任助理或团支部书记、副书记等职务。从2010年开始，扩大选聘规模，逐步实现"一村一名大学生村官"计划的目标。选聘的高校毕业生在村工作期限一般为2～3年。

到村任职的选聘对象为30岁以下应届和往届毕业的全日制普通高校专科以上学历的毕业生，重点是应届毕业和毕业1～2年的本科生、研究生，原则上为中共党员（含预备党员），非中共党员的优秀团干部、优秀学生干部也可以选聘。

基本条件是：①思想政治素质好，作风踏实，吃苦耐劳，组织纪律观念强。②学习成绩良好，具备一定的组织协调能力。③自愿到农村基层工作。④身体健康。此外，参加人力资源社会保障部、共青团中央等部门组织的到农村基层服务的"三支一扶""志愿服务西部计划"等活动期满的高校毕业生，本人自愿且具备选聘条件的，经组织推荐可作为选聘对象。

选聘工作一般通过个人报名、资格审查、组织考查、体检、公示、决定聘用、培训上岗等程序进行。

7．"三支一扶"计划

"三支一扶"是支教、支农、支医和扶贫的简称。2006年，中央组织部、原人事部等部门下发《关于组织开展高校毕业生到农村基层从事支教、支农、支医和扶贫工作的通知》（国人部发〔2006〕16号），以公开招募、自愿报名、组织选拔、统一派遣的方式，从2006年开始连续5年，每年招募2万名高校毕业生，主要安排到乡镇从事支教、支农、支医和扶贫工作。服务期限一般为2～3年。招募对象主要为全国普通高校应届毕业生。

2011年4月，人力资源社会保障部下发《关于继续做好高校毕业生三支一扶计划实施工作的通知》（人社部发〔2011〕27号），决定继续组织开展高校毕业生"三支一扶"计划，从2011年起，每年选拔2万名，5年内选拔10万名高校毕业生到基层从事"三支一扶"服务工作。

8．大学生志愿服务西部计划

大学生志愿服务西部计划由共青团中央牵头，教育部、财政部、人力资源社会保障部共同组织实施。从2003年开始，每年招募1.8万名普通高等学校应届毕业生，到西部贫困县的乡镇从事为期1～3年的教育、卫生、农技、扶贫，以及青年中心建设和管理等方面的志愿服务工作。

9．农业技术推广服务特设岗位计划

农业技术推广服务特设岗位计划由农业部牵头，人力资源社会保障部、教育部和科技部共同组织实施。从2013年开始，每年招募一批普通高等学校应届毕业生到乡镇或区域性农业技术推广机构从事为期2～3年的农业技术推广、动植物疫病防控、农产品质量安全服务等工作。

10．国家鼓励和引导高校毕业生去哪些重要领域就业创业

"一带一路"倡议、京津冀协同发展、长江经济带发展等国家重大战略提供了大量岗位需求。

高校毕业生要主动对接人才需求，积极到重点地区、重大工程、重大项目、重要领域去就业。要结合建设科技强国、质量强国、航天强国、网络强国、交通强国、数字中国、智慧社会要求，引导高校毕业生到高技术产业、战略性新兴产业、先进制造业和现代服务业等领域就业创业。深入挖掘互联网、大数据、人工智能和实体经济深度融合创造的就业机会，在共享经济、现代供应链、人力资本服务等领域拓展就业新空间。

【知识3-2】高校毕业生就业的主要优惠政策与措施

1. 国家鼓励毕业生到基层就业的主要优惠政策包括哪些

按照《国务院关于做好当前和今后一段时期就业创业工作的意见》(国发〔2017〕28号)、《中共中央办公厅 国务院办公厅印发〈关于进一步引导和鼓励高校毕业生到基层工作的意见〉的通知》(中办发〔2016〕79号)、《中共中央组织部 人力资源社会保障部等五部门关于印发高校毕业生基层成长计划的通知》(人社部发〔2017〕85号)等文件规定：

（1）完善工资待遇进一步向基层倾斜的办法，健全高校毕业生到基层工作的服务保障机制，鼓励毕业生到乡镇特别是困难乡镇机关事业单位工作。

（2）对高校毕业生到中西部地区、艰苦边远地区和老工业基地县以下基层单位就业、履行一定服务期限的，按规定给予学费补偿和国家助学贷款代偿（本专科学生每人每年最高不超过8000元、研究生每人每年最高不超过12000元）。

（3）结合政府购买服务工作的推进，在基层特别是街道（乡镇）、社区（村）购买一批公共管理和社会服务岗位，优先用于吸纳高校毕业生就业。

（4）落实完善见习补贴政策，对见习期满留用率达到50%以上的见习单位，适当提高见习补贴标准，允许就业见习补贴用于见习单位为见习人员办理人身意外伤害保险及对见习人员的指导管理费用。

（5）将求职补贴调整为求职创业补贴，对象范围扩展到已获得国家助学贷款的毕业年度高校毕业生，以及贫困残疾人家庭、建档立卡贫困家庭高校毕业生和特困人员中的高校毕业生。

（6）艰苦边远地区基层机关招录高校毕业生可适当放宽学历、专业等条件，降低开考比例，可设置一定数量的岗位面向具有本市、县户籍或在本市、县长期生活的高校毕业生。

各地各高校要服务乡村振兴战略，引导毕业生到现代种业、农产品加工、农村电子商务等第一、二、三产业就业创业，投身扶贫开发和农业农村现代化建设。结合城镇化进程和公共服务均等化要求，充分挖掘教育、劳动就业、社会保障、医疗卫生、住房保障、社会工作、文化体育及残疾人服务、农技推广等基层公共管理和服务领域的就业潜力，吸纳高校毕业生就业。

2. 国家对在基层工作的高校毕业生职业发展有哪些鼓励政策措施

按照《国务院关于做好当前和今后一段时期就业创业工作的意见》(国发〔2017〕28号)、《中共中央办公厅 国务院办公厅印发〈关于进一步引导和鼓励高校毕业生到基层工作的意见〉的通知》(中办发〔2016〕79号)、《中共中央组织部 人力资源社会保障部等五部门关于印发高校毕业生基层成长计划的通知》(人社部发〔2017〕85号)等文件规定：

（1）在干部人才选拔任用机制上，进一步强化基层工作经历的政策导向，向在基层工作的优秀高校毕业生倾斜。

（2）自2012年起，省级以上机关录用公务员，除特殊岗位外，按照有关规定一律从具有2年以上基层工作经历的人员中考录。

（3）市地级以上机关应拿出一定数量岗位面向具有基层工作经历的公务员进行公开遴选。

（4）省、市级所属事业单位面向社会公开招聘时，应拿出一定数量岗位公开招聘有基层事业单位工作经历的人员。有条件的地区，可明确具体公开遴选或招聘的比例。

（5）鼓励国有大中型企业建立健全人力资源管理激励机制，将在基层生产和管理一线表现优秀的高校毕业生纳入后备人才队伍，加大从基层一线选拔任用中层干部的力度。

（6）对具有基层工作经历的高校毕业生，在研究生招录和事业单位选聘时实行优先。

（7）高校毕业生在中西部地区和艰苦边远地区县以下基层单位从事专业技术工作，申报相应职称时，可不参加职称外语考试或放宽外语成绩要求。充分挖掘社会组织吸纳高校毕业生就业潜力，对到省会及省会以下城市的社会团体、基金会、民办非企业单位就业的高校毕业生，所在地的公共就业人才服务机构要协助办理落户手续，在专业技术职称评定方面享受与国有企事业单位同类人员同等待遇，对于吸纳高校毕业生就业的社会组织，符合条件的可同等享受企业吸纳就业扶持政策。

（8）对到农村基层和城市社区从事社会管理和公共服务工作的高校毕业生，符合公益性岗位就业条件并在公益性岗位就业的，按照国家现行促进就业政策的规定，给予社会保险补贴和公益性岗位补贴。

3. 为鼓励高校毕业生面向基层就业，实施学费补偿和助学贷款代偿政策包括哪些

按照《国务院关于进一步做好新形势下就业创业工作的意见》（国发〔2015〕23号）、《关于调整完善国家助学贷款相关政策措施的通知》（财教〔2014〕180号）、《财政部、教育部关于印发〈高等学校毕业生学费和国家助学贷款代偿暂行办法〉的通知》（财教〔2009〕15号）等文件规定，高校毕业生（全日制本专科、高职、研究生、第二学士学位毕业生）到中西部地区、艰苦边远地区和老工业基地县以下基层单位就业、履行一定服务期限的，按规定给予学费补偿和国家助学贷款代偿。在校学习期间获得国家助学贷款（含高校国家助学贷款和生源地信用助学贷款，下同）的，补偿的学费优先用于偿还国家助学贷款本金及其全部偿还之前产生的利息。定向、委培及在校期间已享受免除全部学费政策的学生除外。

目前，国家助学贷款资助标准已经调整为，全日制普通本专科学生（含第二学士学位、高职学生，下同）每人每年申请贷款额度不超过8000元；年度学费和住宿费标准总和低于8000元的，贷款额度可按照学费和住宿费标准总和确定。全日制研究生每人每年申请贷款额度不超过12000元；年度学费和住宿费标准总和低于12000元的，贷款额度可按照学费和住宿费标准总和确定。

国家助学贷款资助标准调整后，《财政部 教育部 总参谋部关于印发〈高等学校学生应征入伍服义务兵役国家资助办法〉的通知》（财教〔2013〕236号）、《财政部 教育部 民政部 总参谋部 总政治部关于实施退役士兵教育资助政策的意见》（财教〔2011〕538号）和《财政部、教育部关于印发〈高等学校毕业生学费和国家助学贷款代偿暂行办法〉的通知》（财教〔2009〕15号）中有关学费补偿、国家助学贷款代偿和学费资助的标准，相应调整为本专科学生每人每年最高不超过8000元、研究生每人每年最高不超过12000元。学费补偿、国家助学贷款代偿和学费资助的其他事项，仍按原规定执行。

4. 参加中央部门组织实施的基层就业项目，服务期满后享受哪些优惠政策

根据中央组织部、人力资源社会保障部、教育部、财政部、共青团中央《关于统筹实施引导高校毕业生到农村基层服务项目工作的通知》（人社部发〔2009〕42号）等政策规定，参加中央部门组织实施的基层就业项目、服务期满的毕业生，享受以下优惠政策。

（1）公务员招录优惠：每年拿出公务员考录计划的一定比例，专门用于定向招录服务期满且考核称职（合格）的服务基层项目人员。服务基层项目人员也可报考其他岗位。

（2）事业单位招聘优惠：鼓励在项目结束后留在当地就业，参加各基层就业项目相对应的自然减员空岗，全部聘用服务期满的高校毕业生。从2009年起，到乡镇事业单位服务的高校毕业生服务满1年后，在现岗位空缺情况下，经考核合格，即可与所在单位签订不少于3年的聘用合同。同时，各省（区、市）县及县以上相关的事业单位公开招聘工作人员，应拿出不低于40%的比例，聘用各专门项目服务期满考核合格的高校毕业生。

（3）考学升学优惠：服务期满后三年内报考硕士研究生初试总分加10分；同等条件下优先录取；高职（高专）学生可免试入读成人本科。

（4）国家补偿学费和代偿助学贷款政策：参加各基层就业项目的毕业生，符合规定条件的，可享受相应的学费补偿和助学贷款代偿政策。

（5）服务期满自主创业的，可享受税收优惠、行政事业性收费减免、小额贷款担保和贴息等有关政策。

（6）其他：各基层就业项目服务年限计算工龄。服务期满到企业就业的，按照规定转接社会保险关系。

5. 高校毕业生到艰苦边远地区或国家扶贫开发工作重点县就业有什么优惠政策

按照《中共中央办公厅 国务院办公厅印发〈关于进一步引导和鼓励高校毕业生到基层工作的意见〉的通知》（中办发〔2016〕79号）文件规定：

（1）对到中西部地区、东北地区或艰苦边远地区、国家扶贫开发工作重点县及县以下机关事业单位工作的高校毕业生，新录用为公务员的，试用期工资可直接按试用期满后工资确定，试用期满考核合格后的级别工资，在未列入艰苦边远地区或国家扶贫开发工作重点县的中西部地区和东北地区的高定一档，在三类及以下艰苦边远地区或国家扶贫开发工作重点县的高定两档，在四类及以上艰苦边远地区的高定三档。

（2）招聘为事业单位正式工作人员的，可提前转正定级，转正定级时的薪级工资，在未列入艰苦边远地区或国家扶贫开发工作重点县的中西部地区和东北地区的高定一级，在三类及以下艰苦边远地区或国家扶贫开发工作重点县的高定两级，在四类及以上艰苦边远地区的高定三级。

（3）落实对乡镇机关事业单位工作人员实行的工作补贴政策，当前补贴水平不低于月人均200元，并向条件艰苦的偏远乡镇和长期在乡镇工作的人员倾斜。落实艰苦边远地区津贴增长机制。

6. 国家对鼓励中小微企业吸纳高校毕业生有哪些政策措施

按照《国务院关于进一步做好新形势下就业创业工作的意见》（国发〔2015〕23号）、《国务院办公厅关于做好2014年全国普通高等学校毕业生就业创业工作的通知》（国办发〔2014〕22号）、《国务院办公厅关于做好2013年全国普通高等学校毕业生就业工作的通知》（国办发〔2013〕35号）、《国务院关于进一步支持小型微型企业健康发展的意见》（国发〔2012〕14号）和《国务院关于进一步做好普通高等学校毕业生就业工作的通知》（国发〔2011〕16号）等文件规定：

（1）对招收高校毕业生达到一定数量的中小企业，地方财政应优先考虑安排扶持中小企业发展资金，并优先提供技术改造贷款贴息。

（2）对劳动密集型小企业当年新招收登记失业高校毕业生，达到企业现有在职职工总数30%（超过100人的企业达15%）以上，并与其签订1年以上劳动合同的劳动密集型小企业，可按规定申请最高不超过200万元的小额担保贷款并享受50%的财政贴息。

（3）高校毕业生到中小企业就业的，在专业技术职称评定、科研项目经费申请、科研成果或荣誉称号申报等方面，享受与国有企事业单位同类人员同等待遇。

（4）对小微企业新招用毕业年度高校毕业生，签订1年以上劳动合同并缴纳社会保险费的，给予1年社会保险补贴。

7. 国家对引导国有企业吸纳高校毕业生就业有哪些政策措施

按照《国务院关于进一步做好新形势下就业创业工作的意见》（国发〔2015〕23号）、《国务院办公厅关于做好2014年全国普通高等学校毕业生就业创业工作的通知》（国办发〔2014〕22号）、《国务院办公厅关于做好2013年全国普通高等学校毕业生就业工作的通知》（国办发〔2013〕35号）和《关于做好2013—2014年国有企业招收高校毕业生工作有关事项的通知》（国资厅发分配

〔2013〕37号）等文件规定：

（1）承担对口支援西藏、青海、新疆任务的中央企业要结合援助项目建设，积极吸纳当地高校毕业生就业。

（2）建立国有企事业单位公开招聘制度，推动实现招聘信息公开、过程公开和结果公开。

（3）国有企业招聘应届高校毕业生，除涉密等特殊岗位外，要实行公开招聘，招聘应届高校毕业生信息要在政府网站公开发布，报名时间不少于7天；对拟聘人员应进行公示，明确监督渠道，公示期不少于7天。

8. 离校未就业高校毕业生享受哪些服务和政策

按照《国务院办公厅关于做好2013年全国普通高等学校毕业生就业工作的通知》（国办发〔2013〕35号）和《人力资源社会保障部关于实施离校未就业高校毕业生就业促进计划的通知》（人社部发〔2013〕41号）要求，为做好离校未就业高校毕业生就业工作，从2013年起实施离校未就业高校毕业生就业促进计划：

（1）地方各级人社部门所属公共就业人才服务机构和基层公共就业服务平台要面向所有离校未就业高校毕业生（包括户籍不在本地的高校毕业生）开放，办理求职登记或失业登记手续，发放《就业创业证》，摸清就业服务需求。其中，直辖市为非本地户籍高校毕业生办理失业登记办法按现行规定执行。

（2）对实名登记的所有未就业高校毕业生提供更具针对性的职业指导。

（3）对有求职意愿的高校毕业生要及时提供就业信息。

（4）对有创业意愿的高校毕业生，各地要纳入当地创业服务体系，提供政策咨询、项目开发、创业培训、融资服务、跟踪扶持等"一条龙"创业服务。及时提供就业信息。

（5）要将零就业家庭、经济困难家庭、残疾等就业困难的未就业高校毕业生列为重点工作对象，提供"一对一"个性化就业帮扶，确保实现就业。

（6）对有就业见习意愿的高校毕业生，各地要及时纳入就业见习工作对象范围，确保其能够随时参加。

（7）对有培训意愿的离校未就业高校毕业生，各地要结合其专业特点，组织参加职业培训和技能鉴定，按规定落实相关补贴政策。

（8）地方各级公共就业人才服务机构要为离校未就业高校毕业生免费提供档案托管、人事代理、社会保险办理和接续等一系列服务，简化服务流程，提高服务效率；有条件的地方可对到小微企业就业的离校未就业高校毕业生，提供免费的人事劳动保障代理服务。

（9）加大人力资源市场监管力度，严厉打击招聘过程中的欺诈行为，及时纠正性别歧视和其他各类就业歧视。加大劳动用工、缴纳社会保险费等方面的劳动保障监察力度，切实维护高校毕业生就业后的合法权益。

9. 离校未就业高校毕业生参加就业见习享受哪些政策和服务

（1）获得基本生活补助（基本生活补助费用由见习单位和地方政府分担，各地要根据当地经济发展和物价水平，合理确定和及时调整基本生活补助标准）。

（2）免费办理人事代理。

（3）办理人身意外伤害保险。

（4）见习期满未被录用的可继续享受就业指导与服务。

10. 见习单位能享受什么优惠政策

对企业（单位）吸纳离校未就业高校毕业生参加就业见习的，由见习企业（单位）先行垫付见习人员见习期间基本生活补助，再按规定向当地人力资源社会保障部门申请就业见习补贴。

就业见习补贴申请材料包括实际参加就业见习的人员名单，就业见习协议书，见习人员的居民身份证、登记证、大学毕业证的复印件，以及企业（单位）发放基本生活补助明细账（单）、企业（单位）在银行开立的基本账户等凭证材料，经人力资源社会保障部门审核后，财政部门将资金支付到企业（单位）在银行开立的基本账户。

见习单位支出的见习补贴相关费用，不计入社会保险缴费基数，但符合税收法律法规规定的，可以在计算企业所得税应纳税所得额时扣除。

【知识3-3】补偿学费和代偿助学贷款

1. 国家实施补偿学费和代偿助学贷款的就业地域范围包括哪些

国家对到中西部地区和艰苦边远地区基层单位就业、并履行一定服务期限的中央部门所属高校毕业生，按规定实施相应的学费补偿和助学贷款代偿。这里涉及的地域范围主要包括：

（1）西部地区。西藏、内蒙古、广西、重庆、四川、贵州、云南、陕西、甘肃、青海、宁夏、新疆12个省（自治区、直辖市）。

（2）中部地区。河北、山西、吉林、黑龙江、安徽、江西、河南、湖北、湖南、海南10个省。

（3）艰苦边远地区。由国务院确定的经济水平、条件较差的一些州、县和少数民族地区。

（4）基层单位：

①中西部地区和艰苦边远地区县以下机关、企事业单位，包括乡（镇）政府机关、农村中小学、国有农（牧、林）场、农业技术推广站、畜牧兽医站、乡镇卫生院、计划生育服务站、乡镇文化站、乡镇劳动就业服务站等；

②工作现场地处以上地区县以下的气象、地震、地质、水电施工、煤炭、石油、航海、核工业等中央单位艰苦行业生产第一线。

2. 学费补偿和助学贷款代偿的标准和年限是多少

学费补偿、国家助学贷款代偿标准，本专科学生每人每年最高不超过8000元，研究生每人每年最高不超过12000元。

本科、专科（含高职）、研究生和第二学士学位毕业生补偿学费或代偿国家助学贷款的年限，分别按照国家规定的相应学制计算。在校学习时间低于相应学制规定年限的，按照实际学习时间计算补偿学费或代偿助学贷款年限。在校学习时间高于相应学制年限的，按照学制规定年限计算。

每年代偿学费或国家助学贷款总额的三分之一，三年代偿完毕。

【知识3-4】大学生应征入伍服义务兵役

1. 国家鼓励大学生应征入伍服义务兵役，这里的"大学生"如何界定

指根据国家有关规定批准设立、实施高等学历教育的全日制公办普通高等学校、民办普通高等学校和独立学院，按照国家招生规定录取的全日制普通本科、专科（含高职）、研究生、第二学士学位的应（往）届毕业生、在校生和已被普通高校录取但未报到入学的学生。征集的大学生以男性为主，女性大学生征集根据军队需要确定。

2. 应征入伍服义务兵役大学生的年龄是如何规定的

男性普通高等学校在校生为年满18～22周岁，高职（专科）毕业生可放宽到23周岁，本科及以上学历毕业生可放宽到24周岁。

女性普通高等学校在校生为年满18～20周岁，应届毕业生放宽到22周岁。

3. 高校毕业生应征入伍服义务兵役享受哪些优惠政策

高校毕业生应征入伍服义务兵役，除了享有优先报名应征、优先体检政审、优先审批定兵、优先安排使用"四个优先"政策、家庭按规定享受军属待遇，还享受优先选拔使用、学费补偿和国家助学贷款代偿、退役后考学升学优惠、就业服务等政策。

4．高校毕业生应征入伍"四个优先"政策是怎样规定的

高校毕业生预征对象参军入伍享受"四优先"政策：

（1）优先报名应征。报名由县级兵役机关直接办理。夏秋季征兵开始前，县级兵役机关通知其报名时间、地点、注意事项等。确定为预征对象的高校毕业生，持《应届毕业生预征对象登记表》，可以直接到学校所在地或户籍所在地县级兵役机关报名应征。

（2）优先体检政考。体检由县级兵役机关直接办理。夏秋季征兵体检前，县级兵役机关通知其体检时间、地点、注意事项等。确定为预征对象的高校毕业生，未能在规定时间内在学校参加体检的，本人持《应届毕业生预征对象登记表》，可在征兵体检时间内报名直接参加体检。

（3）优先审批定兵。审批定兵时，应当优先批准体检政审合格的高校毕业生入伍。高职（专科）以上文化程度的合格青年未被批准入伍前，不得批准高中文化程度的青年入伍。

（4）优先安排使用。在安排兵员去向时，根据高校毕业生的学历、专业和个人特长，优先安排到军兵种或专业技术要求高的部队服役；部队对征集入伍的高校毕业生，优先安排到适合的岗位，充分发挥其专长。

5．大学生士兵退役后享受哪些就学优惠政策

（1）高职（专科）学生入伍经历可作为毕业实习经历。

（2）退役大学生士兵入学或复学后免修军事技能训练，直接获得学分。

（3）设立"退役大学生士兵"专项硕士研究生招生计划。根据实际需求，每年安排一定数量专项计划，专门面向退役大学生士兵招生。在全国研究生招生总规模内单列下达，不得挪用。

（4）将高校在校生（含高校新生）服兵役情况纳入推免生遴选指标体系。鼓励开展推荐优秀应届本科毕业生免试攻读研究生工作的高校在制定本校推免生遴选办法时，结合本校具体情况，将在校期间服兵役情况纳入推免生遴选指标体系。在部队荣立二等功及以上的退役人员，符合研究生报名条件的可免试（指初试）攻读硕士研究生。

（5）将考研加分范围扩大至高校在校生（含高校新生）。退役人员在继续实行普通高校应届毕业生退役后按规定享受加分政策的基础上，允许普通高校在校生（含高校新生）应征入伍服义务兵役退役，在完成本科学业后 3 年内参加全国硕士研究生招生考试的，初试总分加 10 分，同等条件下优先录取。

（6）退役大学生士兵专升本实行招生计划单列。高职（专科）学生应征入伍服义务兵役退役，在完成高职学业后参加普通本科专升本考试，实行计划单列，录取比例在现行 30%的基础上适度扩大，具体比例由各省根据本地实际和报名情况确定。

（7）高校新生录取通知书中附寄应征入伍优惠政策。高校向新生寄送《录取通知书》时，附寄应征入伍宣传单，宣传单主要内容包括优惠政策概要、报名流程指南、学籍注册要求等。

（8）放宽退役大学生士兵复学转专业限制。大学生士兵退役后复学，经学校同意并履行相关程序后，可转入本校其他专业学习。

（9）具有高职（高专）学历的，退役后免试入读成人本科，或经过一定考核入读普通本科；荣立三等功以上奖励的，在完成高职（专科）学业后，免试入读普通本科。

（10）应征入伍的高校毕业生退役后报考政法干警招录培养体制改革试点招生时，教育考试笔试成绩总分加 10 分。

6．高校应届毕业生退役后户档迁移有何优惠政策

高校应届毕业生入伍服义务兵役退出现役后一年内，可视同当年的高校应届毕业生，凭用人单位录（聘）用手续，向原就读高校再次申请办理就业报到手续，户档随迁（直辖市按照有关规定执行）。

7. 大学生应征入伍服义务兵役给予国家资助的内容是什么

高等学校学生应征入伍服义务兵役国家资助，是指国家对应征入伍服义务兵役的高校学生，在入伍时对其在校期间缴纳的学费实行一次性补偿或获得的国家助学贷款（国家助学贷款包括校园地国家助学贷款和生源地信用助学贷款，下同）实行代偿；应征入伍服义务兵役前正在高等学校就读的学生（含按国家招生规定录取的高等学校新生），服役期间按国家有关规定保留学籍或入学资格、退役后自愿复学或入学的，国家实行学费减免。

8. 高校学生应征入伍享受学费补偿、国家助学贷款代偿及学费减免的标准是多少

按照《关于调整完善国家助学贷款相关政策措施的通知》（财教〔2014〕180号）、《财政部 教育部 总参谋部关于印发〈高等学校学生应征入伍服义务兵役国家资助办法〉的通知》（财教〔2013〕236号）、《关于对直接招收为士官的高等学校学生施行国家资助的通知》（财教〔2015〕462号）文件规定：

（1）学费补偿、国家助学贷款代偿及学费减免标准，本专科学生每人每年最高不超过8000元，研究生每人每年最高不超过12000元。

（2）学费补偿或国家助学贷款代偿金额，按学生实际缴纳的学费或获得的国家助学贷款（国家助学贷款包括本金及其全部偿还之前产生的利息，下同）两者金额较高者执行，据实补偿或代偿。退役复学后学费减免金额，按学校实际收取学费金额执行。超出标准部分不予补偿、代偿或减免。

（3）获学费补偿学生在校期间获得国家助学贷款的，补偿资金必须首先用于偿还国家助学贷款。如果补偿金额高于国家助学贷款金额，则高出部分退还学生。

（4）从2015年起，国家对直接招收为士官的高等学校学生施行国家资助，入伍时对其在校期间缴纳的学费实行一次性补偿或获得的国家助学贷款（包括校园地国家助学贷款和生源地信用助学贷款）实行代偿。

9. 高校学生应征入伍服义务兵役享受学费补偿、国家助学贷款代偿和学费减免的年限如何计算

学费补偿、国家助学贷款代偿和学费减免的年限，按照国家对本科、专科（含高职）、研究生和第二学士学位规定的相应修业年限据实计算。以入伍时间为准，入伍前已达到的修业规定年限，即为学费补偿或国家助学贷款代偿的年限；退役复学后应完成的国家规定的修业年限的剩余期限，即为学费减免的年限；复学后攻读更高层次学历不在减免学费范围之内。

专升本、本硕连读、中职高职连读、第二学士学位毕业生补偿学费或代偿国家助学贷款的年限，分别按照完成本科、硕士、高职和第二学士学位阶段学习任务规定的学习时间计算。

专升本、本硕连读学制在校生，在专科或本科学习阶段应征入伍的，以实际学习时间实行学费补偿或国家助学贷款代偿；在本科或硕士学习阶段应征入伍的，以本科已学习时间或硕士已学习时间计算，实行学费补偿或国家助学贷款代偿，其以前专科学习时间或本科学习时间不计入学费补偿或国家助学贷款代偿。中职高职连读学生学费补偿或国家助学贷款代偿的年限，按照高职阶段实际学习时间计算。

【知识3-5】高校毕业生自主创业

1. 高校毕业生自主创业，可以享受哪些优惠政策

按照《国务院关于进一步做好新形势下就业创业工作的意见》（国发〔2015〕23号）、《国务院办公厅关于深化高等学校创新创业教育改革的实施意见》（国办发〔2015〕36号）等文件规定，高校毕业生自主创业优惠政策主要包括：

（1）税收优惠。持人社部门核发《就业创业证》（注明"毕业年度内自主创业税收政策"）的高校毕业生在毕业年度内（指毕业所在自然年，即1月1日至12月31日）创办个体工商户、个人独资企业的，3 年内以每户每年 8000 元为限额依次扣减其当年实际应缴纳的营业税、城市维护建设税、教育费附加和个人所得税。对高校毕业生创办的小型微利企业，按国家规定享受相关税收支持政策。

（2）创业担保贷款和贴息支持。对符合条件的高校毕业生自主创业的，可在创业地按规定申请创业担保贷款，贷款额度为 10 万元。鼓励金融机构参照贷款基础利率，结合风险分担情况，合理确定贷款利率水平。对个人发放的创业担保贷款，在贷款基础利率基础上上浮 3 个百分点以内的，由财政给予贴息。

（3）免收有关行政事业性收费。毕业 2 年以内的普通高校毕业生从事个体经营（除国家限制的行业外）的，自其在工商部门首次注册登记之日起 3 年内，免收管理类、登记类和证照类等有关行政事业性收费。

（4）享受培训补贴。对高校毕业生在毕业学年（即从毕业前一年 7 月 1 日起的 12 个月）内参加创业培训的，根据其获得创业培训合格证书或就业、创业情况，按规定给予培训补贴。

（5）免费创业服务。有创业意愿的高校毕业生，可免费获得公共就业和人才服务机构提供的创业指导服务，包括政策咨询、信息服务、项目开发、风险评估、开业指导、融资服务、跟踪扶持等"一条龙"创业服务。各地在充分发挥各类创业孵化基地作用的基础上，因地制宜建设一批大学生创业孵化基地，并给予相关政策扶持。对基地内大学生创业企业要提供培训和指导服务，落实扶持政策，努力提高创业成功率，延长企业存活期。

（6）取消高校毕业生落户限制，允许高校毕业生在创业地办理落户手续（直辖市按有关规定执行）。

2. 对高校毕业生自主创业学籍管理有什么要求

根据《教育部关于做好 2016 届全国普通高等学校毕业生就业创业工作的通知》（教学〔2015〕12 号）文件规定，对有自主创业意愿的大学生，实施弹性学制，放宽学生修业年限，允许调整学业进程、保留学籍休学创新创业。

3. 高校对自主创业的大学生可提供什么条件

按照《普通高等学校学生管理规定》（中华人民共和国教育部令第 41 号）、《教育部关于做好 2016 届全国普通高等学校毕业生就业创业工作的通知》（教学〔2015〕12 号）文件规定：

（1）学生参加创新创业、社会实践等活动及发表论文、获得专利授权等与专业学习、学业要求相关的经历、成果，可以折算为学分，计入学业成绩。具体办法由学校规定。学校应当鼓励、支持和指导学生参加社会实践、创新创业活动，可以建立创新创业档案、设置创新创业学分。

（2）学校可以根据情况建立并实行灵活的学习制度。对休学创业的学生，可以单独规定最长学习年限，并简化休学批准程序。

（3）休学创业或退役后复学的学生，因自身情况需要转专业的，学校应当优先考虑。

（4）各地各高校建设一批大学生创业示范基地，继续推动大学科技园、创业园、创业孵化基地和实习实践基地建设，高校应开辟专门场地用于学生创新创业实践活动，教育部工程研究中心、各类实验室、教学仪器设备等原则上都要向学生开放。

（5）各高校要优化经费支出结构，多渠道统筹安排资金，支持创新创业教育教学，资助学生创新创业项目。

【知识3-6】提供就业服务与获取就业信息

1. 主要有哪些机构为高校毕业生提供就业服务

（1）公共就业和人才服务机构。

由各级人力资源社会保障部门举办的公共就业和人才服务机构，为高校毕业生免费提供政策咨询、就业信息、职业指导、职业介绍、就业援助、就业与失业登记或求职登记等公共服务，按规定为登记失业高校毕业生免费提供人事档案管理等服务。此外，定期开展面向高校毕业生的公共就业和人才服务专项活动，如每年5月"民营企业招聘周"、每年9月"高校毕业生就业服务月"、每年11月"高校毕业生就业服务周"等，为高校毕业生和用人单位搭建供需对接平台。

（2）高校毕业生就业指导机构。

目前，各省教育部门、各高校普遍建立了高校毕业生就业指导机构，为毕业生提供就业咨询、用人单位招聘及实习实训信息、求职技巧、职业生涯辅导、毕业生推荐、实习实践能力提升和就业手续办理等就业指导和服务。

（3）职业中介机构。

职业中介机构主要包括从事人力资源服务的经营性机构。政府鼓励各类职业中介机构为高校毕业生提供就业服务，对为登记的失业高校毕业生提供服务并符合条件的职业中介机构按规定给予职业介绍补贴。

2. 高校毕业生获取就业信息的主要渠道有哪些

（1）浏览各类就业信息网站，包括中央有关部门主办的全国性就业信息网站、地方有关部门主办的就业信息网站、各高校就业信息网站及校内BBS求职版面、其他专业性就业网站等。

（2）参加各类招聘和双向选择活动，包括国家有关部门、各地、学校、用人单位等相关机构组织的各类现场或网络招聘活动。

（3）参与校企合作实习，包括社会实践、毕业实习等活动。

（4）查阅媒体广告，如报纸、刊物、电台、电视台、视频媒体等。

（5）他人推荐，如导师、校友、亲友等。

（6）主动到单位求职自荐等。

【感悟反思】

【问题3-1】目前我国高校毕业生就业面临的困难有哪些

【问题思考】

以下【参考资料】中所列举的目前我国高校毕业生就业面临的困难是否真实存在？你认为高校毕业生就业还有哪些困难？

【参考资料】

目前，我国高校毕业生就业面临的困难主要有以下几个方面。

（1）高校毕业生的就业机会总体上是不平衡、不充分的。

目前，我国每年城镇新增劳动力供给超过1500万人，其中高校毕业生就超过一半。同时，我国每年城镇新增就业约1300万人。由于我国整体处在动能转换时期，产业结构还不是很先进，新创就业岗位绝大部分并不特别适合高校毕业生，适应毕业生特点和成才需要的管理型、智能型、技术型的高质量就业岗位还不是很充分。就业机会不平衡的问题则主要体现在高校毕业生供求在区域、专业、性别要求等方面的不平衡，这些不平衡也导致高校毕业生就业面临一些困难。

（2）就业信息服务不充分。

目前，高校毕业生就业信息的提供方主要包括学校、用人单位、中介机构、人力资源服务机构、公共就业服务部门等。但目前来看，这些平台提供的信息在真实性、有效性和全面性方面存在的问题始终没有解决，这就导致毕业生求职要付出更高的成本。此外，在就业信息方面违法违规的事件也时有发生，对高校毕业生人身财产安全造成侵害。总体来说，就业信息服务不充分的问题目前还比较突出。

（3）高校毕业生普遍对自己职业生涯发展的认识不清晰。

目前出现的，如慢就业、盲目创业、就业高流动性等现象，都是高校毕业生职业生涯规划不清晰的表现。

（4）目前就业服务及政策宣传还不够到位。

高校毕业生对于政府支持就业的政策、项目、服务不清楚，影响其实现更高质量、更充分就业。

【问题3-2】适应新就业形态快速发展，通过新经济实现就业创业

【问题思考】

认真阅读以下【参考资料】中的内容，加深对新经济形态、新就业形态的了解，你认为新经济形态和新就业形态对高校毕业生就业会带来哪些新变化？应如何迅速适应这些新变化，通过新经济实现就业创业？

【参考资料】

新就业形态是指新技术与传统制造业和服务业相融合而产生的新经济形态。新技术推动生产要素新组合模式，也就是新商业模式的产生，新商业模式又触发一个新载体，也就是我们所说的新业态。

可以说新就业形态是特别适合高校毕业生就业的经济形态。目前，新增就业的70%是新经济形态做出的贡献，在新经济形态下，劳动者可以自主创业、自由择业，就业形式更为灵活。此外，新经济形态以互联网大数据等技术为前提，这更适合受过高等教育的高校毕业生。新经济形态的快速发展，实际上为高校毕业生创造了广阔的就业空间。高校毕业生在新技术、新模式、新业态、新产业等方面既可以进行原始创新，也可以进行集成创新，还可以进行追随性的创新。新经济形态为高校毕业生提供了无限可能。

一方面，要加强对高校毕业生的引导，让他们迎接新经济、创造新经济，通过新经济实现就业创业。另一方面，应该重视新就业形态可能带来的从业者权益保障缺失的问题，制定适应新经济形态发展的政策、制度、法规。

从当前形势看，灵活就业、自由职业比例在提升，特别是随着我国经济结构调整，一些新领域创造了更多就业机会。

未来，大学毕业生就业新空间在哪里？

从政策新空间看，国家发展改革委等13个部门联合发布的《关于支持新业态新模式健康发展激活消费市场带动扩大就业的意见》中提出支持15种新业态新模式发展，为高校毕业生提供就业空间。例如，线上服务、个体经济、共享经济等。

从产业新空间看，由于产业转型升级、科技水平提升，大数据、人工智能、物联网等新产业快速发展，人才需求不断增加。据测算，整个大数据产业需要2000万人，而毕业生供给远远不够。

从企业新空间看，不同企业情况不同。在经济转型升级的背景下，一部分企业面临去库存、去产能，其吸纳就业人数不多，但也有相当多的领域人才需求非常迫切。例如，2021年教育部和中关村、深圳产业园曾共同举行专场招聘会，中关村提供了13万个岗位，深圳提供了14万个岗位，但最终投递简历数量却小于岗位数量。

从技能新空间看，目前很多技能领域人才非常缺乏。例如，物联网安装调试员、无人机驾驶员、电子竞技员等新技能人才紧缺，仅物联网安装调试员现在就有500万人的缺口。此外，家政等传统服务业也面临人才缺口。

从区域新空间看，长三角、珠三角等经济活跃区域的人力资源供给与当地经济发展需求不匹配。近几年，为了吸引更多人才就业，深圳在全世界征集高等教育优质资源。

从创业新空间看，目前国家鼓励"双创"，为年轻人创业提供了政策环境和制度环境的保障。

【交流探讨】

【话题3-1】如何破解大学毕业生找不到工作与企业招不到人之间的矛盾

【话题探讨】

认真阅读以下【参考资料】中的内容，就以下问题进行讨论：

（1）你认为目前就业难产生的原因主要有哪些？

（2）你认为学校和社会应采取哪些举措来解决就业难的问题？

（3）你认为大学毕业生自身在适应就业形势、转变就业观念、提升综合能力等方面应有哪些改变或做法？

【参考资料】

1. 大学毕业生就业的现状

随着我国高校毕业生就业制度的改革和高等教育规模的迅速扩大，高校毕业生的数量迅速增加，就业难的问题日益突出。2021年，高校毕业生数量达到909万人，比2020年增加了35万人，这样庞大的毕业生人口基数导致工作岗位供不应求，许多大学毕业生面临找不到工作的问题。

（1）待就业人数增长。

对比近几年应届毕业生数量：2017年，应届高校毕业生数量为795万人；2018年，应届高校毕业生数量为820万人；2019年，应届高校毕业生数量为834万人；2020年，应届高校毕业生数量为874万人；2021年，应届高校毕业生数量为909万人；2022年，应届高校毕业生数量大约为1076万人，同比增加大约167万人；2023年，预计应届高校毕业生数量为1158万人，预计同比增加82万人。

2022年，城镇新增就业1206万人；2023年，城镇新增就业大约1200万人。

随着高校毕业生总量的增大，势必增加就业难度。

（2）毕业生向大中城市流动趋势增强。

随着我国沿海及周边城市的快速发展，大城市与发展相对缓慢的一些中小城市及乡镇的差距逐渐拉大，高薪高待遇的工作吸引着大学毕业生流向经济发达城市，寻求发展方向和发展机会，逐渐形成向大中城市流动的趋势，造成人才集中且超过就业市场的需求。

（3）毕业生的期望值过高。

随着教育水平的不断提高，高校毕业生的专业素质也有了很大提高，因此，他们对就业方面的期望值也很高。很多毕业生对自己理想的工作薪资的期望值过高，他们一直在寻找符合自己理想条件的工作，没有关注其他适合自己的工作，从而丧失了大量就业机会。

2. 分析大学毕业生就业难的原因

（1）毕业生自身的原因。

大学毕业生在求职的过程中，总是期望找到轻松且高薪的工作。既不愿从事高付出的工作，又想获得丰厚的薪资，在此过程中忽略了对自身能力和水平的合理评估。部分大学毕业生对自己的求职过程和结果抱有想当然的想法，认定了高薪、高待遇、高福利的工作且未曾考虑到求职过程中可能会遇到的问题，对自身的评价过高，但理想状态和社会现实相去甚远。正是由于这种对自身能力不合理的评估，导致部分大学毕业生找不到符合自己要求的工作，在求职过程中与机会擦肩而过。

（2）高校扩招的原因。

近年来，高校的不断扩招为社会输出了大量知识型人才，同时也为毕业生就业造成了严重影响。待就业的毕业生人数远远超过社会市场的需求，"供过于求"的现状使得原来的"卖方市场"

变成"买方市场"。当今社会需要的是综合型人才，而我国高校培养的人才在综合能力方面还有所欠缺，专业技能的掌握水平也不够高；同时，在高校教学过程中，理论知识占的比例比较大，而实际操作却比较少，导致部分毕业生很难熟练地将所学的专业知识与实际操作相结合。在实践过程中，无法将专业知识合理地运用，导致这些毕业生在求职过程中遇到一系列问题，影响其顺利就业。

（3）社会用人单位需求的原因。

随着社会经济和科技的不断发展，当今社会市场对求职者的要求越来越高。现在的用人条件主要集中在知识和技能两个方面，对求职者的筛选也相当严格，且吸纳的人员有限。从工作要求方面来讲，与科技挂钩的工作主要吸纳的是知识型人才，且都是高精尖人才，大部分毕业生的知识水平与此类工作的要求存在一些差距，因此，做此类工作可能有困难。另一部分工作主要集中在技能操作方面。大学生在校期间，主要集中于理论知识的学习，实践的机会相对比较少，除了课外闲暇时间和假期的兼职工作及实习，工作经验少之又少，因此，在实际操作中不够熟练。对用人单位来说，在对求职者进行层层筛选时，很大程度上会选择技能水平相对较高者，这对于大学毕业生而言是个普遍存在的难题。

3. 分析大学毕业生找不到工作与企业招不到人矛盾产生的原因

找工作难，似乎已经成为大学毕业生的共识，但实际情况是，一方面是很多企业招不到员工，形成用工荒，另一方面是很多大学毕业生找不到工作。为什么会出现这样的局面？

（1）追求体面工作。

受过高等教育的大学生总希望找到与自己的教育水平相称的工作，期待轻松、体面、待遇好的工作，但符合这些条件的岗位总是竞争者满满，反之则无人问津。

（2）存在攀比心理。

大学毕业生的自尊心普遍都较强，如果被其他同学的工作比下去，心里会不好受，所以就算为了让别人看得起，也要找一份体面的工作。

（3）受家庭观念影响。

听从父母之命、参考过来人的经验是大学毕业生在对未来职业感到迷茫时经常会想到的出路。在父母的心里，没有人不希望自己的孩子能找到一份体面的、让人羡慕的工作，所以通常也会建议自己的孩子尽量找一份体面的工作。

（4）受消费观念驱使。

大学毕业生在消费观念上更加开放，更注重消费的质量和自己的消费理念。受自己的消费观念推动，总想找一份薪资待遇不错的工作。

受以上因素的影响，导致目前大学毕业生找工作集中在某些热门岗位，一些冷门岗位明明工资和待遇都不错，却因为工作性质而不受大学毕业生青睐。

4. 探讨就业难的解决方法

首先，学校需要转变观念同时加强监督，严格落实相关规定，在教好专业课的同时要保质保量地做好大学毕业生职业规划相关课程教学工作。要让学生切实学好本专业的相关知识，只有学生自身的本领过硬，才能在求职时从容应对巨大的就业挑战。

其次，我国大学生就业中普遍存在"缺乏对社会了解""缺乏求职技巧""实习经验不足"等问题。所以大学生在校期间必须扎实学好专业课程，增强专业能力，同时多了解每年的就业市场，寒暑假多出去实习，提前感受职场生活，并提前做好职业规划和确定职业目标等。

最后，很多大学毕业生并不是找不到工作，而是找不到理想的工作，社会实际与自己理想之间还是有一些差距的。很多大学毕业生对薪资方面的期望较高，然而现实是市场给刚毕业尚未有任何工作经验的大学生的薪资普遍很低，因此，一定要转换就业观念，适当降低自己对工作的期望值。

（1）树立与市场经济相适应的现代就业观和职业观。

所谓市场经济，就是通过市场调节社会经济活动、配置社会资源的一种经济组织形式。在市场经济的大环境下，大学毕业生作为社会劳动力的重要组成部分，必然成为其中一个环节。我们要想实现自身的人生价值必须通过从事一个或多个职业来完成。我们必须通过职业生涯来满足自己的人格需求、自我价值和社会价值。市场经济下的职业就是参与社会分工，利用专门的知识和技能，创造物质财富、精神财富，获得合理报酬，满足物质生活和精神生活的工作。因此，我们一定要投身到市场经济中去积极实现自己的人生价值。

（2）增加对当前就业政策的了解。

大学生应在学习之余，先了解当前的就业政策和就业形势的变化，再依此及时调整自己的职业发展方向，对个人素质进行重点培养，以符合用人单位的标准；同时根据个人需求和社会需求做出合理的选择，以便顺利就业。

（3）转变就业观念，调整就业心态。

大学毕业生择业应注重现实性：一是外部职业环境的现实性，二是个人能力素质的现实性。大部分大学毕业生不愿意去较为偏远或经济欠发达地区，而宁愿留在大中型城市做基层工作，忽略了社会需求，在此过程中或多或少会影响个人发展前途。大学毕业生初入社会，不应过分注重利益，而应选择真正适合自己的工作，尽可能地发挥自己的潜能。面对就业难现状，大学毕业生应从自身出发，积极寻找应对措施；调整就业心态，培养广泛的兴趣爱好，保持积极向上的生活态度，养成坚韧的性格和谦虚谨慎、认真自律的良好品德。

（4）培养良好的职业素质，提高就业竞争能力。

大学毕业生应培养良好的职业素质、广泛的职业兴趣、高尚的职业道德和强烈的责任意识。其中职业道德至关重要，因此，大学毕业生应加强自身道德修养，不断进行自我完善，培养良好的职业道德和职业素质，不断提高就业竞争能力。

（5）坚持不断学习，努力完善自我。

大学毕业生在求职或工作中总会遇到许多棘手的问题，为了以后的工作能够相对得心应手，应该坚持不断学习，以知识和技能来弥补自身的不足，进而完善自我。

大学毕业生应树立终身学习的观念，努力学习新知识，开阔视野。当今社会发展迅速，很多知识都在推陈出新，大学毕业生应保持积极向上的态度，不断学习新知识。当前面临知识急剧增加和迅速老化的双重压力，只有不断地接受大学后的继续教育和学习，储备更多的能量，补充新理论、新知识、新方法、新信息，才能适应飞速发展的科学技术。

社会要对大学毕业生给予鼓励和一定的成长时间，现在市场上很多公司是不倾向招应届毕业生的，因为刚从学校出来的毕业生可能就是一张白纸，没有任何工作经验，企业为了减免相应的培训用人成本，更喜欢找有一定工作经验的。其实很多应届毕业生都有很强的专业能力和工作激情，企业可以适当多给应届毕业生一些机会，也许会带来不一样的惊喜。

【话题3-2】适应就业环境变化，促进大学生市场化社会化就业

【话题探讨】

认真阅读以下【参考资料】中的内容，就以下话题展开讨论：

（1）所在高校和当地政府在为大学毕业生提供就业服务方面采取了哪些行之有效的举措？这些举措你是否受益了？

（2）在促进大学毕业生市场化社会化就业，引导他们选择更匹配的职业和单位方面，你认为所在高校和当地政府还可以提供哪些服务？采取哪些举措？

【参考资料】

当前我国就业总量压力依然很大，就业结构性矛盾仍十分突出，大学毕业生就业仍然面临巨大压力。

教育部公布的数据显示，2019年，我国高等教育毛入学率已达到51.6%，在学总人数达到4002万人，这两个数字表明我国已经实现从高等教育大众化到普及化阶段的跨越，已经建成世界上最大规模的高等教育体系。高等教育进入普及化时代，大学毕业生数量大幅增长，就业形势就会发生变化。2021年，高校毕业生数量首次突破900万人；2022年，高校毕业生数量超过1000万人。

随着高等教育从大众化转向普及化，以及全球化、市场化和人工智能的发展，传统行业、传统岗位的就业吸纳能力不断变弱，劳务派遣就业（合同工）、微小型私营企业就业、自由职业和自主创业等不断增加，市场化、社会化的就业规模不断扩大。市场化配置机制有利于大学毕业生资源的有效整合，社会化服务体系有助于提升大学毕业生就业品质。在大学毕业生就业形势严峻、竞争激烈的情境下，促进大学毕业生市场化社会化就业，以此来拓宽就业渠道、就业空间，不失为一种务实的选择。

促进大学毕业生市场化社会化就业，引导他们选择更匹配的职业和单位，迫切需要各地高校和政府提升大学毕业生就业工作质量水平，积极为大学毕业生提供不断线、不打烊的全天候就业服务。

（1）加强信息平台建设。

随着市场化程度不断提高，市场对工种的细化及人才素质的要求日益提高。当前，劳动力市场上存在一定的信息不对称情况，有业难就和无业可就并存，迫切需要搭建完善高效的就业信息平台，使学生、学校、社会的就业要素形成完整高效的配置，降低供需双方的人职匹配成本。

（2）合理利用社会资源。

实践表明，社会资源对促进就业有着重要影响，有效利用师生校友、亲朋好友等社会资源可以扩展求职渠道，多途径创造就业机会，减少因为信息不对称而增加的求职成本。不断完善勤工俭学、校园服务实践等育人环节，鼓励学生投身生产实习、岗位锻炼等实践环节，积累并维系良好的社会资源，并合理利用社会资源拓展信息来源和求职空间，从而降低求职成本。

（3）构建就业保障体系。

逐步完善多元化的就业保障体系，完善就业帮扶措施，在延长学制、减免学费、技能培训、工商登记等方面给予政策优惠服务，鼓励大学生通过自主创业、基层就业、挂职锻炼、应征入伍等实现多渠道就业。同时，完善失业保险制度和社会保障政策，不断提升保险水平和保障措施，促进大学生失业者积极再就业。

（4）完善就业服务体系。

注重毕业生的中长期就业，教育部门要着力解决毕业生离校前的教育引导工作，人社部门要重点做好毕业生离校后的指导服务工作，社会要营造公平就业环境，其他相关部门要协同配合切实做好跟踪服务，多方联动、凝聚力量化解就业难题，使毕业生成为"不断线的风筝"。在劳动关系、薪资待遇、社会保险、在职培训等方面加大倾斜力度，为毕业生高质量就业营造良好的市场环境。

促进大学毕业生市场化社会化就业，引导大学毕业生认识不同就业单位的工作特点和性质，选择与其专业和人生目标符合程度更高的职业。大学毕业生要注重培养规划未来和职业的意识，不能只盯着机关事业单位，而要根据市场需求和社会需要，到基层、到企业就业创业，尽早尽快实现就业。就业期望值的合理定位，有赖于就业观念的塑造和引导。高校要教育学生转变就业观念，引导学生合理进行定位，提高学生就业能力和竞争力。高校应在转变学生就业观和职业观上下功夫，从学生入学时就树立为学生全程服务的思想，针对不同年级具有不同特点，建立由低年级到高年级的就业指导体系，引导学生树立正确的就业观，选择正确的职业方向。尤其要对不同专业的学生通过多种形式进行就业指导，组织学生参与实践活动，丰富就业实践经验，增强其求职技能，培养其职业认同，以适应多变的就业环境，进而提升就业质量。在有条件的情况下，要根据学生的个体特点，有针对性地做好分类指导，提升学生对市场、对自身的认知度，提高学生的就业竞争力。

【话题 3-3】解决大学毕业生就业难的问题，要从自身做起

【话题探讨】

认真阅读以下【参考资料】中的内容，对以下 4 种观点展开讨论，谈谈解决大学毕业生就业难的问题，如何从自身做起。

（1）职业无贵贱之分。
（2）打铁还需自身硬。
（3）天上不会掉馅饼。
（4）行行可建功，处处能立业，劳动最光荣。

【参考资料】

就业难虽然是事实，但大学毕业生也应该反思一下自己的就业观念是否出现了偏差。

1. **职业无贵贱之分**

岗位没有高低之分，大学毕业生的就业观念有待提高，除此之外，很多大学生没有意识到自己身上的缺陷和不足，就一味地抱怨不被用人单位录用，其实是很不应该的。

放低身段，摆正心态，找准自己的定位，先就业再择业，重要的不是做什么工作，最主要的是要有明确的奋斗方向和努力目标。

2. **打铁还需自身硬**

"打铁还需自身硬"，这句话应该值得每个大学毕业生反省，想要得到一份符合预期的工作，首先要让自己的能力和素质足以胜任该工作。

3. **天上不会掉馅饼**

任何高薪岗位都不是"天上掉下来的馅饼"，是需要自己去争取的，需要时间的历练。在找工作时，避免盲目求快的浮躁心态，没有人可以一步登天，不如从基础的做起，当能力达到一定水平时，大学毕业生一定能获得相应的晋升。

4. **行行可建功，处处能立业，劳动最光荣**

大学毕业生一定要明晰就业形势，合理定位，树立"行行可建功，处处能立业，劳动最光荣"的新型就业观和成才观，找到一个适合自己的并与自身能力、要求相符合的岗位。

【训练提升】

【训练 3-1】梳理国家、地方、高校稳就业、促就业的举措

在表 3-1 中，"2023 年"对应的列中列举了当年国家稳就业、促就业的举措。请将该表补充完整（2023 年之后的年份，请补充完整表 3-1 的第三列）。

表 3-1　国家、地方、高校稳就业、促就业的举措

出处或牵头单位	2023 年	____年
党的二十大报告	强化就业优先政策，健全就业促进机制，促进高质量充分就业。健全就业公共服务体系，完善重点群体就业支持体系，加强困难群体就业兜底帮扶。统筹城乡就业政策体系，破除妨碍劳动力、人才流动的体制和政策弊端，消除影响平等就业的不合理限制和就业歧视，使人人都有通过勤奋劳动实现自身发展的机会。健全终身职业技能培训制度，推动解决结构性就业矛盾。完善促进创业带动就业的保障制度，支持和规范发展新就业形态。健全劳动法律法规，完善劳动关系协商协调机制，完善劳动者权益保障制度，加强灵活就业和新就业形态劳动者权益保障	
教育部	《关于做好 2023 届全国普通高校毕业生就业创业工作的通知》中指出：高校毕业生是国家宝贵的人才资源，是促进就业的重要群体。为深入学习贯彻党的二十大精神，全面落实党中央、国务院对高校毕业生就业创业工作的决策部署，教育部决定实施"2023 届全国普通高校毕业生就业创业促进行动"，各地各高校要切实增强责任感使命感，紧密结合实际，创新思路举措，千方百计促进高校毕业生多渠道就业创业，奋力开创高校毕业生就业创业工作新局面。 要求重点做好以下各项工作： （1）更大力度开拓市场化社会化就业渠道； （2）充分发挥政策性岗位吸纳作用； （3）建设高质量就业指导服务体系； （4）精准开展重点群体就业帮扶； （5）简化优化求职就业手续； （6）完善就业与招生培养联动机制； （7）加强组织领导	
人力资源社会保障部	《人力资源社会保障部关于开展 2023 年全国公共就业服务专项活动的通知》中强调：以习近平新时代中国特色社会主义思想为指导，全面贯彻落实党的二十大精神，坚持以人民为中心，强化就业优先政策，扎实做好稳就业各项工作，统筹推进常态化疫情防控与线上线下招聘等就业服务活动，着力打造"10+N"公共就业服务专项活动品牌，为劳动者求职就业和用人单位招聘员工搭建平台，促进劳动力市场供需匹配，推进稳就业工作。 要求重点开展以下各项活动： （1）春风行动暨就业援助月； （2）"职引未来"——大中城市联合招聘高校毕业生专场活动； （3）民营企业招聘月； （4）百日千万网络招聘专项行动； （5）离校未就业高校毕业生服务攻坚行动； （6）金秋招聘月； （7）"职引未来"——全国人力资源市场高校毕业生就业服务周； （8）"职引未来"——中央企业面向西藏青海新疆高校毕业生专场招聘活动	
所在省份		
所在学校		

【训练 3-2】熟知和运用促进高校毕业生高质量就业的措施

在表 3-2 中,"2023 年"对应的列是教育部、人力资源社会保障部千方百计促进 2023 届高校毕业生更加充分更高质量就业采取的有力措施。通过网络、报纸等媒体了解当年促进高校毕业生高质量就业的有力措施,并将相关内容填入该表第 3 列对应的表格中。

表 3-2 促进高校毕业生高质量就业采取的有力措施

条目名称	2023 年	____年
专题会议	2022 年 11 月 15 日,教育部、人力资源社会保障部在北京召开 2023 届全国普通高校毕业生就业创业工作网络视频会议	
关键数据	预计 2023 届高校毕业生数量达 1158 万人,预计同比增加 82 万人,面临的就业形势严峻复杂	
总体要求	各地各高校要深入学习贯彻党的二十大精神,深刻认识做好当前和今后一个时期高校毕业生就业创业工作的重大意义,准确把握 2023 届高校毕业生就业创业工作面临的形势,坚决扛起政治责任,聚焦重点任务,加强组织领导,压实工作责任,全力以赴做好高校毕业生就业创业工作	
有力措施	各地各高校要千方百计促进市场化就业,深入开展高校书记、校长访企拓岗促就业专项行动,实施"万企进校园计划",全面推广使用国家大学生就业服务平台,充分发挥中小企业吸纳就业作用,支持自主创业和灵活就业。 (1) 要用足用好各类政策性岗位,配合有关部门优化政策性岗位招录安排,积极拓宽基层就业空间,鼓励更多毕业生报考重点领域和一线岗位,做好大学生征兵工作。 (2) 要健全就业指导服务体系,有的放矢地开展就业指导,不断强化就业育人实效,引导毕业生从实际出发选择职业和岗位,用好"互联网+就业"新模式,坚决保护毕业生就业权益。 (3) 要用心用情帮扶就业困难群体,深入实施"宏志助航"计划,做好离校未就业毕业生跟踪服务。 (4) 要简化优化求职就业手续,落实国务院办公厅有关文件精神,有关部门共同做好稳妥有序取消就业报到证工作,建立毕业去向登记制度,强化就业统计监测。 (5) 要深入推进高等教育供给侧改革,强化学科专业布局调整,完善就业与招生培养联动机制。 (6) 要落实就业"一把手"责任,注重配齐配强就业工作队伍,密切部门协同配合,加强宣传引导,营造全社会关心支持毕业生就业的良好氛围。 (7) 要加大就业优先政策实施力度,充分调动市场主体、毕业生自身和公共部门积极性,全力稳定和扩大毕业生就业门路。 (8) 要健全就业公共服务体系,强化招聘信息服务、能力提升服务、人才流动服务,提高对接匹配效率。 (9) 要加强就业兜底帮扶,将困难毕业生情况掌握到位、就业帮扶措施落实到位、相关院校支持到位。 (10) 要完善劳动者权益保障制度,严厉打击违法违规行为,切实提高毕业生维权意识,为他们提供公平有序的就业环境	

【训练 3-3】领会《教育部关于做好 20××届全国普通高校毕业生就业创业工作的通知》精神,促进高质量就业

通过网络、报纸等媒体了解《教育部关于做好 20××届全国普通高校毕业生就业创业工作的

通知》内容，领会与悟透通知精神，改变就业观念，用好就业政策，充分发挥自身优势，促进高质量就业。

1. 把握教育部通知的要点

在表3-3中，"2023年"对应的行是《教育部关于做好2023届全国普通高校毕业生就业创业工作的通知》中的要点。借助网络了解《教育部关于做好20××届全国普通高校毕业生就业创业工作的通知》中的要点，并将相关内容填入该表第3行对应的表格中。

表3-3 《教育部关于做好2023届全国普通高校毕业生就业创业工作的通知》中的要点

年　度	就业创业工作要点
2023年	（1）深入开展市场化岗位开拓行动 （2）实施"万企进校园计划" （3）全面推广使用国家大学生就业服务平台 （4）充分发挥中小企业吸纳就业作用 （5）支持自主创业和灵活就业 （6）优化政策性岗位招录安排 （7）积极拓宽基层就业空间 （8）积极配合做好大学生征兵工作 （9）全面加强就业指导 （10）深入推进就业育人 （11）切实维护毕业生就业权益 （12）健全就业帮扶机制 （13）深入实施"宏志助航"计划 （14）稳妥有序推进取消就业报到证 （15）建立毕业去向登记制度 （16）强化就业统计监测工作 （17）健全完善就业反馈机制 （18）深化就业工作评价改革 （19）压紧压实工作责任 （20）加强就业工作机构和队伍建设 （21）做好就业总结宣传工作
＿＿＿年	

（1）积极拓展政策性岗位。

《教育部关于做好2023届全国普通高校毕业生就业创业工作的通知》要求积极拓展政策性岗位，以下政策性岗位中你有意向去哪些岗位就业？

☐公务员
☐事业单位的就业岗位
☐国有企业的就业岗位
☐城乡基层社区各类服务性岗位
☐地方性基层就业岗位
☐"特岗计划"
☐"大学生村官"
☐"三支一扶"
☐"西部计划"

☐基层医疗卫生岗位
☐基层养老服务岗位
☐基层社会工作岗位
☐基层司法辅助
☐科研助理岗位
☐征兵入伍

（2）严格执行就业工作"四不准"规定。

《教育部关于做好 2023 届全国普通高校毕业生就业创业工作的通知》要求严格执行就业统计监测工作"四不准""三严禁"要求。"四不准"是指：
☐不准以任何方式强迫毕业生签订就业协议和劳动合同
☐不准将毕业证书、学位证书发放与毕业生签约挂钩
☐不准以户档托管为由劝说毕业生签订虚假就业协议
☐不准将毕业生顶岗实习、见习证明材料作为就业证明材料

"三严禁"是指：
☐严禁发布含有限定 985 高校、211 高校等字样的招聘信息
☐严禁发布违反国家规定的有关性别、户籍、学历等歧视性条款的需求信息
☐严禁发布虚假和欺诈等非法就业信息，坚决反对任何形式的就业歧视

（3）严格落实"四到位"。

《教育部关于做好 2023 届全国普通高校毕业生就业创业工作的通知》要求各地各高校要进一步加强高校毕业生就业工作保障，严格落实"四到位"。"四到位"是指：
☐就业机构
☐人员
☐场地
☐经费

2．了解就业创业的相关机制

在表 3-4 中，"2023 年"对应的行是《教育部关于做好 2023 届全国普通高校毕业生就业创业工作的通知》中要求建立健全的机制。请将当年教育部相关通知中要求建立健全的机制填入该表第 3 行对应的表格中。

表 3-4 《教育部关于做好 2023 届全国普通高校毕业生就业创业工作的通知》中要求建立健全的机制

年　度	要求建立健全的机制
2023 年	（1）充分发挥全国普通高校毕业生就业创业指导委员会和行业协会作用，完善"分行业就指委+分行业协会"促就业工作机制。 （2）各地各高校要建立完善就业与招生、培养联动的有效机制，把高校毕业生就业状况作为高等教育结构调整的重要内容。 （3）探索实施高校毕业生就业工作合格评价，建立部、省两级就业工作合格评价机制，促进高校就业工作制度化、规范化。 （4）各地各高校要把高校毕业生就业摆在突出重要的位置，落实就业"一把手"工程，建立健全主要领导亲自部署、分管领导靠前指挥、院系领导落实责任、各部门协同推进、全员参与的协调机制，将就业工作纳入领导班子考核重要内容。 （5）建立完善就业风险防范化解机制，确保安全稳定
2023 年	

3. 熟悉就业创业的相关政策

在表 3-5 中,"2023 年"对应的行是《教育部关于做好 2023 届全国普通高校毕业生就业创业工作的通知》中要求落实的政策。请将当年教育部相关通知中要求落实的政策填入该表第 3 行对应的表格中。

表 3-5 《教育部关于做好 2023 届全国普通高校毕业生就业创业工作的通知》中要求落实的政策

年　度	要求落实的政策
2023 年	（1）各地教育部门要配合本地相关部门落实对中小微企业吸纳高校毕业生的优惠政策,支持开发创造更多适合高校毕业生的就业岗位。 （2）各地教育部门要配合有关部门落实灵活就业社会保障政策,为毕业生从事新形态就业提供支持,推动灵活就业规范化发展,切实维护高校毕业生合法权益。 （3）健全支持激励体系,落实好学费补偿贷款代偿、考研加分等优惠政策。 （4）各地教育部门要研究制定细化方案和实施办法,落实好退役普通高职（专科）士兵免试参加普通专升本招生、退役大学生士兵专项硕士研究生招生计划等优惠政策
＿＿＿年	

4. 了解就业创业的相关制度

在表 3-6 中,"2023 年"对应的行是《教育部关于做好 2023 届全国普通高校毕业生就业创业工作的通知》中要求建立健全的制度。请将当年教育部相关通知中要求建立健全的制度填入该表第 3 行对应的表格中。

表 3-6 《教育部关于做好 2023 届全国普通高校毕业生就业创业工作的通知》中要求建立健全的制度

年　度	要求建立健全的制度
2023 年	（1）根据国务院办公厅有关文件要求,从 2023 年起,教育部门建立高校毕业生毕业去向登记制度,作为高校为毕业生办理离校手续的必要环节。 （2）实行高校毕业生就业去向落实率红黄牌提示制度
＿＿＿年	

5. 运用就业创业的相关平台

在表 3-7 中,"2023 年"对应的行是《教育部关于做好 2023 届全国普通高校毕业生就业创业工作的通知》中要求建立推广的平台。请将当年教育部相关通知中要求建立推广的平台填入该表第 3 行对应的表格中。

表 3-7 《教育部关于做好 2023 届全国普通高校毕业生就业创业工作的通知》中要求建立推广的平台

年　度	要求建立推广的平台
2023 年	（1）全面推广使用国家大学生就业服务平台。 （2）为中小企业招聘高校毕业生搭建平台
＿＿＿年	

6. 参与就业创业的相关活动

在表 3-8 中,"2023 年"对应的行是《教育部关于做好 2023 届全国普通高校毕业生就业创业工作的通知》中要求组织开展的活动。请将当年教育部相关通知中要求组织开展的活动填入该表第 3 行对应的表格中。

表3-8　《教育部关于做好2023届全国普通高校毕业生就业创业工作的通知》中要求组织开展的活动

年　度	要求组织开展的活动
2023年	（1）鼓励高校与对接企业和其他用人单位开展集中走访，深化多领域校企合作。教育部在全国范围内组织开展"校园招聘月""就业促进周"等岗位开拓和供需对接系列活动。 （2）各地各高校要充分发挥校园招聘主渠道作用，在符合疫情防控要求的前提下，积极举办线下校园招聘活动，确保校园招聘活动有序开展。 （3）高校要创造条件主动邀请用人单位进校招聘，支持院系开展小而精、专而优的小型专场招聘活动。 （4）鼓励地方和高校依托平台联合举办区域性、行业性专场招聘活动。 （5）会同有关部门举办"全国中小企业人才供需对接大会""民企高校携手促就业""全国中小企业网上百日招聘高校毕业生""全国民营企业招聘月"等活动，为中小企业招聘高校毕业生搭建平台。 （6）开展就业育人优秀案例创建活动，选树一批就业典型人物，积极引导高校毕业生到祖国需要的地方建功立业
＿＿＿年	

【训练3-4】对当前就业形势与就业政策的认知调查

对当前就业形势与就业政策的认知调查的调查方案如下。

1．调查目的

了解在校大学生对大学生就业形势与就业政策的认知程度和真实看法，有利于更好地了解当年大学生的就业形势。

2．调查对象与手段

（1）调查对象：本校当年毕业生。

（2）调查手段：借助"问卷星"进行网上调查。

（3）调查时间：某年某月某日至某月某日。

3．调查主题

（1）大学生对当今就业形势的认知程度。

（2）根据当今的就业形势确定择业方向。

（3）政府的就业政策。

（4）在校期间的表现对就业的影响。

4．调查内容

见本模块"教学资源"中的"对当前就业形势与就业政策的认知调查题"。

5．调查结果

（1）大学生普遍认为就业形势严峻，担心就业。

调查发现，（　　）%的大学生对当今就业形势有一定的了解。其中认为当今就业形势十分严峻的大学生高达（　　）%。另外，大学生都关注就业信息，且出现对就业过于担忧的现象。从第一学年就开始关注就业信息的比例为（　　）%，从第二学年开始关注就业信息的比例为（　　）%，有（　　）%的学生在第三学年时才关注就业信息。

（2）大学生对就业的期望值过高。

调查发现，大学生对就业城市期望较高。在调查的人群中，希望到发达的大城市工作的人占（　　）%，愿意到中部城市工作的人只有（　　）%，愿意到西部工作的人只有（　　）%，且他们对就业的收入期望也较高。对于到小城镇工作，大部分大学生都不愿意，只把其作为候补选择。

模块4　加强职业指导与提升就业能力

对大学毕业生来说，一个完整的择业过程包括收集信息、自我分析、确立目标、准备材料、参加招聘会（投递材料）、参加笔试、参加面试、签订协议、走上岗位等环节。走好择业的每一步，对成功实现自己的职业理想十分重要。

每个人的追求不同、性格不同，所以适合的工作类型也不一样，但希望每个大学生在毕业之后都能够尽快找到适合自己的工作，这样自己才会拥有更多的发展机会。

每个人的职场之路都不一样，有的顺风顺水，平步青云；而有的崎岖坎坷，颇为不顺。是什么原因导致有这么大的差别呢？有人说是运气，有人说是性格决定命运，都有一定道理。如果能有个职场专家或贵人相助，或许能少走不少弯路。

每个大学毕业生都要经历从学生到员工的人生蜕变过程，要不断完善自己。

【分析思考】

【案例4-1】扬长避短顺利就业

【案例描述】

应届大学毕业生小龙，在大学学习的是会计专业。三年的努力不仅让她掌握了扎实的专业知识，还成功考取了初级会计证、计算机二级证书和国际商贸单证员等证书。英语基本功不错的她除了可以从事会计工作，还可以选择外贸相关工作。在人际关系上，小龙性格温和，人缘也不错，这些都是她求职时的优势。但由于她一味追求大中型企业，且希望一步到位，导致她求职很不顺利。

根据小龙的实际情况，学校的就业指导老师帮她分析了求职不顺利的原因，并建议她客观、正确地评估自己的能力、明确自己的职业定位。小龙期望进大中型企业工作，但是大中型企业在招聘会计时一般要求应聘者至少拥有2～3年的工作经验，这对应届毕业生来说是一道难以逾越的门槛。基于此，就业指导老师建议小龙可以从小企业入门。一方面，小企业的招聘条件相对较低，这就提高了小龙求职的成功率；另一方面，小企业的财务人员一般较少，往往身兼多职，在小企业做会计可以接触公司所有的财务事项，这对提高小龙的工作能力和业务水平有很大帮助。另外，在行业的选择上，就业指导老师建议小龙可以考虑生产型的制造类企业，因为这类企业对会计的要求比较高，这就促使会计在工作中严格要求自己，对其成长十分有利。

初入职场，除了要根据自己的实际情况来确定自己的职业，还需要有长远的职业规划。在交谈中，就业指导老师发现小龙求稳心切，希望找到一家不错的企业就可以一劳永逸了。对此，就业指导老师建议她应该做长远的职业规划，而不能只看眼前利益，可以先选择一家与其求职条件相近的小企业作为职业生涯的起点，再积累工作经验，以达到大中型企业的用人标准，为长远发展做铺垫。

小龙听完就业指导老师的分析，接受了建议，并参加了该老师提供的4家基本符合她求职条件的企业的面试，最终她选择了一家纺织企业做会计工作。该企业规模不大，工作地点在乡镇，正因为如此才没有"就职人员必须有工作经验"的硬性规定。小龙去该企业上班后，在做会计工作的同时还兼做一些外贸业务，使小龙的专业特长得到了发挥。

每到毕业季，大学毕业生纷纷涌入职场，然而其中大多数求职盲目、好高骛远，对自己的职业发展没有规划，导致求职屡屡受挫、连遭打击。通过对小龙的就业指导，可以发现指导这些初涉职场的大学毕业生，要具体情况具体分析，要帮助他们认清形势、正确评估自身的实力。对职业有更高追求的大学生要想避免毕业后出现就业难的问题，应该在毕业前做好 3 项准备工作：①在校期间就要善于发掘自身优势，并将之发展为职业能力；②要及时发现自身的不足，通过参加校内外举办的各种活动补足能量；③要有长远的职业规划，切不可等到毕业找工作时才发现自己不知道想做什么工作、可以做什么工作。大学生只有做好这 3 项准备工作，毕业后求职时才能事半功倍。

【案例分析】

认真阅读本案例中的内容，探析以下问题：

（1）在本案例中，小龙有哪些优势和劣势？

（2）在本案例中，小龙求职不顺利的主要原因有哪些？

（3）就业指导老师主要提供了哪些求职指导？小龙及时做出了哪些改变，从而扬长避短地实现就业？

【案例 4-2】做好就业引导，助力大学毕业生成功迈入职场

【案例描述】

小粟是一名计算机专业的大学毕业生，初入社会的他在各方面的就业压力下，无法面对现实，不愿进入职场。社区职业指导员通过引导其端正态度、转变观念，最终帮助他成功进入职场。

刚大学毕业的小粟，其所有亲人都希望他能尽早独立，积极踏出迈入社会的第一步。小粟的妈妈向社区工作人员进行咨询和求助，在了解具体情况后，社区职业指导员第一时间联系了小粟本人。在沟通的过程中，小粟表现出对找工作没有任何想法，以及过于依赖父母、不够成熟的心态。其实从学生到社会人的角色转变，很多人并没有清楚地认识到，导致同龄的求职者都存在类似的问题。

（1）就业意愿不强。当今社会，人们的生活条件越来越好，父母对子女都是百般呵护，子女是家庭中的焦点，这就使得越来越多的初入社会的人过多地依赖家庭，不具备独当一面的能力，凡事都靠父母，没有自己的主观思考能力。

（2）就业方向不明确。很多求职者不了解现阶段的就业环境，对自身的求职条件、求职目标不清晰，再加上长期的依赖心理，失去对事物的进取心，结果只能在家待业。

针对小粟的情况，社区职业指导员给出了以下求职思路：

一是引导其走出家门，接触社会。

社区职业指导员耐心做小粟的思想工作，邀请他参加就业指导讲座及团队志愿活动，以及社区内的垃圾分类、未成年人辅导、文体等活动，让他多融入集体中，从而使他对自己、对生活产生积极乐观的心态。

二是明确其求职方向，做好职业规划。

如今的大学生都面临着严峻的就业形势和就业压力，只有不断磨炼自己、提升自己，才会有更好的机遇发展自己。为了让小粟勇敢地迈出第一步，社区事务受理服务中心向其提供了青年就业见习的机会，把小粟安排到该中心，边见习边求职。

见习期间，小粟不仅在实践中积累了工作经验，该中心领导和社区职业指导员温暖的鼓舞、耐心的引导还逐渐让小粟找到了自己的职业定位和方向。经过几轮推岗和面试，小粟最终入职一家电子行业的企业，成功踏入社会。

勇敢地迈出求职第一步，便能拥抱更美好的明天。在小粟的求职案例中，社区事务受理服务中心提供的"陪伴式就业引导"起到了关键作用，用润物细无声的方式帮助大学毕业生积累工作经验、树立正确的择业观，最终收获成功就业的果实。

【案例分析】

认真阅读本案例中的内容，探析以下问题：
（1）本案例中提到的小粟在就业方面存在哪些不良心态？
（2）社区职业指导员如何引导小粟转变观念、成功就业？
（3）在本案例中，小粟成功就业的关键作用是什么？

【案例4-3】求职新视野：朋辈互助与求职新理念——信任、分享、合作

【案例描述】

1. 成立求职合作小组

说起求职合作小组的成立，小组成员左同学说，相同的求职意向和相似的求职背景促使大家走到一起。根据上一届毕业生朋辈互助团队的求职经验，正上大二的几位同学决定早做准备，向师兄师姐学习，组成求职小组。随后，他们先后以个人或小组形式参加了某学院及某大学的"大学生模拟招聘大赛""寻找'杜拉拉'职场精英挑战赛"等，在比赛中吸取经验，并取得不错的成绩。在这一过程中，小组成员稳定下来并扩充至6人。

小组成立之初，大家已经有比较明确的求职意向，即定位于外向型企业管理与市场销售类岗位。刚开始，这6位同学从简历入手，前后一共修改了20多遍，在这一过程中，大家取长补短，每位同学都制作出能充分体现自身特色且匹配不同岗位需求的简历模板，而这一点事后证明在求职的第一关——简历甄选中至关重要。"针对不同公司、不同岗位，大家都有自己独特的一份简历，到最后每位同学手里都有5~10份不同模板的简历。"小组成员周同学说，"比如我，就有针对外企、国企、民企不同岗位的6个模板，对不同模板还会进行细节上的修改，包括调换经历的顺序等，现在，我的简历通过率几乎在85%以上。"

2. 模拟无领导小组讨论

无领导小组讨论是指同时有5~10个候选人共同展开讨论，他们要在40分钟至1个小时内讨论某个案例并给出答案。在这一过程中，会有面试官和用人部门的经理在一旁观察讨论的进展和每个人的表现。"这种面试类型现在几乎成为应届毕业生面试必过的一关，而且，越是大公司越重视小组讨论，也因其不可控性强而成为很多同学最头疼的事情。尤其麻烦的是，小组讨论是一种单独一个人无法准备的面试类型，必须多人同时参加。"小组成员邹同学介绍说。鉴于此，小组成员利用小组的有力优势，进行了小组讨论模拟面试。在这一过程中，轮流由一位同学担任面试官的角色，负责准备面试题目、面试过程的观察，以及面试结束后提出意见和建议；小组成员还有幸请到几位上一届的师兄师姐为大家担任面试官，并给大家分享他们当年的面试经历和感受。这样的小组讨论使大家很快熟悉了面试过程和题目类型，掌握了面试技巧，并总结出一套扮演不同角色时的应对方法。面试某公司的余同学说，"在面试时，我和小组成员以前一起参加过无领导小组讨论，由于互相熟悉、合作默契，且抽到的题目正好是我们平时练习过的题目，这些都增加了我们的信心，最后，我们均通过该轮面试。"事实证明，小组成员经过这样的训练后，几乎都能通过真正的小组讨论，顺利晋级下一轮。

3. F2F（面对面）模拟面试

"F2F模拟面试是现在求职过程中必不可少的一环，在这一过程中，可能遇到多对一、一对多或多对多等千奇百怪的面试形式，而遇到的问题也种类繁多，如何准备这样的面试成为摆在大家面前的一大难题。"小组成员余同学说，"经过讨论，我们总结出一套独特的准备方式。"小组成员以著名的"宝洁八大问"为模板（这八个问题基本涵盖了现代公司面试所需了解面试者的基本情况），对每个问题，每位成员都准备2个以上的实例来说明，且要求都要有相应的英文版本。经过精心准备，小组成员便开始互相之间的模拟面试，每次由3位同学扮演面试官，分别以中文和英

文的形式进行面试。"面试结束后,扮演面试官的同学从面试官的角度指出参加面试同学的不足,同时扮演面试官的同学也能深刻体会到面试过程中面试官的感受,这样一来一去,便有了360度全方位、立体式的面试体验。"小组成员何同学说。这样的准备为每位成员以后的实战打下了坚实的基础,依托"宝洁八大问",总结拓展自身经历,厘清回答思路,真正做到言简意赅、逻辑清晰、直击要点。

4. 有趣的英语口语练习

针对面试大公司过程中肯定会遭遇的英语口语环节,小组成员也有自己独特的一招。"我们采用的办法就是每次由6位成员分别写出6个英文单词,然后从中随机抽出3个,要求经过2分钟的准备说一段故事,但说的时候必须包括这3个单词。"小组成员钟同学说,"这样的练习我们每次聚会都会进行,这种方式让大家觉得既新鲜又好玩,在说笑中,不仅锻炼了英语口语,同时也锻炼了逻辑思维能力,使每位成员都受益匪浅。"经过这种训练,小组成员的英语口语水平有了明显提高,以前张嘴说英语就紧张的情况得到有效缓解。"在以后所经历的英语面试中,大家几乎可以以英文的思维去直接回答,而不是先想好中文,再用英文翻译过来。"小组成员汤同学说。

5. 终极PK:模拟终面

终面通常指压力面试,这种面试形式通常会针对面试者回答问题中的一些细节进行追问,或者对面试者自以为很优秀的经历进行否定,从而看面试者的经历是否包含水分,以及面试者应对压力的反应和处理能力。"只要过了这一关,基本上就能拿到这家公司的Offer(录用通知,下同)。因此,如何应对终面是摆在大家面前至关重要的一环。"拿到某公司Offer的邹同学说。在参加面试的前一天,小组其他成员模拟面试官对其进行了压力面试,故意制造紧张气氛,对觉得可疑的每个细节都进行提问,这样的提问使他对第二天的面试有了充分准备,并最终顺利通过该公司的终面。

6. 是选择竞争还是合作

求职小组成员之间是否也存在竞争?在讨论中会遇到什么困难?他们之间是怎么精诚合作的?

"在开始招聘信息较少的时候,大家确实有竞争。"小组成员曾同学说,"特别是刚开始,大家的专业一样,社会实践经历类似,求职意向也很相近,很多岗位全国只招1~2个人,看到简历相近的同学获得面试机会,自己却没有,心里也会有落差,那个时候大家觉得似乎走到了一个死胡同。""这个问题不解决好,一定会影响我们以后的合作,而且很可能导致整个小组解散。"小组成员左同学说,"对这个问题,我们在一次聚会上专门展开了讨论。大家意识到,我们之间的竞争是不可避免的,这与你是合作还是不合作没有任何关系。但是如果我们选择在竞争基础上的合作,那么我们收获的将是1+1>2的效果,这样我们就可以和组外、校外的其他同学更好地去竞争,并获得优势;相反,如果我们选择的是不合作,那么我们将不能获得只有通过合作才能带来的优势,也会大大降低自身的优势。"

通过这次交流,小组成员之间真正谈开了,也深刻理解了合作的必要性和意义。此后,求职小组每周聚会两次,每次聚会除了按照计划设定好的项目进行训练,还进行求职经验分享。"有时聊的是实习经历,有时交流各种面试经验,有时分享一段小组讨论的视频,甚至有时聊的是自己面试过程中遇到的种种窘境……总之大家在这种相互分享中,不仅增加了阅历、倾诉了烦恼,还加强了团队成员之间的友谊,使大家能坦诚相对、精诚合作。"小组成员李同学说。

7. 精诚合作,金石为开

"在两个月之前,我们想都不敢想,能拿到这么多五百强企业的Offer。"小组成员钟同学说,"在组建求职小组之初,大家觉得能拿到一个五百强企业的Offer就很不容易了,现在大家通过合作拿到这么多Offer,大大超过了预期,确实感到很开心,也更珍惜这种合作和友谊。"

"是这样的,"小组成员周同学说,"在求职中难免有不顺利的时候,大家互相鼓励就能给彼此更多信心。还记得自己参加彩虹面(一家单位七轮面试)的经历,要不是大家互相鼓励,也许自己根本走不到最后。"

据了解,在求职之初,小组成员就对小组以后的活动形式进行了充分交流和明确分工,如设定求职目标、确定活动形式、活动频率、活动地点等。在获取求职信息的环节,大家做好分工,每人负责收集1~2家大型求职网站的招聘信息并定期公布在QQ群里,提供与面试相关的视频和文字资料,以便大家交流心得体会,等等。这样的互助与合作,不仅很快提高了小组成员的求职技能和综合素质,还使小组成员之间结下了深厚友谊。

小组成员回顾自己的求职经历,觉得在合作中能更加了解自己的求职竞争力和需要提高的地方。这种合作,一般只能在年龄相近、彼此熟悉的同学之间进行。例如,余同学在某公司最后一轮面试前非常紧张,缺乏自信心,于是在小组成员进行模拟面试时,她被要求说一个能证明自己简历中做事踏实仔细的实例。在她思考的过程中,小组另一位成员突然想起余同学有刻章的兴趣爱好,这个爱好能很好地诠释她做事细心踏实。这样的一个细节,在余同学后来的面试中正好被问到,这为她顺利通过激烈的竞争最终拿到Offer埋下了伏笔。

8. 团队求职经验小结

由于求职合作小组成员的专业背景相似,在求职的过程中,特别是高峰时期,对信息分享和求职技能的学习十分重要。朋辈互助这种方式在就业过程中起到了很好的示范作用,也对学院第二课堂活动的开展起到了很好的推动和示范作用。求职合作小组成员通过组织英语口语练习、修改简历等方式进行锻炼,先后签约了就业单位。

朋辈互助的求职合作小组中的同学由于年龄相近、专业背景相似,在合作中更容易沟通和交流,在互相学习中,提高就业竞争力的效果更为明显,这些小组成为促进在校大学生求职择业的典范。

9. 小组成员心语

"我曾参加某公司举办的商业策划大赛,结尾要求用英文做方案展示,虽然展示前很紧张,但效果很好,这让我认识到了自己在英语表达方面的潜能,此后不再惧怕说英语。之后,我在各种英语面试中,如笔试、电面、全英文面试等,都能够应对,其中包括两场长达2小时左右的全英文面试。"

"在择业的时候每个人的职业目标都要经过全面考虑,大二时,我进行了深刻的自我分析,包括优势所在、性格分析、求职目标等,最终在求职时放弃了自己的专业领域,尽管内心挣扎过,但结合自己的分析,还是选择了企业管理岗位。"

"我的初面机会来得很晚,说没有压力与失望是不可能的。在与小组成员进行讨论时,发泄是必不可少的。有人陪着你,有人听你诉说,这对调整找工作的心态非常重要,同时他们还会给你信心!"

"前进路上难免遇到波折,也会常常质疑自己,是不是我真的能力不够……自我怀疑是每个求职者都会经历的过程,我很庆幸拥有他们,在我陷入自我怀疑否定的怪圈时将我拉回来。彼此言语上的鼓励给了我们深厚的感情和友谊,而我们每一天用行动证明的进步才是彼此自信的最大源泉。"

"就业协议上签字盖章那一刻,标志着求职道路告一段落,心里竟有些不舍。有幸在这一过程中有共同奋斗的朋友相伴,在相互鼓励中共同成长。我们可以分享面试中的奇闻趣事;我们可以瞬间变为严肃的面试官开始模拟面试,变为互不相识的应聘者开始小组讨论。不敢想象,小小团队能有这么大的力量,让身在其中的我摆脱失落、自信满满。"

"团队成立之前,我对找到好工作严重缺乏信心,对自己最后究竟能有一个什么样的归宿感到迷茫和无助。在团队成立之后，我们通过有计划的训练、合理的分工、真诚的合作、坦率的分享、互相信任、互相帮助、互相关心、共同进步。我们团队成员都拿到了自己心仪企业的 Offer，如果说真有什么秘密的话，那么我想或许就是六个字：信任、分享、合作。"

【案例分析】

(1) 你是否认同"大学毕业生成立朋辈互助的求职合作小组"这一做法？你所在的学院（大学）是否已成立多个朋辈互助的求职团队？

(2) 朋辈互助的求职小组成员之间是竞争多于合作还是合作多于竞争？

(3) 参考本案例中介绍的团队求职各种做法和体会，成立类似的求职合作小组，倡导与推行"合理分工、真诚合作、坦率分享、互相信任、互相帮助、互相关心、共同进步"的理念。

【学习领会】

【知识4-1】大学生就业指导的作用与意义

(1) 有效促进大学生就业观念的转变。

促进大学生就业观念转变的有效性是决定大学生毕业时能否顺利实现就业的一个基本条件。有效的就业指导，能够帮助大学生树立正确的择业观，选择较为适合自己身心特点的职业，使用人单位选择到所需要的劳动者，对国家建设与社会发展，对大学生拓展奋斗领域、实现自身价值都具有积极意义。

目前，一些大学生对自己的未来发展缺乏科学规划，这成为他们面对就业压力时感到手足无措的一个主要原因。有不少学生都不同程度地认为考上大学后就业应该由学校负责、家长负责，抱着依赖、等待的思想和态度，被动等待学校推荐、单位选聘或依赖家庭社会关系；同时，他们将我国经济所有制形式中的国有经济、集体经济、合作经济、独资、中外合资、个体经营经济等分为三六九等，认为工作岗位有高低贵贱之分，有一职定终身的观念，却没有"先就业、后择业、再创业"的观念，也没有到基层和生产第一线就业的意愿，缺乏创业意识，缺乏到社会中去开辟一条属于自己的路的勇气。

将"大学生职业发展与就业指导"课程作为必修课，一方面对高校提出了高标准要求，各高校除了在经费、设备等方面重视就业工作，还必须重视对所有学生的求职就业教育和引导；另一方面也强制性地要求所有学生都必须接受就业指导，通过考试检验学习效果，在国家、社会、高校、大学生四方重视下，通过贯穿从入校到毕业的全程化的就业指导，通过对当前我国经济发展、就业政策和形势的讲解，激发大学生关注自身的职业发展，意识到确立自身发展目标的重要性。了解职业的特性，思考未来理想职业与所学专业的关系，逐步确立长远而稳定的发展目标，增强大学学习的目的性、积极性。通过教学活动的开展，可以引导学生树立职业生涯发展的自主意识，树立积极正确的人生观、价值观和就业观念，把个人发展和国家需要、社会发展相结合，正确处理个人与社会的关系。确立职业的概念和意识，把民族利益、国家前途放在首位，把个人自身价值的实现与整个社会的进步和发展结合在一起，愿意为个人的生涯发展和社会发展主动付出积极的努力。事实上，就业风险、自主竞争、终身学习、爱岗敬业、自主创业是大学生应树立的基本的就业观念。

(2) 有效帮助大学生正确认识自己。

大学生必将走向社会，职业是人们进入社会的方式，个体的谋生手段是个体实现人生价值的平台，大学生只有在社会中找到适合自己的职业，才能发挥自身的潜能、体现自身的价值。而自我认识是找到适合自己职业的首要环节。对大多数毕业生而言，与其说是就业困难，不如说是就业迷茫，不知道自己应该从事什么工作。这是由于一方面相当一部分大学生在中小学期间的主要精力就是学习——应对考试——再学习——再考试，缺乏对自己行为的反思；另一方面大学生仍然处于生长发育期，尽管其生理趋于成熟，但心理却尚未成熟，不了解自己的天赋和性格，缺少职业定位，找不到适合自己的角色。通过"大学生职业发展与就业指导"课程教学活动和实践活动的开展，有针对性地引导学生理解兴趣、人格、能力与技能、需要和价值观等概念的内涵；了解能力、技能与职业的关系，兴趣与职业的关系，人格与职业的关系，价值观与职业的关系；掌握个人能力与技能的测验方法、兴趣的测验方法、人格的测验方法、价值观的测验方法；正确认识自身的个性特质、兴趣、能力、价值观，清楚自己喜欢的、适合的、能够干的职业和工作，现有的与潜在的资源优势等。可以引导学生将自己的综合优势与劣势进行对比分析，引导学生评估自己的现状，评估个人目标与现实之间的差距。分析自己的需要，前瞻与实际相结合的职业定位，搜索、发现新的或有潜力的职业机会，形成初步的职业路径。大学生在进入大学后通过认真审视自己，来关注自己的兴趣爱好、气质特长，才能有效地促进自己综合素质的发展与知识能力水平的提高，有利于缩短职业适应期，很快进入工作角色。

（3）有效提高大学生的就业能力。

通常大学生就业能力被定义为：大学生在校期间通过系统的专业知识及相关知识的学习积累、综合素质的提升、对自身潜能的开发，而获得的能够实现自己就业目标和理想，满足社会需求，在社会生活中实现自我价值的本领，是一种与职业发展相关的综合能力。也就是说，大学生就业能力不仅是大学生毕业时实现求职就业的能力，而且是大学生找到工作、保持工作与转换工作的能力，是作为社会人长期的职业发展能力。它是由知识、技能、个性、思维、观念、心理等一系列综合素质构成的集合体，其核心为学习能力、专业能力、实践能力、创新能力，是影响大学生就业的关键因素。当前，由于诸多原因，一些大学生不同程度地存在职业目标不明、学习能力不强、专业能力不足、实践能力低下、品格养成欠缺、创业意识淡薄等现象。通过对"大学生职业发展与就业指导"课程的教学，使学生了解职业成功的因素，所需知识、技能及态度的变化；引导学生树立自信心，学会收集、管理和使用就业信息，做出职业决策并制订个人行动计划；在课程中通过结构性的安排，让学生共同协作完成指定工作，以培养学生掌握求职择业的各种技能，即语言表达能力、人际沟通能力、分析判断能力、问题解决能力、创新能力、团队合作精神、责任感、组织管理能力及客户服务等通用技能；注重就业指导教学实践活动的开展，以社会发展需求为标准，使学生自觉把人才需求和自身就业能力的培养结合起来，全方位发展自己。

（4）有效引导大学生正确择业。

一个人的职业，在相当大的程度上决定了他对生活方式的选择，决定了他发展与成才及对社会贡献的大小。择业是人生关键性的问题之一，它直接影响个人的前途和发展，如果处理不好，那么在人生道路上会遇到困难。因此，职业的选择是对未来发展成才道路的选择。人的一生绝大部分精力用在工作上，如果所从事的职业与自己的兴趣相投，与自己的能力相符，就会乐此不疲，不断努力，奋发成才，在职业实践中实现自己的价值；如果对自己所从事的职业不感兴趣，工作就不可能安心，更谈不上事业的发展和个人的成就。高等院校应针对大学生这一群体的特点和求职择业要求，从环境分析到择业技巧，从形势政策到有关法律法规等方面对大学生予以全面系统的指导和帮助，从而培养他们的就业意识，帮助他们树立正确的择业就业观。

目前，大学生就业难的主要原因不是就业岗位少，而是大学生的眼光太挑剔。如某学院举办的专场招聘会，有100多家企业参加，招聘岗位达800多个，而该学院毕业生只有747人，可一场招聘会下来，不少企业反映，没有收到一份简历。因此，我们应当从大学生入校开始，在平时的主题班会、聊天中为他们树立正确的择业观，引导他们积极就业。

（5）有效调适就业心理。

大学毕业生走向社会，由于其涉世不深、经验不足，对国情和社会缺乏深刻的了解和认识，对自己究竟适合什么工作缺乏客观、科学的分析和判断,以致在众多职业岗位面前眼花缭乱、无所适从。高校就业指导老师可以帮助他们客观分析主观条件和客观条件,理性看待不同工作岗位的利弊得失,在市场竞争日益加剧的环境下把握机会,找到一份比较满意的工作,以便能以健康的心态走向社会。

【知识 4-2】大学生就业指导的主要内容

(1) 职业选择指导。

选择职业意味着选择和挑选职业。大学生的择业观是指大学生在择业过程中,选择某种社会职业的认知、评价、态度、方法和心理倾向的基本观点。它反映了大学生的世界观、生活观和就业价值观,会影响大学生对职业的选择。职业选择对个人生存和社会发展都有非常重要的作用。

每个人都渴望有一个好职业。从总体上看,当前大学生职业选择观的积极因素是主要因素。对大学生进行职业选择的指导,可以帮助他们树立正确的就业价值观,了解社会需求并提高适应社会需求的能力,以实现自身价值;也可以帮助他们正确处理个人利益、地位、声誉、职业和奉献精神之间的关系;还可以帮助他们分析社会职业的现状并找到成为人才的方法,以使他们明白要实现自身价值,必须从具体工作开始。

(2) 就业指导方针和政策指导。

大学生就业过程中出现的思想问题常常与其对国家相关政策缺乏了解有关。因此,大学生在选择工作之前,必须向他们全面宣讲国家的就业政策,澄清歧义,使他们理解"双向选择"不等同于"自由选择职业",明确大学生、学校和企业的权利、责任和义务。

(3) 就业信息指导。

就业信息是指通过各种媒体传播的与就业有关的新闻和状况。为解决或减少大学生在收集信息、处理信息和反馈信息方面的问题,有必要指导大学生如何获取就业信息,引导大学生找出就业信息的来源、渠道和准确性,学会全面、准确地收集信息。就业信息具有很强的时效性,应帮助大学生学会过滤信息,并指导他们及时反馈信息。

(4) 择业技巧指导。

找工作是大学毕业生向社会推销自己的过程。在此过程中,掌握就业技巧非常重要,是成功求职的关键因素之一。因此,必须指导大学毕业生如何准备求职资料,并介绍求职程序。还必须引导他们掌握必要的公共关系知识,以便他们学会自我推荐并掌握对话技巧,从而给企业留下良好的第一印象。

(5) 就业心理指导。

调查数据表明,随着竞争的日趋激烈,大学生的心理问题近年来呈上升趋势。在就业形势严峻、竞争对手众多的情况下,要运用心理学的原理和方法,指导大学生学会消除各种干扰,克服盲目自信、自卑畏怯、依赖等待、急功近利等心理障碍;帮助大学生建立起既有远大理想又必须艰苦创业的心理准备,积极面对现实、适应社会;指导他们避免择业过程中的盲目性、无序性、从众性;指导他们在择业时不过分看重报酬、地域和行业,不过分注重职业能否符合自己的兴趣爱好,而忽视当代大学生应尽的社会责任。这是一项非常必要且需要耐心细致的工作。

(6) 就业服务个性化管理。

定期召开尚无工作意向的大学生的座谈会,逐一与尚未签约的大学生谈话,引导他们正确定位、把握机遇,并解决应聘中遇到的问题,以便顺利就业。鼓励大学生选择多种就业途径,积极参加西部招聘计划或报考公务员,并鼓励他们自主创业、灵活就业等。

【感悟反思】

【问题4-1】应届毕业生在找工作时需要注意哪几点

【问题思考】

你认为应届毕业生在找工作时需要注意以下哪几点？

☐ 准备好一份有亮点的简历。

简历是应届毕业生求职的必备物品，一份出众的、有亮点的简历能让你快速脱颖而出。

☐ 多关注线上求职平台。

利用互联网关注线上求职平台。

☐ 不要错过学校组织的招聘会。

每到毕业季学校都会组织招聘会，很多企业都会参加，应届毕业生一定要把握机会。

☐ 在面试前要充分了解应聘公司，不打无准备之仗。

面试官提出的问题往往跟自己的公司业务有关，所以应届毕业生在面试前一定要多了解该公司的信息。

☐ 面试时保持自信，注意仪态仪表、举止风度。

应届毕业生在回答面试官提出的问题时，应该口齿清晰，向面试官展现自己的个人魅力和责任感、进取心，并表现出对工作的热情。

☐ 审慎选择第一份工作

第一份工作是职场生涯的关键节点，对我们未来的发展有重要影响。如果我们能够在第一份工作中有所收获，那么即使将来跳槽，也会有好的发展。

【问题4-2】什么样的工作才是好工作

【问题思考】

你认为什么样的工作才是好工作？

☐ 可以实现自己的价值，提高自己的能力。

☐ 能够改善自己的生活。让自己和家人生活得更好，是工作的动力和幸福的源泉。

☐ 能够帮助自己塑造健康的"三观"，拥有积极乐观的人生态度。

☐ 有良好的发展空间，能够帮助自己实现梦想，让自己拥有安全感和成就感。

【问题4-3】企业喜欢的大学生特性你有吗

【问题思考】

对照以下【参考资料】中列举的企业所喜欢的大学生特性，哪些是你目前没有的？在培养大学生受企业欢迎的特性方面，你有哪些想法？

【参考资料】

几乎每年都有数百万高校毕业生奔赴职场，争抢有限的岗位。在竞争压力不断增大的同时，企业也在不断提高招聘门槛。其实，找一份工作并不难，难的是如何才能拿到一份心仪企业的Offer。以下列举的是企业所喜欢的大学生特性。

1. 专业知识过硬，不仅仅是"书呆子"

用很多人的话来说"大学里学到的专业知识，考完就还给老师了"。平时不复习考前抱佛脚，这似乎已经是大学生的一种常态，因而每当毕业找工作时都会出现尴尬的场景。太专业的工作做不了，基础性非专业的工作又不想做。

对企业来说，尤其是大企业，专业知识往往是他们考核的第一标准。当然，这些体现在大学里的学习成绩上，但他们更看重你是否获得了相关的专业知识认证，是否能更快地为公司创造价值。如学会计专业的毕业生，除了基础的会计资格从业证，如果在大学里通过了 ACCA（The Association of Chartered Certified Accountants，即特许公认会计师公会）的全科考试，那么就比别人多了不少优势；学计算机专业的毕业生，没几张过硬的证书，根本证明不了自己的专业能力。

2．习惯主动学习，而不是被动接受

公司中的每个人都各司其职，很少有人愿意放下手头的工作，主动教你，不懂、不会，只能主动去问、主动去学。很多工作并不是靠单一技能就能搞定的，你需要通过不同途径去提升自我，而这样的人，往往更能发掘自己的潜力。

3．"招了就能用"，有一定实践经验

对应届毕业生来说，普遍面临"实践经验缺乏"的短板。但对企业来说，比起对将来所从事工作的一无所知、需要从头教起，他们更愿意从一开始就招聘有相关经验的大学毕业生。有相关经验的大学毕业生往往更有优势，这里的经验不仅指在学校参加社团工作的经验，还包括实习经验。

4．对企业足够忠诚，对自己未来规划明确

眼高手低，毕业后实际工作和心理预期相差甚远，因而"闪辞"的现象时有发生。究其根本，大多是因为他们普遍对自己的未来缺乏明确的规划，不明白自己想要的是什么。因为对自己的未来不够明确，往往在工作上遇到一点小困难时就轻易用辞职来逃避。

随着这种"不辞而别"的情况日益增多，使企业更看重这一点。一个对未来有着明确目标和规划的求职者，往往会为自己加分。

5．适应职业化，迅速摆脱"学生定位"

迅速摆脱学生的思维模式而适应职场化，是企业所要求的，也对个人的提升发挥着很大作用。这里的职业化是指思维、行为、技能上的职业化。对企业来说，被动接受、颠倒因果、缺乏独立的"学生思维"往往会给工作带来极大不便。而对职场人来说，想要升职加薪快人一步，只有不断提升自己的职业技能。

大学时光很短暂，找一份心仪的工作，在很大程度上取决于大学里的我们为之付出了多少。

（资料来源：快就业网，原文内容有删减修改）

【交流探讨】

【话题4-1】大学毕业生如何提高就业竞争力

【话题探讨】

认真阅读以下【参考资料】中的内容，谈一谈大学生应如何提高就业竞争力。

【参考资料】

当前，大学毕业生的就业已成为社会普遍关注的问题。大学毕业生在当今就业环境严峻、竞争异常激烈的形势下，如何提高就业竞争力，找到适合自己的职业起点，成功实现就业呢？

（1）摒弃传统思想，转变就业观念。

大学毕业生要认识到就业形势的严峻性，社会发展越完善越成熟，就业机会和创业机会越有锐减的可能，互联网、新科技、新产业因其属性很难带动更多的就业和创业机遇。各级政府鼓励大学毕业生创业，在多方面为大学毕业生创业提供良好环境。大学毕业生应该把眼光放得远一些，不局限于某个城市，拓宽自身就业渠道，会有不错的就业前景。当然，准备创业的大学毕业生要做好多方面的准备工作，以免造成不必要的失误。

（2）做好职业生涯规划，让自己有奋斗的目标。

职业生涯规划就是对人才与职业进行匹配与再规划的过程，职业生涯规划有助于确立个人发展目标、有助于挖掘自身潜能、有助于科学地进行自我评估。

古人云"凡事预则立，不预则废"，而现代人常说机会是留给有准备的人的，良好的职业规划，有助于获得事业的成功。

（3）提升综合素质，增强核心竞争力。

大学毕业生想要提升就业竞争力，就要提高自身综合素质，包括专业技能、专业素养及各方面的综合能力等，全面增强核心竞争力。

要提高专业技能，提升综合素质。不管干哪一行，都应注重实际操作能力，应届毕业生的优势就是其自身具备的专业能力。就业需要学历加能力。当学历不高时，在大学期间可以充分利用业余时间去加强专业技能的学习，参加与提升技能相关的社会实践，并参加一些与专业相关的培训等。大多数企业的用人标准是很实际的，在综合考虑学历和技能的情况下，对一些操作性强的工作会招聘学历不高的学生。所以在大学期间，大学生只有加强自己的专业技能，才能提升就业的含金量。虽然专业知识很重要，但是现在越来越多的企业需要复合型人才。如果大学生的能力单一，那么其今后的发展会受到限制。所以，大学生在校期间除了提升基本计算机、外语等工具类技能，还要提升其他软实力，如人际交往、团队协作等能力。一些大学生在人际交往方面能力薄弱，眼高手低，缺乏团队合作精神，不会为人处世。大学生应该在上大学期间，通过学习让自己更加独立，有主见，通过参加各种活动，让自己的口头表达、人际交往等能力得到提升，以便在面试时展示自己良好的综合素质，从而成功就业。

要学有所成、学有所长，从近几年来的人才市场需求、供给情况来看，技能型人才短缺，凭借自身出色的技能，还是能找到心仪工作的。在大学期间，大学生不仅要学好专业知识，还要积极参加社会实践，积累丰富的实践经验，在实战中积累专业经验、提升专业能力，只有这样才能在就业中彰显自己的专业优势。

（4）正确评估自己，明确职业方向。

日趋激烈的就业竞争归根结底是毕业生综合素质和职业能力的竞争。机会总是眷顾有准备的人，进入毕业之年，应该静下心来全面审视自己，为即将踏上的就业之路做好充分的准备。"工欲善其事，必先利其器"，高尚的思想道德修养、高度的社会责任感、良好的学习能力、语言文字表达能力、团队协作能力、环境适应能力、人际沟通和交往能力，以及丰富的社会实践经验和较强的动手能力、创新能力等是用人单位选拔人才所看重的。

想要顺利就业，大学毕业生不仅要客观分析当前的就业环境，还要通过与同等条件或地位的人进行比较，正确评估自己的优势，对自己有清晰的认识，明确就业方向，设定就业目标，避免就业时处于茫然状态。

大学毕业生找工作时要充分认识自己，知道自己的优势，明确自己的职业方向。每个人都有自己的优点，也都有自己的缺点，就像人们常说的"尺有所短，寸有所长"。大学毕业生应根据自身的实际情况和优势找工作，要对自己的能力有正确、客观的认识，知道自己能干什么、擅长什么、想干什么。大学毕业生一定要结合自己的现状，正确地给自己定位。在应聘的过程中，大学毕业生要结合自己所学专业、职业爱好、发展潜力等，应聘相应的单位及其提供的岗位、职务和薪酬待遇，做到人与事相宜、人与职相宜和人与薪相宜。

（5）修炼敬业精神，认同企业文化。

一个尽责进取、严谨高效的大学毕业生是会受到用人单位青睐的。相反，那些马虎、敷衍、浮躁的大学毕业生在社会上会很难立足。因此，大学毕业生应当在修炼敬业精神上下功夫。大学毕业生要实现从校园到企业的角色转换，就要认同企业文化，自己的价值观要同企业的价值观相吻合，行为规范要同企业的行为规范相一致，这是顺利实现角色转换的重要前提条件。

（6）注重个人礼仪，在言行上提升自己。

良好的个人礼仪能体现一个人的内在修养和品质，会给人留下较好的印象。大学期间，大学生要注重个人礼仪的培养，从言行上严格要求自己，不断提升自己的气质、修养。

在就业面试环节，个人礼仪和言行修养会成为加分项。毕竟，企业在较短的面试时间内，无法真正了解一个人，但个人修养和气质骗不了人，它是一个人良好素质的真实体现。

（7）拓宽知识面，具备持续学习能力。

大学生除了加强专业知识和技能的学习，还要适当拓展知识面，不断拓宽视野，增长见识，让自己的眼界更宽、格局更高。

一个人想要在社会中具有持续的竞争力和发展力，必须具备持续学习的能力，否则，终将被时代所淘汰。

（8）主动把握就业时机，迎接就业挑战。

在求职的过程中，个人的知识储备和综合能力固然重要，但有的放矢地抓住就业时机往往能达到事半功倍的效果。大学毕业生要珍惜每次应聘机会，关注招聘信息，了解就业形势，把握求职机会，未雨绸缪。

无论是"天生我材必有用"的凌云壮志，还是"拔剑四顾心茫然"的感叹，无论处于何种心境，都应让自己理智地面对现实，要让自己相信：与人生其他方面一样，在就业的道路上，没有绝对的强者，也没有永远的失败者。当你一切准备就绪去参加应聘时，请满怀自信地告诉自己：我是最棒的，我一定会取得成功！

【话题4-2】如何拥有一份稳定满意的工作

【话题探讨】

认真理解以下【参考资料】中的内容，对以下4个方面展开讨论，谈一谈如何才能拥有一份稳定满意的工作。

（1）学会适应和坚持。
（2）要成为那个无法被取代的人。
（3）拥有别人没有的能力。
（4）保持积极乐观的心态。

【参考资料】

近年来，随着大学毕业生的数量越来越多，工作也变得越来越难找。因此，很多大学生在毕业之后，都希望自己能够拥有一份稳定且十全十美的工作，但实际上没有这样的工作。所以希望他们能够看清现实和自己的能力。

1. 学会适应和坚持

任何一个行业都有做得好的人，大学毕业生要想找到满意的工作，就要学会坚持。

很多大学生在毕业之后，总是为找不到满意的工作而苦恼，其实每份工作都有好的和不好的方面，希望大学毕业生学会适应和坚持。

没有哪个人刚步入一个行业，就可以拿高薪并受人尊敬，只能脚踏实地、一步一个脚印地去努力。

希望大学生在毕业找工作时，对自己有一个清楚的定位，知道自己的优势和劣势，想办法将自己的优势发挥出来，并逐渐弥补自己的劣势，这样才能使自己得到一份满意的工作。

2. 要成为那个无法被取代的人

大学毕业生要想办法成为那个无法被取代的人。可替代性强的工作一般来说发展空间较小，个人能力也无法得到充分展现。

如果你大学刚毕业，那么可以先找一份自己不太满意的工作，然后将其当成一个跳板，以后再慢慢找机会跳槽。如果你大学毕业好几年了，那么建议你选择一份可以提升个人能力的工作，避免失业。

3. 拥有别人没有的能力

自己的能力越强越不容易被他人所替代。大学毕业生想要让自己不容易被取代，就要想办法提升自己的能力，当你的能力变强之后，你的薪资待遇和地位就会得到提升，而且你会拥有更多机会。希望大学毕业生在找到满意的工作之前，努力提升自己的能力。

如果你可以做别人做不了的事情，或者拥有别人没有的能力，那么你就会成为那个最受欢迎的人。因此，大学生毕业之后，要想办法让自己变得更有价值。

4. 保持积极乐观的心态

企业减少就业机会不代表没有就业机会，你可以在各种就业平台上进行选择。企业想要发展，必然会吸收新鲜"血液"，只要你具备一定能力，就会有收获。因此，大学毕业生要乐观积极地对待就业，一步一步稳扎稳打，力争找到理想的工作。

【话题4-3】正确把握自己，努力提高就业竞争力

【话题探讨】

正确把握自己、努力提高就业竞争力，是大学毕业生就业时迈向成功的关键。目前，大学毕业生就业时是否存在以下【参考资料】中所列举的不良现象？如何从我做起、从今天做起，不断调整就业心态、转变就业观念，不断提升自己的职业能力和就业竞争力？谈一谈你的看法和做法。

【参考资料】

1. 大学毕业生就业时出现的一些不良现象

现象一：职业能力的不足导致择业目标与方向的模糊、不稳定。

目前，由于大学毕业生职业知识和专业技能相对不足，难以充分满足市场需求，使他们就业时缺乏竞争力，不知道去何处找工作，表现为或急功近利、缺乏远大理想，或见异思迁、朝秦暮楚，职业目标长时间没有确定。

现象二：就业压力加大导致心理误区、心理冲突增多。

面对激烈的竞争，有的大学毕业生容易产生心理误区，他们或相互攀比、缺乏主见，或脱离实际、不适应社会，出现焦虑、失落、恐惧等情绪；有的大学毕业生心理冲突明显，表现为有远大理想但不能正确面对现实，注重实现人生价值但缺乏艰苦创业的心理准备，渴望公平竞争但期待自己特殊化，既希望独当一面又渴望得到别人的帮助。

现象三：就业技巧的缺乏导致自我推销能力不足。

很多大学毕业生缺乏必要的职业常识和就业技巧，在自我推销的过程中存在羞怯感，缺乏随机应变的能力和自信心，资料准备、应试准备和心理准备得不够充分，导致自我推销不能达到预期效果，无法给用人单位留下良好的第一印象。

现象四：自我认识的偏差导致就业期望值太高。

由于大学毕业生的年龄结构、文化素质、群体意识的特殊性，使其形成独特的心理结构和人格特点。有的大学毕业生会自我评价过高，总希望尽快找到实现自我的场所，尽早在社会这个舞台上扮演主要角色，而现实往往令他们非常失望。

现象五：就业能力的缺乏导致无法胜任企业工作。

校门离企业有多远？现在大学毕业生在就业时就业能力不够强，企业总是抱怨大学生不"职业"，大学毕业生与企业之间有了一道难以逾越的鸿沟，阻碍大学毕业生就业。

企业对大学毕业生在就业能力缺乏方面的看法中，工作态度是最大问题。大学毕业生刚到企业工作，达不到企业用人标准很正常。企业录用大学毕业生是看重其可塑性比较强，学习新知识新事物快，并愿意做一些繁重的工作，能增强企业活力。但如果大学毕业生缺乏主动心态，则很难得到企业青睐。企业希望每个员工都有主动关心企业的心态、主动工作的心态，有主人翁精神，但大学毕业生在这些方面比较缺乏，亟须其尽快达到企业所希望的那样。

2. 自我调适就业心态

（1）正视现实。

现实是客观的，有利有弊，关键是怎样用"利"来除"弊"，同时也要调整自己的期望值。

（2）自我反省。

遇到困难要冷静思考，重新评价、定位自己。应当明确自己的择业方向、爱好、特点、性格、气质；多想自己适合干什么，自己的优势和劣势是什么，自己择业失败最主要的原因是什么等。只有通过客观评价，才能使自己在就业中保持良好的心态。

（3）敢于竞争。

不敢竞争是一些大学毕业生存在的问题。大学毕业生与用人单位进行双向选择，与过去的分配制度相比，这是一种竞争机制。大学毕业生可以结合实际，通过适当的途径和方式推荐自己，要敢想、敢说、敢干，充满信心地迎接挑战。既要敢于竞争又要善于竞争，单靠"有勇"不行，还要"有谋"，面对岗位、面对对手，要深思熟虑、掌握技巧、抓住重点。

（4）不怕挫折。

一些大学毕业生遭受挫折后，就抱怨社会不公、自暴自弃、丧失信心。在这样的心态下去求职，一般都不会成功。试想：连自己都不相信自己，谁还能相信你？因此，必须保持平衡的心态，寻找自己失败的原因，吸取教训，去面对新的竞争。

（5）适度宣泄。

大学毕业生因受到挫折而造成心理失衡时，可以向家人、朋友、老师倾诉，或者进行适当的体育运动。

【训练提升】

【训练4-1】做好求职前的准备

对照以下【参考资料】中介绍的要点和方法，求职前要收集整理有用信息、准备求职材料、准备服装、准备要咨询的问题等。

【参考资料】

1. 收集整理有用信息

大多数企业都希望录用对本企业情况有所了解的求职者，而不喜欢在面试的过程中对本企业一无所知的求职者。了解的内容包括企业的历史、企业文化、企业产品、经营状况及岗位的具体要求等。这些信息可以通过企业网页、传媒，或者利用人脉关系来了解，力求得到更多、更全面的信息。收集信息时必须确保信息的准确性，否则面试将毁于一旦。收集信息一方面可体现求职者对企业的重视、对岗位的渴望、对工作认真的态度，能获得面试官的好感；另一方面"知己知彼，百战不殆"，利用信息、把握机会，能充分展示自己的才能和素质。

找工作是一个过程，不是投出去的简历都能得到回复，很多简历会面临"石沉大海"的危险，需要我们有心理准备。找工作的过程，也是一个关注招聘信息、对比整理信息、综合分析信息的过程。即使我们签订了合同，也可以继续关注招聘信息，也许会遇到更好的岗位、更好的发展平台。

2. 客观审视自己

首先，认真审视自己，对自己的知识水平和能力特点进行客观、细致的分析，清楚地了解自己的现状。其次，通过和家人、老师、朋友交流，听取他们的意见，反思自己、归纳自己，结合自己的性格特征、兴趣取向等方面，明确自己的求职方向。最后，确定求职目标。古语道："求其上，得其中；求其中，得其下；求其下，必败。"所以，无论人生目标如何，都应该为远大理想而奋斗。

3. 准备求职材料

（1）准备基本材料。

求职者在准备应聘之前一定要准备好能反映自己成绩和能力的基本材料，如成绩单、毕业证书、英语证书、计算机证书、获奖证书、资格证书等，证书要准备多份复印件，原件也要带上，这些都是求职材料中不可缺少的部分，尤其是刚毕业的大学生。面试机会是值得珍惜的，在有限的机会中能脱颖而出是很困难的，因为材料准备不充分而失去理想的工作就非常惋惜和遗憾了。

（2）准备求职信。

求职信是自我描绘的立体画像，其目的和个人简历一样，主要是引起用人单位的注意并争取面试机会。个人简历主要叙述求职者的客观情况，而求职信主要表述求职者的主观愿望。若要使人力资源管理人员对自己感兴趣，则必须写好求职信。求职信中的文字一定要简洁，字数不要超过1000字。

（3）准备个人简历。

个人简历是一种书面的自我介绍，是面试机会的"敲门砖"，是吸引用人单位的必备之物。所以，准备好一份个人简历是求职者主要的准备工作之一，且应该在其中尽量展示自己优秀的一面。个人简历不宜篇幅过长，面试官看一份个人简历的时间仅为短短的几秒钟。因此，要在个人简历中实事求是、准确无误地表达以下内容：个人基本情况、求学经历情况概述、获奖情况或取得各种资格证书情况、求职目标、社会实践、工作经历等。

准备个人简历是一个过程，需要把大学期间自己的所有经历和成绩都做一番梳理和归类，然后做一个基础模板。在这个基础模板上，根据应聘岗位的不同，再进行修改和补充。请谨记，个人简历一定要有针对性。

（4）做面试准备。

之前我们可能参加过一些面试，如参加学生会、社团之类时做过面试。然而，这些面试在找工作的时候，都显得微不足道。在参加面试之前，我们需要做一些功课，学习一些基本的面试礼仪、技巧，包括自己计划应聘岗位的要求、特征、公司的企业文化，都是我们需要提前准备好的。不要指望自己在面试的时候能临场发挥，很多面试成功的范例，都是提前做好准备的。

需要注意的是，求职信、个人简历、各种证书和复印件等不要只准备刚好够给你心仪企业的，要多准备几份。你将一份材料交给一家企业时，千万不要漏出其他几份材料。虽然大家都知道你来招聘会现场肯定采取多投策略，但还是以不被发现为好。

4. 准备服装

参加招聘会的服装有讲究，别以为招聘会只是为了让你了解某个企业的信息，然后投简历而已。参加招聘会的可不是普通的工作人员，他们是人力资源管理人员，他们对你的形象是十分看重的。所以要准备合适的服装。

5. 提前准备要咨询的问题

招聘会上应聘者要咨询用人单位相关问题，如单位上级主管部门、所有制性质、招聘对象、用工形式、工作时间、工资支付方式等方面的问题，对企业的真实情况做到心里有数。提前准备要咨询的问题是很有必要的。把你所咨询过的企业情况都记录下来，以便进行对比和分析。

6. 自行前往

让朋友尤其家人陪同的应聘者，会给用人单位留下缺乏独立性的印象。可以跟同学一起进入招聘会，但不要朋友去哪儿你也跟着去那儿；或者想去某个企业摊位了解情况时，强行拉上朋友给你壮胆。

【训练 4-2】有效提高解决问题的能力

（1）列举 1 个你曾经妥善解决的问题，解决该问题时你是否运用了以下【参考资料】中提到的方法？

（2）找 1 个近期内你还没有妥善解决的问题，运用以下【参考资料】中提到的方法寻求解决方案。

【参考资料】

当你遇到一些问题时，你自己都可以解决吗？在生活和工作中，我们一直都在试图解决各种问题。问题解决得越好，我们的生活和工作就会越好。

问题往往会以很多形式出现。它可能是很小的、日常的问题，也可能是大的、复杂的问题。例如：

今天晚上吃什么？

去上班走哪条路最近？

如何让落后的项目跟上进度？

如何让乏味的工作变成你热爱的工作？

1. 为什么解决问题的技能很重要

问题是那些难以理解、完成或处理的事情。它可以是一个任务、一种情况，甚至是一个人。而解决问题就是需要找到处理它的最佳方法和技巧。

每天你都会面临各种各样要解决的问题。不管你从事什么工作，住在哪里，有多少朋友，人们都会根据你解决问题的能力来评价你。因为问题对每个与此相关的人来说，都是一件麻烦的事情。没有人会喜欢麻烦。所以，你解决问题的能力越强，能解决的问题越多，麻烦就越少，你身边的人就越开心。因为每个人都会因此受益。

2. 如何提高解决问题的能力

解决问题的能力对每个人都很重要，因为我们每天都要做出一些决定，要解决生活、工作、学习中的各种问题。

要想从容地处理各种问题，你不需要非常聪明，但你需要练习。多数人认为只有自己非常聪明才能处理好别人解决不了的问题，但事实并非如此。当你知道解决问题的不同步骤时，你就能想出很好的解决办法。

（1）关注解决方案，而不是问题。

神经科学家已经证明，如果你过于专注问题本身，那么大脑就无法找到解决该问题的方案。这是因为当你把注意力集中在问题上时，你实际上是在给自己灌输消极情绪，而这反过来又会激活大脑中的消极情绪，它们就会阻碍你潜在的解决方案的出现。

并不是说你应该忽略这个问题，而是应该保持冷静。先要意识到问题所在，再把注意力转移到解决问题的心态上。在这种心态下，你就会把注意力集中在问题的答案上，而不是纠结于"哪里出了问题"和"是谁的错"。

（2）清楚地定义问题。

通过反复地问"为什么"，你可以探究到问题的根本原因，这样你就能找到解决问题的最佳方案。例如问题——上班总是迟到。

为什么我上班迟到了？

因为我关掉闹铃以后，又继续睡觉了。

为什么我想继续睡觉？

因为早上我感觉很累，起不来。

为什么我早上会那么累？

因为我昨晚睡得很晚。

为什么我睡得很晚？

因为黄昏时我喝了一杯咖啡，然后不停地刷朋友圈、抖音，然后就再也停不下来了。

我为什么会喝咖啡？

因为我下午工作时太困了，前一天晚上又睡眠不足。

从中可以看到，如果你没有找出问题的根源，那么你可能做的只是多放几个闹钟，让它在早上响很多次。但事实上，你需要解决的问题是，晚上不要没完没了地刷抖音，也不要在靠近晚上的时间里喝咖啡，这样你才会在白天感觉更有活力。

（3）简化事情。

有必要通过归纳来简化问题，移除所有细节，回到基础状态。尝试去找一个简单、显而易见的解决方案——相比于以往，你可能会对结果感到更惊讶。我们知道简单的事情往往是最有成效的。

（4）列出尽可能多的解决方案。

列出"所有可能的解决方案"——即使其中的一些看起来很荒谬。这里重要的一点是，你保持开放的心态来促进创造性思维，因为创造性思维可以激发你大脑中潜在的解决方案。

如果你在广告行业工作了很长时间，你肯定知道有创意是很重要的，因为它有助于头脑风暴和其他解决问题技巧中的创造性思维。

无论你做什么，永远不要嘲笑自己想出了"愚蠢"的解决方案，因为往往是这些疯狂的想法触发了其他更可行的解决方案。

（5）横向思考。

通过横向思考来改变你的思维方向。注意这句谚语——"你不能在不同的位置挖相同深的洞"（就是你不能在同一个问题上犯错）。

试着改变你的方法，用一种新的方式去看待事物。你可以试着改变你的目标，寻找一个与之相反的解决方案。一个新鲜独特的方法通常会刺激一个新解决方案的产生。

（6）使用创造可能性的语言。

用"如果……怎么办"和"假设……怎么办"这样的短句来引导你的思维，这些术语可以让我们开阔视野、创造性地思考，并有助于解决方案的产生。

避免用封闭性的负面语言，如"我不认为……"或"这是不对的……"。

不要把问题看成"可怕的"事情。当你思考什么是问题时，实际上只是对你当前状况的反馈。所有问题都在告诉你，有些方法目前没有用，你需要找到一种新的替代方法。要以中立的态度来处理问题——不要有任何判断。要专注于如何去定义问题，并保持冷静，不要把事情变得太复杂。

【训练4-3】"五问"自我训练，提高就业适应能力

成功的人基本上都是积极向上、乐观、善于发现的人，那么成功的人是怎么战胜自己的呢？成功"五问"自我训练中就有你要的答案，希望你能找到成功的真谛。

以考取心仪的证书、应聘心仪的岗位为例，进行"五问"自我训练。

【参考资料】

1. 我真正想要的是什么

当你遇到艰难或险阻、问题或困惑时，问自己真正想要的是什么，你就会得到答案，有了答案之后，你就会有前进的目标、前进的力量，只有这样你才不会迷失自己。目标是我们行动的动力，也是成功的关键。不管前进的道路上有多少问题或困难，你都会朝着这个正确的方向前进，并付诸行动。

2. 我怎样才能得到自己想要的

你怎样才能得到自己想要的？答案很简单，就是朝着你的目标方向前进、努力。如果你只是一直想自己想要什么，但是从来不付诸行动，那么一切只是空谈。在你问自己该怎么做才能把想要的变为现实的时候，你要为自己制订详细的计划及步骤。

3. 我所做的是否有利于得到自己想要的

在前进的道路上，一定要问自己我所做的是否有利于得到自己想要的，因为在前进的道路上，会遇到很多诱惑或选择，有的人会迷失自我。在问自己所做的是否有利于得到自己想要的时，如果答案是否定的，那么一定要及时地进行调整。人一直在前进的道路上，其间要不断地检视自己，看是否违背自己的本心。

4. 为得到想要的，我是否愿意付出努力和代价

如果只想得到想要的，却不肯付出努力，那么你想要得到的会遥遥无期。如果你想要什么，那么一定要付出努力。只有坚持不懈的人才能获得成功。

我们所设定的目标应该是我们真心想要的，并愿意为此付出相应的努力和代价。我们应该做好面对各种困难的准备。

5. 是否能够持之以恒

许多人做事情喜欢三天打鱼两天晒网，所以成功的人很少。如果一个人做一件事情，并持之以恒地把它坚持下来，那么他一定会成功。

实际上，我们不一定将五个问题问全，可以选择性地问前三个问题或第一个问题。只有当我们内心出现冲突而很难抉择时，才需要将五个问题都问一遍，这对提升当下的自信和行动力大有裨益。

遇到问题不可怕，只要有应对策略并迎难而上，就能获得自己想要的结果。

模块 5　精准认知自我与完善个人简历

要找工作，第一件事就是写简历，这是给用人单位的一份"见面礼"，用于展示应聘者的素质。简历写得好坏，关系到应聘的成败。

简历是你进入职场的"起跑线"，简历没写好，无论你有多优秀，HR（Human Resources，人力资源）人员也不会看重你，糟糕的简历无法让 HR 人员发现你的才能。求职，请别输在"起跑线"上。

求职的你找到心仪的工作了吗？别气馁，做好准备，更多机会正在等着你。是不是一想到写简历就头疼？发出那么多简历，却很少收到面试通知，不是简历投的数量不够多，而是你的简历写得不够好。因为你的简历没有打动 HR 人员，不能吸引 HR 人员的眼球。

【分析思考】

【案例 5-1】一份与众不同的简历赢得了面试机会

【案例描述】

大学毕业生小文错过了面试，后来竟然用动画简历赢得了面试机会。

小文从会计专业毕业后，喜欢手工制作的她在网上看到一家手工网站的招聘信息，感觉岗位的设置像是为自己量身定制的，瞬间激动得汗毛都竖了起来。但因为太过紧张，小文记错了时间，错过了一次与梦想接近的面试。

为了证明自己的实力和诚意，她开始准备一份与众不同的简历，再次向公司争取一次面试机会——手绘 200 多张素材、自学视频制作、拍摄了 3000 多帧画面。经历了两次几乎让人崩溃的失败，但她还是一帧一帧地编辑动画、一遍一遍地编辑合成……

忙碌两个月后制作成一段 2 分多钟的视频。在视频中，24 岁的小文化身成小女孩动漫人物形象，娓娓道出了自己对梦想、对工作的看法。

小文的简历动画视频打动了面试官，于是获得了面试机会，成功应聘上心仪已久的工作。

【案例分析】

你的简历犹如你进入职场的名片，它决定了你给招聘者的第一印象，对你能否进入面试至关重要。一份好的简历能助你找到一份梦寐以求的工作；而一份糟糕的简历，能让你把一手好牌打烂。

简历对你的求职究竟有多重要呢？网上有个"招聘漏斗"图告诉你一个扎心的现实。它是某外资投行招聘暑假实习生的数据图，历经投简历、面试、实习到最后正式全职录用 4 个步骤，投简历的有 9000 人，最后录用的只有 8 人，真可谓步步惊心，而最惊心的莫过于简历筛选环节，过关的只有 1.3%，可谓百里挑一。

【案例 5-2】站在 HR 人员的角度花大力气准备简历

【案例描述】

简历对求职者至关重要，它几乎是连接你和用人方的唯一途径。

你不能随便在网上下载一个 Word 模板敷衍了事。在机会面前，非要给自己一张路人甲的脸，又怎能指望别人重视你呢？

虽然不可随意，但也不要走入另一个极端，即一味地追求视觉效果，导致信息量严重不足，无法说明自己是否适合这份工作。如果简历不能传达正确信息，做得再好看也和废纸无异。

想要设计好简历，得先搞清楚 HR 人员看简历时在想什么。

如果是大公司，HR 人员可能会收到几百份简历，在时间上无论如何也不允许他全部看完。HR 人员的任务是在短时间内筛选出足够的人参加面试。

假设 HR 人员收到 100 份简历，但只需要 5 个人来面试，淘汰率就高达 95%，对大部分简历他其实只是扫一眼，最多不超过 10 秒。

如果你希望自己的简历在初筛时脱颖而出，就要以"10 秒内能看到重要信息"为设计目标。

换言之，"让 HR 人员在 10 秒内尽可能看到更多的内容"就是简历设计的目的。

【案例分析】

1. 分析岗位描述，了解岗位需求

看招聘信息主要看 JD（Job Description，岗位描述）的内容，通过分析 JD 就能知道我们要具备什么样的能力才能竞争该岗位。

而 HR 人员筛选简历时，就是在简历里找有没有 JD 相关内容，有的留下，没有的淘汰。

例如：

在前程无忧招聘网站上看到一条招聘信息，招聘新媒体运营主管，地点在上海。招聘信息如下所示，在该 JD 中提出了很多要求，该如何解读呢？

新媒体运营主管/经理　　上海徐汇区　　　　　　　　1 万～1.5 万元/月

上海×××信息科技有限公司

民营公司　|　50～150 人　|　互联网/电子商务、广告

1 年经验　　大专　　招聘 2 人　　×××-02-04 发布

岗位信息

岗位描述：

- 主要负责微信公众号及微博等新媒体日常运营管理。
- 负责微博、微信、大型活动方案策划、创意执行、汇报及总结，并结合公司业务、节日、热点事件等，策划运营方案，吸引目标用户关注。
- 负责公司新媒体的策划和更新，微博、微信话题营销运营管理。
- 收集研究网络热点话题，结合新媒体的特点对微博、微信内容进行实时调整和更新。
- 策划组织大型线上活动合作及定向专题活动组织。
- 基于 HTML5 的策划运营、制作并发布。
- 定义并统计各项活动的关键数据，通过分类整理和分析，评估活动效果，为活动相关决策提供依据。

任职资格：

- 具有 1 年及以上互联网公司用户运营经验，有微信等移动应用或网站的成功运营案例者优先。
- 熟悉微信公众号的运营方法，了解微信公众平台的接口。
- 对数据敏感，掌握基本的数据分析方法，逻辑思维能力强。
- 具备较强的市场分析、营销、策划、推广能力，熟知移动营销的基本方法。
- 自我驱动，坚持以结果为导向的工作方式。

职能类别：网站运营经理/主管

我们先把 JD 中反复出现的词语圈出来。结果发现"策划"和"数据分析"是重要能力，而全篇中提到的软件技能只有"HTML5"，说明这是关键技能。

如果你在工作经验上有优势，那么就用它来证明你的策划和运营能力；如果你在技能上有优势，那么就说清楚你的 HTML5 开发和数据分析能力达到什么水平。

然后把你的主打板块安排在第一栏与左边的个人信息对齐，让 HR 人员在最短的时间里发现你和该岗位是相匹配的。

2．简历各板块具体写法

（1）工作经历。

不相关的工作不要拿来凑数，HR 人员看到这些内容后会直接把你淘汰；不能只强调入行多少年，时间长并不代表能力强。

必须写清楚自己在岗位上做了哪些工作，取得了什么样的成绩。成绩要用数据来说明，以增加说服力；但只有数据还不够，最好还能有相关对比。这样，门外汉也能了解你在同行中处于什么水平。

（2）专业技能。

只写与 JD 直接相关或间接相关的技能，写多了反而抓不住重点；主要写对该技能你专攻哪些方面，能够用它完成什么样的工作。

（3）个人总结。

HR 人员做的工作是快速筛选，所以对个人总结不会太感兴趣。但我们仍然要精心设计个人总结，因为它本来就不是给 HR 人员看的，而是给面试官看的，目的是让面试官在见到你之前就对你有感性认识，这对你非常有用。

按照"术—法—道"的思路就能在简短的文字中为自己勾勒出清晰的轮廓。

术即技能，说自己的专业能力如何，要实事求是；

法即方法，说自己如何看待集体与合作；

道即规划，自己为何看好这个行业，是否会深耕下去。

通过"术—法—道"的层层推进，完成别人对你从理性到感性的认识。作为面试官，当然想招一个技术专业、处事得体，且愿意在这个领域里不断深耕的人。

如果你做到了，会比别人更容易取得面试官的信任。

将所有板块都完成后，再通过 PPT 的美化，专业级的简历就完成了。

【学习领会】

使用思维导图、优化排序等方法梳理、理解各个知识点。

【知识 5-1】简历是什么

为什么用人单位对很多大学毕业生写的简历都不满意呢？其原因，一方面是大学毕业生不知道应该如何写好简历，另一方面是人们误以为各个用人单位的 HR 人员，都可以正确判断出应聘人员的价值。所以，我们不能低估一份经过深思熟虑、达到专业级的简历的重要性。

（1）简历是用来推销自己的首要工具。

简历就是你展示经验和技能的一个文档，简历几乎成为你打开通向面试大门的唯一一把"钥匙"，用人单位在面试之前所获取的所有关于你的信息都来自简历。它是你向市场推销自己这一独特品牌的陈述报告。所以，不要错过或搞砸任何一个机会。

（2）简历是一则广告。

相信人们对"神州行，我看行""怕上火，喝王老吉"这两则广告语早已耳熟能详。显而易见，广告的作用就是吸引人们的眼球，引起人们的关注，使产品形象深入人心。如果求职者的简历像广告一样鲜活有力，那么就不必担心无人问津。

简历其实就是一份推销广告，推销的产品就是你自己。一份好的简历，吸引的眼球越多，受关注的程度越高，越能引起 HR 人员的青睐。广告内容有卖点才能引起受众的兴趣，简历亦然。简历制作成功与否，关键在于 HR 人员看你的简历时能否停下来仔细阅读。求职者的简历有亮点，才能在几秒钟内吸引 HR 人员的目光。简历的最佳广告效用是顾客（HR 人员）看过后对产品（求职者）产生极大的兴趣和好奇心，并希望试用此产品（通知求职者面试），同时让顾客（HR 人员）潜意识中产生购买此产品（你正是他们想找的人）的念头。

（3）简历是一张名片。

名片是商务人士的重要沟通、交流工具，用途十分广泛。两个素昧平生的人初次见面时，通过交换彼此的名片可以传递各自的简单信息，并由此产生重要的第一印象。在递送名片的同时，也在告诉对方自己的简单经历。

从该角度来看，简历就是一张名片，是求职者投递给企业 HR 人员的名片。尤其对于应届毕业生来说，简历更是初涉职场的第一张立世名片。

做好你的名片，是求职成功的关键环节。如果 HR 人员看你的简历时，能产生良好的第一印象，能将你从众多的求职者中识别出来、联系上你，并期望能与你见上一面，以相互认识、加深了解，那么简历便发挥了名片功能。

【知识 5-2】简历的构成要素与基本内容

简历是打开职场大门的"敲门砖"，能展示求职者的工作能力和个人优势，较全面的简历内容会为求职者争取更多的面试机会，大大提高求职的成功率。如何制作一份出色的简历来吸引 HR 人员的眼球呢？

制作简历是求职过程中的重要环节，需要每位求职者精心准备。制作简历的基础就是了解自己，明确自己以后的发展方向，知道自己的职业特长、兴趣爱好。

一份完整、规范的简历包括个人基本信息、求职目标（求职意向）、教育背景、工作经历、技能证书、获奖荣誉等要素。简历的构成要素与基本内容如表 5-1 所示。

表 5-1　简历的构成要素与基本内容

序号	要素名称	包括的基本内容	说明
1	个人基本信息	姓名、住址、联系电话、电子邮箱	简历提供过多的个人信息，一方面，会因大量的简历投递而向无关人员透露自己的隐私，造成安全隐患；另一方面，太多的个人信息并不会引起 HR 人员过多的关注，有时反而会使其产生反感
2	求职目标（求职意向）	申请的岗位名称	主要说明求职者想要从事什么工作。虽然对于简历中是否要明确求职目标说法不一，但从 HR 人员的角度考虑，没有人会愿意仔细阅读一份未明确应聘岗位的简历。求职者在简历中应该明确要应聘的岗位
3	教育背景	使用倒序写法列出教育时间、学校名称、专业名称、排名情况	大学毕业生的教育背景可写在工作经历之前，是应届毕业生或无任何工作经验的求职者需要用心准备的内容。学校正规教育、自我提升和学习经历、参加专业机构的培训等内容都可以在教育背景中说明，但前提是培训经历要与所应聘的岗位相关
4	工作经历	实习经历、项目经历、校园活动经历。使用倒序写法列出工作时间、单位名称、职务名称、业绩与成效等内容	工作经历是简历中的重头戏。从广义上讲，不管求职者从事的是全职工作还是兼职工作，是有薪酬的工作还是义务工作，是校园实习还是社会实践，是课题经验还是项目经历，都可以算作工作经历。求职者需要做的是从众多工作经历中选择与应聘岗位的能力要求密切相关的经历，使简历既能突出自己的亮点，又能保证内容的充实

续表

序 号	要素名称	包括的基本内容	说 明
5	技能证书	与申请岗位相符的外语水平证书、计算机能力证书、从业资格证书等	只要与应聘岗位密切相关的都可以在简历中着重提出
6	获奖荣誉	获得的奖项、荣誉	是应届毕业生着重列出的内容,在学校获得的荣誉、奖学金、参加的各项校园活动和比赛等都有可能成为简历中的亮点

简历以"简"为首要原则,所以在制作的过程中应尽量删除与所应聘岗位不相关的内容。同时,为避免简历空洞无物,要从各个方面挖掘与岗位相关的信息,这一点对无工作经验的求职者来说尤其重要。

简历内容通常要按照时间顺序阐述,但其中的教育背景、工作经历要按照时间的倒序方式阐述。

1. 个人基本信息

简历开篇便要明确个人基本信息,即姓名、住址、联系电话和电子邮箱。

简历的个人基本信息包括很多内容,用人单位必须知道的有姓名、固定住址、联系方式(移动电话或固定电话、电子邮箱),而性别、出生年月、年龄、籍贯、民族、政治面貌、婚姻状况、健康状况、户口所在地、身高、体重、居民身份证号码、毕业院校、所学专业、现居住地、通信地址及邮编等则视个人及应聘岗位情况,并根据招聘需求来决定是否写在简历中。

简历的个人信息分为必填信息和可填信息。

- 必填信息:姓名、联系方式、求职意向。
- 可填信息:性别、年龄、政治面貌、籍贯、民族、照片(可以根据用人单位的要求进行调整)。

一般来说,互联网企业/外企不喜欢冗余的信息,只需写必填信息即可。如果对自己的颜值自信,还可以放上一张比较正式的形象照,无形之中会给人一种专业的印象。

个人基本信息应该简短完整,切忌烦琐,干扰阅读重点。基本信息一般出现在简历的前端,用人单位能识别并联系上求职者即可。如果是应届毕业生的简历,个人信息应该尽量完善。

【示例】

> 高尚
> 长沙市岳麓区梅溪湖路 66 号(410221)
> 133-××××-6666
> 0731-8583-××××
> gaoshang@163.com

【提示】

- 姓名要写全称,而不是"江先生""李女士"等称呼。
- 当姓名中包含生僻或难认的字时,应在姓名上注汉语拼音,避免 HR 人员因读音错误而引起尴尬。
- 需要加注英文名时,名在前姓在后,且首个字母大写,如"Shang Gao"。
- 地址中文的写法是由大到小,英文写法是由小到大。"长沙市岳麓区梅溪湖路 66 号"的英文写法是"No.66, Meixihu Road, Yuelu District, Changsha"。
- 电话号码务必加上区号,号码中的数字用"-"隔开,手机号码应尽量采用"3-4-4"格式,以便 HR 人员准确拨打电话。
- 直接写出地址、电话号码、电子邮箱即可,不必出现"地址""手机号码""联系电话""电子邮箱"等字样的提示。
- 用于投递简历的电子邮箱用户名应与个人姓名一致或含有相关信息，不要使用"love""honey"等不严肃的词汇，防止简历被当作垃圾邮件删除。
- 可以附加如毕业院校、专业、身高等与应聘岗位密切相关且能突出个人优势的信息。

2. 求职目标（求职意向）

求职目标即求职意向，是简历中很重要的一个元素，包含求职者的职业规划信息，表明求职者想做什么，能为用人单位做些什么，介绍求职者未来职业的目标定位。应聘单位会通过求职者的职业定位明确求职者的发展方向是否与该单位的招聘岗位吻合。对于那些对自己定位明确的求职者尤为合适，同时，明确的求职目标展示了求职者清晰的职业方向，便于HR人员简单、迅速地识别各类求职者。

HR人员不会浪费时间根据求职者的简历为其选择合适的岗位。如果是无法给自己明确定位或没有清晰求职目标的求职者，应尽量将求职目标细化到某些具体的岗位或岗位范围，运用求职目标告诉HR人员你要应聘什么岗位。

求职目标在简历中的位置要醒目，直接放在个人基本信息下方比较合适，且陈述求职目标时应条理清晰、表达明确。

典型的求职目标写法是直截了当地表明应聘岗位，如"求职目标：网页设计师"。HR人员可以根据求职目标看出求职者的职业生涯规划，至少是一段时间内的规划。因此，求职者应尽量根据应聘岗位来写，可以锁定一个具体的岗位，例如：×××岗位；也可以锁定多个岗位，例如：×××岗位/×××岗位；还可以锁定相关岗位，例如：×××相关岗位。如果为提高面试成功率，在求职目标中写多个岗位，那么HR人员可能会认为你能力不够，对自己没有清晰的认知。

求职目标写得非常明确虽然有利于HR人员挑选简历，但如果求职目标的范围很狭窄，则会失去该用人单位提供的其他工作机会。为避免因求职目标范围狭窄而失去面试机会，可以考虑适当扩大求职目标的范围，如人力资源部相关岗位、财务部相关岗位。

【注意】
- 求职者要明确自己要找什么工作或应聘什么岗位，求职目标要随应聘岗位名称的不同而做相应改变，切忌同一个求职目标对应多个不同岗位。
- 求职目标越清晰具体，越能向HR人员传递明确的信息，尤其是在投递特定岗位的简历时，求职者应保证求职目标与招聘信息提供的目标岗位名称一致。
- 当锁定多个求职目标时，求职者应使每个目标锁定在相同或相似领域的同一职级水平上。锁定多个目标岗位时，求职者应注意岗位的相关性，尽量保证所列的岗位能够处于同一能力素质水平，不要相差太远，如"人力资源管理岗位/市场营销岗位等"，会给HR人员一种非常随意的感觉。
- 个人简历需要展现求职者与目标岗位的匹配度有多少，简历内容应随着求职目标的改变而做相应调整，并突出目标岗位所要求的资格和能力。
- 在求职目标中应着重突出最有利的、与工作相关的技能或经历，例如，英语通过专业八级的求职者应聘英语翻译，有过多次项目策划成功经历的求职者应聘企划主管等。

3. 教育背景

简历中的教育背景部分也很重要，因为教育背景是证明求职者具备应聘岗位所需能力的。简历中先写教育背景还是先写工作经历，应视求职者的具体情况而定。

若有丰富工作经历，则教育背景轻描淡写即可，应着重强调工作经历。

若无丰富工作经历，则重点写教育背景，并尽可能丰富。

（1）学校教育背景。

学校教育背景一般包括接受教育的时间、毕业学校、系别、所学专业等内容，详细程度视求职者的核心竞争力而定。对无工作经历、无实习经历、毕业学校一般、专业又很普通或跨专业求职的应届毕业生来说，只有通过丰富教育背景内容才能避免简历暗淡无光。为了凸显丰富的教育背景，还可将主修课程及成绩列出来，使简历更加充实。

教育经历推荐时间倒叙写法如下：

×××年×月—×××年×月　×××大学×××专业

主修课程：写与应聘岗位的能力要求相关的6～7门课程；成绩好的，可以写明GPA（Grade Point Average，平均学分绩点）和排名。如果有辅修学位和第二学位，则可根据应聘岗位相关合理性决定是否写。

这里需要注意以下两点：

① 如果是非技术岗求职，那么在教育经历中可以写上学校、学院、专业；如果成绩优异，那么可以写上专业排名，如专业排名达前10%，GPA为3.7。

② 如果是技术类岗位，那么在教育经历中可以写上主要的专业课程，专业课程成绩突出的，也可以写上，如专业课平均分为90.3。

这样便于HR人员了解求职者是否学了相关的专业课程，如果不写，则可能错过一些机会。

（2）培训经历。

培训经历是求职者技能提高的表现，可以使用人单位节约培训成本（经济成本和时间成本），并且能得到培训机会，也是企业对优秀员工的一种奖励。因此，如果求职者有在职学习或培训经历，那么一定要写上，以提高自己的求职竞争力。

从广义上讲，培训经历应该算作教育背景的一部分。无论求职者是在上学期间还是在工作中所接受的培训，只要培训内容与应聘岗位有较大的相关性，不妨将培训经历单列一项，以引起HR人员的关注。培训经历可以包括培训内容或项目、培训成果或成绩。

4．工作经历

陈述工作经历时，一般采用倒序写法，将工作单位、部门、职务一一表明，并运用6W1H原则或STAR法则描述工作职责和业绩成果。

求职者描述工作经历中的工作内容或工作职责时，运用6W1H原则能有效地将工作职责清晰、准确地表达出来。描述工作内容时，6W1H原则中的各项要素不必完全具备，但要清晰明了地向HR人员传达岗位相关信息。

当求职者的工作经历不是全职工作，即不在公司内部担任具体职务，只是一些兼职的工作片段时，如参加校园活动、企业实习、社会实践活动等，运用STAR法则陈述工作经历比较合适。

STAR法则不适合描述时间跨度较长且由一系列任务构成的工作职责。运用STAR法则陈述时，对各个项目的描述要精辟简练，且要与应聘岗位的胜任能力密切相关。

例如：×××公司用户运营（背景），负责×××产品的用户增长工作（任务），通过用户调研/竞品分析/渠道测试和运营（行动），3个月时间，仅花费50万元预算，获取新增注册用户100W+（结果）。

广义上的工作经历不仅包括求职者所从事过的有偿的、无偿的、全职的、兼职的工作经历和项目经历，也包括求职者求学期间的实习经历、校园活动、社会实践等。

工作经历是简历中的重要部分，是HR人员审核简历时较为关注的信息，同时，也是简历容易出彩的地方。所以，求职者应对真实的工作经历重新进行设计。

【提示】

● 工作时间采用倒序方法，从最近的工作开始写。

- 对于以前较早的工作，因时间较长只写年份即可，同时也可以适当拉长工作时间，如写成"20××—20××年"比"20××.09—20××.03"效果好。
- 明确公司名称及地址，不要以"某公司""某企业"代替。
- 要写公司名称的全称，不要写简称（知名企业可写其英文简称）。
- 工作或实习的企业部门及职务名称应尽量注明。
- 工作职责及成果描述应措辞简练、具体，避免模糊词汇，最好用数字表达。

简单介绍自己的过往经历，把自己做过的事情串成一条主线描述出来。

（1）校内经历。

校内经历是指上大学以来的经历，主要指学习和担任社会工作的经历，有些用人单位比较看重求职者在课余时间参加过哪些活动，如社会实践、志愿服务、学生会工作、团委工作、社团工作等，切记不要写与自己所求岗位毫不相关的经历。

如果求职者在校内参加过社团组织，负责或参与过某些项目，可以把相关的经历写下来，要重点说明成绩、结果。一般来说，没有实习经验、项目经验的求职者要对校内经历做重点描述；有相应实习经历、兼职经历的求职者，对校内经历可以一带而过。

现在很多大学生的简历里都写自己担任过学生会职务，是某社团的宣传部部长等，在这种情况下，单纯写职务就变得没有意义，而应该写在学生会做过哪些工作、负责过什么工作、取得了什么成绩等。

适当运用数字将校内经历具体化，角色不重要，重要的是你做了什么，记录自己在这个项目中所做的事情。撰写社团经历的一般通用格式为：社团名称+任职名称+任职时间+所做主要事情和成绩，一般列举2~3项主要成果即可。

例如，你在大学期间曾经组织过一次游园会，可以这样写：

作为×××大学艺术中心干事，参与组织了×××年的游园会。（×）

游园会是×××大学很有影响的传统经典文化活动，参与组织、宣传工作，联系22个参演社团的200多名工作人员，记录会议摘要1万多字，协调排练场地32次，本次游园会有3000多人次参加，是非常成功的一届游园会。（√）

（2）实习（实践）经历。

实践经历少的，没有多少内容可写；实践经历多的，一页纸又写不下。

对实践经历比较丰富的求职者，只需根据应聘岗位的要求，挑选2~3段合适的实践经历写上去即可，不用把所有无关紧要的实践经历都写上去。

对实践经历比较少的求职者，如果没有多少内容可以写，那么可以写上发传单的经历，但一定要改变话术。

例如，在外发传单的经历，可以这样写：

负责×××项目的市场地推工作，在地推期间，通过一对一的方式调研用户，了解用户的需求，并为他们讲解产品功能，共发送DM（Direct Mail advertising，直接邮寄广告）单页500张，获得有效反馈200个，意向客户有30个，转化率为6%，远高于业内平均值。

除此之外，学校内组织的见习/课程设计/专业实习，也可以写上去，毕竟这也是实践经历。

（3）工作经历（工作经验）。

工作经历是简历中的重要内容，因为HR人员在看简历时，最感兴趣的就是求职者的工作经历，能从中看出求职者的工作经验和能力。HR人员判断求职者能否匹配岗位，关键是看其工作经验。因此，要尽量详细描述自己的工作内容和职责，然后列出自己曾经取得的工作成绩。离职原因属于较敏感的话题，尤其是负面的离职原因可能会对求职造成一些不良影响，因此不要将这部分内容写在简历中。

工作经历内容的描述应该采用推荐格式，按照时间从近到远来描述，具体格式如下：工作时间、公司名称（全称）、所在岗位、工作内容与工作成绩，着重突出自己在这个岗位做了什么，有什么突出成绩。

【注意】

在撰写工作经历时，能用数据体现的部分，一定要用数据，这样可以提升简历的真实性，同时 HR 人员也可以量化地评判求职者的工作能力。

①根据招聘岗位描述来撰写工作经验，能大大提高面试概率。

求职者写工作经历时一定要根据岗位描述来写，将以往实习经历、校内经历中与应聘岗位相关的经验做重点总结，为每个岗位定制简历，不要用同一份简历去海投。只要求职者了解对方的招聘需求，其工作经历就可以往对方的要求上靠。不要生搬硬套，当求职者工作经历的相关性相差不大时，可以通过此方法来获得面试机会。

例如，应聘新媒体运营岗位，大学里运营过社团的微信公众号，这个经验就可以好好总结。而大学里去餐厅打工时做过兼职服务员，这个经历跟应聘的岗位无关，所以不用写上去。

求职者要牢记招聘信息中的 JD，可以把 JD 中的一些语句直接复制粘贴到简历中，把自己的工作经验尽量多地向岗位描述靠拢，以便 HR 人员搜索简历。

②要明确区分工作内容和工作成绩。

写工作经验时要兼顾这两个方面，很多人写工作经验时，不能区分工作内容和工作成绩。

【示例】

第 1 版：积极为公司撰写内刊稿件，撰写领导安排的文案。（×）

第 2 版：负责公司内刊稿件撰写及采编，3 个月完成新闻稿 15 篇，人物采访稿 3 篇。（√）

第 1 版只描述了工作内容，第 2 版还用数字说明了求职者的工作成绩。很明显，第 2 版更能打动 HR 人员。

③要善于用数字来展现工作成绩，让数字说话。

数字是非常有效的表达方式，是量化成果的工具。在展现成绩时，数字是有力的证据。

例如，运营新媒体时，写了多少篇文案？阅读量和转发量是多少？多少账号转载求职者的文章？参与运营后公众号粉丝增长了多少？

【示例】

工作经历
2005.11—20××.05　×××科技有限公司　财务部　出纳员　北京
◆ 负责公司现金收支项目的申报工作；
◆ 负责员工差旅费用的核算、报销工作；
◆ 核算公司各部门的资金使用情况，差错次数为 0；
◆ 负责银行存款、库存现金、有价证券的管理工作，未出现工作纰漏；
◆ 审核资金支付申请，按公司规定办理资金支付手续，并及时登记现金、银行存款日记账；
◆ 作为公司年末应收账款催款任务小组成员，主要负责收款、核算应收比率，协助销售部门顺利完成收款任务。
2002.08—2005.11　×××科技有限公司　财务部　出纳员　北京
◆ 入职两周内便掌握了公司各种财务核算软件的应用；
◆ 运用 Excel 核算员工工资，资金节约率达 6%；
◆ 负责员工交通费用、通信费用、差旅费用等日常办公费用的核算、报销、建账工作，差错率为 0；
◆ 审核各类原始凭证，并及时登记现金、银行存款日记账；
◆ 负责银行印鉴和银行保留章的保管工作。

（4）项目经验。

很多求职者不清楚工作经验和项目经验的区别，其实工作经验可以写自己负责什么工作，做了哪些事情,取得了哪些成果,包括但不限于项目;而项目经验要挑选工作经历中含金量比较高的一两个项目做重点描述,介绍项目内容、个人在项目中的角色、项目开展过程、项目结果等。

如果有很棒的项目经历,那么可以在个人简介中用数据进行简述(注意:一定是简述),描述形式为:项目描述+在其中主要做了什么+数据说明+链接。简述参与过的项目,主要包括项目内容、项目时长、在项目中负责哪块及项目成就等与项目相关的内容,附上链接及最后数据更好。

一个完整的项目经验应该包括项目名称、项目时间、项目描述(简短介绍,不要有太多的技术词汇)、求职者的角色(重点介绍,说明自己的身份、职责,突出自己工作中的难点、重点及解决问题的方法)、业绩成果(注重对项目成果、相关技能关键词的总结)。

求职者在描述自己的具体项目经验时,要充分利用 STAR 法则。

【示例】

项目经验
20××.07—20××.10　　×××管理咨询有限公司　　课题研究组　　小组成员 项目名称:"×××南汇经济开发区创新能力研究" ◆ 对企业进行实地调研,其中样本企业 300 个,回收有效问卷 286 份; ◆ 运用 Excel、SPSS 软件整理大约 15 000 组数据,确保数据的真实、科学; ◆ 撰写调研报告,得到组长的高度认可,并为公司领导做出科学决策提供支持; ◆ 学习了大量的咨询和调研知识,提高了人际沟通能力。

5. 技能证书

(1)专业技能。

①掌握软件使用、计算机、英语、新媒体运营等技能,可以说明所掌握技能的熟练程度。

②说明英语水平时可加上分数,应聘外企时,要特别说明英语口语、笔译等能力。

③应聘设计或文案等岗位,可以在简历中附上相关作品的链接。

【提示】

切记不可造假,不擅长的技能不要写。

(2)技能证书。

技能证书包括外语水平、计算机证书、各项认证考试证书、培训证书、从业资格证书等,只要与应聘岗位密切相关的,都可以在简历中写出。但人人都有的证书不要写。

①认证证书:普通话证书、技能证书、计算机证书。

②语言证书:英语(以最高成绩为准,例如,小明过了四级也过了六级,就写 CET-6×××分,分数高的一定要写,这是对你英语能力的最好表现),小语种同理(有证书就写)。

格式:×××考试-级别

例如:韩语 TOPIK-3 级/日语 JLPT-N3

应聘个别岗位的话,某些技能会是重要的加分项。

例如,应聘外企时,英语专八就比英语六级更有竞争力;应聘设计师时,Photoshop 能力、视频剪辑能力要做单独的说明。

当应聘设计师或应聘文案等岗位时,可以在简历中附上相关作品的链接,以便 HR 人员查看。

6. 获奖荣誉

校级以上的奖励荣誉都可以写,学校里的有特色且含金量高的可以写,如"优秀学生""优秀学生干部""优秀团员"及奖学金等方面所获的荣誉,或者参加省级及以上学术性竞赛、技能比赛获得的荣誉等。含金量不高的不要写。

如果求职者在校内获得过奖学金,参加过某大赛并取得不错的名次,那么可以把相关的成绩、名次及结果写出来,但不要写得特别复杂,要简洁明了。

奖励荣誉按时间倒序描述，如果奖项比较多，那么就根据含金量、与应聘岗位的相关度来进行筛选，证书贵在精不在多，多强调与自己目前所期望岗位相关的奖励和荣誉，以突出自己的专业技能和优势。

奖励和荣誉属于锦上添花的内容，一般写2~3项比较有水准的奖项；如果没有的话，那么这部分内容可以去掉。在描述所获奖项时，有以下技巧：

①如果主办方名头响亮，尽量把主办方名头写上。
②如果比赛队伍很多，那么一定要写上自己获奖的名次。
③尽量多用数据描述成果。

例如：

×××大学第五届大学生创新创业大赛　金奖　20××.05

详细阐述：大学生创新创业大赛是×××大学规模大、影响广的大学生比赛，第五届大赛有来自各个学院和专业共计200多支参赛队伍，比赛内容包括商业计划书制作和PK、创业路演、模拟投资、商业数据分析等环节，在此次比赛中本人带领团队奋战20天，获得了金奖（全校仅3个名额）。

简单阐述：大学生创新创业大赛是×××大学规模大、影响广的大学生比赛，在此次比赛中，本人带领团队奋战20天，打败了近200支参赛队伍，获得了前三名的好成绩。

获奖情况修改前的示例如表5-2所示，获奖情况洋洋洒洒地写了半页纸，其实完全没有必要。

表5-2　获奖情况修改前的示例

获奖时间	获奖情况
2020.12	学习优秀一等奖学金
2021.12	学习优秀一等奖学金
2020.10	×××大学"三好学生"
2021.12	社会实践优秀奖学金
2021.10	暑期社会实践一等奖
2021.04	第十二届"人文杯"学生学术科技作品竞赛三等奖
2022.04	第十三届"人文杯"学生学术科技作品竞赛二等奖

修改要求如下：

重点体现国家级、唯一的获奖。

可以增加适当描述，如×××大学本年度国家奖学金唯一获得者。

建议做如下修改：

- 时间倒叙，最近的事情写在最前面。
- 合并同类项：将同一年度、同一类别的获奖写在一起。

修改后更有逻辑性，也节省了版面，获奖情况修改后的示例如表5-3所示。

表5-3　获奖情况修改后的示例

年　份	获奖情况
2022年	第十三届"人文杯"学生学术科技作品竞赛二等奖
2021年	第十二届"人文杯"学生学术科技作品竞赛三等奖、暑期社会实践一等奖、社会实践优秀奖学金、学习优秀一等奖学金
2020年	×××大学"三好学生"、学习优秀一等奖学金

7. 兴趣爱好

兴趣爱好在一定程度上能反映求职者的个性、心态等，兴趣丰富一般被认为是能力强的表现，简历上可以写一些与应聘岗位和公司文化匹配的爱好。如果写自己喜欢长跑或登山，则说明求职者有很强的意志力，应聘各种岗位都可以给自己加分。

先写与应聘岗位有关的兴趣爱好，因为用人单位在招聘时都希望招聘一个对工作抱有热情的人。如果你的兴趣和工作相符合，则是再好不过的了。再写有成绩的兴趣爱好，否则只能算消遣，如果在兴趣爱好上做出成绩，那么就属于个人特长了。例如，你热爱写作并获得了什么奖，弹钢琴或跳舞达到了什么等级，要把爱好当成工作成绩来写。兴趣爱好不要写得太多，两三项即可，否则会让 HR 人员觉得你花太多时间在兴趣爱好上，可能会忽略本职工作。

8. 自我评价

自我评价非必要，若要写，则写个性中适合应聘岗位的特点。

可通过简明扼要的概述向招聘人员展现自己的综合素质，用简练的语言说明你对所应聘岗位最大的优势是什么。

在"自我评价"一栏中，经常可以看到"性格开朗、工作认真负责、具有团队精神"等词汇，千篇一律的词汇无法凸显求职者的个性，这些词汇没有针对性。个人评价最忌空洞，建议求职者总结自己的特点，最好能结合岗位要求及自己的特点进行阐述。

可采用"总结+成果+能力+性格"的方式来写，内容一定要包括自己的优势，如果写成任何人都可以用的评价，就没有意义了。

①总结：几年工作经验、涉及什么行业、去过什么类型的公司，岗位发展情况等。

②成果：有没有突出的成果，对公司业务的贡献。

③能力：熟悉和擅长的领域，有没有相关的资源，能否独立完成工作或带领团队。

④性格：性格上有什么优势，沟通能力、表达能力、学习能力如何。

某应届毕业生自我评价示例如表 5-4 所示。

表 5-4 某应届毕业生自我评价示例

条 目	内容
总结	大学期间在两家互联网公司（×××和×××）实习过，负责新媒体运营，能独立完成工作
成果	撰写的推文被×家账号转载，3 个月实习期内，公司账号涨粉 50%
能力	熟悉新媒体运营技巧及工具，具备文案策划撰写及数据分析能力；英语表达流利，能自由交流
性格	具备良好的协作和沟通能力，能适应高强度的工作

9. 附件及其他

（1）照片。

当 HR 人员看到一份简历时，最吸引他的就是照片，所以一张得体的照片非常重要。建议求职者在简历上附上一张清晰、端庄、大方的职业照，用活力和朝气吸引 HR 人员，尽量不用生活照、艺术照，特殊岗位有要求的除外。

（2）期望薪资。

在了解自己的目标岗位在行业中的大致薪资之后，给出期望薪资的一个范围，该范围应该在对方给出的薪资范围之内。范围不要太小，要可高可低，这样求职者谈起薪资来可以收放自如。该范围的最低值就是自己能接受的底线。

（3）附件。

附件包括个人获奖证书的复印件，英语四、六级证书的复印件，计算机等级证书的复印件，发表论文或其他作品的复印件等。

附上作品很重要，简历中再多的文字描述也比不上直接附上的作品。

尤其作为新媒体编辑一定要附上 2~3 篇比较满意的原创内容，或者实习过程中参与过的策划案及成品。

简历内容一般包括以上 9 部分，但在求职的过程中，求职者要针对不同公司、不同岗位适当地调整简历内容，有的放矢地介绍个人的职业技能，这样才可以成为众多简历中的亮点，牢牢吸引 HR 人员的眼球，以便得到面试机会。

【知识 5-3】制作简历的具体要求

对大学毕业生而言，简历相当于他的名片，往往先于他本人与 HR 人员见面，向 HR 人员讲述他的过去、展示他的现在、表达他的意愿、昭示他的决心。简历的重要性毋庸置疑。

一份好的简历意味着成功的一半，因此马虎不得。那么，怎样准备一份令人过目难忘、留下良好印象的简历呢？

每发出一份求职简历，相信你的内心就多了一份期盼与渴望，但往往事与愿违，因为你发出的简历，有时如同石沉大海，杳无音信，这会屡屡打击你的求职信心。其原因是什么呢？

求职者总是为投出的简历迟迟得不到回音而发愁，HR 人员也为堆积如山的简历发愁——收到的简历很多但真正适合的人很少。写简历绝对是需要技巧的，虽然不能一蹴而就地写出人见人爱的简历，但求职者至少要了解 HR 人员愿意看哪种简历。

1. 语言准确

在通过面试了解求职者之前，简历相当于求职者的名片，如果 HR 人员看到的是一份排版不美观、语句不通顺、错误百出甚至关键信息都缺失的简历，就像我们写作文，老师看到错别字和病句多、字迹潦草的，分数都会打得低一点。简历中如果有很多错别字和病句，且字体不统一、排版不规范，那么一定会影响 HR 人员的阅读体验，使其不想继续看下去。一个连对待简历都马虎粗心的人，对工作能认真负责吗？

简历好比求职者的"脸面"，如果出现错别字、时间顺序混乱或内容错误等情况，则会让人觉得连自己"脸面"都收拾不好的人，工作也好不到哪里去。所以，写完简历后切勿急着投递，一定要进行仔细检查，出现错别字、排版空缺及语句不通顺的情况要及时修改。简历不要以"花里胡哨"为亮点来吸引 HR 人员，一份既简洁又全面的简历才是求职者所需要的。

不要使用拗口的语句和生僻的字词，更不要出现病句和错别字。外文简历要特别注意不要出现拼写和语法错误，一般招聘人员考查应聘者的外语能力就是从一份简历开始。同时行文也要注意准确、规范，大多数情况下，作为实用型文体，句式以简明的短句为好，文风要平实、沉稳、严肃，以叙述、说明为主，动辄引经据典、抒情议论是不可取的。

有的人写简历喜欢使用许多文学性的修饰语，例如，"大学毕业，我毅然走上工作岗位"，"几年来勇挑重担，为企业发展大计披星戴月，周末的深夜，常常还能看到办公室明亮的灯光。功夫不负有心人……"，"虽然说'有则改之，无则加勉'，但领导无中生有的指责日甚一日，令我愤懑不已，心灰意冷，终挂印而去"，结尾还不忘加上一句"我热切期待着一个大展宏图、共创辉煌未来的良机！"之类的口号。这样的简历只能让人一笑置之。

2. 内容真实

简历最基本的要求就是真实。诚实地记录和描述，能够使阅读者首先对你产生信任感，而企业对求职者最基本的要求就是诚实。阅历丰富的企业人事经理，对简历有敏锐的分析能力，遮遮掩掩或夸大其词终究会露出破绽，何况还有面试环节的考验。

一些不明智的做法通常包括：

- 故意遗漏某段经历，造成简历不连贯。
- 在工作成绩上弄虚作假，夸大所担任职务的责权和经验。
- 隐瞒跳槽的真实原因，如将被迫辞职说成是领导无方，将公司倒闭描绘成怀才不遇等。

诚实为本，不要弄虚作假，这一点尤其重要。每个大学毕业生都希望自己的简历能在所有简历中脱颖而出，于是有个别大学毕业生就想方设法对自认为不是很满意的地方加以修饰或掩盖。这种心情是可以理解的，但是，没有诚信，就算你才华横溢，又何以在社会上立足呢？

其实任何一个有经验的招聘人员只要仔细阅读分析，鉴别简历的真实性并不难；过分渲染，天花乱坠的描述反而令人反感。所以与其费尽心机，不如老老实实，只要有真才实学，总会有属于自己的机会。

要避免在简历中出现各种小错误。虽然只是小错误，但失去的可能是大机会。

【示例】

性别栏上，"男"写成"女"；学习起止时间上，"2018年9月至2021年7月"写成"2008年9月至2021年7月"或写成"2018年9月至2001年7月"；11位手机号码写成10位或13位；出生年月上，1980年写成2980年等。

简历不要互相复制，这是产生很多错误的根源。例如：本来是应聘X公司的，但是求职信的开头却写成"Y公司领导：……"；明明是"2022年某大学应届毕业生"，简历封面上却写着"2020年某大学应届毕业生"；更有甚者，连简历上的姓名和证书复印件及成绩单上的姓名都对不上。

3．版面美观

一份好的简历，版面设计也是一个非常重要的因素，是真正的"第一印象"。要条理清晰、标识明显，段落不要过长，字体大小要适中，排版要整洁、美观且疏密得当。既不要为了节省纸张太密集，也不要出现某页纸上只有几行字，留下大片空白，还要注意版面不要太花哨，要有类似公函的风格，这也能体现出求职者的基本职业素养。简历写完后，一定要调整格式，使其符合行文规范，要选择适当的字号和字体，使版面整洁、美观。

排版整齐、简洁、有序是基本要求，也是体现细微差距的地方，内容以白底黑字、宋体、小四号为宜。重点内容、关键数字要醒目，对有优势的部分，宜使用黑体或加粗或加下画线，斜体不一定受欢迎，楷体看起来字号太小，尽量不使用。如果简历需要用两页纸，则要清楚、完整地把自己的经历和取得的成绩表现出来。不要压缩版面，不要把字体缩小到别人难以阅读的程度。

建议使用计算机打印的文稿，如果你的字写得不错，不妨再附上一篇工整、漂亮、简短的手书求职信，效果会更好。

4．详略得当

在简历上，有的个人信息特别丰富就像户口调查表一样，而有的个人信息不完整，这两种情况都不可取。

一般来说，个人信息要简洁、直观，不要把身高、体重、家庭地址等都写上去，显得不够严谨。有些求职者的简历过于简略，甚至没有写联系方式，如果HR人员对你感兴趣想邀约面试，则无法联系上你。

5．重点突出

对不同企业、不同岗位、不同要求，求职者应当事先进行必要的分析，有针对性地设计简历。盲目地将一份标准版本大量复制，效果会大打折扣。要根据企业和岗位的要求，巧妙突出自己的优势，以便给人留下深刻的印象，但不能简单重复，这是整份简历的点睛之笔，也是最能表现个性的地方，应当深思熟虑，不落俗套，有说服力，且合乎情理。

能力并非越多越好，重点是让HR人员感到你应聘这个岗位是合适的。若应聘技术型岗位，那么工作经历和项目经验非常重要，一定要突出项目中自己的职责、贡献和突出点，要突出你的优势，这既是简历中的重点也是面试时的话题起点。

6. 信息完整

简历的作用是使一个陌生人在很短的时间内了解你的基本情况，就像一个故事梗概，吸引其继续看下去。因此，要特别注意内容的完整，以使对方对你有尽可能全面的了解。

有的简历中不注明应聘岗位的名称，对每天看成百上千份简历的 HR 人员来说，这样的简历可能瞬间就被剔除了。

7. 评价客观

简历中通常都会涉及对自己的评价，应当力求客观公正，包括行文中所表现出的语气，要做到诚恳、谦虚、自信、礼貌。这样会使招聘人员对你的人品和素质留下好印象。现在，越来越多的企业更加重视一个人的品行、开拓与合作精神等基本素质。在众多高学历的应聘者的激烈竞争中，这方面的因素更加凸现，也常常因为这些非技能性的因素使应聘者脱颖而出。因此，既不能妄自尊大，也不能妄自菲薄，在这方面，分寸的把握非常重要。要避免夸夸其谈，适当陈述自己经验等方面的某些不足，反而能赢得好感。

准备这样一份简历是需要花费不少心思和精力的，当你送出这样的简历去应聘时，一定会增添不少自信。

8. 人岗匹配

一份好的简历都是围绕着岗位来写的，只有匹配岗位要求，才能引起面试官的注意。每个岗位都有具体要求，你的简历写得再好，如果不是你的专业所涉及的行业，那么也不会有什么结果。选择与应聘岗位相关的能力证明及经历，如应聘销售岗位，就不要全篇都是做文案的经历。

学会看招聘信息中的岗位描述，让简历有针对性。只有根据公司的招聘要求来写简历，让 HR 人员看到你有胜任这个岗位的能力，才能使你的机会变大。要把你胜任岗位的能力和相应的经历写出来，最好是把你的成功案例写出来，这样的简历才是有分量的。

有的简历呈现出来的工作经验与应聘岗位相差太大，这也是瞬间被剔除的原因之一。如企业招聘软件开发人员，求职简历里却呈现出做销售或客户开发的工作经历。如果 HR 人员收到一份同时应聘 3 个岗位的简历，基本得出这样的结论：什么都能干的人，可能什么都干不好。因为这样的简历没有突出任何方面的技能或专长，自己对自身的发展不清楚，如无头的苍蝇乱撞，这样的人企业是不会感兴趣的。当然，对于刚毕业的大学生，求职心切，希望多获得一次机会，可以另当别论，但对于有工作经验的人，出现这种情况是不应该的。

9. 言简意赅

例如，简历中有如下工作经历："按照主管要求用 Excel 提取过去一年的销售数据，然后用 Excel 中的函数做出数据报表，并将该报表转成 PPT 交给主管，主管很满意。"这是打算在简历中写长篇操作说明吗？是不是当天天气、主管的着装都要交代一下？有必要写得那么啰唆吗？还有些简历中工作经验部分写得非常丰富，运营、销售、策划……看完会觉得他无所不能，可是用人单位只想招一个营销助理而已。

HR 人员每天要面对大量的求职简历，工作非常忙，一般在粗略地进行第一次阅读和筛选时，每份简历所用的时间不超过 1 分钟，如果简历写得很长，那么难免遗漏部分内容，甚至没有耐心细致地读完，这对求职者是很不利的。经常有求职者觉得简历越长越好，以为这样会引起注意，其实适得其反，会淡化阅读者对主要内容的印象。冗长啰唆的简历不但让人觉得你在浪费他的时间，还能得出求职者做事不干练的结论。言简意赅、令人一目了然的简历是最受欢迎的，也是对求职者工作能力最直接的反映。

简历中的每句话对你的应聘都应起到积极作用，无关的一律免去。HR 人员在对简历进行初次筛选时，面对数千份简历，往往会根据企业岗位条件的一些关键词（如毕业学校、专业、学历等）进行快速浏览，制作简单明了的简历，便于 HR 人员发现你。

HR 人员不会将过多时间花在看一份简历上，所以简历要写得简明扼要、主次分明，对所应聘的岗位有针对性地组织过往的工作经历。如果你真有说不完的话，则可以放在面试时详谈，至于简历，还是给 HR 人员留个悬念吧！如果你有多个求职意向，尤其是不同求职意向之间差别较大时，则建议写多份简历；简历中与求职意向相关的工作经历可以重点强调、详细展开，至于那些不太相关的经历则可以一笔带过。

坚持用一页纸写简历，一般用一页 A4 纸。逻辑清楚、排版简洁，且与应聘岗位相关的能力证明及工作经历多的，可以适当缩小字体或页边距。

10. 具体有效

求职者应该针对每家应聘企业的性质及每个岗位的具体需求来准备定制版的简历，个人经历也要跟所应聘岗位的方向走。在写简历时，一定要把自己的工作经历写清楚，要细化过程。如果你随便写，那么别人也会随便把你给忽略了。一件事情只有具体化了，才能得到面试官的认可。想要别人认可你的能力，就要把你厉害的一面展现出来，不然别人可能对你的印象不是很深，一旦别人对你没有很深的印象，面试的人太多时就容易被淘汰。

11. 突出优势

如果你想要在茫茫人海中脱颖而出，那么你就要展现出自己最独特的一面，而且是那种只有你能而别人不能的一面。

把自己的优势在简历开头试着用三句话概括。在筛选简历的过程中，不可控制的因素太多，唯一可控的就是应聘者一定要把最核心、最符合岗位要求的描述写在最前面。如果要应聘一个通信行业的技术岗位，那么第一句话写"在华为公司 5 年的工作经验"肯定比"吃苦耐劳、抗压力强、能持续加班"有优势。

一家公司有很多面试者，如果你的简历中没有什么亮点的话，那么你很有可能会被无情地刷下去。只有将你会别人不会、你能别人不能的优势展现出来，面试官才会被你吸引住。

为了显示你比其他竞争者更有优势，需要的不是简单地列出你的工作职责，而是要列出你所做出的贡献、增长的百分比、客户的增加数、获得的奖励等。

（1）工作职责。

对你应聘岗位的关键工作职责，要学会用动宾结构，以不同的动词开头，提炼关键词、加入专业词汇及做好细节表达等。

（2）主要业绩。

与应聘岗位的关键业绩指标挂钩并尽量量化，如销售的增长率、市场的占有率等。

（3）自我评价。

对应聘岗位的任职要求，可以从经验、能力、技能、知识、性格、资源等方面着手，不要仅写一个关键词，其后要有阐述与证明，如"良好的人际交往能力，能够快速与客户建立并维系良好的关系。"

例如：性格开朗却内敛，友善并具有亲和力，做事认真负责，在校期间担任班干部，组织协调能力强，富有团队协作精神，有强烈的进取心和责任感，并具备快速的适应能力和灵活的应变能力。希望能进入贵公司工作。

12. 注重细节

联系方式应写在首页的显眼处，千万不要写在某处不显眼的地方。若有可能，则写在简历每页的显眼处，且联系电话后面应注明是哪个城市的电话，以便 HR 人员准备与你联系时能确定是否在前面加拨 0 或区号。

目前，很多企业都在网上接收电子邮件简历，甚至直接在邮箱内进行首次筛选。企业对于电子邮件的主题格式、附件格式等都有具体要求，大学毕业生一定要按 HR 人员的要求做，以确保简历不会被"误杀"，这也是对 HR 人员的一种尊重和理解。发送电子简历时，个人简历和证书、作品等的扫描件要以"附件1""附件2"的形式发送，这样 HR 人员可以根据不同需要有选择地下载。当然，用人单位有特殊要求的除外。

列举实习经历时应根据应聘岗位的不同而有所侧重，把与该专业有关的、有助于 HR 人员对你另眼相看的实习经历写上，以突出自己的优势，无关的实习经历一律不写。

简历中的个人特长、兴趣爱好应根据应聘岗位的特点而有所侧重，对能说明问题的个人特长和兴趣爱好进行适当的描述和表达。规划设计行业招聘毕业生，除了考查求职者的培养潜质，还考查求职者是否能融入其企业文化，与企业一起成长。在没有见到求职者本人之前，如何巧妙地体现求职者在团队配合、协调沟通等方面的优势呢？这是求职者要用心思考和应对的关键问题。

对于投过简历的单位应心中有数，对几个重点目标单位的招聘联系人的称呼应牢记于心，以免出现用人单位与求职者联系时，对方重复了三次求职者却连对方是哪个单位的都不知道的窘境。

简历中项目经验过多的可压缩，一般面试时聊一两个主要项目即可。

【知识5-4】什么是求职信

求职信又称自荐书，是求职者向用人单位介绍自己情况以求录用的专用性文书。求职信是求职者和用人单位之间沟通的桥梁。求职者可以展示其才干、能力、资格，突出其成绩、专长、技能等优势，以便被用人单位录用。因此，求职信中的自我表现力应非常明显，求职信具有一定的公关要素与公关特色。

求职信也是交际的一种形式，它可以反映一个人的专业水平，从用人单位的角度出发考虑问题是使求职信产生积极效果的重要方法。求职者应该采用换位思考的方法，通过分析用人单位提出的要求，了解用人单位的需求，然后有针对性地向用人单位提供自己的背景资料，体现自己独特的智慧与才干，使用人单位从求职者身上看到希望，并做出对求职者有利的决定。

对于求职过程中是否需要附加一份求职信，众说纷纭、褒贬不一，但需要注意的是，简历在求职中往往是被动的，而求职信则具有主动性，是求职者争取面试机会的半正式沟通方式。

对简历符合招聘要求的求职者而言，求职信的作用虽然不是很大，但至少可以表明求职者的诚意；对简历不是很符合招聘要求（想要跨行业求职、工作经历或专业不适合）的求职者而言，求职信的作用就不可忽视了。

一份好的求职信能体现求职者清晰的思路和良好的表达能力，也能体现求职者的沟通交际能力和性格特征。求职信是求职者向用人单位投递简历时的自我表白，能够简明扼要地把"我愿意、我适合、我能做什么样的工作"阐述明白即可。

【知识5-5】求职信与简历的区别

如果求职者想引起人事主管或 HR 人员的注意，那么写一封求职信比较好。求职信属于简历的附信，可放在简历的前面，也可放在简历的后面。求职信能够很好地补充简历本身缺乏描述性词语的不足。

求职信与简历的撰写目的一样，都是要引起 HR 人员的注意，争取面试机会，但两者又有所不同。求职信是针对特定的个人来写的，而简历则是针对特定的工作岗位来写的；简历主要叙述求职者的客观情况，而求职信主要表述求职者的主观愿望。相对于简历来说，求职信更要集中地突出个人的特征与求职意向，从而打动 HR 人员的心，是对简历的补充和延伸，可以让 HR 人员对求职者有更加深入的了解。

求职信可免则免，假如一定要有，那么应该放在简历的后面，并建议对不同应聘单位写不同求职信，最好能在求职信中出现一些应聘单位所特有的词汇。如果求职者对自己的硬笔书法有信心，那么求职信用手写更佳。

【知识5-6】求职信的作用与功能

求职信是打开求职大门的"金钥匙"，用于延续简历的内容，能更清楚地表明自身素质、个性、特质等。求职信可以展现求职者的长处，从而获取面试的机会。写求职信的目的是让HR人员知道求职者的工作能力和性格特征，感受到求职者对这份工作的渴望，能引起HR人员对求职者的注意和兴趣，从而更加成功地推销自己。只有能体现求职者聪明才智的求职信，才能帮助求职者得到一份理想的工作。

求职信是用人单位对求职者的一次非正式考核，用人单位通过求职信可以了解求职者的语言修辞和文字表达能力，可以说求职信是用人单位对求职者印象的凭证。

一份好的求职信，主要具备以下两个功能：

（1）要展示求职者适合所申请岗位的优点。如果在求职者的简历中似乎存在不足之处，那么必须在求职信中加以弥补。

（2）要展示求职者对岗位的理解。表达自己对岗位的理解远远胜过表达求职者对岗位的兴趣，因为兴趣人人都可以有（至少装作有），而理解却是见仁见智、各有千秋的。

【知识5-7】求职信的组成与写作要求

求职信属于书信文体，因此它与书信的写作格式是相同的。确切地说，求职信一般包括标题、称谓、引言、正文、结语、致谢、附件和落款。写求职信离不开简单介绍求职者、列出求职者的优点和技能、要求给予面试机会等。写求职信时应综合考虑招聘要求及求职者所具备的能力和素质，说明求职者具备的技能、知识、经历及应聘优势。

1. 标题

求职信的标题是求职信的标志，一般直接写"求职信"即可，以表明信件的性质。

2. 称谓

在标题的下一行，顶格写明应聘单位的名称或负责人的姓名、职务，例如，×××公司人力资源部主管/招聘主管、×××公司×××先生/女士。

要在称呼后加冒号。注意后面尽量不要写问候、寒暄的话语，通常用"您好""打扰了"等。

3. 引言

（1）自我介绍。

一开始就要自报姓名，要交代清楚求职者是谁，用一句话简单介绍求职者的毕业院校、专业或工作背景，例如："我是×××大学的学生，在×××年×月毕业，专业是……"把重要的、与用人单位有关的信息写清楚即可。

（2）应聘岗位。

写清楚求职者要应聘的具体岗位，说明该岗位的招聘信息来源，写明求职者对该单位的了解程度。

例如："我在×××招聘网上看到了贵企业的招聘信息，很感兴趣，想加入贵企业。"

一般书信的正文开头为问候语，但在求职信中大可不必。由于求职者与读信人彼此陌生，写问候语反倒给人一种做作之感，有时甚至令人感到莫名其妙。

4. 正文

正文部分是求职信的重点，但正文部分中的内容不能想到什么就写什么，也不能求职者喜欢写什么就写什么，写的目的是要向 HR 人员展示你是符合该岗位要求的，同时也具备做好该岗位工作的能力。因此，求职信的正文部分应该针对所应聘的岗位来展开。

（1）介绍基本情况。

简要陈述求职者的教育背景、性格特征与兴趣爱好，以及具备的资质和能力。

（2）展示主要成绩。

展示求职者解决问题的能力，突出求职者的优势和特长，展示求职者所掌握的知识和专业技能的熟练程度，并用特定事例加以佐证。比较招聘要求和求职者的资质，说明胜任某项工作的条件和必备的素质，申明该岗位符合求职者的求职目标，用事实或数据证明求职者适合这个岗位，并表明愿意并有能力做好该工作，能够为用人单位贡献价值。

对于应届大学毕业生，这里可以介绍求职者大学期间修读了哪些主要课程，其成绩在专业中的排名情况，参加过哪些竞赛，获得过哪些奖项和证书，过往实习的经历等，让 HR 人员了解求职者的吸引人之处。

5. 结语

重申对岗位的兴趣和求职者是合适人选，强调求职者的愿望和要求，希望尽快得到回复，恳请 HR 人员给予面试机会，并留下联系的最佳方式，如联系电话、E-mail 等。然后写上"此致，敬礼""顺颂商祺"之类的敬辞。"此致"两个字可居中（一般缩进两个字），"敬礼"要另起一行顶格写。

6. 致谢

向对方表示感谢，感谢其在百忙之中花时间来阅读求职者的简历和求职信，用"真诚期望能获得面试的机会""希望有幸为公司效力"这样的句子作为结尾，给 HR 人员留下好印象。同时也告诉对方求职者会在某具体时间打电话询问材料是否安全抵达和面试事宜。即使求职者打电话得到的结果不尽如人意，也比求职者一直等待一个永远不会打来的电话好。

7. 附件

附件是简历的佐证材料，主要包括毕业证书、课程成绩登记表、获奖证书复印件、学校的推荐信、个人简历等。要在正文下一行空两格写明"附件"。附件上应该有必要的签名和盖章。附件不宜过多，除非用人单位在招聘广告中有特别要求的，否则寄一大摞材料，成本代价不菲，收效却甚微。

8. 落款

所谓落款就是在正文的右下方加上求职者的签名及成文的日期。注意格式要正确，分两行排列。日期低于签名两行并靠右边书写。

求职者的签名不可潦草模糊。如果在联系方式中没有署名，那么在求职者的签名下应该打印上求职者的名字，以确保对方能清晰辨认。

签名时要注意两点：①不要过分谦卑，写成如"学生××敬上"等；②不要写得过于潦草，本来前面写得都很认真工整，这时却突然想炫耀求职者的书法，结果适得其反，会将读信人对求职者的好印象破坏殆尽。

总之，要把求职信写好，写得恰如其分并不容易，它是一门艺术，需要求职者具有一定的社会经验、一定的写作素养，还要懂得心理学、公共关系学等知识。

【感悟反思】

【问题5-1】判断简历是否合格

【问题思考】

在以下列举的各项中，如果符合简历的写作要求，则在对应句子的"□"中画"√"；如果是简历中存在的问题，则在对应句子的"□"中画"×"。

□简历内容应与岗位需求匹配、量身定做。
□亮点突出、用词准确、排版专业。
□重点突出，符合HR人员的阅读习惯。
□个性化定制，充分反映个人特质。
□挖掘个人经历、能力提升、构架重组、展现亮点。
□用数字来恰当地描述求职者的工作成就，如"领导9人销售团队"。
□照片正规，穿正装照。
□要善于抓要点，有的放矢，写相关的、显著的事情。
□简历篇幅要控制在一页。
□用基本的、规范的格式，并用精练的语言尽可能多地向HR人员传递他所要了解的信息。
□用行为词来打头，如"处理所有客户的信件"。
□列出求职者的几个优点，并通过求职者以前的成绩和经历来证明这些优点的确存在。
□挑主要的、能彰显求职者能力和技能的事情写在简历上，用规范的格式让HR人员很容易就能找到所要了解的信息。记住，简历中的每句话、每个单词都可能在面试中被问到，所以拿不准的事情不要写在简历上。
□HR人员其实更在意求职者的个人能力和教育背景，没人关心鸡毛蒜皮的小事。
□写求职者家里的电话、私人邮件地址，确保求职者未来的领导可以很容易地找到你。
□不要写离职的理由。
□不要把求职者粉饰成无所不能的天才，以此来吸引HR人员的目光。
□不能自圆其说的事不要写。
□不要包含太多敏感的个人信息，这些信息可能导致就业歧视。
□不要把与岗位和工作无关的兴趣爱好都写上，如旅游、看小说、唱歌等，这些兴趣爱好不会为求职者加分。
□不要把各门课程的成绩单都附上，如果成绩特别优秀，写曾连续几年拿过一等奖学金等即可。
□不要设计得过于华丽，这会让HR人员觉得求职者太会总结自己，甚至认为求职者的简历是请美术人员"装潢"出来的。
□与应聘岗位无关的工作经验不要写，根据用人单位的性质、岗位要求，提供证明能力的背景资料即可。
□简历中不要面面俱到地展示求职者的所有才能，这样HR人员会抓不住重点。
□把简历写成用人单位的岗位描述。
□简历很平淡，内容太单薄。
□简历没有竞争力，没有特别的亮点。
□简历有好几页，包括封面。
□格式不够规范，排版不符合阅读习惯。
□使用"很多""很大""相当好"之类的含糊词，HR人员可能会质疑求职者用词的准确性。
□简历中包含一些无关紧要的事情，像"高二时成功竞选为班长"。
□试图通过反常规的格式、稀奇古怪的字体和五花八门的纸张来使求职者与众不同。
□在简历中写明最低薪资要求及岗位要求。

【问题 5-2】简历标题怎么写

【问题思考】

在专业的简历中，标题绝对会提升简历的阅读率。在以下列举的各项简历标题中，如果是建议采用的形式，则在对应标题的"□"中画"√"；如果简历标题不太合适，则在对应标题的"□"中画"×"。

□ "我的简历"
□ "个人简历"
□ "求职简历"
□ "我的第一份简历"
□ "×××的简历（修改第 2 稿）"
□ "应聘简历"
□ "简历"
□ "Resume"
□ "姓名+岗位名称"
□ "姓名+岗位名称+学校名称"
□ "姓名+岗位名称+手机号"
□ "姓名+学历+学校名称+应聘岗位+意向城市"
□ "×××届毕业生+院校名称+姓名+应聘岗位+意向工作地"

【问题 5-3】判断求职信是否合格

【问题思考】

在以下列举的各项中，如果符合求职信的写作要求，则在对应句子的"□"中画"√"；如果是简历中存在的问题，则在对应句子的"□"中画"×"。

□ 针对不同用人单位的具体岗位量身定制。
□ 集中对具体的岗位胜任能力进行陈述。
□ 从读者角度出发组织内容，并符合阅读习惯。
□ 有个人特色、亲切且能体现专业水平。
□ 表达简明扼要，直奔主题。
□ 内容、语气、用词的选择和对希望被录用的表达要积极，充分显示出求职者是一个乐观、有责任心和有创造力的人。
□ 自存副本。
□ 写没有实力的空话。
□ 写那些浪漫或表决心的空话，如"请给我一次机会，我会还您一片天空"，这些语言并不能给 HR 人员传递有效的信息，反而有哗众取宠之嫌，稍有不慎还会弄巧成拙。
□ 主题不清，不知所云。
□ 过于强调能从用人单位学到什么知识、技能。
□ 对个人过去的求职情形做消极评价。
□ 热情洋溢地长篇抒情或不着边际地自我吹捧。
□ 写成个人自传，把与应聘岗位无关的经历全部加进去。
□ 使用生僻词语、专业术语。
□ 格式混乱，条理不清。

□出现语法或拼写等细节错误。
□错讹较多，偶尔出现错字、别字、病句及文理欠通顺的现象。
□不是简历的翻版，应与简历分开，自成一体。
□求职信写得太长，即超过一页。
□在求职信中谈论薪资。

【交流探讨】

【话题 5-1】优秀求职简历应如何写

苏州市××科技有限公司面向全国招聘销售专员，从某招聘网站获取其招聘信息，岗位职责要求如下：

- 开拓新市场，开发新客户，扩大产品销售范围；
- 了解客户及行业发展趋势，根据客户需求推荐产品；
- 负责联系客户，参与商务谈判；
- 做好销售合同的签订、履行与管理等工作，做好新老客户的日常维护；
- 及时跟进客户项目，关注生产交付货期，确保项目顺利进行。

岗位要求如下：

- 性格开朗，认真负责，有较好的学习能力、思考能力，热爱销售工作；
- 熟悉电子产品、业务流程，有独立开发客户的能力；
- 具有较强的逻辑思维能力和良好的客户服务意识。

肖荷同学有应聘该销售专员的意向，为此撰写了两份简历，如图 5-1 和图 5-2 所示。

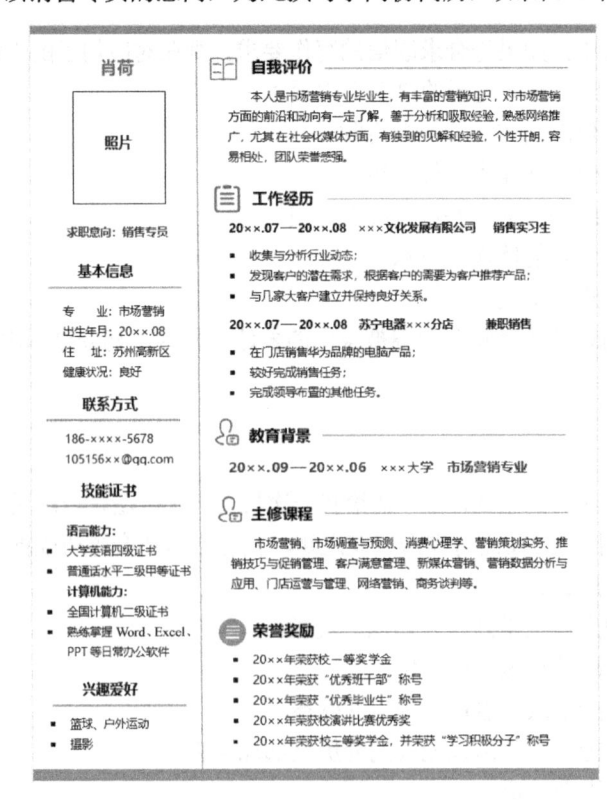

图 5-1 简历 1

图 5-2 简历 2

【提示】

图 5-1 中的简历，在设计、排版方面基本上没有问题，主要问题出在个人简历并没有体现自己的核心竞争力。内容方面的主要问题如下：

- 自我评价部分比较空洞，没有用任何案例和数据作为支撑，给人的信服力不太强。
- 工作经历部分介绍的内容非常空洞，没有运用 STAR 法则，也没有提供任何与工作相关的数据。
- 其他部分，如校园经历没有进行详细阐述，比较空洞，简历中一些出彩的地方没有突出显示。

【话题探讨】

认真阅读以下"优秀简历的特征"和"制作优秀简历的技巧"中的相关内容，对图 5-1 和图 5-2 所示的两份简历进行讨论。

（1）简历内容与应聘岗位的岗位描述中的关键词是否匹配？
（2）是否精准分析了岗位需求，与其工作经历是否匹配？
（3）是否借用了权威与名气、数据与对比？
（4）从岗位匹配度高、工作经历顺、专业背景强等方面对这两份简历进行比较，看哪份更接近优秀简历的要求，哪些地方还可以进一步优化。

1. 优秀简历的特征

写简历一定要"高顺强"，因为这样的简历才能吸引 HR 人员，并得到面试的机会。

（1）岗位匹配度高。

岗位匹配度是写简历时应该凸显的因素，也是写简历时重要的一个基本原则。在写简历时始终要注意以下几点：

①根据招聘信息中岗位要求的前后顺序、重要程度，突出哪些是求职者现在所具有的、能提供的。

②给自己做一个漂亮的总结，例如，这些是我做过的事情、这些是我取得的成绩、这些是我擅长的技能、这些是我的潜力（将来可以做到的）。

③工作经验中一定要包含招聘岗位关键词。不少 HR 人员在浏览简历的前 15 秒在做关键词扫描。所以，"路人甲"型的求职者不妨在工作经验中适当添加一些与应聘岗位相关的关键词，这些关键词可以从企业发布的岗位招聘信息中获得。

（2）工作经历顺。

"工作经历"是 HR 人员非常看重的简历要素之一。有些求职者在写简历时疏于对自己的工作经历进行梳理，不是行文拖沓、缺乏重点，不能突出自己的强项，无法引起 HR 人员的关注，就是遮遮掩掩，过分拉长或删掉一段工作经历，导致简历的时间轴出现"断层"，让 HR 人员心生疑惑。

工作经验的"主线"要流畅。"主线"就是从何时到何时，你在什么单位的什么岗位，履行哪些职责，具体的工作内容。作为普通求职者，不一定对任何一份工作都能独当一面，只要交代清楚、突出重点即可。有过转行、被裁或短暂工作经历并不可怕，工作经历的主要脉络清晰即可。也就是说，求职者所从事的工作有相关性，是在同一或相近工作领域的，在转行后是持续发展的。这说明求职者是对自己的职业规划有过思考的，并且逐渐清晰、稳定。

（3）专业背景强。

围绕应聘岗位的工作职责和工作内容，需要阐述、总结求职者在过往工作中所积累的经验、所掌握的技能和知识，以证明求职者正是用人单位正在寻找的人。此时，锦上添花的一个简历要素就是专业背景强大。

除了相关的学业背景、培训经历、技能证书等"硬件"，在描述工作内容或成绩时适当地运用专业术语，能凸显专业度。例如，"做过分析客户需求的案例"，虽然交代了工作内容但显得平淡无奇，如果把这个工作内容改成"创造和实施了×××需求评估机制，来协助对服务和员工预测的需求"，那么 HR 人员可能就会对求职者另眼相看。另外，简单的经历列举也能增加专业度，如求职者服务过的业内知名大客户、刊登过求职者作品的知名媒体、求职者参加过的重要任务、遇到并解决过的重大问题，以及采用过什么方法和流程培训过员工，这些都能为求职者的专业背景"镀金"。

2．制作优秀简历的技巧

写简历如同写文案一样，不同文字技巧的运用，其效果可能千差万别。对企业而言，写简历的人（即求职者）就是产品，而简历就是推销自己的文案。因此，写文案的技巧完全可以套用到写简历上。

一份简历是由个人信息、求职意向、教育经历、工作经历、技能与证书、自我评价等组成的。HR 人员非常看重求职者的教育经历和工作经历。

（1）简历内容与应聘岗位的岗位描述中的关键词匹配。

HR 人员在查看简历时，主要找符合岗位需求的简历，他们以什么作为参考标准呢？那就是简历中的关键词，既可方便寻到关键部分，又可节省筛选简历的时间。

深圳××科技有限公司平面美工岗位的招聘信息如下，根据岗位职责和任职资格描述分析岗位描述中的关键词。

岗位描述：

工作职责：

● 负责小游戏里角色、NPC、道具、背景、icon 等的绘制；

● 辅助图书教材和课程中的插图及美术总结等工作；

● 配合课程研发老师完善游戏场景素材。

岗位要求：

● 美术、设计相关专业优先；

- 熟练运用各类设计绘图软件，如 Photoshop、SAI、CSP 等软件，擅长运用多种风格；
- 能融入团队，配合项目工作安排；
- 有扎实的人物造型基础，具有优秀的画面构成能力和塑造能力。

因为岗位要求中有"美术、设计相关专业""Photoshop"等关键词，所以求职者的简历内容中要有"美术、设计相关专业""Photoshop"等相关词语，确定从事此项工作所必需的知识与技能。如果没有这些内容，那么求职者的简历就会因缺乏重点而平淡无味，失去吸引力。

（2）紧抓岗位要求，让 HR 人员觉得求职者是最合适的人选。

一份好的简历，是需要站在 HR 人员的角度来写的，让 HR 人员认为求职者和岗位是匹配的。好的文案往往能一针见血，让人感觉"这个产品不就是为我准备的嘛"。

例如，小米公司曾经的文案"为发烧而生"，会瞬间让经济能力有限，但希望追求手机性能的发烧友受到触动。

好的简历也是如此。它会让用人单位觉得，这个人好像就是我们要找的人，所以一定要约过来面试一下。

这是怎么做到的呢？

其实很简单，这里面蕴含了一个小技巧，叫作"定位"。

小米公司通过给自己定位赢得了大量发烧友的追捧，从而进入智能手机市场。

我们同样可以通过对简历的定位，赢得用人单位的认可。

①了解企业文化、价值观，分析企业的招聘需求。

产品之所以能够定位成功，其实就是因为切中了消费者的某个需求，让消费者的心理预期与产品相匹配。

企业招人也是如此，企业更倾向于选择认同自身企业文化，同时又能很好满足招聘需求的求职者。

这个人也许不是应聘者中能力最强的，但一定是最合适的。所以，了解企业文化、价值观，分析招聘需求是写简历的第一步。

②根据分析结果写简历，使简历和对方要求相匹配。

如果用人单位在岗位描述中有如下语句：

认同×××企业的价值观，愿意跟企业一起奋斗。

那么求职者就可以在简历中这样写：

×××企业产品 3 年忠实用户，3 年来多次为维护×××企业品牌形象而努力。

是不是马上就把求职者和该企业的距离拉近了？起码会让看简历的 HR 人员觉得，这个求职者是很有眼光的。

还有一点非常重要，就是一定要尽可能满足对方岗位里的要求，如果没办法满足，则要通过报培训班、自学等方式进行弥补，以缩小和其他求职者之间的差距，从而用 100 分的能力拿下 120 分的工作。

（3）精准分析岗位要求，匹配过去工作经历。

深圳市××科技有限公司会计岗位的招聘信息如下，根据岗位职责和任职资格描述分析该岗位所需要的能力。

岗位描述：
岗位职责：
- 负责日常收支的管理和核对；
- 收集和审核原始凭证，保证报销手续及原始单据的合法性和准确性；
- 负责登记现金、银行存款日记账并准确录入系统；

> - 负责记账凭证的编号、装订、保存、归档财务相关资料。
>
> 任职资格：
> - 大专以上学历，会计学或财务管理专业毕业，提供应届毕业生实习经历；
> - 记账要求字迹清晰、准确、及时，账目日清月结，报表编制准确、及时；
> - 熟悉操作财务软件及Excel、Word等办公软件；
> - 工作认真，态度端正；
> - 具有良好的团队合作精神，责任心强。

通过分析会计岗位的岗位职责和任职资格，可以发现任职资格描述中包含的关键词有：准确、及时、团队合作、认真、责任心强。

粗略地分析该岗位所需要的能力。

"准确"：说明这是一个需要细心的工作，求职者要证明自己做事很细心。

"及时"：说明做事要高效率，求职者要证明自己做事效率高。

"团队合作"：说明需要有团队合作的经历，将团队目标作为重要的事情。

"责任心强"：说明做事要认真负责，且具有担当能力。

详细分析该岗位所需要的能力。

①体现细心能力。

例如，自己曾经在制作财务表格的课程中，发现其中一个数据错了，而其他同学没有发现，自己得到了老师的表扬。

②体现高效率。

高效率就是在短时间内完成自己的任务，或者在规定时间内提前完成自己的事情。例如，老师在课堂上布置的作业，自己每次都能在多数同学之前交。

或者体现技能方面的高效率，这样可以和岗位要求更接近。例如，利用Excel制作表格，每天能做15张，提前完成老师安排的任务。

③团队合作精神。

毕业时学生要进行相关专业的毕业设计，几个人一组，这就是团队合作。例如，求职者可以写，为达到毕业设计的最终目标，大家分工协作，查资料、做项目，最后在毕业设计中拿到了不错的成绩。

④认真负责。

自己所负责的事情都按时完成了。例如，在学校的时候，自己负责教室一周的打扫工作，每次都是等同学都走后才开始打扫，且打扫完检查后才离开。

然后把自己的竞争力与岗位所需的能力进行对照，用案例和事实证明求职者所具有的这些能力。

简历要清晰明了，每条信息都凸显求职者可以满足企业的岗位要求。不一定将求职者的全部信息都写出来，只写能帮助求职者赢得这个岗位的信息即可。

（4）借用数据和对比，让求职者的工作经历更可靠。

对比以下两个简历中的描述，哪个更出彩一些？

- 在A公司工作期间，负责B产品的运营，包括每日推进、活动策划等内容。
- 在A公司工作期间，负责B产品的运营，成功策划3场PV（Page View的缩写，即页面浏览量）百万+的活动，产品直接收益超1000万元，考核业绩排整个项目第一名。

明智的HR人员一定会选择第2个，因为其中有数据、有对比。如何用好这个原则呢？

①挖掘工作过程中的一切数据。

求职者在职期间，做了几个项目，每个项目的数据分别是多少，关键绩效指标完成情况如何等，把这些公司关心的数据提取出来。

②判断自己工作成效中的相关数据。

这个数据在行业内怎么样？在公司和小组内怎么样？与过去对比怎么样？

③分析并判断这些数据的好坏。

仅挖掘数据是不够的，还要寻找数据中的亮点，删掉那些不出彩的数据。

④数据化展示。

数据化展示的好处是使HR人员清楚地知道求职者做了什么。

例如，你说你跑了很远的路。

换一种说法：我跑了3千米。

很明显，HR人员直接感受到：你跑了3千米，很厉害！

例如，将这个方法迁移到设计工作的岗位。

就可以说：在校期间，为参加一个设计比赛项目，使用Photoshop工具每天制作30张图片。

⑤对比写法。

一定要用对比写法将优势展现出来，不写出来，HR人员就无法知道，HR人员对每个行业、每个专业并非都很熟悉。

例如，在一个会计岗位的招聘信息中，教育经历的写法如下：

教育经历	
学校名称	毕业时间
● GPA：×××/4.0（专业前10%）	
● 荣誉/奖项：×××奖学金，×××奖	
● 统计学课程（专业前五）	
● 英语六级（600）	

通过对比，HR人员就能知道求职者的专业课学得不错，符合企业的用人需求。

（5）借用权威和名气，让求职者的工作经历更出彩。

对比以下两个简历中的描述，哪个更出彩一些？

● 在A公司工作期间，成功服务多个客户，客户满意度高达100%。

● A公司是行业内前三的公关公司，在职期间，曾服务华为、阿里等500强企业客户，客户满意度高达100%。

显然，在第2个描述中个人经历更突出一些。

这是因为对公司加上了描述词，而且蹭了客户的名气，虽然做的工作是一样的，但无形之中会显得"厉害"一些。

如何用好权威原则呢？

①回顾自己服务的公司是否在业内知名？排名如何？是否有过一些知名的案例？

例如，求职者所在的公司不够知名，但有过知名项目，求职者可以写：在×××有限公司曾参与过×××项目。这样能让HR人员更了解求职者所具有的能力。

②回顾自己是否服务过知名客户，或者和知名企业有过合作关系？

有时候合作方的名声我们要敢于借用，这样能给自己的简历增光添彩。

③自己是否获得过知名奖项，或者有含金量但不知名的奖项？

如果是前者，那么求职者可以不用任何修饰地写上；如果是后者，那么求职者需要写上这个奖项有哪些含金量。

【话题 5-2】在求职信中如何展示最佳"卖点"

【话题探讨】

认真阅读以下"在求职信中如何展示最佳'卖点'"中的相关内容,对照其内容说一说表 5-5 所示的点评求职信中,哪些地方展示了求职者的最佳"卖点"。

在求职信中如何展示最佳"卖点"

如何使求职信更具有针对性和吸引力呢?不妨给求职信加点儿"盐"——最大限度地展现求职者的"卖点"。

在制作简历时,应记住以下两点:
① 最简短、有效的信息;
② 最清晰、美观的排版。

(1) 有的放矢。

不要把求职信写成通过复制能到处投递的求职信。这种做法很少能击中目标。有效的求职信具有很强的针对性,如针对公司的某一具体岗位而写。需要注意的是,在求职材料的封面或求职信的右上角要清楚写明用人单位和应聘岗位,以强化求职的针对性。

(2) 设置两个左右的兴趣点。

写出求职者关键的经历、最好的成绩、重要的特长及自己的愿望、心情和信心等。表明求职者所特有的教育、技能、个性特征和将会为用人单位做出的特殊贡献等。

(3) 特长词句加黑加粗。

在求职信的格式上,对需要特别强调的词语用另一种字体。例如,"主要特长"用加黑、加粗的字体显示,便于浏览。对特别的段落,采用两端各缩进两个字的方法,能吸引招聘者的目光。

(4) 加个小故事或事例。

在每个人的成长过程中总有一些特别的经历,会对自己的人生道路和人生看法产生重要影响,会改变一个人对机会、价值观和世界观的看法。尤其是重大挫折、人生的转变或某个悲剧,这样的事例更能反映出自信、有责任感、不轻言放弃等人皆推崇的品质。

(5) 逆向思维,胜人一筹。

求职者应聘时不附和、不从众,是有主见的表现。有一位同学这样写道:"其实我并不觉得贵公司条件有多好,只是感觉比较适合我的专业,而且觉得最后能不能入选,关键在于实力而不在于运气。"这种写法往往能使招聘者眼前一亮,得到好的效果。

(6) 适当地自负一些。

"我虽刚刚毕业,但我年轻,有朝气,有能力完成任何工作。尽管我还缺乏一些经验,但我会用时间和汗水去弥补。请领导放心,我一定会保质保量地完成各项工作任务。"口气坚决、信心十足,给人以精力旺盛、"初生牛犊不怕虎"的感觉。

在给求职信加"盐"的过程中,一定要记住,"盐"只能适当地加一点,如果把一碗盐都倒进去,那么后果就可想而知了。

表 5-5 点评求职信

分段序号	求职信内容	点 评
1	尊敬的先生/女士	
2	我在×××招聘网站上看到贵公司刊登的招聘网络维护工程师的信息,我对这个岗位很感兴趣。因为根据岗位描述,觉得这就是我一直在寻找的工作	用简单的话语说明了自己的教育背景与求职意向,并表达了强烈的求职意向

续表

分段序号	求职信内容	点评
3	根据贵公司的招聘广告,这个岗位要求名校背景、计算机科学或相关专业专科及以上学历,熟悉 Windows Server 2010 和 Linux 操作系统。今年我将从×××大学毕业。我所学的课程中包括计算机控制与管理,同时我还设计开发了 Visual InterDev 和 SQL Server 控制仿真系统	缺乏在企业实习的经历,应尽可能用在校期间的科研与学术活动进行补充
4	在大学学习期间,我很好地掌握了我所学专业的理论知识与实践技能。我有比较好的英语读写能力,不仅通过了 CET-6 考试,还可以自如地用英语与他人交流	在陈列自己专业技能与成就的同时,很好地向 HR 人员展示了自己适合本岗位的优势,暗示自己是最佳人选
5	非常感谢您在百忙之中阅读我的简历,如果您还需要了解我的其他信息,敬请联系我。我很期待能获得与您面谈的机会	用谦逊礼貌的话语向 HR 人员表示感谢,并再次表明自己的诚意,给 HR 人员留下好印象
6	非常感谢	

【训练提升】

【训练 5-1】撰写简历中的兴趣爱好

一个热门应聘岗位的通过率是多少呢?答案是 1∶2000,甚至是 1∶3000。面对如此低的通过率,你还能心安理得地放过兴趣爱好这项助力吗?

参考以下"如何撰写简历中的兴趣爱好"中的相关内容,如果应聘新媒体编辑岗位,那么在以下所列的兴趣爱好中,写法是合适的,就在对应句子的"□"中画"√",对于不合适的写法说明其原因。

□热爱并擅长摄影,能熟练使用 Photoshop 软件,很喜欢×××摄影师的作品。

□平时爱好写手账,擅长手绘。

□有拍 Vlog(Video blog 或 Video log,视频记录)的习惯,热爱并擅长简单的短视频剪辑制作,附件中是我的作品。

□喜欢打篮球、看电影、吃火锅……

□爱好阅读,在豆瓣写书评三年,建立了同城读书分享小组,每月聚会一次。

□爱好旅行,一年走遍中国十五个省份,是马蜂窝上游记分享大 V。

参照"如何撰写简历中的兴趣爱好"中的"兴趣爱好的有效写法",撰写简历中的兴趣爱好。

如何撰写简历中的兴趣爱好

1. 兴趣爱好写不写

"你有什么兴趣爱好呢?"从小到大,相信你已经被问了无数次,到了毕业求职季,这个问题又出现在每个招聘网站的简历表上,你还得回答。有人说,我写个"无"不就行了,或者干脆不写。

一个积极向上的爱好意味着你是一个对生活充满热情的人,遭遇困难依然能保持乐观心态,面对不公也不会怨天尤人。成绩好是必备条件,突出的个性也必不可少。一个人的兴趣爱好是反映其生活面貌的绝佳指标。学生的课外活动成果,如"三下乡"活动、志愿服务等,是学校评价学生的依据。

兴趣爱好是学校评价学生的依据之一,同样也是面试官评价求职者的依据之一。所以兴趣爱好这一栏还是有必要填写的,但不要人云亦云地简单填写阅读、音乐这些无差别的爱好。

2. 兴趣爱好的有效写法

"我喜欢音乐、电影、看书、运动。"

这句话是不是很眼熟？在被问到兴趣爱好的时候，99%的人脑海中会浮现这么一句话。这是每个人在生活中经常会做的事，与其说这些是爱好，倒不如说是消遣。而这句话背后的实际场景又是什么呢？

坐地铁无聊时戴上耳机听一听歌，周末约上好友一起看一部新上映的电影，睡前看一会儿前天刚买的励志畅销书，去健身房在跑步机上跑半小时。

在 HR 人员看来，这句话的意思为：我是一个普通人，每天做着普通的事，没有什么特别喜欢的。因此，这种写法是无效的写法。

在了解什么是无用的兴趣爱好写法之后，下面介绍能为求职者加分的写法。该写法遵循 3 个原则：

（1）为工作加分。

兴趣爱好应该尽可能与用人单位和应聘岗位相关，能侧面体现你对这份工作的热情。

例如，应聘一个销售类岗位，你的爱好写的是：喜欢参加演讲比赛和辩论赛。

应聘一个设计类岗位，你的爱好写的是：热衷各类艺术展。

应聘一家游戏公司，你的爱好写的是：狂热游戏粉。

应聘一家互联网旅游公司，你的爱好写的是：旅行。

上述几种写法都是与用人单位和岗位相关的，容易让面试官相信你是带着诚意来求职的。

（2）讲好故事。

对爱好的描述应尽可能具体化，不能只写一个词语，而应描述这个爱好持续了多少时间，取得了什么成果，为之你又付出了什么。这样，即使你找不出与岗位相关的爱好，也能证明你有恒心、有执行力。

一段爱好描述的背后通常隐藏了几个故事，故事要能展示你的优点，以勾起面试官的好奇心，引发面试官持续发问，这么你离成功又近了一步。

（3）贴上标签。

写爱好时，写 2~3 个有特色的爱好即可，使其成为你的标签，让 HR 人员快速记住你，如，爱打篮球、擅长传球。篮球是人们普遍的一个爱好，但是传球这个标签却能让面试官印象深刻。

如果一个人有很多兴趣爱好，则会让 HR 人员怀疑他根本没有任何爱好，毕竟每个人的精力都是有限的，十项全能只存在于电视剧中，所以只需写有特色的爱好。

另外，还可以写一项与运动相关的爱好，以证明你有着良好的生活习惯。毕竟公司请你来是工作的，良好的生活习惯、健康的身体，意味着你能为公司贡献更大的价值。就列举运动项目而言，长跑、游泳等个人项目，会让他人觉得你有毅力；而排球、足球等团队项目，会让他人认为你有合作精神。

下面是一些常见的兴趣爱好及让人联想到的特征，可以作为借鉴（此内容来源于网络，具有一定的参考价值）。

- 篮球、足球、排球：团队合作精神。适用大多数岗位，如果你有这方面的爱好可以写进简历。
- 围棋、国际象棋：战略意识，应聘市场类或高端岗位比较适宜写这类爱好。
- 阅读、古典音乐：高雅。适合应聘文职类的岗位。
- 旅游：适应不同环境的能力，快速学习的能力。特别是某些工作岗位需要经常出差，有这方面爱好的求职者无疑具有一定优势，适合销售业务类岗位。
- 演讲、辩论：沟通能力强，适合市场类、销售业务类岗位。
- 舞蹈：外向，易沟通。适合公关类、市场类岗位。

● 跆拳道：意志强。适合管理类、市场类岗位。

不要小瞧生活中的业余爱好，它可能是帮你拓宽职业道路非常重要的一点。

【训练5-2】判断求职信是否符合其基本要求

以下所列举的各项，符合求职信基本要求的，在对应句子的"□"中画"√"。

□对用人单位名称的准确称呼，可拉近求职者与对方的距离，使对方感到求职者的诚意。

□写出求职者的姓名。一开始就要自报姓名，避免让看信的人总在想："他到底是谁？"。

□说明求职者要应聘的岗位，这样好让用人单位有的放矢地关注你适合的那个岗位的特征。

□说明求职者获取招聘信息的渠道，如"我在××人才招聘网站上看到贵公司刊登的招聘广告……"等。

□陈述求职者的大致情况，显然这是不可缺少的，但也不要太啰唆。

□明确求职者有能力、有兴趣、有信心胜任。若要获得别人的肯定，求职者要首先肯定自己，而且是丝毫不加掩饰地肯定自己。

□恰当地赞美用人单位。最好能根据一些具体情况来进行赞美，如果了解的情况太少，则可以写："我认为贵公司十分重视人才。"

□诚恳表明希望获得面试的机会。写求职信的唯一目的就是获得面试的机会，主动说出要求获得面试的机会，比不说好。

□求职信的结尾要表明"希望能为贵公司效力"，以体现求职者为该公司服务的强烈愿望。

□落款、日期当然是要有的。

□让求职者的联系电话无处不在。

阅读以下的"求职信"，谈一谈哪些方面符合求职信的基本要求，哪些方面不符合求职信的基本要求。

求职信

尊敬的招聘经理：

您好！

我叫×××，现年22岁。很高兴能得到您的青睐，期望能有机会加入贵公司。我在校学习成绩良好。经过4年的专业知识学习，掌握了一些市场营销理论知识，具备国际贸易实务、广告学、消费者行为学、市场调查与预测方面的理论知识。在学习之余，我积极参加各种社会实践活动。曾在苏宁电器专柜做×××电视的促销员，向顾客讲解电视机的功能，促成顾客购买，并协助处理售后问题。也曾在新学期开学之际和同学一起卖电话卡、日用品，这些让我学到了许多课堂上学不到的东西，开阔了我的眼界，也使我日趋成熟。

我经常参加各种体育活动，喜欢跑步、登山、打排球等运动，在锻炼中既强健了体魄又培养了团结协作精神。我正处于人生精力充沛的时期，我渴望在更广阔的天地里展露自己的才能，我不满足现有的能力水平，我渴望能在实践中得到锻炼和提高。作为一个刚步入社会的大学生，我不求待遇的高低，只求能有一个让我接触新事物、获取新知识、增加社会阅历的机会，希望早日用我的全部智慧、热忱和努力，实现我的人生价值。

我深信我所具有的专业知识和相关工作经验，以及自身的刻苦进取精神、谦虚认真的态度能胜任贵公司的工作，为公司的业务蒸蒸日上而贡献力量。

此致

敬礼！

×××

20××年×月×日

模块6　注重求职礼仪与塑造优雅形象

求职时，学历、能力很重要，但外表形象也是绝对不能忽视的问题，印象分是非常有用的。面试时要特别注重自己的形象，良好的第一印象是你迈向成功的第一步。面试前一定要对自己的外表进行修饰。一般来说，对方认为你是他们需要的人选，就会通知你参加面试。如果面试时对方与你详谈，那么你很可能会入选。因此，讲话时一定要用心、诚实，进一步给对方留下好印象。

【分析思考】

【案例6-1】懂礼仪、有修养就是最好的介绍信

【案例描述】

一位知名企业的总经理想要招聘一名助理，这对刚走出校门的大学毕业生来说是一个非常好的机会，所以一时间应征者云集。经过严格的初选、复试、面试，总经理最终挑中了一个毫无经验的大学毕业生。

副总经理对总经理的决定有些不理解，于是问他："那个小伙子胜在哪里呢？他既没带一封介绍信，也没受任何人的推荐，且毫无经验。"

总经理告诉他："你错了，他带来许多介绍信。"

接着，总经理又说："你注意到没有？他神态清爽、彬彬有礼；他进来的时候在门口蹭掉了鞋上带的土，进门后又随手关上了门，这说明他做事小心仔细；当看到那位身体上有些残疾的面试者时，他立即起身让座，这说明他心地善良、体贴别人；叫到他时他先脱去帽子，回答我提出的问题时干脆果断，这说明他既懂礼貌又有教养。"

总经理顿了顿，接着说："面试之前，我往地板上扔了本书，其他人都从这本书上迈了过去，而这个小伙子却很自然地把它捡起来了并放回桌子上；当我和他交谈时，发现他衣着整洁，头发梳得整整齐齐，指甲修得干干净净，且谈吐优雅、表达清晰、反应敏捷。难道这些细节不是最好的介绍信吗？这些修养是一个人最重要的品牌形象。"

【案例分析】

（1）在本案例中，那位大学毕业生的哪些举止体现了他的良好素养？请逐一列举并加以说明。

（2）假设你是案例中的那个小伙子，应聘面试时，你如何塑造个人形象？

【案例6-2】职场也需要仪式感

【案例描述】

生活需要仪式感，给平淡的生活增添几分情趣；同样地，职场也需要仪式感，让平常的工作变得更有意义。

某天，一家知名公司的高层领导要来我们公司进行访问、交流。一大早，就看到该公司的几位高层领导西装革履地走出电梯，连领导身后的行政助理都穿着西装，看惯了小助理穿便装的样子，突然换成西装，感觉他们稳重不少，不再是邻家男孩，一个个都成了职场精英。

真应了电影《王牌特工》中的那句话："西装是现代绅士的盔甲"，当你穿上西装的那一刻，就进入了战斗状态。

我们公司的赵总只要上班必穿西装，在公司我就没见过他穿过别的服装。有一次我好奇地问他：为什么天天穿西装？

他告诉我，一穿上西装就能提醒自己进入工作状态，帮他马上进入角色，全身心投入工作，让自己的工作更高效。

对比一下自己，我觉得好惭愧。我平时上班就穿一身休闲装，怎么舒服怎么来，一点儿也没有职场的仪式感。

【案例分析】

很多人忽略了职场的仪式感。其实，职场也需要仪式感。例如，正式的职业装，代表你对工作的尊重、对职场的认真态度、对自己的严格要求。心理专家也说，你穿的衣服可以左右你的思维，职业装能让你表现得更职业，这是一种强大的心理暗示。

职场的仪式感，会让你用庄重而认真的态度去对待职场里的每一天。

它是一种仪式，更是一种力量。

（1）平日里，你喜欢穿西装还是休闲装？

（2）你认为在职场是否应该穿职业装？

（3）你是否赞成"职场也需要仪式感"这种说法？

【案例6-3】酒店招聘时将视为"生活小节"的行为作为硬性条件

【案例描述】

一家大酒店招聘各类服务人员350名，700多名应届、往届大学毕业生怀着对应聘这家企业的向往，很早就排起"长龙"等候应聘。7点30分，第一次目测在众多人的期待中开始了，一位应聘的女大学生环佩叮当、浓妆艳抹，昂然来到目测人面前，话不过三句，目测人眉心轻皱，却彬彬有礼，连声说谢谢！女大学生心里明白，自己被淘汰了。

另一位20岁出头的男大学生，气宇轩昂，据说会两门外语，目测人以礼相待，连声让座，这位男大学生如入无人之境，屁股刚落座便跷起二郎腿且不停地抖动。

大学毕业生在面试中表现出的礼仪，不仅反映大学生的人品和修养，而且直接影响面试官的最终决定。在面试中，一个仪表出众、懂得礼仪的大学生，较别人有更大的成功机会。

当天，700多名应聘者，仅目测这一关就被淘汰80%。当这些被视为"生活小节"的行为作为该酒店招聘的硬性条件时，引起人们不小的轰动，尤其是那些自视才大志高的应聘者更是没有想到，还没到"大江大河"中去施展才华呢，就在这"小水沟"里翻了船。由此我们可以看出，应聘礼仪在一个人的求职过程中有重要的作用。

【案例分析】

求职者的形象给面试官的印象，关系到其能否顺利踏入社会，找到一份满意的工作。为此，大学毕业生在面试前对个人形象进行设计是必要的。但并非所有的"包装"都能奏效，有时还会适得其反。良好的个人修养和富于个性的审美趣味对大学毕业生求职面试来说至关重要。因此，大学毕业生必须学习职业礼仪，具备良好的职业素养，这是求职面试成功的第一步。

在有限的面试时间里，只有把握每个细微的言行，展现最好的一面，才能为面试赢得成功的机会。面试礼仪是每个人在求职的过程中所表现的一种由里到外的涵养，是对用人单位和招聘人员的尊重。

（1）酒店招聘服务人员时将视为"生活小节"的行为作为硬性条件，你是否赞成这一做法？

（2）案例中，女大学生和男大学生面试时的哪些言行举止不符合应聘礼仪要求？

（3）结合本案例，谈一谈应聘礼仪在求职过程中的重要性。

【学习领会】

使用思维导图、优化排序等方法梳理、理解各个知识点。

【知识 6-1】仪容、仪态、仪表

仪容、仪态、仪表是一个人精神面貌的外在体现，也是其内在美的外在体现。

（1）仪容。

仪容通常指人的外观、外貌，主要指人的容貌。在人际交往中，每个人的仪容都会引起交往对象的特别关注，且会影响对方对自己的整体评价。

一个人的容貌包括五官的外貌和适当的发型衬托。

仪容美是社交礼仪对个人仪容的首要要求。包括：

①仪容自然美——先天条件（"漂亮效益"）；

②仪容修饰美——扬长避短；

③仪容内在美——优雅的气质、美好的心灵。

真正意义上的仪容美应该是上述三个方面的高度统一。修饰仪容的基本规则是美观、整洁、卫生、得体。

（2）仪态。

仪态指人们在交际中举止所表现出来的姿态和风度，主要包括姿势、举止、动作和表情。表情是人的面部动态所流露的情感，在给别人的印象中表情非常重要。

（3）仪表。

仪表指一个人外表的总体形象，主要包括仪容和仪态两个方面，具体包括容貌、姿态、服饰、风度和个人卫生等。仪表可以体现人的气质和档次。

仪表美属于个体美的外在因素，是一个人内在美和外在美的和谐统一，反映人的精神状态。美丽优雅、端庄大方的仪表形象与人的精神境界融为一体，可展现一个人的气质、风度和魅力。

【知识 6-2】求职礼仪

求职是指寻找工作岗位和就业的过程。求职礼仪是求职者在求职过程中与用人单位接触时应具备的礼貌行为和仪表形态规范。面试几乎是大学毕业生走向社会的第一步，每个人都希望充分展示自我、打动面试官。要想在面试中立于不败之地，不仅要有较高的思想素质、较强的业务知识，还要有良好的礼仪修养，这样才能给面试官留下美好的第一印象，进而增加面试分数，实现自我价值和社会价值。

对个人而言，礼仪体现了人的教养、风度和魅力，体现了一个人对社会的认知水平、学识修养和价值观念。大学毕业生在找工作大潮中应该注重礼仪，无论是外表举止还是内在修养都要体现礼仪规范。

求职者在面试前，最好能对着镜子把自己从上到下打量一番，花费一点心思为自己塑造良好的仪容、仪态、仪表。求职者平时不仅要注意个人的清洁卫生，还要注重自己的仪容、仪态、仪表，把自己美好的形象展现给面试官。良好的仪表不仅可以愉悦自己的心情，使自己信心十足，还可以取悦面试官。

【知识 6-3】面试礼仪

面试是用人单位对应聘者进行选拔而采用的诸多方法中的一种，也是应聘者取得求职成功的关键一步。在整个应聘过程中，面试是决定性的一环。面试是应聘者展示自身素质、能力、品质的最好时机，面试发挥出色，可弥补其他方面所带来的缺陷。因此，求职前要很好地掌握面试技巧与相关的礼仪知识。

一个人的仪容、仪态、仪表不仅反映其文化水平和各方面的修养，还承担传递其个性、身份、心理状态等信息的作用。

面试礼仪指用人单位通过衣着、装扮、语言、手势、表情等方面来考查应聘者的综合素质、胜任所应聘岗位的能力。

面试礼仪包括仪表和仪态与行为举止两部分。仪表和仪态主要包括仪容、着装和仪态三部分，行为举止主要包括姿态、动作和流程、语言表达三部分。外在形象是给他人留下深刻印象的主要部分之一。应聘者良好的个人形象会在面试中为其增加不少印象分，因此，面试时的仪表、仪态显得尤为重要。行为举止是一种无声的语言，指人们在日常生活中呈现出的姿态、表情和风度。姿态指身体显现出来的样子，表情则通过面部或姿态、态度来表达感情和情意，它们直接展示一个人的气质和风度。

【知识6-4】身体语言

身体语言指人的动作和举止，主要包括仪表、姿态、体态、神情、手势、动作等，还包括面目表情、说话时的目光接触、身体的姿势控制、习惯动作、讲话时的嗓音等。无声胜有声的身体语言是一个人的修养、受教育程度及为人处事的基本态度的自然流露。

有的大学毕业生面试失败，事后分析起来，专业对口，也没说过什么不得体的话，却不知道问题出在哪里。其实，除了职场竞争激烈这个主要因素，面试时身体语言表现不当也是一个重要因素。研究表明，第一印象的建立，45%取决于语言交流，55%取决于非语言交流即身体语言。身体语言会影响面试的成败，有时一个眼神或手势也会影响对应聘者的整体评分。在面试中，恰当使用身体语言，会为应聘者带来事半功倍的效果。

无声语言是重要的公关手段，包括手势语、目光语、身势语、面部语、服饰语等，通过仪表、姿态、神情、动作来传递信息，它们在交谈中往往能达到有声语言无法比拟的效果，是职业形象的更高境界。例如，微笑能反映一个人的乐观、豁达、自信；服饰的大方得体能反映一个人有知识、有修养。

【知识6-5】面试时的姿态礼仪

姿态是身体显现出来的样子。在面试过程中，要把自己优美的姿态展现给面试官。"行如风，站如松，坐如钟"是对姿态美的最好概括。俗话说"此时无声胜有声"，要用你得体的举止向面试官表明"我是最适合的人选"。

1. 行姿礼仪

行姿的基本要求是安静、稳定、合礼（合乎礼仪）。人走路的形态能反映一个人的个性、情绪及修养等，是形象礼仪的一部分。应聘者要想塑造良好的形象就不得不注意行姿。

面试时重要的是自信，这种自信可以通过你的行姿表现出来。正常行走姿势应当是身体挺立、昂首挺胸、收腹直腰、下颌微收、双目前视、目光自然、面带微笑、双肩放松，两臂自然前后摆动，摆幅以前摆30°～35°、后摆约15°为宜，手掌朝向体内、两腿有节奏地向前迈步，步幅适当、步履自然、轻盈、稳健，有节奏感。起步时，身体重心稍向前微倾，重心落在前脚掌上。行走时不要左顾右盼、东张西望。具体而言，男生应步伐稳健有力，走平行线，以显得潇洒豪迈；女生应步履轻柔自然，步伐略小，走直线，且应显得轻盈，避免做作。

行走时可右肩背包，手持文件夹置于手臂与身体之间。需要注意的是，如果同行的有接待人员，应该走在他们的斜后方，距离一米左右。

2. 站姿礼仪

站姿的基本要求包括站立端正、不应持物、双腿稍分、双腿安稳、避免散漫。正常的站姿应当是上身挺直，头正，两眼平视前方，颈直，下颌微收，表情自然，稍带微笑；挺胸收腹，腰部正直，臀部向内向上收紧；两肩平整，双臂放松，自然下垂，虎口向前，中指放在裤缝中线；两腿并拢立直、贴紧，脚跟靠拢，两脚尖分开呈 V 字形，夹角为 60°左右。

站姿所禁忌的包括歪脖、斜腰、挺腹、屈腿、翘臀等。切忌双手叉腰、放进裤袋或抱在胸前；不要东倒西歪、左摇右晃、耸肩勾背；不要弯腰驼背或挺肚后仰，这样会显得拘谨、缺乏自信，更重要的是有失庄重。

3. 坐姿礼仪

坐姿也有讲究，良好的坐姿是给面试官留下好印象的关键要素之一。坐姿的基本要求是稳重、静态、直挺和端正。

正常的坐姿应当是上身自然挺直、两肩放松、下巴向内微收，两腿自然弯曲，双脚平落地面，双膝自然并拢（男生可略分开），双手掌心向下自然放在双膝上（有扶手时，双手轻搭或一搭一放；无扶手时，两手相交或轻握或呈八字形置于腿上；或左手放在左腿上，右手搭在左手背上），保持轻松自如的姿势。这样既显得精神抖擞，又不给人死板、紧张的印象。

应聘者入座和起座时动作要轻缓，且协调柔和，不要过急或过猛，不要发出任何嘈杂的声音。

应聘者面试入座时，要从椅子旁边走到椅子前，轻轻用手拉出椅子，不要弄出大的声响，背对椅子平稳坐下。

应聘者落座后，宜坐满椅子的三分之二，身体可稍向前倾（表示尊重和谦虚），挺胸收腹，后背轻靠椅背。可将两臂放于应聘者座椅上，两手自然放于桌上。

坐下后，上身挺直，头部端正，目光平视面试官，嘴微闭，面带微笑，两眼注视说话对象。

在面试的过程中，要表现出精力充沛，松懈的姿势会让人感到你疲惫不堪或漫不经心。有两种坐姿不可取：①紧贴着椅背坐，显得太放松；②只坐在椅边，显得太紧张。

不要弓着腰，也不要把腰挺得很直，这样反倒会给人留下死板的印象，应该很自然地将腰伸直，并拢双膝，把手自然地放在上面。

两臂不要交叉在胸前，更不能把手放在邻座椅背上，身体不要随意扭动，双手不应有多余的动作，双腿不可反复抖动或跷二郎腿，这些不良动作容易给别人留下轻浮傲慢、有失庄重的印象，这些也都是缺乏教养和傲慢的表现。

有些人因为紧张，无意识地摸头发、摸耳朵、伸舌头、玩笔，甚至捂嘴说话，虽然你是无心的，但面试官可能会因此而认为你没有用心交谈，还会怀疑你话语的真实性。

如果面试时准备的是一张软绵绵的沙发靠椅，那么应聘者应尽量控制自己不要陷下去。

不同性别对面试就座时的礼仪要求不同。

- 男生就座时，双脚踏地，双膝之间的距离大致与肩宽相当，双手可分别放在左右膝盖之上，如果穿西装，那么应解开纽扣。
- 如果女生穿裙子，那么入座前应用手背扶裙，坐下后将裙边收拢，两腿并拢，双脚同时向左或向右放，两手叠放于膝盖上。若长时间端坐，可将两腿交叉叠放，但要注意上面的腿向回收，脚尖向下。
- 女生可以将双腿并拢偏向一侧，忌双腿交叉或习惯性地跷二郎腿，身体可以微微前倾，这样可使声音变得洪亮，整个人会显得特别自信。

4. 手势礼仪

应聘者的手势应当规范，尽量少用，不可滥用。面试中回答问题时，应聘者的手势不宜过多，动作不宜过大；不能用手抓挠身体的任何部位，避免出现拉衣袖、摸头发、抓耳挠腮、玩饰物、揉眼睛、不停抬腕看手表等动作。

【知识6-6】面试时语言表达礼仪

如果说外部形象是面试的第一张名片，那么语言就是第二张名片，它客观反映了一个人的文化素质和内涵修养。

语言就是力量，语言艺术是一门综合艺术，有丰富的内涵。一个语言艺术造诣较深的人需要多方面的素质，如具有较高理论水平、广博的知识、扎实的语言功底。谦虚、诚恳、自然、亲和、自信的谈话态度会让你在任何场合都受到欢迎，动人的公关语言、艺术性的口才将帮助你获得成功。

面试时，要在现有的语言水平上尽可能发挥口才作用。对所提出的问题既对答如流、恰到好处、妙语连珠、耐人寻味，又不夸夸其谈、夸大其词。

（1）音量：应聘者在回答问题时，音量要适当提高。

（2）语速：不要过快，也不要过慢，掌握好说话的节奏，不急不躁、娓娓道来。

（3）语调：语调要高低起伏、抑扬顿挫，忌死水微澜、毫无变化。

（4）语言规范：注意语言的规范与风格，使用专业语言，不要使用日常俚语或网络用语。

通过说话的声音可以看出一个人是否紧张、是否自信等，平时应多学习演讲交谈方面的技巧，控制语速，不要尖声尖气或声细无力，应保持音调、音量适中，回答简练，不用"嗯""这个"等无关紧要的习惯语，以免给人留下语言表达不专业的印象。

【知识6-7】面试交谈技巧

把握面试时机，最大限度地利用自己的长处来树立良好形象，掌握良好的交谈技巧，这是面试成功的重要因素。

1. 保持适当距离

面试交谈的目的是与面试官沟通思想。要做到愉快地交谈，除了要注意说话的内容，还要注意与面试官保持一定距离，这样才能让对方听得清楚、明白。以适当距离进行交谈，也是对别人礼貌的表现。

（1）保持距离合乎礼仪。

从礼仪上说，说话时与对方离得太远，会使对方误认为你不愿意向他表示友好和亲近，这显然是失礼的；但离得太近，一不小心就会把唾沫星子溅到别人脸上，这也是很尴尬的事情。因此，从礼仪角度来讲，一般与面试官保持一两个人的距离比较合适。这样做，既让对方感到亲切，同时又保持一定的社交距离，在人们的主观感受上也是最舒服的。

（2）保持距离交谈更有效。

在面试时，人作为一个整体形象，双方交谈传递信息，不仅要凭借语言，还要依赖身体语言，如手部动作、表情变化等。面试时，只有保持一定的距离，才能使自己发挥得更好。

交谈时，无论是从卫生角度还是从文明礼貌角度来考虑都应该与人保持一定距离，只有这样才有利于大家的身体健康，对双方都是有利的。倘若交谈时忽然想打喷嚏、清喉咙，要转过身，最好取出手帕或纸巾捂住口，结束后要表示歉意。

2. 注视对方

和面试官谈话的时候，要正视对方鼻眼三角区的部位，和对方进行目光接触。如果不敢正视对方，会被人认为你害羞、害怕，甚至觉得你另有隐情。

3. 学会倾听

好的交谈是建立在倾听基础上的。倾听是一种很重要的礼节。不会倾听，就无法回答面试官提出的问题。

倾听就是要对对方说的话表示出兴趣。在面试的过程中,面试官的每句话都是非常重要的,你要集中精力认真地听,记住其所说的重点。

倾听对方谈话时要表现出敬意,这是一个有教养、懂礼仪的人的正常表现。要做到:
- 记住说话者的名字。
- 身体微微倾向说话者,表示出对说话者的重视。
- 用目光注视说话者,保持微笑。
- 适当地做出一些反应,如点头、会意地微笑、提出相关的问题等。

4. 答题冷静

(1) 消除紧张。当感到无法摆脱紧张时,不妨坦诚相告。例如,"坦率地讲,这是我第一次面试,所以感到有点紧张,可不可以让我冷静一下再回答这个问题。"当说出这句话时,自然而然也就消除了一些紧张感,也容易得到面试官的宽容。

(2) 认真回答。听清楚面试官的提问后,如果不是显而易见的问题,那么要短暂思考几秒钟后再回答。

【知识 6-8】面试过程中的礼仪

在面试的过程中,切不可忽视礼节和举止,面试中的礼仪至少以下几个方面值得认真对待。

(1) 服饰要得体。

要给人以整洁、大方的感觉,穿着以庄重一点为好。

(2) 要遵守时间。

一定不能迟到,同时要遵守面试约定的时间,以体现你的办事效率。

(3) 要从容自然。

表情要自然,举止要文雅,讲究文明礼貌,进入面试场合不要紧张。

(4) 要有自信心。

眼睛要真诚地注视对方,表示对他的话感兴趣,不要东张西望、心不在焉。要有自信心,对对方谈话的反应要自然坦率,不能做出大惊小怪的表情。

【知识 6-9】面试后的礼仪

(1) 做好总结。

面试结束,并不意味着面试完结,应调整心态,对这次面试做一次总结。要记录整个面试经过,每个提问、每个细节都要记在面试记录手册里。面试成功与否并不是最重要的,最重要的是从上一次面试中分析失败的原因、总结经验,以提高下次面试的成功率。

(2) 再次致谢。

为了能让面试官加深对你的印象,增加求职成功的概率,面试两三天后应给面试官打电话表示感谢,时间不要超过 3 分钟。也可以给面试官写一封书面的或电子邮件形式的感谢信,内容要简洁,在开头处写上自己的姓名和面试时间,中间要重新表明你对该企业、该岗位的渴望,结尾写感谢语并表示自己的决心。

面试后表示感谢是十分重要的,因为这不仅是礼貌之举,也会使面试官在做决定时对你有印象。据调查,十个求职者中往往有九个不会表示感谢。你如果没有忽略这个环节,会显得"鹤立鸡群"、格外突出,说不定会使面试官改变初衷。

(3) 询问结果。

一般来说,在面试结束后面试官许诺的答复时间到了,如果还没有得到面试官的答复,则应该写信或打电话给应聘单位询问结果。

如果确认面试失败，在电话中也可以咨询自己在面试过程中有哪些做得不好的地方，希望对方能给自己提出一些建议。

（4）准备再战。

应聘者不可能个个都是成功者，万一你在竞争中失败了也不要气馁，这一次失败了还有下一次，就业机会不止一个，关键是必须总结经验教训，分析失败的原因，吃一堑长一智，以新的姿态迎接下一次面试。

【感悟反思】

【问题6-1】面试过程中哪些礼仪可以帮你加分

在现代生活中比较注重的是礼仪问题，服饰打扮、举止言谈、气质风度、文明礼貌，无一不在影响着你的形象，决定着你的前程和命运。由于举止得体，面试获得了机会，这个机会是工作机会也是学习机会，你将在工作中不断提高自己的能力。反之，如果职场上不注重礼仪，本来很好的机会，可能由于举止言行的某个失误而导致面试失败。

某天，有一大批应聘者来公司面试，一大早人力资源部和各部门经理就做好了各种准备，他们都希望今天的面试会有更多成功者为企业增添新的活力。面试还没开始，公司大院里就有十多人在等待，其他应聘者也陆续走进大厅。人力资源部经理站在三楼窗前，默默地观察着大厅里的人，他看到以下场景：

场景1：张同学站在院子里正拿着一本书仔细地阅读。

场景2：李同学一边玩着手机，一边嚼着口香糖，还不时吐着泡泡，估计正在网上聊天，并不时大声笑着。

场景3：王同学刚跑进院子，大汗淋漓、气喘吁吁，这时，其他人已经被安排到会客室。

场景4：赵同学东看看、西瞅瞅，一副好奇的样子，有时还用手摸一下感兴趣的东西。

【问题思考】

认真阅读以下"面试过程中哪些细微礼仪可以帮你加分"中的相关内容，结合其有关要求，思考以下问题：

（1）哪位同学比较注意面试候场等待的礼仪？

（2）面试候场等待时，哪些做法是有失礼仪并应该改正的？

（3）对以下有关求职礼仪的各项描述，你认为合适的在"□"中画"√"，你认为不合适的在"□"中画"×"。

□面试前理发、修指甲、刮胡子、去鼻毛。

□通过照镜子，检查自己需不需要补妆、发型有没有乱、牙缝中有没有杂物等。

□等待过程也应该站有站相、坐有坐相。

□等待面试时，看一看随身带来的材料以缓解紧张的心情。

□对等候面试的房间或面试房间门口的接待人员要以礼相待、注意细节，不要忘记向他多说几声"谢谢""请您……"之类的礼貌用语。

□眼睛平视，面带微笑，说话清晰，音量适中。

□递物时，大方得体地双手递上。

□出现玩弄领带、挖鼻孔、掰关节、双手忙个不停等小动作。

□女生双膝分开、叉开腿等，男生耷拉着肩膀、含胸驼背、抖腿、跷二郎腿等。

□神情不太专注，边说话边摸头发。

□拖拉椅子，发出很大噪声。

（4）你认为面试候场等待时应注意哪些礼仪？

面试过程中哪些细微礼仪可以帮你加分

面试就是当面考试，谁懂得礼仪，谁就拿到加试分，谁就容易拿到高分，谁就最先通过，谁就最先拿到 Offer。那么，在面试的过程中要注意的礼仪有哪些呢？

1. 时间观念是第一道题

（1）不要迟到。

守时是职业道德的一个基本要求，一旦接到用人单位的面试通知并约好面试时间后，到达面试地点的时间要把握好，千万不要迟到。一般应比约定时间提前 5~10 分钟到达面试地点，这样既可以避免路上由于发生意外情况可能造成的迟到，也可以利用提前到达的时间熟悉一下周边环境，检查所带的面试资料是否齐全，还可以稳定情绪，做一些简单的仪表准备，以免仓促上阵、手忙脚乱。

一定要牢记面试的时间和地点，当我们获取到面试地址后，需要第一时间用地图软件搜索从出发地到目的地的路线，至少从中找出两条，防止当天发生交通拥堵而延误面试。

在路程比较远、地理位置比较复杂的情况下，不妨提前去一趟，熟悉交通线路、地形，这样既知道了面试的具体地点，又知道了路上所需要的时间，以免因一时找不到地方或途中延误而迟到。

如果面试时迟到或匆匆忙忙赶到，那么不管你有什么理由，迟到都会影响自身形象，会被视为缺乏自我时间管理和约束能力，即缺乏职业能力，给面试官留下非常不好的印象，如面试官会认为以后工作会议你可能也会迟到。一次面试往往会安排多人，迟到几分钟就很可能永远与这家公司失之交臂，因为这是面试的第一道题。

（2）宽容他人。

面试官迟到了不要太介意，也不要太介意其他应聘者的礼仪。如果他们有不妥之处，你应尽量表现得大度一些。否则，面试官一迟到，你的不满情绪可能就溢于言表、面露愠色，面试官对你的第一印象就会大打折扣，甚至导致满盘皆输。因为面试也是对人际磨合能力的考查，你得体、周到的表现自然是有百利而无一害的。

（3）适时告别。

成功的面试会有适当的时间限制，短了不行，长了更不行，时间长了只会对应聘者不利。面试不是没有目标的闲聊，也不是谈判。从某种意义上说，面试是陌生人之间的沟通，沟通时间的长短以面试官的面试内容为准，一般为 30~45 分钟。

怎么才能把握离场的时间呢？

一般来说，在面试话题结束后或面试官暗示后就应该主动告辞。应聘者自我介绍完以后，面试官会相应地提出问题，然后转向谈工作，面试官会把工作的性质、内容、职责介绍一番，接着应聘者谈自己对今后工作的打算和设想。谈完之后，应聘者应该主动做出告辞的态势，不要盲目地拖延时间。适时离场还包括不要在面试官结束谈话之前表现出浮躁不安、急欲离开或另赴约会的状态，想过早地离场会使面试官认为应聘者没有诚意或干事没有耐心。

2. 面试环节的第一印象

当我们走进面试地点所在的大楼时，就进入了面试环节。有人可能会有疑虑，我还没上楼怎么就到了面试环节？在大楼的公共区域，你可能遇到刚处理完事情返回的办公人员，也可能在电梯里遇到刚上楼的面试官，虽然这些人你都不认识，但你在公共区域的所有表现可能都会被面试官或 HR 人员尽收眼底。

进入大楼，应直接乘坐电梯到达面试地点，不要四处闲逛；如在公共区域遇到别人向你寻求帮助，如问路，一定要礼貌地回答；在电梯里如果人多，则应保持微笑。

到了办公区，最好径直走到面试房间，而不要四处张望。

进入大楼，若有前台，则开门见山说明来意，并报上自己的姓名，例如，"您好，我是×××，今天来贵公司面试销售岗位"，然后经引导到指定区域落座；若无前台，则找工作人员求助，这时要注意文明用语，开始的"您好"和被引导后的"谢谢"是必说的；不要询问单位情况或向其索要材料，也不要当场对办公环境进行评论；不要驻足观看其他工作人员的工作，或落座后对工作人员所讨论的事情或接听的电话发表意见或评论，以免给人肤浅嘴快的印象。

把手机设置为静音，以免分散注意力或面试时其突然响起造成尴尬局面，影响面试成绩。

去参加面试不要让同学、朋友或家长陪同，单独前往是自信的表现，也不会给别人留下不成熟的印象。

3. 等待面试时的表现不容忽视

一般在面试房间外都会单独设置一个面试等待室，求职者在该等待室等待进场。在面试等待室等候进场时一定要耐心等候，并保持安静及正确的坐姿。如果用人单位没有设置面试等待室，则在面试房间的门外等候。

不要在面试等待室来回走动，不要与别的应聘者聊天，也不要询问对方面试什么岗位甚至大声喧哗，点头微笑致意即可。不要吃口香糖、抽烟、接打手机，更不要在面试等待室恰巧遇到朋友或熟人就旁若无人地大声说话或笑闹。

通常情况下，面试时工作人员会喊你的名字，自己的名字被喊到或有工作人员前来通知时应马上有力地答一声"是"，然后按指引方向到达面试房间。如果没有人通知，即使前一位应聘者面试已经结束也要在门外耐心等待，切不可贸然闯入。

4. 与面试官的第一个照面

与面试官初次见面，礼节要先行。到达面试地点对面试的工作人员要点头、微笑。进入面试房间要先敲门，等对方答应"请进"时方可进入，然后向对方行点头礼再关上门。

走到椅子旁边时应恭敬地自我介绍："我是×××"。当对方请你坐下时，说声"谢谢"再坐下。如果对方未请你坐下，则应礼貌地询问："我可以坐下吗？"然后等对方回答后再坐下。

【问题6-2】面试时应该注意哪些仪容礼仪

面试时，适宜的仪表修饰不仅能给面试官留下良好的印象，而且也是对他人的尊重。

面试时，你的外表会影响面试官对你的评价。将仪容略做修饰可提高你的形象得分。头发整洁、容貌清秀可以给人留下爽快、积极的印象，而蓬头垢面、不修边幅则显得拖拉、散漫。

【问题思考】

认真阅读以下"面试时的仪容礼仪"中的相关内容，结合其要求，对以下有关求职礼仪的各项描述，你认为合适的在"□"中画"√"，认为不合适的在"□"中画"×"。

1. 男生

□头发过长。

□头发清爽。

□不刮胡须。

□刮干净胡须。

□将头发梳理整齐，不烫发、不卷发。

□将胡须刮干净，且在刮的时候不刮伤皮肤。

□面试前将手指甲全部剪短，不允许指甲缝里有污垢。

□如果戴眼镜，则眼镜要与自己的脸型相配，并将镜片擦拭干净。

□尽量避免在面试前一天理发，以免看上去不够自然，最好在面试前三天理发。
□不戴项链、手链、耳环等饰品，可以戴手表。

2. 女生

□浓妆艳抹。
□适当的淡妆。
□佩戴夸张的配饰。
□佩戴简单的配饰。
□将头发梳理整齐，前额刘海不要超过眉毛。
□女生不留披肩发，长发用发夹夹好，不将头发染成鲜艳的颜色。
□化淡妆，不留长指甲。
□戴变色眼镜。
□佩戴标新立异的装饰物。
□如果习惯随身携带包，那么包不要太大。
□包的款式可以多样，颜色要与服装的颜色协调。

面试时的仪容礼仪

1. 头发整洁，长短适中

发型能直接反映应聘者的精神面貌，也能看出应聘者的品位和对细节的关注程度。凌乱不堪的发型是无法给面试官留下好印象的。

发型要与应聘者的风度、气质、脸型、肤色、体型协调，以达到和谐的美。举止端庄、稳重的应聘者要选择朴素、沉稳的发型；活泼直爽的应聘者要选择线条明快、造型开朗的发型；潇洒奔放的应聘者要选择豪爽浪漫的发型。发型还要与应聘岗位相吻合，如办公行政人员的发型要端庄一些，广告策划人员的发型可以相对个性一点。

（1）面试时头发的基本要求。

● 发色以自然一些的颜色为宜，不要太张扬。
● 不烫过于夸张的发型。
● 在面试前一天洗头，避免头屑留在头发或衣服上，保持仪容整洁是取得用人单位良好印象的前提。

（2）面试时男生的发型要求。

● 男生的发型发式总体要求是干净利落、整洁自然，其基本要求是前发不及眉、侧发不掩耳、后发不过领，即前面的头发不应盖住额头，两侧的头发不宜挡住耳朵，脑后的头发不宜触及衣领。
● 发型整齐干练，可以适当使用发胶打理，让发型看起来更精神帅气。
● 男生应以短发为主，短发能体现阳刚之美。
● 男生不宜留长发或扎小辫子，也不宜剃光头。

（3）面试时女生的发型要求。

● 女生发型总体要求是清爽利落、美观大方，其基本要求是头发不得遮盖脸、刘海不得遮住眉。
● 女生头发可长可短。
● 长发不宜随意披散，要扎起来或盘起来，以显得高贵成熟。
● 短发要利落整洁，切忌乱蓬蓬，注意刘海、鬓角不要凌乱。
● 发型不要太前卫或轻浮，要给人稳重感。

- 不宜佩戴过于花哨的发饰，用一个素色小型饰品点缀为佳。
- 不必涂抹得过于油腻，要除去头屑和头饰中闪亮的首饰。

2．面部清洁，女生淡妆

无论是男生还是女生，都应该尽量做到以最好的形象面对面试官。

面容的总体要求是端正庄重、整洁干净、简约朴实、得体自然。

男生应养成每天修面剃须的良好习惯，保持干净整洁，不蓄胡须；清洁鼻孔，修剪鼻毛，不要让异物堵塞鼻孔，及时修剪长到鼻孔外的鼻毛；清洁耳朵，经常清除耳中的分泌物，长出耳外的耳毛一定要及时修剪。

女生在面试时应以化淡妆为宜，保持清新、淡雅、自然、柔和，以扬长避短，不仅可以使自己美丽、看起来有精气神，还可以增添信心，而且也是对自己和他人的尊重。化妆也要遵守礼仪，不要浓妆艳抹、当众化妆，应检查妆面是否涂匀，如果出现残缺则要及时补妆。

3．口腔清洁，口气清新

保持口腔清洁和口气清新，牙齿洁白，口腔无异味。

4．双手洁净，指甲整齐

应聘者要勤洗双手，经常修剪指甲，保持手部清洁，忌有污渍。

面试时注意保持指甲干净，指甲过长、有脏污都会令人对你的印象大打折扣，面试前一天要修剪好指甲，不蓄长指甲，指甲一般与指尖等长且指甲缝里无脏物，忌涂指甲油。

在面试时应保持双手干净清洁，手指上尽量少戴戒指或指环，不能戴夸张的饰品；男生不要把小手指的指甲留得过长；女生尽量不要美甲，不使用醒目的彩甲，不要涂颜色过于鲜艳的指甲油。

5．饰物协调，搭配恰当

面试时饰物的选择尽量少而精，要符合面试时的严肃氛围。佩戴饰物应注意与服装的整体搭配，最好以简单朴素为主，不要选择轻佻、夸张、刺眼的饰物。女生佩戴的项链和耳环形状不要过大或过于奇特。不要戴过长、过大如铁圈等形状的耳环。

面试时，应该给面试官留下整齐利落的印象，建议将所有资料放在一个包里，不要再另外提袋子。另外，包里要有足够多的夹层，以便将所有资料系统地归类，方便拿取。这样，当面试官要求看作品时，不至于手忙脚乱。

虽然现在许多人习惯直接用手机看时间，但还是建议在面试时戴手表。戴手表能凸显个人的时间观念，也便于控制时间。

【问题6-3】如何给面试官留下好印象

现在很多企业在录用员工时都非常重视对其基本素养的考查。因此，在面试时面试官会随时注意求职者的言行举止，那些举止得体者往往能获得面试官的青睐。

有人说求职面试的前5分钟最关键，也有人说是否被录用取决于面试的前60秒。如何才能在面试之初就给面试官留下好印象呢？

良好的印象往往来自得体大方的礼仪，礼仪是个人形象、气质、谈吐和行为的综合体现，也往往体现一个人的综合素养和品位。

【问题思考】

认真阅读以下"在面试中给面试官留下好印象"中的相关内容，结合其要求，对以下有关求职礼仪的各项描述，你认为合适的在"□"中画"√"，认为不合适的在"□"中画"×"。

□良好的印象来自谈话、举止、着装、个性与修养。

□良好的礼仪和外在形象能展示应聘者美好的外表和内在，使面试官产生好感，并留下好印象。

□面试中,回答问题的好坏会给面试官留下深刻的印象。
□在面试的过程中给面试官留下的印象越好,得到工作的机会就越大。
□事先确定好要穿的衣服,弄清楚面试的地点,有必要的话先跑一趟。
□对接待人员要和蔼,在等候面试时可以看书,但不要吸烟或嚼口香糖。
□面试开始时,说几句话打破沉默,如赞美一下漂亮的办公室、有趣的图画等。
□急问待遇:"你们的待遇怎么样?"
□面试官问:"关于工资,你的期望值是多少?"应聘者回答:"你们打算给多少工资?"
□面试官问:"请你告诉我一次失败的经历。"应聘者回答:"我想不起我曾经失败过。"
□应聘者问:"请问你们单位有多少人?你在单位担当什么职务?你会是我的上司吗?"

在面试中给面试官留下好印象

大学毕业生在面试时要展现出沉稳、大方、干练的气质。仪表大方、举止得体,与应聘岗位的身份相符合,将给面试官留下大方、干练的印象,这是应聘者的加分项。

1. 面试前奏:见字如见人

一般来说,来到一家公司,前台工作人员会在拿走你个人材料后,拿出一张应聘表格让你填写,上面的内容会涉及你的名字、年龄、住址、履历和家庭成员信息等。

可别小看了这张表,面试官在面试时,因字迹不工整或没有填写完该表格而被淘汰的应聘者不少。正所谓"见字如见人",这样的表格往往会给面试官留下该应聘者做事不细心的印象,是无法放心地把工作交给他去做的。

在填写表格时,一般都有什么要求呢?

(1)字迹工整,必须得让面试官认得出来。

(2)保证完整度,特别是在写"住址"和"通信地址"这两栏时,要安排好字的大小和距离,以便给面试官留下善于统筹的好印象。

所以,平日里练一练字吧,不仅能修身,还能增加你面试成功的概率。

2. 面试形象

在浏览招聘要求的时候,几乎都会出现"形象气质佳"这五个字。

可别小看了这五个字,它不是指你要帅气、美丽,而是希望你出现在客户面前时能给其留下干练的印象。

面试时,男生千万别穿一件颜色怪异的衬衫,更不能配上一条怪异的领带,不要穿没有来得及擦干净的皮鞋。这样的装扮,你可能马上被面试官淘汰。女生应穿套装,化淡妆,以体现自己的亲和力,不要佩戴那些风格怪异的耳环、项链、戒指等首饰。

3. 面试交谈

言多不能失分寸,言少不能少重点。

面试中,谈话是相互了解的主要手段,也是最平常的交流手段。

不少应聘者在接受一家心仪的公司面试时,要么支支吾吾什么都说不出来,要么很啰唆。

其实,面试场合话说多说少不重要,关键在于弄明白"什么该说,什么不该说"。

如果面试官问你一个询问型的问题,如问你家在哪里、多大年龄,回答应越短越好。如果面试官问你对某一件事情的看法,也就是你对某件事的观点,那么最好用新闻报道的形式,先说观点,再做解释。

4. 利益谈判

面试时,薪资待遇是一个逃不掉的话题。招聘广告上的薪资待遇往往写得十分含蓄,"面谈"是我们常常看到的一个词。

一般来说,"面谈"的岗位大多不是大众岗位,且对应聘者的技能有一定要求。也就是说,如果你有能力、有经验,可以在这个岗位上拿到一个不错的薪资待遇。

很多单位出于对行业保密和吸引人才的目的,也会写上"面谈"这两个字。

但并不是每个岗位都适合面谈。比如,用人需求量大的单位或做重复机械性工作的岗位,直接写明薪资待遇,反倒能够节省应聘者和面试官的时间。

因此,当我们看到薪资信息时,不要凭借自己的喜好来判断,而要结合自己的职业发展,有专长的就走"面谈"路线,好好准备,争取得到好待遇,否则就直接看薪资待遇,对号入座,节省时间。

面试是一个目的性非常强的事情,你的穿衣打扮、言谈举止等都会影响面试官对你的判断。

甚至,在一些对亲和力或创意要求很高的行业,面试官会通过你的衣着打扮来判断你是否适合这个岗位。

所以,面试应从细节入手,以展现你最佳的一面。

【交流探讨】

【话题6-1】面试从接听电话就开始了

一旦你发出简历,期盼的便是接到电话,通知你去面试。因此,随时要做好接听电话的准备,要准备笔记本和笔,与编好号的简历一起放在电话旁边,以便来电话时能马上打开简历并把对方的要求、面试时间等信息记录下来。

实际上,你一接听该电话,面试就开始了。

某天,电话铃声响起,某同学拿起一看,来电显示有点陌生,接听后得知对方是投过简历的应聘单位,于是出现以下场景:

张同学想不起是哪家公司,于是问道:"不好意思,请问你们单位是做什么的?"

李同学沉着地说:"知道了,什么时间面试?"

王同学高兴地大声喊起来:"是吗?太好了!"

赵同学说:"您好!"然后很快打开桌上的笔记本,一边说"老师请讲",一边记下相关事宜,最后说:"谢谢您!再见。"

【话题探讨】

认真阅读以下"接打电话时的礼仪"中的相关内容,结合其要求,针对以下主题展开讨论:

(1)哪位同学的做法是正确的、可取的?

(2)哪位同学会给人冷漠的感觉?哪位同学会显得很浮躁?

(3)如果是你接到应聘单位的面试通知电话,那么你会怎么做、怎么说?

接打电话时的礼仪

1. 打电话时的礼仪

(1)控制响铃时长:一般情况下,响铃时长并无限制,但受话人的身份不同,对响铃时长有时也应予以考虑。如果受话人为老师,当对方在上课时,非重要事情,那么铃响4次到6次即可,事情紧急也不例外。

(2)通话时间:不要在他人的休息时间打电话,如每日上午7点之前、晚上10点之后及午休时间;也不要在用餐时打电话。打公务电话,不要占用他人的私人时间,尤其是节假日时间。

(3)通话时间的长度:以短为佳,宁短勿长,一般限定在3分钟之内,尽量不要超过3分钟。

(4)通话内容要简明扼要:长话短说,直奔主题,不说空话、废话,不要无话找话和短话长说。

（5）通话语言要文明：通话之初，要向受话方先恭恭敬敬地问一声"您好"，再言其他。终止通话预备放下话筒前，必须先说一声"再见"。

（6）通话时态度、举止要文明。

通话时，"您好""谢谢""请""麻烦""劳驾"之类的谦辞一定要用。如果拨错了电话号码，那么一定要对听者表示歉意，不要一言不发就挂断电话。

在举止方面，应对自己有所要求，不要把话筒夹在脖子下；不要趴着、仰着或坐在桌角上；不要将双腿架在桌子上。拨号时，不要以笔代手；通话时，不要嗓门过高；终止通话放下话筒时应轻放。

2. 接电话时的礼仪

（1）接听要及时。电话铃响要立即停止自己所做的事情，亲自接听电话。一般以铃响3次拿起话筒为宜。

（2）接电话时，一定要使自己的行为合乎礼仪，应注意以下两点：

①拿起话筒后应自报家门并先向对方问好，如"您好""请问您找哪位"。

②要聚精会神地接听电话，通话终止前要向对方道一声"再见"。

（3）主次分明。接电话时不要与其他人交谈、看文件、看电视、听广播、吃东西。如果在会晤客人或举行会议期间有人打来电话，则可向其说明原因并表示歉意，如"对不起，我正在开一个很重要的会议，会议结束后我马上与你联系"。

【话题6-2】大学毕业生面试时着装要得体

应聘者的外在形象是给面试官的第一印象，外在形象的好坏在一定程度上会影响其能否被录用。面试时，恰当的着装能弥补自身条件的某些不足，表现自己的独特气质，助你脱颖而出。参加面试时的服饰要符合应聘者的身份，适合自身形象的着装会给人以干净利落、有专业精神的印象，男生应显得干练大方，女生应显得庄重俏丽。

【话题探讨】

认真阅读以下"大学毕业生面试时着装要得体"中的相关内容，结合其要求，针对以下有关面试着装的问题展开讨论。

（1）大学毕业生面试时着装过于成熟好吗？

（2）大学毕业生面试一定要穿正装吗？

（3）面试时是穿新衣服好还是穿自己平时的衣服好？

大学毕业生面试时着装要得体

1. 大学毕业生面试时着装过于成熟好吗

一些大学毕业生认为，面试中穿着成熟更能褪去学生气息，增加自己的面试筹码。于是职场面试中，紧身裙、低胸衣、耀眼的耳环等首饰让不少女生变得时尚又成熟，身材显得凹凸有致。但是这样真的好吗？对于刚进入社会的大学毕业生合适吗？

用人单位看重的是个人实力、过硬的个人素质和自信的仪态，着装只是让面试官对应聘者留下好印象的一个辅助工具。但过分成熟的装扮会给面试官留下"轻浮""不认真""做作"的负面印象。服饰搭配要尽量符合大众的审美，整洁大方即可。大学毕业生本来就有年轻人的朝气活力，把自己打扮得过于成熟就失去了作为大学毕业生的学生气息。

衣着、仪表以简单、朴素、庄重为主，参加面试的应聘者最好以安全系数较大的衣着为主，以博得大多数面试官的好感。

（1）男生面试着装的建议。

男生面试着装以简洁、大方、庄重为主。

- 春夏季节可以着深色西裤、深色皮鞋、浅色衬衫，衣服颜色最好为纯色，也可带些不是很明显的暗条纹。
- 秋冬季节以正规西装或夹克、领带、衬衫、皮鞋为主，也可以根据个人特点穿毛衣等，但要以正装为主，最好不要穿过于休闲的服装。

（2）女生面试着装的建议。

女生面试着装总体上以纯朴大方、简洁青春为主。

- 春夏季节可以穿裙子，如裙子配T恤衫或衬衫，但裙子不能太短，以略微盖过膝盖为宜。颜色尽量以纯色、简单为主。
- 秋冬季节，如果在北方，天气比较寒冷，则尽量不要穿得过于臃肿，可以穿保暖内衣加毛衣外套，一般室内都有暖气，不会太冷。如果在南方，则可以穿裙子、靴子。
- 女生喜欢戴一些饰品，但不要多，要少而精，如一条好点的项链、手链，或者胸针，头花等。
- 有的女生夏天穿吊带衣服参加面试，这是不合适的，毕竟面试是比较严肃的场合。

2. 大学毕业生面试一定要穿正装吗

不少大学毕业生面试时都倾向于穿正装，一到面试当天，纷纷"撞衫"，一眼望去大家的衣着都是一个样式的，毫无新意。对许多大学毕业生来说，最为纠结的就是面试时穿正装好还是穿休闲装好。其实没有统一标准，大学毕业生在着装选择上要视情况而定。

在面试银行、金融、法律等行业时，穿正装给人一种职业的感觉，显得更干练和精神。面试销售、人事、行政等岗位时，穿着正装给人权威、可靠、稳重的形象。穿着不要过于随意，女生穿矮跟或平底鞋即可保持良好走姿，不一定非要穿高跟鞋。面试艺术设计、服装设计、动漫、广告等岗位，不一定要穿正装，着装上能凸显自己的个性和品位即可。对于注重技术的IT行业，面试时不一定非要穿西装，但衣服要干净整洁。

3. 面试时是穿新衣服好还是穿自己平时的衣服好

有些应聘者为面试特地购买新衣服，然而，面试时穿新衣服，要承担不习惯新衣服材质的风险，进而影响其心情而使其表现不如预期。最好穿自己平时的衣服，只要衣服干净整洁即可。

面试时所穿的西装、衬衫、裤子、皮鞋、袜子都不宜给人以崭新发亮的感觉，原因是面试官会认为你的服饰都是匆忙凑的，那么你提供的材料是不是也有过多人工雕琢的情况呢？没穿过的东西从头到脚包裹在你的身上，一定有某些东西会让你觉得别扭，从而分散你的精力、影响你的表现。

【话题6-3】面试时无声胜有声的形体语言

面试时，恰当使用非语言交流的技巧将为应聘者带来事半功倍的效果。形体语言对面试成败非常关键，有时一个眼神或手势会影响整体评分。例如，适当微笑能表现出应聘者的乐观、豁达、自信；服饰的大方得体、不俗不妖，能反映出应聘者风华正茂，有知识、有修养、青春活泼、有魅力，它可以在面试官眼中形成一道绚丽的风景，增强应聘者求职竞争能力。

张同学、李同学、王同学、赵同学在面试工作人员引导下，依次进入面试房间，在等待面试官提问之前，他们各自的表现描述如下：

张同学：见到椅子坐了下来，身体略向前倾，对面试官全神贯注，面带微笑，展现出自信及对面试官的尊重。

李同学：听到"请坐"后紧贴着椅背坐下，面带微笑，将腿跷起且不停抖动，两臂交叉在胸前，环视四周。

王同学：面试官说"请坐"后回应一声："谢谢"，坐在椅子边处，全神贯注地看着面试官，等面试官提问。

赵同学：面试官说"请坐"后回应一声："谢谢"，坐在椅子三分之二处，上身挺直，全神贯注地看着面试官，面带微笑，等面试官提问。

【话题探讨】

认真阅读以下"面试时无声胜有声的形体语言"中的相关内容，结合其要求，针对以下主题展开讨论：

（1）哪位同学等待提问时的形体语言符合要求？

（2）以下失礼行为分别对应哪位同学的做法：

①不请自坐；②坐姿显得没有教养；③表情过于严肃，显得呆板、紧张。

（3）说一说进入面试房间后入座、坐姿应注意哪些礼仪。

（4）针对以下有关面试礼仪的各项描述，你认为符合礼仪要求的在"□"中画"√"，认为不符合礼仪要求的在"□"中画"×"。

□在面试的过程中，要保持举止文雅大方、谈吐谦虚谨慎、态度积极热情。

□表情呆板、大大咧咧、扭扭捏捏、矫揉造作都不好。

□在面试的过程中，面部表情要从容、自信、真挚、目光坚定、表情自然、不慌不忙、不急不躁，体现出自己应有的气度与风貌。

□面试时，与面试官进行适当的眼神交流可博得好感，并展现出自信及对对方的尊重。

□面试时，注意力要高度集中，目光始终聚焦在面试官身上，既可以给对方以诚恳、自信的印象，又可以消除自己的紧张情绪。

□回答问题前，可以看面试官身后的墙，用五六秒钟做思考，时间不宜过长。

□谈话时，眼睛要适时地注意对方，不要东张西望显得漫不经心，也不要眼皮低望显得缺乏自信。

□面试时，切忌目光犹疑、躲避闪烁，这是缺乏自信的表现。

□应聘者从进入面试房间那一刻起，要懂得适时微笑，不要过分紧张。

□微笑是沟通的润滑剂，可以消除过度紧张的情绪，并拉近你与面试官之间的距离。

□面试时，不要板着面孔、苦着一张脸，这样不会给面试官留下好印象。

□面试交谈时，可适当配合一些手势进行讲解，但手势不宜过多，要适度。

□面试时，回答问题应诚恳，知之为知之，不知为不知。

□在面试的过程中，表述要简洁、清晰、自信、幽默等，同时观察面试官的表情变化，也就是做到察言观色。

□在做自我介绍时，态度要保持自然、友善、亲切、随和，从整体上讲，要落落大方、笑容可掬。

□面试时的肢体动作一定要得体，回答问题时肢体动作不宜过大，要做到收放自如。

□当面试官的手朝你伸过来时，马上握住它，要保证你的整个手臂呈L形（90°），有力地摇两下，然后把手自然放下。

□不要贸然与面试官握手，除非他先伸出手来。

□握手时一定要使手臂呈L形，手心向上，从下到上迎向对方，握手时上下垂直晃两到三下为宜。一定要显示出自己的热情、自信。

□握手时手湿乎乎的。

□握手时将另一只手插在口袋或裤袋里。

□以下几种握手方法是不可取的：①用两只手；②使劲用力；③拉拉扯扯；④轻触式；⑤远

距离。

☐ 在面试等待室恰巧遇到朋友或熟人时，不可旁若无人地大声说话或笑闹。

☐ 不要吃东西，包括嚼口香糖，不要抽烟。

☐ 不要太关注面试工作人员的谈话，更不可冒失地发表评论。

☐ 可以轻声与其他应聘者交流信息，这能体现出你乐于助人、谦虚好学的品质。

面试时无声胜有声的形体语言

面试是成功求职的"临门一脚"。应聘者能否实现求职目标，关键的一步是与用人单位的面试官进行交流，以便其确信应聘者就是本单位所需要的人才。面试是其他求职形式无法代替的，因为在人与人的交流中面谈是最有效的。在面试中，面试官对应聘者的了解，语言交流只占30%，眼神交流和应聘者的气质、形象、身体语言占绝大部分。所以，应聘者在面试时，不仅要注意自己的外表及谈吐，而且要注意谈话时不能做出下意识的小动作。

面试时，要从每个细节塑造自己的良好形象。当然，良好形象需要长期的培养和磨炼，甚至和自身所处的环境密切相关。

1. 表情有亲和力

表情是面试礼仪中相当重要的部分，也是应聘者最容易疏忽的部分。表情呆板、大大咧咧、扭扭捏捏、矫揉造作都不好。

人的面部表情能够传递丰富的内心情感，能直接体现人的修养和气质。在面试的过程中，面部表情要从容、自信、真挚、坚定、自然、不慌不忙、不急不躁，体现出自己应有的气度与风貌。

2. 眼睛是心灵的窗户

面试一开始就要注意自己的身体语言，特别是自己的眼神。俗语说"眼睛是心灵的窗户"，恰当的眼神能体现出智慧、自信及对该求职单位的向往。

正确的眼神应该是：礼貌地正视面试官，注视的部位最好是面试官的鼻眼三角区（社交区），目光平和而有神，专注而不呆板；注意眼神的交流，这不仅是相互尊重的表示，而且可以更好地获取信息，与面试官的动作达成默契。

面试时，注意力要高度集中，目光始终聚焦在面试官身上，既可以给对方以诚恳、自信的印象，也可以缓解自己的紧张情绪。

回答问题前，可以看面试官身后的墙，用五六秒钟做思考，时间不宜过长。回答问题时，应该把视线收回来，注意不要看天花板或窗户外边，转头时的幅度不宜过大。

交谈与回答问题时正视面试官的眼睛是基本的礼仪。应聘者在回答问题时，要做到表情自然，与面试官有适当的眼神交流，在不言中展现出自信及对对方的尊重。

如果只有一位面试官，则在交流的过程中全程注视面试官的眼睛；如果有多位面试官在场，交谈或回答问题时要用目光扫视所有面试官，然后将目光集中在主面试官身上，以示关注和尊重；如果其他面试官对你提问，要将目光转移到他身上。

谈话时，应聘者要有亲和力，眼睛要注视对方，不要东张西望显得漫不经心，也不要眼睛低垂显得缺乏自信。

在和面试官眼神碰撞时，不要躲躲闪闪，紧张的时候就微笑，这是一个万能法则，可以缓解紧张情绪。

面试时切忌目光犹疑、躲避闪烁，这是缺乏自信的表现。

有些应聘者在回答问题时眼睛不知道往哪儿看。经验证明，魂不守舍、目光不定的人给人一种不诚实的感觉；眼睛低垂的人给人一种缺乏自信的感觉；两眼直盯着提问者会被误解为向其挑战，给人一种桀骜不驯的感觉。

有些应聘者在平时说话的过程中会出现很多习惯动作，如瞪眼、挤眼、吐舌头等，或者夹杂一些无用的口头禅等，这些都会影响其形象。因此，应聘者要避免这些问题在面试的过程中出现。

面试时，进行眼神交流需要注意以下4个方面：
①初次见面时，可凝视对方稍久一些，这既表示自信，也表示对对方的尊重；
②双方交谈时，应注视对方的额眼之间，表示重视对方并对其发言感兴趣；
③当双方缄默不语时，不要再看着对方，以免加剧冷漠、不安的尴尬局面；
④当别人说了错话或显得拘谨时，应马上转移视线，以免对方误认为是对他的嘲笑和讽刺。

3. 微笑是自信的表现

微笑是自信的第一步，微笑使人感到温馨、亲切，能有效缩短双方的距离，给对方留下美好的心理感受，从而形成融洽的交往氛围，有利于增加面试成功率。

微笑比语言更容易感染人。脸上带着愉快轻松和真诚的微笑会使你处处受欢迎，因为微笑会显得和气，而每个人都乐于与和气、快乐的人一起共事。

初次见面，如果你展现的是一个亲切自然的微笑，那么会获得热情、善良和友好的第一印象，别人会觉得你很高兴与他认识。这就是见面礼仪的第一步。

相反地，如果你的微笑是生硬的、勉强的，别人会认为你并不是很乐意让他接近你。

所以，初次见面时一定要微笑。什么样的微笑才是自然的呢？有人建议以稍微露出一些牙齿为宜，也有人觉得要笑不露齿。你不妨拿镜子照一照，找到适合你的微笑，这个微笑就是属于你的微笑。

应聘者从进入面试房间那一刻起要懂得适时微笑，不要过分紧张，不宜笑得太僵硬，一切都要顺其自然。

微笑是沟通的"润滑剂"，可以缓解过度紧张的情绪，拉近你与面试官的距离。面试时要面带微笑，亲切和蔼、有问必答，这样会给面试官留下好印象，为面试加分。

4. 手势适度配合表达

说话时配合恰当的手势，可以加大对内容的形容力度，加深面试官的印象。然而，手势太多也会分散听众的注意力，让面试官觉得你不够稳重，因此，手势的使用不宜太过频繁。

有些应聘者由于紧张而不知道双手该放在哪里，有些应聘者过于兴奋，在侃侃而谈时手舞足蹈，这些都不可取。

面试时，可适当配合一些手势进行讲解，但不要频繁耸肩、手舞足蹈。

不要做小动作，这是不成熟的表现，切忌抓耳挠腮、用手捂嘴说话。

总之，手势不宜过多，需要时以适度为宜。

5. 谈吐要优雅，表达要清晰

服饰打扮是你的静态形象，言行举止是你的动态形象。因此，在面试的过程中，要注意各个环节的言行举止，以便给面试官留下一个良好的第一印象。

（1）面试过程中注意控制谈话节奏。

进入面试房间致礼落座后，若感到紧张就不要急于讲话，而应集中精力先听完提问，再从容应答。交谈时语速不要太快，可以一边说一边想，给面试官一种稳重可靠的感觉。听面试官说话时要有点头动作，表示自己听明白了或正在注意听。

一般来说，人紧张的时候语速会不自觉地加快。语速过快，既不利于面试官听清楚你的讲话内容，又会给面试官一种慌张的感觉。语速过快还容易出错，反而强化自己的紧张情绪，导致思维混乱。但语速过慢会显得缺乏激情，使气氛沉闷，令人生厌。

为避免出现这种情况，开始谈话时可以有意识地放慢语速，等自己进入状态后再适当增加语气和语速。这样，既可以稳定自己的紧张情绪，又可以扭转面试时的沉闷气氛。

（2）对面试官的提问要逐一回答。

面试官讲话时，要认真聆听，遇到自己不明白的问题，最理想的方法是请对方略做解释，这样既可以赢得几分钟的考虑时间，也可以表现出自己的认真。聆听时需要面带微笑。

为了表示你已听懂并感兴趣，可以在适当的时候点头或适当提问、答话。回答面试官的问题，口齿要清晰，声音要适度，答话要简练、完整。

（3）不要打断面试官的问话或抢答。

一般情况下，不要打断面试官的问话或抢答，否则会给人急躁、鲁莽、不礼貌的印象。问话完毕，听不懂时可要求重复。当不能回答某一问题时应如实告诉面试官，含糊其词和胡吹乱侃会导致面试失败。对重复的问题也要有耐心，不要表现出不耐烦。

（4）争辩是不明智的举动。

当与面试官的意见不一致时不要据理力争，不能只图一时"嘴巴上的快活"而导致满盘皆输，即使你不同意他的看法，也不能直接反驳，可以用诸如"是的，您说的也有道理，在这一点上您是经验丰富的，不过我也遇到过一件事……"的语言进行交流。但在下结论时不要主动说与面试官的观点完全相反，要引导面试官自己做结论，这样既可避免与面试官直接发生冲突，又巧妙地表明了自己的观点。有的面试官专门提一些无理的问题试探你的反应，如果处理不好，容易乱了分寸，面试的效果显然不会理想。

在面试的过程中表述要简洁、清晰、自信、幽默等，同时注意观察面试官的表情变化，也就是做到察言观色，尽快掌握面试官感兴趣的在哪些方面，然后根据事先的准备做着重表述。

6. 自我介绍力求简洁

面试一般从自我介绍开始，此时的自我介绍一定要力求简洁，尽可能节省时间，时间为 2~3 分钟，要言简意赅、突出重点地介绍履历、所受教育、工作能力和技能特长等，最好用事实说明你的长处和特点。

自我介绍时态度要保持自然、友善、亲切、随和，要落落大方、笑容可掬，充满信心和勇气。要敢于正视对方的双眼，显得胸有成竹；条理清楚，用词恰当，应用普通话叙述；语气自然，语速正常，语音清晰。生硬冷漠的语气、过快过慢的语速或含糊不清的语音都会严重影响应聘者的形象；进行自我介绍时所表述的各项内容一定要实事求是、真实可信。过分谦虚，一味贬低自己去讨好别人，或者自吹自擂、夸大其词，都是不可取的。

7. 动作要得体

一个人的动作能反映他的内心，面试时动作的得体与否往往对面试结果有不小的影响。

面试时的动作一定要得体，例如，坐下的时候不让椅子发出声音，主动帮忙拉开房间的门，挺胸抬头。

回答问题时肢体动作不宜过大，要做到收放自如。

如果面试官给面试者倒水，一定要双手接杯子并表达感谢，同时在面试结束起身离开时将纸杯带走。

面试结束准备离开时，应聘者应当起身并先向右后方后退半步，再向后倒退两至三步后转身离开。

这些动作能体现面试者对这次面试的自信，给面试官留下好印象。

在进出面试房间时注意进退礼仪，一定要保持抬头挺胸的姿态和饱满的精神；候场或面试时不要坐姿歪斜、晃动双腿等，这些都是不好的身体语言。

应聘者从进入面试房间到离开面试房间要避免做小动作，如望天花板、不停翻眼、摸头发、摸耳朵、咬嘴唇、抖腿、无意识地玩手指、玩笔，或者笑场时用手捂嘴。

8. 握手要有感染力

面试时，握手是一种重要的身体语言。怎样握手？握多长时间？这些都非常关键。因为这种手与手的礼貌接触是建立第一印象的重要开始，所以，一定要使你的握手有感染力。

标准化的握手能创造出平等、彼此信任的和谐氛围。你的自信也会使别人感到你能胜任且愿意做任何工作。这是创造好的第一印象的最佳途径。

在面试官的手朝你伸过来之后马上握住它，要保证你的整个手臂呈 L 形（90°），有力地摇两下，然后将手自然放下。

握手时，长时间地拖住面试官的手，偶尔用力或快速捏一下手掌，这些动作都说明你过于紧张，而面试时太紧张表示你无法胜任这项工作；轻触式握手表示你很害怕且缺乏信心，在面试官面前应表现出你是一个能干的、善于与人相处的应聘者；在对方还没伸手之前就伸长手臂去够面试官的手，表示你太紧张和害怕，面试官会认为你不喜欢或不信任他。

【训练提升】

【训练6-1】接打电话技巧训练

电话已成为代表一个人甚至一个企业形象的重要窗口，通话中表现出来的礼貌最能体现一个人的基本素养，体现一个企业的品牌形象。因此，拨打、接听电话时，一定要表现出良好的礼仪风貌，要有"我代表企业形象"的职业意识，养成礼貌用语随时挂在嘴边的良好职业习惯。一个措辞规范、内容清晰的电话是促进双方交流的"桥梁"。应聘者应该熟练掌握电话沟通的各种技巧和礼仪。

以小组为单位，用电话或手机现场模拟以下通话情景，观察并在模拟结束后进行点评。

（1）如果你面试了一家心仪的公司，但一直没收到面试结果通知，于是打电话询问。
（2）你接听了一个所应聘公司通知面试的电话。
（3）你接听了一个找同学小马的电话，但你不知道小马现在是否在学校。
（4）你正在上课时，你的手机振动提示有来电，是一个所应聘公司通知面试的电话。

参考表 6-1，找出不足之处后制订改进计划。

表6-1 拨打、接听电话的要点

序 号	要 领	检 查 要 点	不足之处	改进建议
1	准备纸和笔	（1）是否将笔和纸放在触手可及的位置；（2）是否养成随时记录的习惯		
2	选择时机，有备而打	（1）时间是否恰当；（2）情绪是否稳定；（3）条理是否清楚；（4）语言是否简练		
3	态度友好，礼貌用语	（1）是否微笑着说话；（2）对通话者是否真诚；（3）是否使用平实的语言；（4）是否向对方致以问候		
4	语言清晰，体态优雅	（1）语言是否流利；（2）声调是否平和；（3）吐字是否清晰；（4）语速是否适中；（5）姿势是否正确		
5	记录、复述来电要点	（1）是否及时记录通话要点；（2）是否及时分辨、确认关键性词句		

【训练6-2】面试礼仪训练

面试礼仪是个人素质的一种外在表现形式，是面试制胜的法宝。面试时，一举一动、一言一行都让面试官尽收眼底，特别是第一个照面、第一眼印象。

在面试等待室里，一群等待面试的应聘者正在耐心等待叫自己的姓名，每个叫到姓名的人就到面试房间进行面试。这时，如何把握进入面试房间的时机，这不是一个小问题。以下是4位同学进入面试房间的表现。

张同学：大声敲门并问"我可以进去吗"，被允许后走进去，随手带上门，双手紧紧握住面试官的手，热情地摇晃着。

李同学：在张同学出来的时候直接进入面试房间，转身关上门，然后长时间地拖住面试官的手，凝视着对方。

王同学：敲了一下门，听到里面说"请进来"便回答"打扰了"，然后进入面试房间，转过身正对着门，用手轻轻将门关上。手心出汗，用力而快速地捏了一下面试官的手掌，然后急忙收回。

赵同学：敲了一下门，听到里面说"请进来"便回答"打扰了"，然后进入面试房间，转过身正对着门，用手轻轻将门关上。回过身来将上半身前倾约30°，向面试官鞠躬行礼，面带微笑地说"老师好"，同时握住面试官的手有力地摇两下，然后把手自然放下。

认真阅读以下"面试动作礼仪"中的相关内容，结合其要求，完成以下训练任务：

（1）通过敲门、进门、关门、握手等方面的动作来观察，哪位同学在面试官面前表现出是个能干的、善于与人相处的应聘者？

（2）观察握手时的动作，哪几位同学的动作显得过于紧张？

（3）哪位同学在进门时机的把握和握手方式等方面显得没有教养，在面试官心目中可能把他淘汰了？

（4）对以下面试过程中有关礼仪的各项描述，你认为符合礼仪要求的在"□"中画"√"，你认为不符合礼仪要求的在"□"中画"×"，并简要说明原因。

□任何情况下都要注意进房间先敲门。

□面试时要轻敲门、慢关门，主动与面试官打招呼、握手，如果条件允许则记住每位面试官的姓名和称谓。

□面试官让你坐下时，你不要客套地说"您先坐"，神态保持大方得体即可。

□等叫到你的姓名时一定要先大声答"是"，再进去面试。不管门是开着、关着、半开着，你都应该敲门。

□敲门时用指节轻叩三声，力度以面试官能听到为宜。面试官回复后再开门进去，开门一定要轻。进去后，面向里轻轻将门关上，向面试官问好，鞠躬或行点头礼，并清楚地说出自己的姓名。

□进入面试房间开门、关门的动作要轻，以从容、自然为好。

□面试时，要向面试官主动打招呼问好致意，称呼应当得体。

□在面试官没请你入座之前，切记不可贸然就座。

□若面试官一直没请你入座，而那个位置偏偏有个座位，那么你可以适时提出"我是否可以坐在这里"的要求，得到对方允许后要说声"谢谢"，然后大大方方坐下。

□对工作人员以礼相待，主动打招呼或行点头礼。

□双腿叉开不宜过大。不论大腿叉开还是小腿叉开，都非常不雅观。特别是身穿裙装的女生，更不要忽略这一点，会给人放肆和缺少教养的感觉。

□双腿不要直伸出去，那样既不雅观也妨碍别人。身前如果有桌子，则双腿不要伸到其外面。

□坐在椅子上，脚或腿不停地摇晃或跷二郎腿，不仅会让人心烦意乱，而且也会给面试官留下极不稳重的印象。

□在就座后用手触摸小腿或脚部，既不卫生也不雅观。
□紧贴椅背坐，显得松懈、漫不经心。
□两臂交叉在胸前或把手放在邻座椅背上，这样会给面试官留下轻浮、傲慢、不庄重的印象。
（5）现场模拟演示敲门、进门、关门、握手等方面的动作礼仪，小组之间进行相互点评。

面试动作礼仪

面试动作主要包括敲门、进门、关门、问候、握手、致谢与就座、倾听与答题、适时礼貌离场等。在面试房间的动作与流程方面，主要注意以下几点。

（1）敲门。

在进入面试房间前应先敲门，即使面试房间的门是虚掩的也应敲门。进入面试房间时不要紧张，敲门的动作应自然，敲门声音不宜过响。

①指法：应聘者应将右手食指或中指弯曲后敲门，不要用多个手指或手背、手掌用力拍打。

②节奏：只需轻叩两到三下，动作要干脆，咚咚咚之间的间隔为 0.3~0.5 秒，太快会让人感觉心烦，太慢会给人感觉散漫不自信。如果敲 4 下以上则是很不礼貌的行为。

③强度：用里面听得见的力度，力度大小应适中，敲门声太大或太小都不合适。力度太大给人以粗鲁没有教养的感觉；力度太小让人感觉你胆子太小，紧张过度。

（2）进门。

敲门后要等待面试官应答，也可以响亮地问"可以进来吗"，得到面试官"请进"的允许后先回答"打扰了"，再轻轻推门进入面试房间。进入面试房间的脚步应该从容稳定，速度不可过快。

如果没听到面试官说"请进"，那么应聘者应等 3 秒后再次敲门，声音适度提高一点儿；如果仍没有听到面试官应答，则可以 3 秒后推门进入。

（3）关门。

无论应聘者进来之前门是开着的还是关着的，应聘者进门后都要关门，这体现应聘者的修养。应聘者在进门后不要急着关门，应当在向面试官问好并得到入座的邀请后再关门。

进门后不要背对着门随手将门关上，应转过身正对着门，用手轻轻将门关上。如果门上是碰锁，最好先旋起锁舌，关上门后再放开，以减轻关门声对他人的干扰。关上门后要尽量避免整个背部正对着面试官。

（4）问候。

应聘者进入面试房间后，在应聘者椅子旁边站定，目光扫过在场的每位面试官（或一位），回过身来将上半身前倾大约 30°，向面试官鞠躬行礼后，面带微笑地说"早上好/下午好/您好"，然后自信地说出自己的姓名，以展示彬彬有礼而又大方得体的形象气质。问候面试官时，应聘者在态度上需要主动、热情、自然及专注，但不要过分殷勤、拘谨或过分谦让。

（5）握手。

如果面试官主动与你握手，应大方伸手，整个手臂呈 90°，有力地摇两下，然后把手自然放下。握手应该坚实有力，双眼要直视对方，不要用两只手一起握，也不要主动与面试官握手。

（6）致谢与就座。

应聘者进入面试房间后，先站在应聘者椅子旁边。在未听到面试官说"请坐"等言语或做出相关手势之前切勿急于落座。听见面试官说"请坐"之后，面带微笑地道声"谢谢"，再移椅、就座。

坐下时，坐姿应端正，尽量坐满椅子的三分之二，抬头挺胸收腹，双手平放在双膝上，双脚踩实于地面上。着裙装的女生应先用手在背后扫一扫裙子，以免坐下时裙子叉开，然后再坐下。

坐下后应保持良好体态，切忌大大咧咧、左顾右盼、满不在乎，以免引起反感。这一过程根据不同地方有不同方式，应聘者在这一过程中应把握从容、礼貌的原则。

（7）倾听与答题。

应聘者在听到面试官宣读面试导语开场白"恭喜你进入面试……"时，可礼貌致谢，认真倾听面试导语中关于题目数量及答题时间的要求。

应聘者应认真倾听面试官的提问，在回答前要思考清楚，大多数面试房间都备有纸、笔，供应聘者罗列提纲；应聘者在回答问题前最好将笔放下，先端正坐姿再开口。

在答题的过程中，应聘者应适当与面试官进行眼神交流，不要一直低头看题、答题或抬头望天花板，切不可做摸头发、摸耳朵、咬嘴唇等动作。答题结束后应聘者应明确说明自己回答完毕。

（8）适时礼貌离场。

面试结束后，应聘者应不急不缓地起身。起立的动作最重要的是稳重、安静、自然，绝不能发出任何声音。入座通常由左边进入座位，起立时可由左边退出。

微笑地对面试官表达感谢，拿好自己的资料后，向面试官礼貌道别，但鞠躬动作并非必须，由应聘者自行决定。离开房间时，关门尽量要轻，用手轻轻将门关上。应聘者退场时，不得将题目及面试房间准备的纸、笔等带出面试房间。

面试结束时的礼节也是用人单位考查应聘者的一个方面。因此，应聘者应该善始善终，把握好这最后一道关。

模块 7　领悟面试诀窍与巧答面试提问

面试是用人单位挑选职员的一种重要方法，面试给用人单位和应聘者提供了双向交流的机会，让用人单位与应聘者之间相互了解，从而使双方更准确地做出聘用与否、受聘与否的决定。有人提出，在激烈竞争的职场中，只有具备 5 个 C 才能立于不败之地，即 Confidence（信心）、Competence（能力）、Communication（沟通）、Creation（创造）、Cooperation（合作）。在这 5 个 C 中，排在第一位的是信心，信心代表一个人在事业中的精神状态和把握工作的热忱，以及对自己能力的正确认知。

每个应聘者都会感到头痛的是如何回答面试官提出的问题。对没有任何求职经验的大学毕业生来说，面对面试官的提问，有时会防不胜防、措手不及。实际上，面试官的提问并没有那么可怕，虽然不同面试官所提出的问题不同，但万变不离其宗，提出的所有问题都有其清晰明确的目的。只要好好准备，掌握常规的方法技巧，抓住面试中的加分点，加上临场镇定的表现和充分发挥，对不同类型的问题就能以不同的方式来应答。在灵活机动应对各种提问的同时，还要会推销自己，这有助于你轻松过关、马到成功。

【分析思考】

【案例 7-1】从面试淘汰到顺利进入普凌公司的"逆袭之路"

【案例描述】

在电视剧《二十不惑》的第 3 集中，正面临着毕业找工作的姜小果似乎遇到了困难……

姜小果终于收到了金融界趋之若鹜的基金公司——普凌公司的面试邀请，她信心满满地前往面试，却败在了面试环节。

面试时，姜小果讲述了自己在校的经历，不仅成绩优异，而且获得过全额奖学金，可以说她的在校经历非常光鲜亮丽，但面试官听完后却没有问她一个问题，只告诉她"你被淘汰了"。

姜小果以为是因为在面试前她与面试主管周寻的小误会而导致面试失败。但周寻直接指出姜小果说的并不是面试官想听的。

在姜小果的追问下，周寻问了她三个问题：你在面试前的 24 小时内关注过国内哪些相关企业的新闻？如果普凌公司要转投东南亚项目，那么你觉得应该关注哪些行业？抖音爆红背后有没有可以参考的运营策略？

突如其来的三个问题把姜小果问蒙了。可以说周寻直接用三个问题劝退了姜小果。

姜小果回到寝室，她的室友段家宝在安慰姜小果时，姜小果让她讲出自己身上的优点，段家宝说："你的优点就是挺不要脸的。"

抱着"死不要脸"的执着精神，姜小果次日再次来到该基金公司并在电梯里遇到周寻。在周寻完全无视自己的情况下，她想出按下所有楼层按钮的办法为自己争取了 3 分钟时间，在这 3 分钟之内她将周寻上次抛给自己的三个问题一一做了解答。

姜小果阐述的内容如下：

- 来面试前的 24 小时内，我的确没有关注国内的企业新闻，因为我当时正在浏览普凌公司之前投资的所有项目的报道，这与我正在准备面试的特殊时期也有关系。
- 我认为普凌公司现在把东南亚项目作为战略是不合适的，只能作为中美市场之外的辅助和延伸。当然，如果转投的话，也可以考虑中美两国新崛起的行业，比如共享汽车。
- 抖音的运营策略是交叉的，从单一的内容分享平台逐渐跨越到内容和电商……

正是姜小果的这种"死不要脸"的精神且敢于尝试的勇气，为她争取到了一次电梯面试机会，最终成功入职这家业内顶级大公司。

【案例分析】

其实，姜小果的这种"死不要脸"的精神是其执着和勇敢品质的体现，而具备这两种品质，无论做什么事情就已经成功了一半。

很多人之所以在职场上得不到重用、得不到发展，并不都是因为能力不够，而是缺少执着的坚持、勇敢的尝试。不要认为自己没有希望了就不去争取，机会都是拼出来的。没有人应该给你机会，没有工作理应是属于你的。

就像姜小果的"电梯面试"，确实是在"死皮赖脸"地争取机会，这或许在你看来有些不体面、不要面子、胆大妄为，但不正是这次的坚持和尝试才使姜小果顺利通过面试了吗？

试总比不试强，因为不试一试肯定是没有机会的。

试一试，即使失败了，也无非丢个面子；试一试，成功了，努力得到回报，升职加薪就在眼前。

其实，职场上的很多事情也是这样，但凡你多一些执着和坚持，多一些勇敢的尝试，你可能会获得比现在更多的东西，如升职加薪、领导认可、职业发展等。

即使你感觉得到这份工作的机会不大，也要表现出很想得到这份工作的欲望。你将所有方法都尝试过，你才可以真正地释怀，的确是自己能力有限，的确是自己与这份工作有缘无分。我们只有对自己心仪的工作全身心地投入，才能不让自己感到遗憾。

（1）在本案例中，从姜小果面试淘汰到顺利进入普凌公司的经历中可以得到哪些启发？以下是供选择的选项。

- 成功的面试离不开一个好的自我介绍。
- 每个职场人都要学会清晰流利、要点突出地汇报工作。
- 拥有"死不要脸"的精神且敢于尝试就已经成功了一半。

（2）为得到面试机会，你是否曾有过执着的坚持和勇敢尝试的经历？

（3）在职场，为了成功，你是否愿意多一些执着和坚持、多一些勇敢的尝试？

（4）为争取机会，经过多次坚持和尝试还是失败了，你是否认为丢了面子？

【案例7-2】巧答面试问题，提高面试成功率

【案例描述】

面试如同高考，应聘者精心准备了很长一段时间，各种面试问题反复练习、通读熟背后，充满自信去面试。面试完就垂头丧气地离开面试场所。原来，题目中有"偏门"题，所有准备几乎付之东流，这次面试以失败告终。

路健是××××年毕业的大学生，学的是计算机专业，在学校里学习很好，毕业后在一家公司工作了几年时间，业务上一直是公司的骨干。可是，由于他不善于人际交往和沟通，所以没有什么提升与加薪的机会，他感到很委屈，于是想跳槽。但没想到赶上就业高峰年，职场竞争十分激烈。他因为有工作经验，拿到了三次面试机会，可是由于没有面试经验，又不善于言辞表达，不会推销自己，结果面试都失败了，居然在家待业了半年。

面试时，问题没回答好是路健面试失败的主要原因。

面试遇到偏题，必然心中犹豫不决，不知道如何回答，思来想去，最后还是答错。其实，偏题的出现，是面试官在面试时根据每个人的情况不同而临时提出的问题，只不过事先没有准备而已。回答这类问题时只有一个原则：站在公司的角度、站在对方的角度去回答问题。也就是说，让你进行一下换位思考。只要你能站在公司的角度去回答，就问题不大。

【案例分析】

面试官向路健提了以下几个问题。

【问题1】如果我们公司这次没有录取你，但过一段时间，被录取的人中有没能度过试用期的，腾出位置来再通知你，你还会再来吗？

这是一个很尖锐的问题，一箭双雕，既可看一看你对该家公司的认可程度，又可考查你的性格。

以下是供选择的回答：

①为什么我还要再来？我又不是找不到工作。

②我不想等待，再说那时我可能早就被另一家公司录用了。

③现在没有录取我，说明公司没有看好我，我是不会来的。

④我是一个"替补队员"了，能给一个强队当"替补队员"也是很光荣的事，我肯定会高高兴兴地来。再说，一般"主力队员"都是从"替补队员"干起来的。只要我今后努力工作，肯定会从"替补队员"升为"主力队员"的。现在，我既然是"替补队员"，就说明我只有付出比"主力队员"更大的努力才能满足公司的要求。我相信自己肯定能成为公司的"主力队员"，为公司做出我最大的贡献。谢谢老师给我一次机会。

在以上4个回答中，你会选择哪一个？选择的理由是什么？

【问题2】如果公司给你的工资标准没有达到你简历上的工资要求，你还来我们公司吗？

以下是供选择的回答：

①这是我的工资底线，如果达不到，那么我可能就会考虑另一家公司了。

②我不一定会来，因为我认为我的要求并不高。

③如果那样的话，说明我跳槽后的工资比原来的工资还低，我要考虑一下。

④工资是我需要考虑的一个问题，但公司更是我要考虑的问题。我更看中的是公司的企业文化、发展前景，以及我在公司的发展。对于一个青年人，前途比工资重要。再说，每家公司都有自己的工资标准，我相信，只要我的能力达到公司的岗位要求，公司会给予该岗位的工资。如果我的能力达不到公司的岗位要求，我提的工资再高也是不合适的。

在以上4个回答中，你会选择哪一个？选择的理由是什么？

【问题3】你在公司里工作，如果同办公室里的一个人能力没你强而工资却比你高，你会不会有想法？心理能平衡吗？

以下是供选择的回答：

①我当然不平衡，那样的话，我干的还有什么意思？

②如果他的能力比我强，那么我不会有想法；如果没我强，那么我肯定心理不平衡。

③如果公司对待员工这样不公平，那么企业文化肯定有问题，我只好走人。

④工资是员工最敏感的问题，公司一般都会尽量处理好。如果那个同事的能力不如我而工资却高于我，那么他在其他方面肯定强于我，或者他能为公司解决一些我们不知道的问题，所以，公司给他定了高于我的工资。在公司里，我不想与别人横向比，因为这里面有许多我不知情的事情。我喜欢自己与自己纵向比，只要自己现在比过去进步了，就有成就感；只要公司给我的工资与我的能力相匹配，心理就不会不平衡，还会感觉干得挺有奔头。

在以上4个回答中，你会选择哪一个？选择的理由是什么？

【学习领会】

使用思维导图、优化排序等方法梳理、理解各个知识点。

【知识 7-1】面试分类

1. 根据面试的内容与要求分类

根据面试的内容与要求，面试大致可以分为以下几种。

（1）问题式面试。

问题式面试是指面试官和应聘者面对面以问答形式为主的面试。由面试官按照事先拟订的提纲对应聘者进行提问，其目的在于观察应聘者在特殊环境中的表现，考核其知识的掌握情况，判断其解决问题的能力，从而获得有关应聘者的第一手资料。这是最常见的一种方式。

（2）随机（自由）式面试。

随机（自由）式面试是指非正规的、随意性的面试。面试官与应聘者漫无边际地进行交谈，气氛轻松活跃、无拘无束，面试官与应聘者自由发表言论、各抒己见。这种面试方式的目的为：在闲聊中观察应聘者的谈吐、举止、知识、能力、气质和风度，对其进行全方位的综合考查。这样可以了解应聘者的真实情况，也可以缓解应聘者的紧张情绪。

（3）压力式面试。

由面试官有意识地对应聘者施加压力，对某问题或某事件进行一连串的提问，详细具体且追根问底，直至无以对答。这种面试叫作压力式面试。此方式主要观察求职者在特殊压力下的思维敏捷程度及灵活应变能力。

（4）情景（虚拟）式面试。

由面试官事先设定一个情景，提出一个问题或一项计划，请应聘者进入角色模拟完成，其目的在于考查其分析问题、解决问题的能力。这种面试叫作情景（虚拟）式面试。情景式面试突破了常规面试时面试官和应聘者那种一问一答的模式，引入了无领导小组讨论、公文处理、角色扮演、演讲、答辩、案例分析等人员甄选中的情景模拟方法。

（5）综合（全方位）式模拟。

面试官通过多种方式考查应聘者的综合能力和素质。这种面试叫作综合（全方位）式模拟，如用外语与其交谈、即时作文、即席演讲，或要求写一段文字，甚至计算机操作等。目的是考查应聘者的外语水平、文字功底、书面及口才表达等方面的能力。

以上是按照面试的内容与要求所做的分类。面试中，面试官可能采用一种或同时采用几种面试方式，也可能采取其他面试方式。随着企业人力资源管理的逐渐完善，面试的方式会越来越多。

2. 根据面试标准化程度分类

（1）结构化面试。

结构化面试指面试题目、面试实施程序、面试评价、面试官构成等方面都有统一明确的规范而进行的面试，如公务员面试和一些银行、国企统一组织的面试。

（2）非结构化面试。

非结构化面试指对与面试有关的因素不做任何限定的面试，也就是通常没有任何规范的随意性面试，如一些企业聊天式的提问面试。

（3）半结构化面试。

半结构化面试指只对与面试有关的部分因素做统一要求的面试。例如，规定统一的程序和评价标准，但面试题目可以根据面试对象随意变化，如无领导小组讨论等。

3. 根据面试对象分类

（1）集体面试。

多位应聘者在一起同时进行的面试叫作集体面试。对面试官来说，这样可以在专业、地域等方面有较大的选择余地，还可以在几位应聘者之间进行直观的比较。该方式一般用于初试中，如无领导小组讨论。

（2）单独面试。

用人单位对应聘者单独进行的面试叫作单独面试。其中一对一（即一位面试官面对一位应聘者）通常用于初试中；而众对一（即几位面试官面对一位应聘者）通常用于复试中，这样可避免一位面试官所带来的对应聘者的主观性判断。

4. 根据面试进程分类

（1）一次性面试。

一次性面试是指用人单位对应聘者的面试集中于一次进行。

（2）分阶段面试。

分阶段面试可分为两种类型，一种叫依序面试，另一种叫逐步面试。依序面试一般分为初试、复试与综合评定三步；逐步面试一般由用人单位面试小组成员按照职务由低到高的顺序，依次对应聘者进行面试。

5. 根据面试风格分类

（1）压力性面试。

将应聘者置于一种人为的紧张气氛中，让应聘者受到挑衅性的、刁难性的刺激，以考查其应变能力、压力承受能力、情绪稳定性等，这种面试叫作压力性面试。

（2）非压力性面试。

在没有压力的情景下考查应聘者有关方面的素质，这种面试叫作非压力性面试。

6. 根据面试途径分类

（1）电话面试。

电话面试指无须直接面对面而是以电话交流为途径的面试。

（2）视频面试。

视频面试指通过视频聊天的方式对应聘者进行的面试。

（3）现场面试。

现场面试指面试官与应聘者面对面直接交流沟通的面试。

【知识 7-2】面试提问的类型

1. 连串式提问

连串式提问即主面试官向应聘者提出一连串相关的问题，要求应聘者逐个回答。这种提问方式主要考查应聘者的反应能力、思维的逻辑性和条理性。

例如，"你在过去的工作中有过什么重大失误吗？如果有，是什么？从这件事本身你吸取的教训是什么？如果今后再遇到此类情况，那么你会如何处理？"

回答这个问题，首先要保持镇静，不要被一连串的问题吓住，要听清主面试官问了哪些问题，这些问题一般都是相关的，要回答后一个问题必须以前一个问题的回答为基础，这就要求应聘者听清题目及其顺序，然后逐一回答。

2. 开放式提问

所谓开放式提问是指提出的问题应聘者不能使用简单的"是"或"不是"来回答，而必须通过解释才能圆满地回答。因此，面试官提出的问题如果能引发应聘者给予详细的说明，则符合开放式提问的要求。面试官的提问一般都用开放式的提问，以便打开应聘者的思路，考查其真实水平。

那么，什么样的题目是开放式的题目？以下举几个例子：

- 你在大学（学院）学习期间，从事过哪些社会工作？
- 你的专业课程开了多少门？你认为这些课程对自己今后的工作有什么帮助？

- 什么原因促使你在两年内换了三次工作？

这类提问的目的是从应聘者那里获得大量信息，并且鼓励应聘者回答问题。提问时常用"如何……""什么……""为什么……""哪个……"之类的问句。

回答这类问题时，应聘者应该开阔思路，对面试官提出的问题尽量给予圆满的回答，同时要做到条理清晰、逻辑性强，充分展现自己各方面的能力。这样才能让面试官尽可能多地了解自己，这是被录用的一个前提条件。如果应聘者不能被面试官所了解，则根本谈不上被录用。

3．非引导式提问

对非引导式提问，应聘者可以充分发挥，尽量说出自己心中的感受、意见、看法。这样的问题没有特定的回答方式，也没有特定的答案。

例如，面试官问："请你谈一谈担任学生干部时的经验。"这就是非引导式提问。主面试官提出问题之后，便可静静地聆听应聘者的叙述，而不必再有其他表示。与引导式提问相比，对非引导式提问，应聘者可以尽量多说。只有应聘者的阅历、经验、语言表达能力、分析概括能力都得到充分展现，面试官才能做出客观评价。

4．封闭式提问

这是一种可以得到具体回答的提问。这类提问比较简单、常规，涉及范围比较小。下面的一些情况常用封闭式提问：

- 工作经历，包括过去的工作岗位、成就、工作成绩、个人收入、工作满意与否及调动原因。
- 学历，包括专业、学习成绩、突出的课程、最讨厌的课程、课程设置等。
- 家庭状况，包括父母的职业、家庭收入、家庭成员等。
- 个性与追求，包括性格、爱好、愿望、需求、情绪、目标设置与人生态度等。

【知识7-3】笔试过程中的注意事项

（1）保持稳定的心态。要客观冷静地对自己进行正确评估，相信自己的实力，要克服自卑心理，增强自信心。

（2）要掌握科学的答卷方法。拿到试卷后要通览一遍，然后先答简单题再答难题，答题要有主次之分。

（3）特殊情况特殊处理。对试卷中特殊的题目不要失去信心，应该相信大家的水平相近，要认真分析作答。从这个意义上来讲，笔试考的是你的综合素质。

（4）要按规定的时间到场，不能迟到。

（5）答题要注意字迹工整、卷面清洁，因为有些用人单位并不特别在意应聘者的考分高低，而对应聘者的认真态度、细致作风更为在意。考试绝对不能作弊或搞小动作，用人单位对这一点尤为关注。

【知识7-4】面试和简历的主要区别

面试和简历的主要区别如下：

（1）面试是一个双向互动的过程，简历是单方向呈现。有些人可能工作经验很丰富、专业能力很突出，但面试经验不足，面对面试官时叙述吞吞吐吐、抓不住要点。

（2）简历介绍应以倒叙为宜，但面试正相反。当你面对面试官时，应按照时间的顺序从前往后讲，先讲你上大学（学院）的教育经历，再从你参加工作一直讲到现在。因为面试官要听到你整个成长的经历，否则面试官会有一种错乱的感觉。

【感悟反思】

【问题 7-1】面试时如何展现自己的优势

面试时,面试官经常会问:"你的优势是什么?"这是一个很好的展现自我优势的机会。这时我们应该怎么做才能给面试官留下好印象呢?

1. 简明扼要地举出具体的事例

只有详略得当、简明扼要地表述自己的优势,才能让面试官更好地了解自己。一般来说,通过故事可以更好地理解概念和情境。因此,可以用一个真实而具体的例子来正面或侧面地指出自己在某件事情上所表现出的优势。在面试中谈论自己的优势时一定要诚实。这似乎很老套,但只有听起来真实的事例才会给人留下深刻的印象,而听起来夸大或拙劣的事例所产生的效果会适得其反。

2. 突出自己的特质和逻辑思维能力

做事沉稳、遇事镇定、逻辑思维能力较强,这是很多用人单位看重的特质,也代表应聘者有"扛大事"的潜力。因此,面试时不要急于回答问题,可以简短思考一下再作答,重点是中心突出、层次清楚,对岗位的所有表达都要有针对性;如果要展现自己的思维逻辑能力,那么可以用"第一、第二、第三""首先、其次、最后"之类的词汇,用简短的语言表达出清晰的观点,能为自己赢得更多的加分。

3. 巧用话术技巧

面试时要记住三步凸显法。

第一步:让别人更好地认识你。比如,"您知道吗?我的销售能力很强,在以前所在的公司,每年的销售排名都位于前三名。您知道吗?我有开发客户的能力,我一天能打 50 个电话,还能去拜访 4 个客户。您知道吗?我的沟通能力很好,别人难以说服的客户,我一出马都能搞定。"

第二步:用假设,帮别人看到愿景。比如,"您想象一下,像我这么努力的人,要是能有幸加入公司的话,在为公司创造良好成绩的同时,还能提高销售部的整体业绩。"

第三步:诚实地提出你的愿望。比如你可以笑嘻嘻地说:"其实,我刚才这么卖力地展示自己,是因为真的很喜欢这份工作,不知道能得到您的认可吗?"

面试是一种认识与测评的手段,即通过面试官与应聘者面对面的沟通交流,来考查应聘者是否具备与岗位匹配的能力和品质。从这个角度上讲,面试的本质不是答题,而是展现与岗位相关的能力和品质。因此,在面试时,只有让面试官切实感受到你的优势,提升自己与岗位的适配度,你才能顺利地拿到心仪企业的 Offer。

【问题思考】

参考"面试时如何展现自己的优势"相关内容,谈一谈你的优势。

【问题 7-2】回答面试问题有哪些常用技巧

【问题思考】

认真阅读以下"回答面试问题有哪些常用技巧"和"回答面试问题的策略"中的相关内容,结合介绍的方法,思考以下问题:

①怎样看待别人?②如何介绍家庭情况?③如何表述特长?④如何正视困难和失败?⑤如何描述求职动机?⑥如何巧答棘手问题?

1. 回答面试问题有哪些常用技巧

应聘者只有掌握必要的应聘技巧,才能在求职中做到游刃有余、事半功倍。

（1）怎样看待别人。

对别人怎么看、对自己怎么看是一个人是否具备团队意识、公关意识和学习意识的重要体现。一个人不能正确地看待自己、看待别人，就不能正确地看待工作。面试时，当谈到你的同学或同事时，要像评价自己一样，优点应该多于缺点，在肯定优点的前提下也谈其不足。在面试的过程中，如果谈自己和谈别人属于一组问题的话，那么应该多谈自己、少谈他人，要把握分寸、适度表态。

（2）如何介绍家庭情况。

社会背景和家庭背景对一个人来说是很重要的。面试官一般会问及应聘者家庭情况，如家庭人口及其工作情况，家庭经济来源及收入多少。应聘者在回答这些问题时，要联系应聘目的进行表述，如家庭环境对素质培养的帮助，特别是家庭环境对未来工作岗位的帮助，这才是面试官感兴趣的。也就是说，好的家庭条件对一个人的个性形成具有积极作用；但家庭条件不好，并不妨碍一个人优秀品质的形成，像我们平时说的"穷人的孩子早当家""将相本无种，白屋出公卿"。

（3）如何表述特长。

应聘者在描述自己的特长时，一定要注意少而精，不要泛泛地罗列一些不属于自己的特长。在面试的过程中，应聘者在回答自己的特长及爱好时有时会出现问题。例如，当应聘者提到自己的爱好和特长时，面试官或感兴趣或持异议，进而要求其展开描述。如果回答得不合适或不完善，不仅会让面试官对他的自我评价产生看法，而且影响他的面试成绩。

（4）如何正视困难和失败。

应聘者在回答这个问题时，要注意避免两种不合适的回答：①我在生活中从未失败过；②曾经遭遇的失败使我受到了沉重打击，直到现在还没有恢复过来。俗语说"花无百日红、人无千日好"，人在生活中都会遇到困难和挫折。事实上，对失败和挫折的描述也是一个从反面来证明自己的良好时机。一个人有多大的能力，就会遇到多大的困难。同样，不同的人对不同的困难和挫折的理解程度及承受能力也是有很大差异的。同一件事情，对甲来说可能是晴天霹雳，而对乙来说可能会泰然处之。所以，面对困难和挫折，要表明自己的心态，特别要表明自己坚强的一面。既要正视困难和挫折，又不被困难和挫折击倒；同时，要学会在失败中总结经验教训，要有把坏事变成好事、把挫折变成动力的意识和能力。

（5）如何描述求职动机。

求职动机是一个人行为的内在因素，对应聘者来说，除了基本情况、基本条件、基本能力符合岗位要求，更为重要的是求职动机。在面试的过程中，通过应聘者对求职动机的描述，可以给面试官提供3个方面的重要信息：①了解应聘者的为人、职业生涯设计、人生理想追求；②了解求职者一旦被录取后想做什么工作、怎样工作；③了解对求职动机的表述是否准确、明了、真实、生动。求职动机的表述是应聘者展示自我才能的一个重要机会。一般来说，除了在表述求职动机时阐明自身的价值追求，还应在专业技能素质方面做重点介绍，让面试官了解你的职业选择与你自身的素质和价值取向是一致的。如果面试官赞成应聘者的职业选择，那么他成功的概率就会大大提高。

（6）如何巧答棘手问题。

在面试的过程中，可能出现两种目的不同的测试题，一种是正常的素质能力测试题，另一种是超常的素质能力测试题。有时，面试官以事先设计的问题为基础，会即兴提出具有挑战性的问题，这类题在面试中被看作拔高题，应聘者对待这类题不能掉以轻心，也许正是对这类题的回答决定了面试的成败。对税务人员，可能提出面对秉公执法与徇私枉法考验的问题，如："如果你是税务人员，在你管辖的范围内，你的亲属有偷税行为，那么你会怎样处理？"面对类似的问题，应聘者不能简单地回答，因为在现实生活中这类问题本身就不是简单问题。税务人员面对所管辖范围内的亲属偷税问题，可以选择秉公执法，也可以就事论事、一事一议，还可以结合社会环境去论述。总之，在回答这类问题时，既不能违反政策原则，又要合情合理、真实可信。

2. 回答面试问题的策略

回答面试问题时，既要出人意料、跌宕起伏、引人入胜，又要入人意中、启人深思、沁人心脾。

（1）避难就易。

所谓避难就易，就是迅速巧妙地回避、躲开难题，从容易回答的内容谈起。这样，你在应答时就会从容自如。

（2）曲折应答。

曲折应答即不做正面回答，而是另找一种与正面答案相同，但内容更明白、更易让人领会的答复。

（3）和盘托出。

对话有时要适可而止，有时却要和盘托出。这要根据不同场合、对象、内容和表达需要，视具体情况而定。和盘托出常被用来比喻说话中毫无保留地说出真情，以显示说话人坦然自若的宽阔胸襟。

（4）借近喻远。

引导别人认识、理解某一道理，不从远的、抽象的事物谈起，而从眼前的、具体的事物入手，常能很快把道理说得相当透彻。这就是借近喻远。

（5）巧妙回避。

一般来说，对很难用一两句话回答清楚的问题，如果使用回避技巧，那么三言两句就能回答得干脆利落。在回答一些棘手的难题时，要在巧妙回避上下功夫。这种回避绝不是笼统地以无可奉告来回绝，而是以各种巧妙的方法来提示对方自求解答。

【问题7-3】面试时应该掌握哪几个诀窍

无论你是职场新人还是职场老人，多多少少都会对面试感到困扰和无奈。为什么我总是被拒绝？为何面试官总是屡屡刁难，让我不知所措？原因是你不知道面试的技巧，以及如何做面试官才会满意。对应聘者来说，最重要的是做好充分准备和保持积极心态。此外，还要注意以下细节问题。

（1）第一印象很重要。和主面试官握手一定要有力，以表明你的自信和热情；要双眼平视主面试官，注意与其他面试官进行目光交流，不要左顾右盼、环顾四周。

（2）面试时务必集中注意力。对主面试官提出的任何问题都不要忽视。

（3）少说话。陈述时要避免滔滔不绝、夸夸其谈，回答问题时要具体明了。

（4）准时抵达面试地点。

（5）切忌在面试中表现出你非常迫切地希望得到这份工作，但也不要表现出你对这份工作毫无兴趣。

（6）着装要得体。

（7）要注意礼貌，多用"请""谢谢""非常荣幸"之类的话语。

（8）不要有过多的小动作。面试中做任何一个不经意的小动作，如不停地摸头发、转动圆珠笔、舔嘴唇等，都会让主面试官对你的印象大打折扣，因为这些小动作反映了应聘者的紧张情绪。

（9）让主面试官更好地认识你。向主面试官简明扼要地介绍你的才能及你打算怎样在工作岗位上发挥作用。

（10）在面试之前一定要仔细了解用人单位的特点和工作范畴。

【问题思考】

对以上介绍的面试过程中要注意的细节问题，你认为非常重要的是哪几个？如果你参加面试，其中哪几个你已解决？哪几个还需要进一步加强？

【问题7-4】面试时要注意哪些影响面试成功的忌语

【问题思考】

认真阅读以下"求职面试时要注意哪些影响面试成功的忌语"中的相关内容，对面试时应聘者提出的以下提问，你认为合适的在"□"中画"√"，认为不合适的在"□"中画"×"。

□你们这次招聘要招几个人？
□你们要不要女生？
□外地学生要不要？
□我不是名牌大学毕业生，你们要吗？
□你们单位提供住宿吗？
□你们的待遇怎么样？
□工资你们打算给多少？
□我想不起我曾经失败过。
□我可以胜任一切工作。
□我认识你们单位的×××。
□我和×××是同学，关系很不错。
□请问你们公司的规模有多大？
□请问公司董事会成员中，中方与外方各有几位？
□你们未来五年的发展规模如何？

求职面试时要注意哪些影响面试成功的忌语

语言不仅是应聘者在面试中与面试官沟通情况、交流思想的工具，而且是应聘者敞开心扉、展示自己的知识、智慧、能力和气质的一个主要渠道。恰当得体的语言无疑会增强应聘者的竞争力，帮助其获得成功；反之，不得体的语言会损害应聘者的形象，削弱其竞争力，甚至导致面试失败。那么，面试时要注意哪些影响应聘者成功的忌语呢？

（1）缺乏自信。

非常明显的就是问"你们这次招聘要招几个人"。对用人单位来说，问题不在于招几个人，而在于应聘者有没有这1/100或1/2或独一无二的实力和竞争力。因为有100个名额要竞争，有1个名额更要竞争。

"你们要不要女生？"这样询问的女生，首先给自己打了"折扣"，是一种缺乏自信心的表现。面对已露怯意的女生，用人单位正好"顺水推舟"予以回绝。她若来一番非同凡响的或巧妙的介绍，反倒会让面试官认真考虑。

"外地学生要不要？"一些外地学生或出于坦诚，或急于得到"兑现"，一见面试官就提这么一个问题，弄得面试官无话可说。因为实际情况是，不是不要外地学生，也不是所有外地学生都要，而是要看应聘者的实际情况能否与用人单位的需求相符。这样问，很有可能被回绝。

"我不是名牌大学毕业生，你们要吗？"此问题首先让面试官感到你缺少自信心，有一种自卑感。有的用人单位在招聘条件中醒目地写出只招聘名牌大学毕业生。遇到这种情况，你要调整好自己的心态，以积极自信的态度去面试，讲出自己的优点及对应聘岗位的了解，希望他们不要以牌子取人，应注重真才实学，给你工作机会。

"你们单位提供住宿吗？"对于在异地就业的大学毕业生，住宿问题是一个大问题。在面试时，什么问题都没谈，用人单位还没决定录用你，你就提出住宿问题，这是自信心不足的表现，何况现在租房也很方便。

（2）急问待遇。

"你们的待遇怎么样？"工作还没干就先提条件，何况用人单位还没说要你呢！谈论报酬待遇，无可厚非，但要看准时机，一般在双方已有初步意向时可委婉地提出。

（3）不合逻辑。

例如，面试官问："请告诉我你的一次失败经历。""我想不起我曾经失败过。"如果这样说在逻辑上讲不通。又如，"你有何优缺点？""我可以胜任一切工作。"这也不符合实际。

（4）说有熟人。

"我认识你们单位的×××""我和×××是同学，关系很不错"等，这种话面试官听了会产生反感，如果面试官与你所说的那个人关系不太好甚至有矛盾，那么，你的这些话带来的结果就会更糟。

（5）本末倒置。

例如，一次面试快要结束时，主面试官问应聘者："请问你有什么问题要问我们吗？"这位应聘者欠了欠身，开始了他的发问："请问你们公司的规模有多大？请问公司董事会成员中，中方与外方各有几位？你们未来五年的发展规模如何？"参加面试，一定要把自己的位置摆正，像这位应聘者就没把自己的位置摆正，提出的问题超出了应当提问的范围，使主面试官感到很反感。

（6）不当反问。

主面试官问："关于工资，你的期望值是多少？"应聘者反问："你们打算给多少？"这样的反问很不礼貌，会使主面试官感到不快。

【交流探讨】

【话题7-1】面试前如何做好全方位准备

常言道"不打无准备之仗"。"凡事预则立，不预则废"，有充分的准备，方能攻无不克、战无不胜。因此，在你去面试之前，准备工作马虎不得。面试的前一天晚上，你要做好各种准备；面试的这天早上，你要早早起床，做好仪容、仪表准备。

曾经有一家公司安排面试时先让应聘者填写应聘表，凡是没带笔的应聘者一律被淘汰。该公司从这个细节考查应聘者对面试的重视程度、做事的责任心和认真、细致的态度。

张同学、李同学、王同学、赵同学都接到了应聘单位的面试通知，为了保证面试成功，他们开始着手做面试之前的准备工作。

张同学：虽然做好了相关准备，可是一提到面试心里就发慌、不知所措，觉得自己没什么竞争力。

李同学：不慌不忙，认为面试就是那么一会儿，又不知道问什么，全靠碰运气，等待好运气降临好了。

王同学：做了5个准备，即心理准备、物资准备、问题准备、研究准备、仪表准备，充满信心地等待通知。

赵同学：不仅做了5个准备，还对面试房间做了一番设想，每个环节去做操练、演习，好像面试已经开始。

【话题探讨】

（1）展开讨论。

根据对以上4位同学面试准备的描述，就以下3个问题展开讨论：

①哪位同学准备得最充分，打赢的可能性最大？

②哪位同学需要克服自卑心理，充满信心地去面试？

③如果你去参加面试，那么面试的前一天晚上你会做好哪些准备工作？面试当天早上你会做哪些准备工作？

（2）物品准备。

认真阅读以下"面试前的物品准备"中的相关内容，结合其要求，对以下所列举的面试前的物品准备，你认为应准备的在"□"中画"√"，认为无须准备的在"□"中画"×"。

□衣服；□毕业证书；□成绩单；□驾照；□居民身份证；□照片；□特殊专长训练证书；□个人简历；□公文包；□单肩包；□手提包；□皮包；□笔；□笔记本；□手表；□梳子；□手帕；□面巾纸；□化妆盒；□地图；□零钱。

（3）面试准备。

认真阅读以下"面试前必要的准备"中的相关内容，结合其要求，针对以下有关面试准备的各项描述，你认为合适的在"□"中画"√"，认为不合适的在"□"中画"×"。

□面试要做到守时，面试前应弄清楚面试地点及交通路线，有必要的话先跑一趟。

□出发前，最好从头到脚再检查一遍，看看扣子、拉链是否扣好、拉好，领子、袖口是否有破损，衣服是否有褶皱，鞋子是否干净。

□在面试前，应把与应聘岗位相关的专业知识、业务技能等回顾一下。

□面试当天应确保提前10分钟到达面试地点，并熟悉环境、稳定情绪。

□面试当天，到达面试地点太早或太晚，面试官都会觉得你没有时间观念。

□面试时，不可带太多东西，一般是拿个公文包装一些面试材料或个人简历即可。

□面试开始之前要将通信工具关掉或调成振动，避免面试时出现尴尬的场面，并给面试官一种应聘者不顾及旁人感受的印象。

□进入面试场所前可以嚼一片口香糖，以消除口气并缓和或稳定紧张情绪。

□面试时，保持积极、主动的心态，敢于竞争和自荐。

□面试时，努力使自己保持良好状态，要敢于正视面试官，不可有神色不安的举止。

□面试时，回答问题时切忌抓耳挠腮、支吾搪塞。

□客观认识自己，正确分析自我，根据自身的特长来选择适当的岗位。

□面试时，迫不及待地去展示自己，回答问题时夸夸其谈、言辞过激。

□对自己期望值过高而造成的心理负担过重，面试时表现出急躁、焦虑的情绪。

□面试时，要进行适当的心理调适，既要注意言谈举止的稳健、得体，又要注意心理的放松、舒展。

1. 面试前的物品准备

对应聘者来说，面试无异于一场战斗，要想打赢，就要不打无准备之仗。要高度重视，做好充分准备，以免因准备不足而使择业功亏一篑。30分钟的面试，做30小时的准备都不为过。

（1）衣服。

面试前要确定所穿的衣服。

（2）各种证书。

准备好毕业证书、成绩单、驾照、居民身份证、照片及特殊专长训练证书等，所获奖励证书等材料的正本和复印件。如果面试时面试官提出现场查看一些文件的正本而应聘者没有带的话，那么是非常尴尬和不礼貌的，这是面试礼仪中应该避免的疏漏。

（3）个人简历。

准备多份简历和其他材料的打印件，所有准备好的物品或材料都应该平整地放在一个袋子里。

(4) 公文包。

面试时，带公文包会给面试官留下专业人员的印象。公文包不要求是真皮包，但应看上去大方典雅，大小以可以平整地放下 A4 纸为宜。

(5) 皮包。

如果身着正装就不要背双肩包，单肩包、手提包、公文包都是不错的选择，其颜色不要太亮，要和整体搭配协调。

(6) 笔和笔记本。

准备好笔和笔记本，笔记本中应记录曾参加过面试的时间、各公司名称、面试地点、联系人和联系方式，以及简单的面试过程、跟进情况等。笔记本应该带在身边，以便记录最新情况或供随时查询。

(7) 手表。

面试前，手表应调准时间，以免迟到或闹笑话。面试时，不宜佩戴过于花哨的手表。

(8) 其他物品。

准备好梳子、手帕、面巾纸、化妆盒、地图、零钱等物品。

2. 面试前必要的准备

(1) 信息准备。

在面试前，要尽可能多地收集有关公司和岗位的详细资料，做到心中有数。所获得的信息应准确、真实。

(2) 材料准备。

准备好自荐材料，包括个人简历、自荐信、各种证书等，充分考虑面试中面试官可能提出的问题。

(3) 仪表准备。

头发应整洁，男生最好在面试前三天理发，面试前一天修面。女生可以化淡妆，但不宜太浓或过于夸张。服装应干净、得体，不宜穿家常服装或运动服面试。男生可以带公文包，女生可以带手袋，面试时应将其放在一旁。

不妨按照所应聘的岗位、自己想呈现出来的形象进行恰当的着装，这会让你的面试有一个好的开始。

(4) 心理准备。

面试就像一场考试，既测试每位应聘者的能力，又测试每位应聘者的心理素质和临场发挥能力。想面试成功，一个良好的心理状态非常重要。我们既要克服自卑心理，又要克服对自己期望值过高的心理。要建立自信，增强心理承受能力，保持积极、主动的心态，敢于竞争和自荐。在面试中努力使自己保持良好状态，要敢于正视面试官，不能有神色不安的举止，回答问题时切忌抓耳挠腮、支吾搪塞。要客观认识自己，正确分析自己，根据自身的特长选择适当的就业岗位，不能过高地估计自己的能力。对自己期望过高容易走向两个极端：①面试时迫不及待地展示自己，回答问题时夸夸其谈、言辞过激；②因为对自己期望过高而造成心理负担过重，在面试时反而会表现出急躁、焦虑的情绪，注意力不易集中，甚至产生畏惧心理。所以，对自己要进行适当的心理调适，面试时既要注意言谈举止的稳健、得体，又要注意心理的放松、舒展，不能临阵怯场。

(5) 业务知识准备。

在面试前，应把与应聘职业相关的专业知识、业务技能等回顾一下，否则，当面试官问到你所学专业范围内的问题时，你张口结舌、无以对答，恐怕会因此失去获得这次岗位的机会。

【话题7-2】应聘者运用语言有何技巧

应聘者运用语言有以下技巧。

（1）口齿清晰，语言流畅，优雅大方。

交谈时要注意发音准确、吐字清晰。还要注意控制语速，避免说得磕磕绊绊。为了增添语言的魅力，应注意修辞的运用，忌用口头禅，更不能说不文明的语言。

（2）语音、语调、语气合适。

打招呼时宜用上语调，加重语气并带拖音，以引起对方的注意。自我介绍时，最好用平缓的陈述语气，不宜使用感叹语气或祈使句。语音要根据面试现场情况而定。语音过高令人厌烦，语音过低则难以听清。当两人面对面交谈时，语音不应太高，群体面试且场地开阔时语音不应太低，应确保每个面试官都能清楚地听到你的声音。

（3）语言要含蓄、机智、幽默。

说话时除了要表达清晰，还可以在适当的时候插入幽默的语言，为谈话营造轻松愉快的气氛，也能以此来展示自己的优越气质和从容风度。特别是当遇到难以回答的问题时，机智幽默的语言可显示自己的聪明智慧，有助于化险为夷，并给面试官留下好印象。

（4）注意听者的反应。

面试不同于演讲，它更贴近于一般的交谈。在交谈中，应随时注意面试官的反应。例如，面试官心不在焉，可能表示他对自己这段话没有兴趣，你得设法转移话题；面试官侧耳倾听，可能表示自己的语音过低使他难以听清；面试官皱眉、摇头，可能表示自己的言语中有不当之处。只有根据面试官的这些反应来适时地调整自己的语言、语调、语气、语音、修辞，才能取得好的面试效果。

（5）做到"六不要"。

面试时，不要误解话题、不要过于固执、不要独占话题、不要左顾右盼、不要插话、不要说奉承话。

【话题探讨】

熟悉前述的"应聘者运用语言的技巧"中的相关内容，观看面试视频或现场模拟面试，小组之间相互评价模拟应聘者的语言表达。以下所列举的语言运用技巧，应聘者表现好的在"□"中画"√"，表现欠佳的在"□"中画"×"。

□交谈时发音准确，吐字清晰。
□语速合适。
□出现不文明的语言。
□打招呼时用上语调。
□自我介绍时用平缓的陈述语气。
□语音合适。
□幽默的语言为谈话营造轻松愉快的气氛。
□机智幽默的语言给面试官留下好印象。
□交谈中注意面试官的反应。
□独占话题。
□插话。

【话题 7-3】如何缓解面试紧张情绪

面试时，要缓解紧张情绪，必须从自我调节做起。

（1）要以一颗平常心正确对待面试，要做好承受挫折的心理准备。哪怕面试一时失利，也不要以一次失败论英雄。

（2）反复告诫自己，不要把一次面试的得失看得太重，应该明白，自己紧张，你的竞争对手也不轻松，也有可能出差错，甚至可能不如你。同等条件下，谁克服了紧张，大方、镇定、从容地回答每个提问，谁就会取得胜利。

（3）要做好充分的准备工作。如果感觉自己临场可能会紧张，则应事先模拟面试，找出可能存在的问题与不足，增强自信心。

（4）对用人单位和自己要有一个正确的评价，坚信自己一定能胜任此工作。有信心不一定赢，没信心一定输。

（5）适当着装打扮，穿着得体、整洁大方，以改变自身形象来增强自信心。

（6）进入面试房间，见到主面试官时不妨有意大声地说几句有礼貌的话，做到先声夺人，紧张情绪就会消失。

（7）面试前做几次深呼吸，心情会平静很多，勇气也会倍增。

（8）与面试官见面时，要主动与他进行亲切的眼神交流，缓解紧张情绪。在心里尽量建立起与面试官平等的关系。如果心里害怕，出现被面试官的气势压倒的感觉时，则鼓起勇气与面试官进行目光交流，待紧张情绪消除后再叙述自己的求职主张。

（9）当出现紧张的局面时，不妨自嘲一下，说出自己的感受，可使自己变得轻松一些。

（10）不要急着回答问题。主面试官问完问题后，应聘者可以考虑三五秒钟后再回答。在回答问题时，要清晰地阐述自己的观点，否则你一旦意识到自己语无伦次，会更紧张，导致面试难以取得应有的效果。因此，面试从头至尾，讲话要不急不慢，逻辑要严密，条理要清楚，以便让面试官信服。

（11）感到压力大时，不妨借助间隙去发现面试官的诸如服饰、言语、体态方面的缺点，借以提高自己的心理优势，这样会提升自信，回答问题时也就轻松多了。

（12）当与面试官的谈话出现间隙时，不要急不可待，要理清头绪，让面试官认为你是一个沉着冷静的人。

（13）回答问题时一旦紧张，说话可能结结巴巴或越说越快。这时，最好的方法就是有意放慢自己的语速，让字一个一个地从嘴里清晰地说出来，语速慢了，心情也就不紧张了。也可以加重语尾发音，说得缓慢响亮，以缓解紧张情绪。

【话题探讨】

自己最近一次或几次面试时是否出现过紧张情绪？如果出现了紧张情绪，请说明当时的情况。

熟悉前述的"如何缓解面试紧张情绪"中介绍的方法，为避免下次面试时出现紧张情绪，说一说应该用哪些方法进行自我调节。

【训练提升】

【训练 7-1】面试时自我介绍的优劣分析

面试时，在自我介绍的过程中，如能对成功者的面试技巧加以灵活运用，同时避免踩到失败者面试的"雷区"，那么，我们在面试中就会轻车熟路地取胜。以下有两个自我介绍案例，相对而言，杨婉君同学的自我介绍好一些，李雨晴同学的自我介绍则欠缺一些。

（1）面试时，杨婉君同学的自我介绍及点评见表 7-1。

表 7-1　杨婉君同学的自我介绍及点评

自我介绍内容	点评内容	改进后的自我介绍
我叫杨婉君，很多人以为这个名字是抄袭琼瑶的，不过，的确是先有我这个"婉君"，然后才有了琼瑶的那个"婉君"。但是，同学们觉得叫我婉君有点别扭，所以都叫我杨万君（慢而重地读出），您瞧，在这儿（顺便指着简历上的名字）	如果你的名字很特别，那么可以简单介绍一下名字的来历，这样不仅满足了面试官的好奇心，而且可以使面试的氛围变得轻松起来。杨婉君把自己的名字巧妙地跟琼瑶小说联系起来，并且指了指简历，与面试官进行了互动和沟通，拉近了彼此之间的距离	
我来自广东潮汕地区，会讲潮州话，由于妈妈是客家人，我也会讲客家话，希望在工作当中能够用得上	把自己的家乡告知面试官，很有必要，一方面出于礼貌；另一方面，假设面试官和你是老乡，对你的求职也有好处	
在今天的候选人当中，我是唯一的非名牌大学毕业生。实际上，我没有考上名牌大学的原因是偏科，高考时数学没及格，可我的文科成绩在班里一直位于前几名。一路走来，虽然经历了很多艰辛，但有很多收获，所以无论今天能否通过面试，我都非常感谢你们给了我这次面试的机会	虽然不是出自名牌大学，但实事求是地说了出来，而不是一味地寻找借口。人无完人，自曝其短，适当予以补救，转移对方的注意力，幽默地展示自己又不失尊严，乃锦上添花之举	
在学习方面，我拿过两次三等奖学金。在学校做过××××培训项目的校园代理，我的业绩在 20 多个学生代理中一直排在前三名，当然了，这和我的危机意识比较强、热爱学习是有关系的	分类介绍亮点，突出自己的优势，用数字说话，用事实打动人，说服对方。如果没有业绩突出的经历，则不必面面俱到	
我觉得大学生活使我学会了与人沟通，可能您会觉得，十个大学生有九个会强调自己善于与人沟通，不过我依然觉得这是我大学里面最大的收获。您从简历上看得出来，我大学时在学生会工作了两年半，从干事一直到副主席，这使我有机会同年龄和背景完全不同的人进行交流，从学生到老师，从学校的领导到校外公司的高层，各种沟通方式和方法都不同，从而锻炼了我的语言表达能力和与人沟通能力	这个回答对于介绍大学生活的收获虽然不够全面，但至少具备了两个优点：①有说服力；②个性化	
今天我来申请这个岗位，主要是因为适合我的专业和兴趣，我喜欢做销售，在大学我卖过手机卡，推销过英语课程，觉得推销成功以后很有成就感。还有，我觉得自己具备推销员的素质，前面我说过，我在大学的推销记录一直是不错的。总体来说，我认为自己非常适合这个岗位的要求，希望能给我一个机会	具体陈述申请该岗位的原因，而不是抽象地陈述。另外，对来该公司求职的原因及自己适合该岗位的特点也提到了	

（2）面试时，李雨晴同学的自我介绍及点评见表 7-2。

表 7-2　李雨晴同学的自我介绍及点评

自我介绍内容	点评内容
我叫李雨晴，这个名字比较符合我的性格，雨是比较温柔的，晴是比较热烈的，我觉得我的个性既有顺从的一面，也有比较热烈积极的一面	李雨晴的介绍犯了一个典型的交流错误，即失真。它听起来很"美"，却完全不真实，因为宝宝从妈妈肚子里生出来时，完全看不出性格是温柔还是热烈。这反映应聘者急于表现自己的优点，却违反了最基本的"真诚沟通"原则
我是佛山人	太简单了，犯了"挤牙膏"式的错误
其实我高中的成绩是可以进名牌大学的，但是高考时没发挥好。我虽然不是来自名校，但是我相信自己绝对不比那些名牌大学毕业生差，我一直非常刻苦，每次作文的得分都是优，我发誓一定要比他们还要优秀	为自己辩解反而弄巧成拙，暴露了心理素质差，经不起失败的考验。适当地夸奖自己是可以的，但不能贬低别人以抬高自己

续表

自我介绍内容	点评内容
我觉得我学会了与人进行沟通,学会了团队精神,也锻炼了自己的领导能力和组织能力	李雨晴的回答看上去中规中矩,却犯了3个明显的交流错误:①不全面,因为大学的收获绝不只是沟通和组织能力;②缺乏说服力,短短一句话,说了自己的4种能力,没有任何事实和数字予以支撑,让人难以置信;③不够个性化,这样的回答,与别的应聘者"撞车"的可能性很大,估计面试官会暗叹:又来了一个善于沟通且有团队精神的人

面试官说:"李雨晴,你的名字很好听呀!"

表 7-3 中有两个供参考的回答及点评,请展示你的回答,同组同学给予点评。

表 7-3 回答及点评(1)

回 答 内 容	点 评 内 容
回答 1:是嘛,谢谢!这个名字比较符合我的性格,雨是比较温柔的,晴是比较热烈的,我觉得我的个性既有顺从的一面,也有比较热烈积极的一面	面试官夸奖应聘者的名字,一是发自内心地赞美一下漂亮的名字,二是希望能够在面试开始的时候制造一种轻松和谐的气氛。应聘者李雨晴想急于表现自己的优点,却违反了最基本的"真诚沟通"原则。面试官本来想放松一下,结果反而被应聘者的自夸弄得浑身起了鸡皮疙瘩,觉得自己接下去要是不夸奖她一番,简直就没法继续交流了
回答 2:哦,谢谢,谢谢!我妈跟我说她年轻的时候比较喜欢文学,所以老是想追求那种阳春白雪的感觉,于是就给我起了雨晴这么个名字。其实,我可是有一点"名不符实",雨晴听起来很温柔、很婉约,我倒是比较偏向男孩子的性格	这个回答符合面试的两个原则,即"幽默轻松"和"夸赞自己",它既轻松幽默地说明了自己名字的来历,又暗示了自己的性格相当有活力
你的回答:	同学点评:

面试官问:"你是哪里人?"

表 7-4 中有 3 个供参考的回答及点评,请展示你的回答,同组同学给予点评。

表 7-4 回答及点评(2)

回 答 内 容	点 评 内 容
回答 1:哦,我是佛山人	这个回答犯了明显的"挤牙膏"式的错误。问一答一,永远不是上乘的交流技巧,而且,这样紧张的一问一答并没有使气氛放松
回答 2:哦,我来自佛山,您去过吗	一般来说,不鼓励应聘者反问面试官,尤其是这种有关个人信息而不是商业信息的私人问题。恰巧几位面试官都没有去过佛山,当场气氛显得十分尴尬
回答 3:哦,我来自佛山,不过很多人说我看上去像北方人,因为我父亲母亲都是北方的,他们都是二十多岁的时候从山东搬迁到广东来的	这是一个很好的回答,全面地说明了自己的家庭背景,表明此人很健谈。而且,在紧张的面试气氛中保持健谈,也体现出良好的心理素质
你的回答:	同学点评:

【训练 7-2】面试过程中有效沟通训练

认真阅读以下"面试过程中这样沟通更有效"中的相关内容,熟悉所介绍的 8 种有效沟通方法,以小组为单位,采用这些沟通方法每个小组回答一个问题。

(1)说一次难忘的工作经历。

(2)针对目前应聘的岗位自问自答:

● 我能做好这份工作吗?

● 我热爱这份工作吗?

- 我能很好地与他人共事吗?

(3) 说一说你最大的优势。

(4) 你有社团工作经验吗?

(5) 用一个词介绍自己。

(6) 你应聘岗位所在的行业目前主要的新技术有哪些?

面试过程中这样沟通更有效

(1) STAR 原则。

试着运用这样的原则来回答问题。

- Situation (场景): 我遇到了一个什么样的场景?
- Task (任务): 我面临的任务是什么?
- Action (行动): 我采取了什么行动?
- Result (结果): 我得到了什么结果?

例如:

有一次我们突然接到一个紧急的设计任务,客户要求一周内完成。(场景)

我们立刻成立了一支项目团队,我在其中负责整体方案。(任务)

这一周里,我们天天都在加班、开会讨论,我每天先拿出一个框架,再根据大家的反馈去完善它。(行动)

最终,客户很满意,设计任务顺利执行,还跟我们签了下一个设计合同。(结果)

实际表达的时候,应该更多地专注于我做了什么、贡献了什么。

这是最基本的结构化模式,可以保证信息传递的有效性。

(2) 灵魂三问。

面试官的提问,本质上可以归纳为三个问题:

- 你能做好这份工作吗?
- 你热爱这份工作吗?
- 你能很好地与他人共事吗?

这三个问题分别考查的是应聘者的能力、热情和匹配度。无论面试官问什么问题,本质上,他都是想了解这三个问题。

所以,面对任何一个问题,你需要回答的只有三点:

- 我擅长这份工作;
- 我热爱这份工作;
- 我跟咱们团队非常搭(配合默契)。

具体而言,面对任何一个问题时不妨思考一下: 它跟哪一点可以挂钩? 然后,把问题拉到你擅长的领域,告诉面试官: 为什么你应该选择我。

这是一个需要练习的过程,你可以在家里对面试官可能会问的问题事先做好准备。哪怕是一个简单的自我介绍,也不要完全放飞自我。甚至面试官没问,你也可以通过引导把话题拉到你准备好的话题上。这样可以达到事半功倍的效果。

(3) 注重成果而非职责。

很多缺乏经验的人常犯的错误是: 强调自己"负责"什么,而不提自己"实现"了什么,这是没有意义的。

面试官想知道的是你这个人,不是你的岗位。如果换一个人,这套说辞也能成立,那么你跟别人的区别又在哪里呢?

因此，不要注重于"负责什么"，而要尽量呈现数据，用数据告诉对方：你的成果有多么出色，多么值得对方接受。

当然，除非你是大公司总监以上的高层，否则你的职责和履历本身就代表了你的能力（也有例外）。除此之外，请尽量聚焦于成果。

（4）准备表述模块。

简单来说，就是事先准备好一系列的表述，在回答问题时灵活地运用进去。

例如：
- 我对自己的定位；
- 我擅长的技能；
- 用一个词介绍自己；
- 我做过印象最深的工作；
- 我对自己未来的规划；

……

这也是即兴演讲中一个非常重要的技巧。所谓演讲技巧就是事先储备好各种问题答案，根据现场状况灵活组合。

通过该方法可以有效地节省你的认知成本，让你将更多的注意力、认知资源用到分析、思考上，同时也可以避免各种停顿、天马行空、支支吾吾的情况发生。

（5）不懂时反问。

很多应聘者在遇到不懂的问题时容易出现两种反应：

①陷入沉思，要求面试官"给我一点时间思考"，然后断断续续地说出自己的理解。

②心态失衡，一边讲一边思考，导致不知所云、离题万里。

比较好的做法是以攻为守。

具体而言就是大胆地告诉面试官"这块我没有接触过"，然后针对他的提问来询问，从面试官处获取信息。

这样做的好处有以下三点：

- 表现你敏捷的思维和学习能力。即使你完全不懂，哪怕只是根据面试官的回答来提炼重点信息，并用自己的话表述出来，也能给面试官留下好印象。
- 既给自己留余地来思考、获取必要信息，又避免沉默的尴尬。
- 创造机会让面试官讲话、表达。人总是有表达欲的。要在面试官讲完之后给予正面反馈，如感谢、肯定和赞扬。

（6）注重未来而非过去。

面试一个新岗位，强调你过去的相关经验与强调你对这个岗位的潜力和适配性，哪种效果更好？大多数面试官更青睐于后者。

当然，这里不是让你宣称"我喜欢这个岗位，我一定能做好"，而是通过一些方式来强调自己的学习能力、适应能力、匹配程度，并给出一些依据，让面试官对你有更好的预期。

毕竟，大多数应聘者入职后都需要重新适应和培训。你之前的经验未必一定能助力，很有可能会成为障碍。

（7）结构化陈述。

回答问题时，不要过于随意，尽量采用以下两种结构化的阐述方式。

①总—分—总。

采用"主题—分点陈述—重复主题"的形式，会使面试官感觉你的回答很有条理。例如：

我在这个项目中主要做了三件事：1……2……3……以上就是我对这个项目的贡献。

不要小看最后的"重复主题",它可以有效地结束话题,帮助面试官节省记忆和切换的成本。

当然,未必一定要把主题重复一次,可以换个方式去表述,如用递进的方式陈述你行动之后的结果。

②PREP。

PREP 是一个非常高效的沟通模型。

Point（要点）：我要讲的内容是什么？

Reason（理由）：我的理由是什么？

Example（例子）：通过什么例子来支撑我的理由？

Point（要点）：最后再重复一次要点。如果可以,则对上述内容做一个总结。

你会发现,自己的很多文章其实都是按照这个模型去写的。

这是一个值得在生活中反复练习的模型。

（8）不要粉饰。

你一定遇到过这样的问题："你最大的缺点是什么？"

不要自作聪明,用一些看似缺点的优点去包装它,像"我最大的缺点是过于追求完美",这样往往会适得其反,会让面试官觉得你是一个不够诚实的人。

适当展现自己的一些小缺点,会让你的形象显得更有血有肉。比起一个不犯错的人,我们会更喜欢一个优秀、杰出,但偶尔犯错,也会有些小缺点的人。原因很简单,后者会向我们展现一种开放、不设防的姿态,从而更容易被我们信任。

【训练7-3】扬长避短地进行自我介绍

1. 分析与改进自我介绍

表 7-5 为对自我介绍的点评与改进。

表 7-5 对自我介绍的点评与改进

自我介绍	点评	改进后的自我介绍
我性格比较开朗,擅长与人沟通,抗压能力强,有良好的数据分析能力	没有实际经验来支持你的陈述,就显得空洞而不令人信服	
我曾担任某个部门的部长,负责招募新成员、分配任务,也在社区工作过,使我掌握了时间管理技能	没有提供有力的数据来突出你的贡献,平淡无奇,没有记忆点	
我大一担任过学生干部,大二拿过奖学金,大三参加过实践活动	时间显得凌乱,没有重点,没有实质性内容,没有数据佐证,大部分经历都和应聘的岗位没什么关系	
我对金融服务行业很感兴趣,虽然我现在对这方面的知识匮乏,且没有相关工作经验,但我愿意学习	公司不是学校,公司想招人工作,这样的说法只会让人觉得是你无能的借口。如果你真的不了解相关行业,那么可以通过举例来说明你为进入金融服务行业做过什么,突出你的学习能力。简单来说,展示你拥有的,而不是解释你没有的	

首先需要明确的是,在这珍贵的 1~3 分钟内,最重要的不是凸显你的与众不同、标新立异,能做到让面试官对你感兴趣固然好,但毫无意义地展示你的特殊性并不会给你加分。面试官看中的是你与岗位的契合度,所以,最重要的是在1~3分钟内简洁、明确地表达你与面试岗位高度契合。因此,在自我介绍之前,你必须先梳理出你的逻辑,力求简洁扼要、逻辑清晰。先自问,为什么想来这个公司,为什么选择这个岗位,自己的什么特质会被该公司看中,与该公司的企业文化、价值观有哪些匹配点,该公司为什么选择自己。自我介绍的过程也是一个自我营销的过程,自我介绍就像广告一样,要毫无保留地讲述出来,既要让对方留下深刻印象,又要即时引发其"购买欲"。

2. 高度契合面试岗位的自我介绍

特色自我介绍采用"总—分—总"的结构，先介绍自己的基本情况和面试诉求，再具体介绍自己的经历/经验、自身有哪些特质可以胜任应聘岗位，最后进行总结。改进后，高度契合面试岗位的自我介绍及点评如表 7-6 所示。

表 7-6 高度契合面试岗位的自我介绍及点评

自 我 介 绍	点 评
您好，我是×××，投递简历前，我仔细研究过贵公司岗位的工作职责，我觉得非常有吸引力，结合我自己的既往经历，我坚信自己能胜任	这段抛出观点，同时表达强烈的兴趣和信心
我注意到，贵公司岗位的核心要求有以下三点： （1）扎实的××技术。我曾在前公司担任××技术负责人，成功交付过多个类似项目，拥有丰富的相关经验。 （2）卓越的沟通能力。我在前公司担任项目经理期间，曾带过百人团队，需要同时跟 5 个不同部门协作沟通，每次都能得到既定结果，满足项目交付需求。 （3）良好的抗压能力。我做过很多时间紧、要求高的项目，内外压力都极大。尤其有一次，客户总是变更需求（可以举一个例子）……但我最终完成了	这几段是结合对方岗位要求来陈述自己能胜任的分论点及论据支撑
综上所示，我认为自己非常适合贵公司的岗位需求，也请贵公司能给我一个机会，谢谢	这段再次表达自己的信心和期望，并十分礼貌、得体地结束自我介绍

根据点评内容对表 7-1 中第 1 列所示的自我介绍内容进行改进，将改进后的自我介绍内容填入该表第 3 列中。参考表 7-2 模拟自我介绍，应避免出现下面所列举的各项禁忌，各小组之间相互评分并点评。

（1）切忌主动介绍个人爱好。

面试时不要主动介绍个人爱好，除非面试官主动问。某位应聘者虽然工作多年了，但在做自我介绍时仍兴致盎然地介绍个人爱好，如登山、打球、听音乐等，不仅白白浪费时间，还让面试官觉得他不够成熟。注意：个人爱好不等于个人特长。

（2）切忌头重脚轻。

某位应聘者把自己某段经历讲得非常详细，甚至讲得眉飞色舞，以至于忽略了时间，当发现时间不够时，只好把其他情况一带而过，结果面试官对他的认知只停留在那段经历里，对他的能力会做出错误判断，同时会认为他时间观念不强。

（3）切忌过于简单。

某位应聘者用 1 分钟把自我介绍内容全部说完，就没有下文了，只介绍干了什么，没有介绍干成了什么和自己的专业特长，然后等面试官发问。除了他的简单经历，面试官什么也没听到，不知该从何问起。这就等于他放弃了一次主动展示自己的机会，面试官发问时只能被动应付，面试官会认为他过于轻率或沟通、表达能力不强。

（4）切忌只介绍背景而不介绍自己。

把自己的学校或实习的企业介绍了很多，对自己的介绍很少，这样面试官会认为你不知道自己是干什么来的。

（5）切忌只把岗位职责当个人业绩来呈现。

应聘岗位的工作职责并不是个人工作业绩，应该介绍自己所付出的努力、采用的工作方法、动用的资源、最终取得的业绩。

（6）切忌说满和说谎。

在做自我介绍时，全部事实不一定都说，但说出来的一定是事实，一定不要说谎，不要把自己吹得天花乱坠、无所不能。说得太完美了，面试官也不会相信，轻则会认为你自我认知能力不够，重则会认为你职业操守有问题。坦然面对我们过往工作经历中的一些曲折，这也是一种职业品质。

（7）切忌言谈举止非职业化。

人在职场就要职业化。言谈举止不要太随意，不要用随意的语言来介绍自己，应该用近乎书面的语言来表达。举止端庄即可，不要摇头晃脑、表情过于丰富，目光尽量直视面试官。

【训练7-4】自我介绍及巧答相关面试问题训练

在面试的过程中，几乎所有用人单位都会以自我介绍作为面试的第一道测试题，是面试的必考题。做自我介绍时，不要滔滔不绝，并尽可能在1~3分钟内结束。

1. 关注要点

- 简明扼要地介绍所取得的关键成就。
- 胜任所应聘岗位的关键能力。
- 应聘者如何看待自己应聘的岗位。

2. 应答技巧

自我介绍是应聘者见到面试官后获得的第一次向面试官展示自我亮点的机会。好的自我介绍可以让面试官对应聘者产生兴趣，甚至让面试官当即确定该应聘者就是他们要找的候选人。因此，请勿抵触自我介绍。

自我介绍犹如商品广告，应聘者要在有限的几分钟内针对用人单位的需求，将自己好的一面毫无保留地展示出来。

面试官通过应聘者的自我介绍来考查应聘者的逻辑条理性和口头表达能力，因此，在做自我介绍时应注意以下几个方面。

（1）条理要清晰、层次要分明、要有逻辑性。

一般来说，主考官希望通过应聘者的自我介绍得到关于应聘者的工作、技能、教育等经历的概况。因此，在做自我介绍时，要条理清晰、层次分明、有一定的逻辑性。

（2）介绍内容要与个人简历相一致。

自我介绍是简历中"自我评价"+"工作经历"的精练版，介绍内容要与个人简历相一致，但也不要重复简历中的内容。

（3）重点关注匹配应聘岗位的能力。

有些应聘者在做自我介绍时过于普通，只说姓名、年龄、爱好、工作经验，这些在简历上都有，但面试官希望知道的是应聘者能否胜任这份工作，包括最强的技能、最深入研究的领域、个性中最积极的部分、做过的最成功的事、主要的成就等。

要在短时间内介绍清楚自己的特点和优势，说出几点来，面试官需要通过这些来了解应聘者能否胜任这份工作。应聘者应从实习经历入手，表明自己匹配该份工作的能力，突出积极的个性和做事的能力。

（4）与应聘岗位的相关性强。

自我介绍提供的信息与应聘的岗位要有一定的关联度，切中要点，而不是流水账。

对工作经验欠缺的应届大学毕业生，重点可以强调自己的学习能力和社会实践活动及从中得到的收获，这些收获与应聘岗位的关系，还应表达自己对应聘岗位的认识和强烈期望。

对有一定工作经验的应聘者，要有选择地说出自己在某岗位上取得的成绩，以此向面试官表达自己能胜任这个岗位。

（5）有亮点、有重点。

自我介绍中的每段都应有一个亮点或重点，而不是平铺直叙。

（6）有互动、有交流。

自我介绍完每段都与面试官进行互动，而不是自说自话，但这种互动并不需要面试官配合。

（7）用数据说话。

工作成果一定要用"数据"来表达，要切中要害，不谈无关、无用的内容。

（8）自我介绍不能一成不变。

每次去面试前都需要根据"岗位招聘要求"来适当修改自我介绍中的内容。

（9）表述方式上尽量口语化。

表达方式上尽量口语化，事先最好以文字的形式写好并背熟。

（10）注重礼节。

应聘者要尊重面试官，在回答每个问题之后都说一句"谢谢"。

（11）自我评价要真实、准确、客观、全面。

人贵有自知之明，一个人对自己的看法能不能体现出真实性、准确性、客观性、全面性，是其综合素质的体现。

在对自己的评价中，首先要充分肯定自己，这样可以充分显示自己的竞争能力和优势，也给面试官留下坚定、自信的印象。但是，在对自己评价的表述中要真实，不能虚假。面试官一般都是人力资源方面的专家，在面试前或面试中，根据掌握的信息基本可以归纳出应聘者的品格特征。如果应聘者忽略了这点，为达到求职目标而夸夸其谈，可能会适得其反。在任何一次面试中，应聘者的品格特征都是面试官非常看重的。如果失去了真实性，那么应聘者再努力也不会得到理想的结果。

（12）自我评价时要运用非语言交流技巧。

在对自己的评价中，要注意运用非语言交流技巧，最主要的是把肯定和炫耀区别开来。人不可能没有缺点，在谈及缺点时要概括集中，不要过多地谈缺点、过多地否定自己，即便是谦虚，也会影响面试官的判断。谈及缺点时，除了说明现已清醒地认识到不足，还要着重表明有改变缺点的信心和方法。在对自己的评价中，不要泛泛而谈，最好用事实来说明。

【参考样例】

【样例1】应届毕业生。

我今年刚从×××大学（学院）毕业，所学专业是×××，我的基本情况简历上已介绍得比较详细，在这里我想强调三个方面的内容。

（1）在大学期间，我合理地利用寒暑假参加了一些社会实践，有机会接触到几个行业，也有机会与各种各样的人相处。与陌生人在一起时，我很容易就能打破僵局，找出彼此都感兴趣的话题。

（2）我的英语口语不错，曾利用业余时间在旅行社做过兼职导游。工作和学习两者兼顾的经历使我掌握了分清主次、合理安排时间的技巧。

（3）我的文笔也不错，曾在报纸、杂志上发表过5篇文章，若您有兴趣，可以过目。

最后我想补充的是我喜欢这份工作，在工作经验上，我可能会稍有欠缺，但我很勤奋，我相信在短时间内自己就可以胜任工作。

【样例2】有工作经验的应聘者。

我毕业以后就职于×××公司。我所学的是市场营销专业，我本人对销售行业非常感兴趣，这就是我到这里应聘的原因。

销售工作要求从业人员有较强的交流能力和较强的亲和力，而我总是能够与各种各样的人和谐相处，这不仅因为我很健谈，更因为我善于倾听别人的意见和建议。在×××公司的三年间，我曾担任产品销售部高级职员，为公司实现了×××万元的销售业绩，因此被提升为销售部主管，负责带领销售团队推广公司的产品，年底时超额10%完成销售任务。我与各地区客户来往较多，积累了较丰富的工作经验。

认真阅读"电子文档 7-1""巧答自我介绍的相关面试问题"中的相关内容，参考该文档中介绍的关注要点、应答技巧和参考样例，思考并回答以下面试问题：

（1）请你自我介绍一下个人情况。
（2）谈一谈你的理想。
（3）你最大的爱好是什么？
（4）简要谈一谈你的优点和缺点。
（5）你取得过哪些成绩？
（6）谈一谈你对职业的规划。
（7）你的同学如何评价你？
（8）你的老师如何评价你？
（9）你喜欢看什么书籍和报纸？
（10）你的偶像是谁？

【训练7-5】运用面试评分标准评价模拟面试效果

就以下面试问题开展一次模拟面试活动，参考"电子文档 7-2""九十个面试问题汇总"中的回答示例和点评，运用面试评分标准（见表7-7），对模拟面试的效果进行评价。

要求如下：
（1）将以下的面试试题构成面试题库，模仿面试现场，随机抽取面试题。
（2）以课堂教学方式开展一次模拟面试，教师扮演面试官，以小组为单位回答教师的问题。
（3）以课外小组活动方式开展一次模拟面试活动，一位同学扮演面试官，其他同学扮演应聘者。

表7-7 面试评分标准

评价要素	评分要点与评分标准			
	A（优秀） 90分<评分≤100分	B（良好） 70分<评分≤90分	C（一般） 40分<评分≤70分	D（较差） 0分≤评分≤40分
个人形象	穿着得体正式，举止稳重，行为端庄自信，不失分寸，语言礼貌，精神状态佳	着装整洁且较为正式，坐姿端正，精神状态良好	着装整洁但不正式，无明显小动作，精神状态良好	衣着不整，坐姿不端，精神状态不佳
自我认知	自我认知非常清晰，介绍内容的条理性、逻辑性强，候选人应答速度快、合情合理，面试官能够以此为依据判断出候选人潜力高，与目标岗位匹配度高	自我认知比较清晰，介绍内容的条理性、逻辑性较强，候选人应答语速正常、合情合理，面试官能够以此为依据判断出候选人具备发展潜力，与目标岗位匹配度较高	自我认知较为清晰，候选人应答反应较慢，但语速正常，评价合情合理，面试官能够以此为依据判断出候选人具备一定发展潜力，与目标岗位匹配度适中	自我认知内容存在一些不符合逻辑之处，自我判断存在一定偏差，面试官以此为依据判断候选人与目标岗位匹配度一般
价值观	追求上进的生活状态，积极正能量地看待生活中的事物，面对冲突能够客观评价、灵活应对，并给出及时有效的调整方案	追求上进的生活状态，面对冲突能够做出客观评价，并给出较为有效的调整方案	安于生活现状，没有明确上进的生活目标，面对冲突的解决方式偏向于中立、均可接受，不能给出更有效率的解决方案	看待问题的角度以他人为主，没有客观分析问题产生原因的多面性，处事态度偏于消极

续表

评价要素	评分要点与评分标准			
	A（优秀） 90<评分≤100	B（良好） 70<评分≤90	C（一般） 40<评分≤70	D（较差） 0≤评分≤40
语言表达能力	理解他人的意思；语言表达清楚准确、流畅自然；结构把握重点突出、层次清楚；内容有条理，富有逻辑性；用词准确、恰当；表达符合实际，综合效果好	语言表达较为清楚准确；层次突出清楚；演讲能符合实际，综合效果良好，但不够简洁	语言表达基本清晰；能突出重点；叙述较通顺，表达综合效果一般，有些语病	语言表达能力弱；表达不准确，语言不通顺，层次、重点不清晰；表达效果差，说话啰唆
沟通说服能力	善于使用各种沟通技巧，能够说服别人并坚持自己的观点，也能接受他人合理的建议，还能非常明确地领会他人意图	能够使用沟通技巧，在一定程度上说服别人并坚持自己的观点，能接受他人合理的建议，也能较明确地领会他人意图	使用沟通技巧尚可，基本能够阐述自己的观点，基本领会他人意图，对他人的建议能有所考虑	不善于运用沟通技巧，不能准确全面地表达自己的观点，对他人意图的领会存在偏差
稳定性	清晰规划自己的职业发展速度及路径，追求稳定务实的工作状态，同时有明确的晋升要求，期望符合所需岗位的岗位性质及中长期要求	能够客观合理地安排自己的职业发展速度及路径，务实工作内容，期望较符合岗位定位，积极上进	职业规划、岗位及区域均呈稳定状态，职场进展平淡	职业规划不清晰，职业选择仅关注岗位工作内容及区域稳定状态，上进心薄弱
适应性	认识长期工作的本质，能够结合自身能力发展要求及岗位要求设定明确的发展目标，快速定位，呈现热情上进的工作态度	认识长期工作的本质，能够主动调适自己，适应岗位的各阶段工作状态以达成岗位目标，呈现主动适应的工作态度	理解长期工作呈现的稳定状态，较安于现状，未呈现积极调适自己以达到良好工作成果或自我提升的态度	着眼于短期自我工作感受，缺乏适应工作的主动意识和态度
岗位认可度	面试前针对自己的职业规划及个人定位，对岗位深入进行的调查分析认定，均符合职业选择期望	面试前初步了解岗位基本信息，基本认定满足个人职业发展定位，岗位或岗位意向一般	面试前初步了解岗位基本信息，求职阶段无明确求职方向，岗位或岗位意向一般	应聘岗位针对性不强，对岗位所知寥寥无几，岗位认知薄弱
组织协调能力	组织能力强，计划周密可行；有极强的合作意识，合作技巧高，协调沟通方法得当，善于发挥团队作用，能够充分调动组织成员的积极性	办事有计划，能形成较为周到的计划安排，有合作意识，有一定组织能力，懂得一些协调方法，有意识调动成员的积极性，但不够严密	协调组织能力尚可，能够形成最基本的计划安排，但考虑不周到且流程不够流畅	组织协调能力较差，不能按要求协调工作，未能形成流畅合理的执行计划，缺乏组织管理意识，缺乏合作意识，协调沟通方法差
执行力	以结果为导向，在执行工作计划的过程中关注时效，能够及时结合实际情况进行合理分析与调整，以期超过预期效果	能按照规定的时间节点制订计划并开展工作，主动解决工作中出现的冲突及问题，期望实现既定目标	能按照规定的时间节点及安排的流程开展工作，期望实现既定目标，但工作中缺少主动调整的意识和能力	工作中无明显计划性，逻辑性不强，未能关注工作中的节点和效率把控问题

面试试题如下：

问题1　请你自我介绍一下。

（1）谈一谈你的家庭情况。

（2）你最近阅读过什么书籍和报纸？

（3）你有什么兴趣爱好？

(4) 简要谈一谈你的长处和短处。
(5) 你有哪些优点？
(6) 谈一谈你的缺点。
(7) 你的领导如何评价你？
(8) 你的朋友如何评价你？
(9) 你最崇拜谁？
(10) 在大学里，你属于好学生吗？

问题2 谈一谈你的学习和培训经历。
(1) 你为什么要选择这个专业和学校？
(2) 你觉得大学生活使你收获了什么？
(3) 在大学里，你最喜欢的课程是什么？
(4) 在大学里，你最不喜欢的课程是什么？
(5) 你学过的课程与我们的工作有什么关系？
(6) 你打算继续学习或深造吗？

问题3 谈一谈你的工作经历和相关经验。
(1) 谈一谈你的一次失败经历。
(2) 什么业余活动（生活习惯）有助于你将工作做得更好？
(3) 讲述一个你没有发挥自身能力的事例。
(4) 你如何评价你工作过的公司？
(5) 请介绍一下你做过的最成功的案例/遇到的最大挑战。
(6) 如果需要快速学习一门新的技术或语言/如果有个项目使用了你没有用过的语言或技术，那么你将怎么完成？

问题4 你认为理想的工作是什么？
(1) 你期望获得的最重要的回报是什么？
(2) 谈一谈你对"干一行，爱一行"的理解。
(3) 你是如何看待加班的？
(4) 你找工作时，需要考虑的最重要的因素是什么？

问题5 你为什么选择我们公司？
(1) 如果有两家公司都录用了你，你会怎样选择？
(2) 你准备在这家公司干多久？
(3) 这个岗位最吸引你的地方是什么？
(4) 你对我们公司了解多少？

问题6 我们为什么录用你？
(1) 你能提供哪些和这份工作最紧密相关的技能？
(2) 对于这个岗位，你认为你有哪些优势？
(3) 做这份工作，你的缺点是什么？
(4) 你能带来别的应聘者所不能提供的新东西吗？
(5) 你认为你完全胜任这份工作吗？
(6) 你将对我们公司做出怎样的贡献？
(7) 你是应届大学毕业生，缺乏工作经验，如何能胜任这份工作？
(8) 如果你在这次面试中没有被录用，那么你有什么打算？

问题 7　你如何适应公司？
（1）当你与同事相处比较困难时，你会怎么办？
（2）与上级意见不一致时，你将怎么办？
（3）对于别人的批评，你通常会有什么反应？
（4）假如你被聘用，你希望加入一个什么样的团队？
（5）若你进入一家新的公司或企业，那么你会通过何种方式获得相关知识？
（6）如果你的工作出现失误，给本公司造成经济损失，你认为该怎么办？

问题 8　你的职业目标和规划是什么？
（1）你曾从事过与你长远计划不一致的工作吗？
（2）在你的职业生涯中，为什么这份工作适合你？
（3）你对比你现在职务更高的追求是什么？
（4）你认为五年之后你能取得什么成就？
（5）如果让你重新选择职业，那么你如何选择？

问题 9　你期望的薪酬是多少？
（1）你要求的薪酬已经接近我们的上限，我们为什么要付给你这么多？
（2）你认为公司应该给予员工什么样的待遇？
（3）对于我们提出的薪酬方案，你觉得哪些还需要讨论？
（4）你的期望薪酬低于我们的薪酬下限，你如何看待这个问题？

问题 10　你还有什么问题吗？
（1）你了解我们企业吗？
（2）对你所在的部门，你有什么要问的吗？
（3）你是否还有其他事情是我们应该知道的？

模块 8　保障就业权益与办理就业手续

对刚步入社会的大学毕业生来说，法律也许是其最好的保护伞。充分运用法律武器维护自己的合法权益是现代社会生存的基本技能，我们每个人都应该牢固树立法治思想，让法律成为社会公平正义的保护伞，让法律成为我们前进路上的航向标。

对刚毕业初入社会的大学生而言，没有职场经验，自身的权益可能受到不同程度的损害。要保障自己的权益，就应该有法律意识、有高度的维权意识，运用法律手段保障自身权益，只有法律才能让我们的职业路途不再充满风险。

2023年5月，中央组织部、人力资源社会保障部、教育部、公安部、国务院国资委联合印发《关于做好取消普通高等学校毕业生就业报到证有关衔接工作的通知》，明确自2023年起，不再发放《全国普通高等学校本专科毕业生就业报到证》和《全国毕业研究生就业报到证》，取消就业报到证补办、改派手续，不再将就业报到证作为办理高校毕业生招聘录用、落户、档案接收转递等手续的必需材料。

【分析思考】

【案例8-1】加强法治教育，运用法律武器保护合法权益

《中华人民共和国劳动合同法》是协调劳动者与用人单位之间劳动关系的主要法律保障与依据。高校必须始终重视法治教育，以激发大学毕业生就业法治意识，敢于、善于运用法律武器。

大学毕业生缺乏工作经验，而社会招聘市场情况复杂，因此，大学毕业生必须学会运用法律保护其合法权益，成为一名懂法、守法、用法的劳动者。

【案例描述】

大学毕业生就业时，经常会出现以下权益受损或纠纷情况。

1. 实习期、试用期权益受损

（1）无实习协议、试用期不给大学生缴纳社保金。

随着企业用工政策的不断变化，大学生在企业实习期、试用期侵权案例时有发生。

首先实习期与试用期是两个概念。实习期是指在校大学生利用假期到某个具体岗位上参与实践工作的过程，参加实习的对象始终还是在校大学生。而试用期的规定往往出现在正式的劳动合同中，此时，大学生已经毕业离开学校参加工作，其具体内涵是指在劳动合同期限内，大学毕业生所在的用人单位利用这段时间评估大学毕业生（劳动者）业务能力等素养，劳动者也可以评估企业是否适合自己。可以看出，前者参与实践的主体主要针对在校大学生，不存在劳动关系；而后者已经建立劳动关系。

在大学生实习期间，其所在的实习单位是不需要为其缴纳社保金的。大学生在实习期间的纠纷主要适用民法相关规定。因此，为了防止出现利用大学生相关法律意识不强，混淆实习期、试用期等概念，大学生在实习期间应及时与实习单位签订实习协议，就工资、福利、劳动时间、劳动内容等进行约定。同时，与实习单位协商购买一份商业保险，以免在实习过程中因工受伤而发生经济赔偿纠纷。

《中华人民共和国劳动合同法》规定，用人单位必须为劳动者在劳动关系成立的那天起开始缴纳社保金。但有的企业以"我们行业流动性很大，所以不为试用期的大学毕业生缴纳社保金，我们行业都是这么做的"为由来降低用人成本。这也导致许多大学毕业生信以为真而上当受骗。《中华人民共和国社会保险法》第八十四条规定："用人单位不办理社会保险登记的，由社会保险行政

部门责令限期改正；逾期不改正的，对用人单位处应缴社会保险费数额一倍以上三倍以下的罚款，对其直接负责的主管人员和其他直接责任人员处五百元以上三千元以下的罚款。"因此，用人单位在大学生毕业后入职试用期间不缴纳社保金的违法行为，无疑是对其权利的侵害。

分析其原因，主要有以下几个方面：

①大学毕业生在找到其认为满意的工作后因缺乏经验，对某些不良企业歪曲事实的理由笃信不疑。

②出于对自己第一份工作的重视，大学毕业生往往对企业的安排百依百顺，这无形中也助长了个别企业的违法行为。

③有的大学毕业生意识到了用人单位在实习期间不为其缴纳社保金是违法行为，但担心承担某些后果而不敢解约。

（2）试用期满无正当理由将大学毕业生解雇。

部分大学毕业生在试用期满后被告知，因找到更合适的人替代他或公司调整战略撤销其所在岗位等原因而将其解雇。

根据《中华人民共和国劳动法》第二十五条的规定，用人单位在证明了劳动者在试用期间不符合录用条件的才可以解除劳动合同。此内容根据常规法理理解，劳动者不符合录用条件是建立在劳动者不能完成职务描述中的工作内容或承担的工作职责。但是岗位大都有行业界定，有专业的岗位介绍与岗位描述，而用人单位可以根据实际情况进行相关修订。从这点来说，法律给了用人单位极大的自主权，却也为某些不良用人单位创造了解聘的借口。

2. 添加不当合同条款

在签订劳动合同的过程中，存在用人单位利用大学毕业生不谙世事，肆意添加不当条款等违法现象。

（1）签订劳动合同时被要求缴纳保证金。

有的不良企业利用大学毕业生初入职场而经验不足的弱点，非法向该群体牟取暴利。这样的企业一般以两种形式骗取大学毕业生财物：①谎称大学毕业生应聘的工作岗位责任重大，深受器重，所以公司将此岗位委托给职业中介招募，因此需要向职业中介缴纳押金；②谎称此应聘岗位极其重要，应聘者负有保密义务，但签署保密协议太麻烦，替员工着想，暂时把押金放在某个人处。

根据《中华人民共和国劳动合同法》规定，用人单位向录用者征收保证金作为信用担保是明显的违法行为。部分大学毕业生为了给企业留下听话的"好印象"，对企业的违法行为听之任之，导致其正当权益受到严重侵害。

（2）竞业限制。

某些大学毕业生被外企聘用担任涉及企业商业机密的工作，如翻译，就应该了解劳动合同中关于竞业限制的相关规定。

《中华人民共和国劳动合同法》中关于竞业限制的规定，本是为了防止企业恶意挖员工形成不正当竞争或员工准备另立门户而窃取公司机密的行为。但在大学毕业生就业时，却出现某些用人单位混淆概念、小题大做的现象。

3. 三方协议纠纷

近几年来，因大学毕业生签订三方协议引起的纠纷屡见报端。究其原因，一方面，大学毕业生不了解三方协议的重要性，以完成任务的方式随意与企业签订三方协议，一段时间后又自行离开；另一方面，部分企业反感大学毕业生这样不诚信的行为，与其发生纠纷。

三方协议不是劳动合同。三方协议作为一种格式合同，其有效期一般为自签约日起至大学毕业生到用人单位报到止的这段时间。因此，有别于劳动合同，大学毕业生签了名就意味着其已经理解并同意协议中的所有内容,如果其随意离开,那么用人单位是有权追究其违约责任的。出现缺乏诚信、不顾协议后果而随意变化就业单位的现象,在很大程度上是由于大学毕业生对待遇、薪酬的攀比转而寻找待遇等更优厚的公司或岗位导致的。诚然大学毕业生选择职业、岗位时,考量家庭、生活的因素而希望有份高收入的工作,这本无可厚非。但无论出于怎样的职业价值观,一旦做出了选择,确定了双方的经济关系,达成了承诺,就应该信守承诺,否则在如今我国法治不断完善的背景下,任何人都将为自己不当的行为付出代价。

4. 劳务派遣纠纷

劳务派遣是一种企业目前较为常见的用工形式,在该用工形式中,劳务派遣公司如同用人单位与被派遣劳动者之间的联系纽带,承载着十分重要的责任。然而在现实中,某些劳务派遣公司为了谋取利益而不惜触碰"红线"。邢同学供职于某家劳务派遣公司,后来因外企提出需求,该公司根据用人需求时间、人数决定将邢同学在内的数名员工派往了外企。然而派遣公司并没有与其签订一份新的劳动合同,而是告知这也是其岗位职责的一部分。后来他们得知,派遣岗位的外企给出的工资比他们实际工作期间得到的工资高出许多。后经过劳动部门调查,原来是该劳务派遣公司克扣了外企给他们的实际工资,同时也隐瞒了实际劳务派遣协议的相关内容。这样的做法明显侵占了他们的合法利益。

对劳务派遣这样的用工形式,大学毕业生在择业时要了解实际的三方关系,弄清楚劳务派遣公司作为与大学毕业生发生劳动关系的实际主体所应该承担的义务及责任,杜绝所谓"少惹事""只听领导话"等错误观念,坚决抵制不良企业的违法行为。

【案例分析】

认真分析本案例中的内容,对以下各项描述,你认为正确的在"□"中画"√",认为不正确的在"□"中画"×"。

□实习期与试用期是两个概念。

□实习期的在校大学生,不存在劳动关系。

□用人单位在大学生实习期间是不需要为其缴纳社保金的。

□实习期间的大学生可以与实习单位协商购买一份商业保险,以免在实习过程中因工受伤而发生经济赔偿纠纷。

□《中华人民共和国劳动合同法》规定,用人单位必须为劳动者在劳动关系成立的那天起开始缴纳社保金。

□《中华人民共和国劳动法》规定,用人单位在证明了劳动者在试用期间不符合录用条件的才可以解除劳动合同。

□根据《中华人民共和国劳动合同法》规定,用人单位向录用者征收保证金作为信用担保是明显的违法行为。

□三方协议不是劳动合同。

□三方协议作为一种格式合同,其有效期一般为自签约日起至大学毕业生到用人单位报到止的这段时间。

□大学毕业生签订三方协议后,如果随意离开,那么用人单位是有权追究其违约责任的。

□对劳务派遣这样的用工形式,大学毕业生在择业时要了解实际的三方关系。

【案例8-2】劳动关系应如何认定

有的企业在用工管理时非常复杂,因此,在如何认定员工的劳动关系方面让人感觉像雾里看花、水中望月一样。

【案例描述】

郑同学在入职时与集团下属的 W 分公司签订了劳动合同，担任行政助理；过了一段时间，经过协商，他被集团派往另一家和 W 分公司有关联的下属 V 分公司，担任营销策划。

虽然工作变动了，单位和岗位都换了，但 W 分公司没有与他签订劳动合同主体变更协议，V 分公司也未与他签订劳动合同。他的工作安排、工资发放由 V 分公司负责，而社保仍归 W 分公司缴纳。

【案例分析】

情况如此复杂，该如何认定劳动关系呢？

参照 2005 年劳动和社会保障部《关于确立劳动关系有关事项的通知》（劳社部发〔2005〕12 号）中第一条、第二条之规定，如果在用人单位及其劳动者符合法律、法规规定的主体资格，即雇主有独立的生产资料，包括生产工具、生产材料、服务的劳动对象、一定的资金等，并有健全的劳动组织和相应的技术条件等要求，而劳动者符合法定年龄，并具备相应的劳动能力的前提下，用人单位依法制定的各项劳动规章制度适用于劳动者，劳动者受用人单位的劳动管理，从事用人单位安排的有报酬的劳动，同时劳动者提供的劳动是用人单位业务的组成部分，且能提供工资支付凭证或记录（职工工资发放花名册）、缴纳各项社会保险费的记录、用人单位向劳动者发放的"工作证""服务证"等能够证明身份的证件、劳动者填写的用人单位招工招聘"登记表""报名表"等招用记录、考勤记录，以及其他劳动者的证言等凭证的，应认定为用人单位与劳动者之间存在劳动关系。

在本案例中，郑同学与 V 分公司显然在事实上形成了劳动关系。

【案例 8-3】劳务关系不等于劳动关系

有的企业在用人管理环节，由于法律意识比较薄弱，往往将劳务关系和劳动关系两者混为一谈，结果让企业陷入违法境地，并带来不必要的经济损失。

【案例描述】

彭石阳自 2015 年以来一直在 A 公司上班，但一直没有签订劳动合同，他每月能领到 6000 元的薪水，但 A 公司每月会扣掉其中的 20% 当作所谓的风险抵押金。后来，彭石阳离职跳槽到了 B 公司，然后向当地的劳动争议仲裁委员会提起仲裁申请，要求裁决 A 公司支付未签订书面劳动合同的双倍工资，并要求 A 公司返还风险抵押金。

A 公司对劳动仲裁的管辖权提出异议，认为彭石阳与公司之间的关系是劳务关系，而非劳动关系，双方产生的纠纷是民事纠纷，应向人民法院起诉，请求驳回彭石阳的仲裁申请，转由法院判决处理。

劳动争议仲裁委员会经审查后认为，尽管彭石阳没有提交劳动合同，但其提供了工资单等相关证据证明劳动关系的存在。因此，认定彭石阳与 A 公司之间存在劳动关系，遂驳回了该公司的管辖异议。

【案例分析】

在本案例中，彭石阳与 A 公司存在事实劳动关系。事实劳动关系是指用人单位与劳动者没有订立书面劳动合同，但双方实际履行了劳动权利义务而形成的劳动关系。

对劳动关系和劳务关系的认定，司法部门会遵循更有利于保护劳动者的原则，所以用人单位应特别注意对这两种用工关系的识别。

应该按照主体识别用工关系。按照现有的法律法规规定，尚未毕业的在校大学生、处于实习期的中等专业学校学生、退休返聘人员等都不属于劳动关系的适格主体，相关权利义务的调整按照劳务关系处理。

《中华人民共和国劳动合同法》对事实劳动关系的用人单位的法律责任有明确规定,即用人单位自用工之日起超过一个月不满一年未与劳动者订立书面劳动合同的,应当向劳动者每月支付二倍的工资。

事实劳动关系是一种劳动关系,在具体的劳动争议案件中,法律法规减轻了劳动者的举证责任,只要劳动者提供了工资单、工作服、工作证等能间接证明存在劳动关系的证据,劳动争议仲裁委员会就会对劳动关系的存在予以支持。

事实劳动关系在证据认定方面可参照下列凭证:
①工资支付凭证或记录(职工工资发放花名册)、缴纳各项社会保险费的记录;
②劳动者填写的用人单位招工招聘"登记表""报名表"等招用记录;
③考勤记录;
④用人单位向劳动者发放的"工作证""服务证"等能够证明身份的证件;
⑤其他劳动者的证言等。
其中,①②③中的有关凭证由用人单位负举证责任。

因此,用人单位在人力资源管理的过程中,要及时与劳动者签订劳动合同,尽力避免事实劳动关系的发生,否则在劳动争议过程中极易陷入被动。

【案例8-4】拒签有留白的劳动合同

【案例描述】

雷同学和A公司签订了一份3年期的劳动合同,合同期间,他因调休被人事部门认定为旷工并遭辞退。申请劳动仲裁时,雷同学才发现,他与A公司所签订的劳动合同中关键条款留有空白,如今该合同上盖的是另一家劳务派遣公司的公章,且收入一栏所填数字比同类岗位的实际收入少了近一半。这样一来雷同学真的是有苦说不出,自己的切身利益遭到了侵害,但又无法提供有效的证据,难以获得赔偿金。

屈同学与一家劳务派遣公司签订了一份劳动合同,签订劳动合同时公司承诺月工资为8000元,但只是口头承诺,并未写入劳动合同条款中。在工作中屈同学受伤,申请工伤赔偿时,他才发现当初与劳务派遣公司签订的是"空白"劳动合同,原本每月8000元的工资在合同中却不足4000元,这导致其工伤待遇大大缩水。

【案例分析】

签订劳动合同应遵循合法、公平、平等、自愿、协商一致、诚实信用的原则。如果用人单位要求大学毕业生签订必备条款有缺失的劳动合同,即企业将劳动合同中的一些关键信息进行"留白"处理,那么大学毕业生一定要拒签。

劳动合同中的工作内容、工作地点要具体明确,劳动报酬要约定清楚,切勿与用人单位签订"双面合同",劳动者可以在合同的空白处写上"空白"字样,防止用人单位事后单方面篡改。

有些企业为达到少缴社保金、逃避工伤责任等目的,经常将劳动合同中的劳动报酬、社会保险、工作时间和休息休假等必备条款空着不填,待劳动者签订合同后再"填空"。有留白的劳动合同使劳动者在维权时困难重重。

对企业而言,签订留白的劳动合同表面上让企业赚了"便宜"。但实际上,这种行为不仅无法降低企业的违法风险,还会影响其稳定用工。以社保条款处留白举例,一旦发生纠纷,即便用人单位在空白处自行补填"系劳动者自愿放弃缴纳社保金",但因其内容违法,往往被判无效。

部分不正规的劳务派遣公司与劳动者签订有留白的劳动合同,且空白的部分更"专业"、更隐蔽。有留白的劳动合同是不正规的劳务派遣公司降低用工风险的选择。

一些用人单位时常和劳动者签订两份劳动合同,其中,一份合乎法律规范,用来应付检查;

另一份关键信息空白，遇有劳动纠纷或将结束劳动关系时，就按照有利于企业的标准"填空"。

由于劳动者已经在合同上签字，因此，后期维权时，他们常因无法提供权益受损的有效证据而难以维权。

【案例8-5】劳动合同未签名、未盖章是有效的吗

【案例描述】

有一家公司招聘设计师，几位求职者入职后，该公司的人事主管通过微信向这几位员工发了一份"员工劳动合同范本"。这几位员工按照要求填写了基本信息，阅读了相关的劳动报酬、合同期限及权利义务等内容，且就是否有转正合同、加班补助、奖金等提出了几点疑问。在得到主管回复之后，这几位员工将填写好个人信息的"员工劳动合同范本"发给主管。

之后，这几位员工开始到公司上班。但是，他们心中都有疑问：这个在微信聊天中确定的劳动合同有效吗？如果聊天记录删除了或公司不认账怎么办？这几位员工通过人事主管把当时填写的劳动合同文件打印出来，虽然合同中的内容跟聊天时确定的一致，但他们发现在合同末尾写着"本合同一式两份，双方签字盖章后立即生效"，而签字盖章处却是空白的。

【案例分析】

从《中华人民共和国劳动合同法》规定可知，劳动者与用人单位在合同文本上签字或盖章是劳动合同得以成立并生效的必要条件。可有些企业在和劳动者处理这个事情的过程中，要么有意为之，要么是没有在意，结果导致劳动合同并没有生效。

未签名、未盖章的劳动合同是无效的，该劳动合同并未成立。这使该公司陷入违反法律的境地，很可能导致这几位员工以未签订劳动合同为由要求该公司支付双倍工资差额作为补偿。

因此，公司的管理者和 HR 人员一定要提高自己的法律意识，规范用工管理过程中的各个流程，严格按照相关法律的规定进行梳理和设计，这样才能让企业减少类似的法律风险，减少经济损失。另外，即使现在国内一些地区正在推广订立电子劳动合同，但应当使用符合《中华人民共和国电子签名法》等法律法规规定的可视为书面形式的数据电文和可靠的电子签名，并保证电子劳动合同的生成、传递、存储等符合《中华人民共和国电子签名法》等法律法规的规定，确保其完整、准确、不被篡改。

【学习领会】

使用思维导图、优化排序等方法梳理、理解各个知识点。

【知识8-1】什么是就业权益

就业权益是指劳动者在就业过程中所拥有的权利和所应该获得的利益。就业权益是一种合法权益，劳动者在国家法律允许的范围所实现的就业及其权益受到法律保护。需要特别指出的是，任何权益都是和责任与义务连在一起的，权利、责任、义务是相对应的。劳动者的就业权益也是和劳动者的就业责任、就业义务相互联系的。《中华人民共和国宪法》规定，公民有劳动的权利和义务，国家通过各种途径，创造劳动就业条件，加强劳动保护，改善劳动条件，并在发展生产的基础上，提高劳动报酬和福利待遇。国家对就业前的公民进行必要的劳动就业训练。

【知识8-2】大学毕业生就业权益的主要内容

大学毕业生作为就业的一个重要主体，在就业过程中享有多方面的权益，根据目前国家相关法律法规的规定，大学毕业生主要享有以下几个方面的就业权益。

1. 获取就业信息权

每到大学毕业生将要毕业时，大多数用人单位通过高校就业指导部门发布用人信息，介绍用人单位的基本情况和对大学毕业生的要求及招聘程序等，以此来招聘大学毕业生。所以，就业信息是大学毕业生择业成功的前提和关键，只有在充分享有就业信息的基础上，大学毕业生才能结合自身情况选择适合自身发展的就业单位。大学毕业生获取就业信息权应主要包括以下内容。

（1）信息公开。

信息公开即将所有用人信息向全体大学毕业生公开。有的地方已建立高校毕业生需求信息登记制度，凡需录用大学毕业生的用人单位，须到当地高校毕业生就业指导中心和有关高校办理信息登记，由当地高校毕业生就业指导中心通过各高校向毕业生发布用人需求信息，任何单位和个人不得隐瞒、截留用人需求信息。就业信息公开，为大学毕业生提供了就业方向和信息指导，在一定程度上可使大学毕业生在就业时避免盲目性。

（2）信息及时。

信息及时也就是大学毕业生获取的信息必须是及时、有效的，而不能将过时的无利用价值的信息传递给大学毕业生。获取信息的及时性是信息公开的必要内容，如果获取的就业信息不及时，不仅会使大学毕业生贻误就业的好时机，还可能对大学毕业生就业起到误导作用，有悖于信息公开的应有作用。

（3）信息全面。

信息全面是指大学毕业生就业信息公开必须是全方位的，不能只公开部分就业信息。

2. 接受就业创业指导权

接受就业创业指导权是指大学毕业生在就业时有权从所在学校接受就业创业指导。现在各高校都成立了专门的就业创业指导部门，安排专门人员对大学毕业生进行就业创业指导，包括向大学毕业生宣传国家关于大学毕业生就业的方针、政策，对大学毕业生进行择业技巧的指导，引导大学毕业生根据国家、社会需要，结合个人实际情况进行择业等。通过对大学毕业生进行就业创业指导，使大学毕业生通过接受指导掌握就业的相关知识和技能，在就业时，准确定位、合理就业或创业。

3. 被推荐权

现在大学毕业生虽然是自主择业，但很多单位基于对高校的信任和程序上的简便，会要求高校向其推荐优秀大学毕业生。所以，高校在大学毕业生就业工作中的一个重要职责就是向用人单位推荐大学毕业生。多年来的大学毕业生就业实践表明，高校的推荐往往在较大程度上影响用人单位对大学毕业生的取舍。一般来说，大学毕业生享有的被推荐权包含以下内容。

（1）如实推荐。

如实推荐即高校在对大学毕业生进行推荐时应实事求是，根据大学毕业生本人在大学里的实际表现向用人单位进行如实介绍、推荐，不应故意贬低或随意捧高对大学毕业生在校表现的评价来影响用人单位的正确选择。

（2）公正推荐。

公正推荐即高校对大学毕业生进行推荐应做到公平、公正，公开，应为每位大学毕业生提供就业推荐的机会，不厚此薄彼，这是高校的基本责任，也是大学毕业生享有的最基本的就业权益。

（3）择优推荐。

择优推荐即高校应根据大学毕业生的在校实际表现，在公正、公开的基础上，择优推荐大学毕业生。用人单位在录用大学毕业生时应坚持择优原则，真正体现择优录取，学以致用、人尽其才，以调动广大大学毕业生和在校大学生的学习积极性。

4. 就业选择权

大学毕业生在国家就业方针、政策指导下自主择业，大学毕业生只要符合国家的就业方针、政策，就可以自主地选择用人单位，学校、其他单位和个人均不得干涉。任何将个人意志强加给大学毕业生、强令大学毕业生到某单位工作的行为，都是侵犯大学毕业生就业选择权的行为。大学毕业生可以结合自身情况自主与用人单位协商，签订就业协议。

5. 公平待遇权

在用人单位录用大学毕业生的过程中，对待每位大学毕业生都应公平、公正，一视同仁。现实中，大学毕业生的公平待遇权受到很大挑战，有的用人单位录用大学毕业生还在不同程度上存在不公平、不公正的现象。因此，公平待遇权已成为大学毕业生最为迫切需要得到维护的权益。

6. 违约求偿权

大学毕业生、用人单位、学校三方签订协议后，任何一方不得擅自毁约。如果用人单位无故要求解约，那么大学毕业生有权要求对方严格履行就业协议，否则用人单位应对大学毕业生承担违约责任、支付违约金，大学毕业生有权要求用人单位进行补偿。

【知识8-3】大学毕业生就业权益保护的渠道

大学毕业生在就业的过程中，往往会出现一些侵害其就业权益的行为。大学毕业生可以通过大学毕业生就业主管部门、学校等渠道对自己的就业权益进行保护。

1. 大学毕业生就业主管部门的保护

大学毕业生就业主管部门是大学毕业生就业权益保护政策的制定者，通过制定相应的就业规范来确定大学毕业生的权益，并对侵犯大学毕业生权益的行为予以抵制或进行处理。如规定，对不履行就业信息公开登记手续、侵犯大学毕业生获取信息权的，就业主管部门对高校不予审批相关优惠政策，不予审批就业计划，同时对这种情况的责任人给予通报批评或处分等处罚。

2. 学校的保护

学校对大学毕业生权益的保护最为直接。学校可通过制定各项措施来规范大学毕业生就业指导和就业推荐，对用人单位在录用大学毕业生过程中的不公平、不公正行为，学校有权予以抵制，以维护大学毕业生公平受录用权。对用人单位与大学毕业生签订不符合有关规定的就业协议，学校有权不同意，未经学校同意的就业协议不发生法律效力，不能作为编制就业计划的依据等。

3. 大学毕业生的自我保护

大学毕业生权益保护的最重要方面就是大学毕业生的自我保护，主要通过以下4个途径进行。

（1）了解国家关于大学毕业生就业权益保护的相关政策。

大学毕业生应了解目前国家关于大学毕业生就业的方针、政策和规范及它们之间的关系，熟悉大学毕业生在就业过程中的权利和义务，这是大学毕业生权益自我保护的前提。如果在就业的过程中，所谓的公司规定或部门规定侵犯了自己的就业权益，则可以依法维护自己的合法权益。

（2）大学毕业生应自觉遵守有关就业规范，接受其制约，保证自己的就业行为不违反就业规范，不侵犯其他大学毕业生的合法权益。

（3）在用人单位接收大学毕业生的过程中，大学毕业生也应增强自身权益保护意识。按照国家规定，大学毕业生在报到后应享受正常的福利待遇，如养老金、公积金等。对某些工作岗位的特殊体质要求，用人单位应在与大学毕业生双向选择时就明确，否则不得以单位体检不合格为由，如仅仅因肝功能表面抗原阳性等就将其退回学校。正常的人才流动也应根据国家和当地的有关人才流动规定，不应受到限制等。

（4）大学毕业生应学会运用法律手段维护自身的合法权益。对侵犯自身就业权益的行为，大学毕业生有权向用人单位上级主管部门和学校进行申诉并听取它们的处理意见，同时可提交给当地的劳动争议仲裁机构进行调解和仲裁，也可以直接向人民法院提起诉讼。

【知识8-4】什么是社会保险，我国建立了哪些社会保险制度

社会保险是指国家通过立法，按照权利与义务相对应原则，多渠道筹集资金，对参保者在遭遇年老、疾病、工伤、失业、生育等风险情况下提供物质帮助（包括现金补贴和服务），使其享有基本生活保障、免除或减少经济损失的制度安排。

《中华人民共和国社会保险法》规定，我国建立基本养老保险、基本医疗保险、工伤保险、失业保险、生育保险等社会保险制度，保障公民在年老、疾病、工伤、失业、生育等情况下依法从国家和社会获得物质帮助的权利。其中，基本养老保险制度包括职工基本养老保险制度、新型农村社会保险制度和城镇居民社会养老保险制度；基本医疗保险制度包括职工基本医疗保险制度、新型农村合作医疗制度和城镇居民医疗保险制度。

【知识8-5】用人单位应该履行哪些社会保险义务，享有哪些社会保险权利

（1）社会保险义务。

①申请办理社会保险登记的义务；②申报和缴纳社会保险费的义务；③代扣代缴职工社会保险的义务；④向职工告知缴纳社会保险费明细的义务。

（2）社会保险权利。

①有权免费查询、核对其缴费记录；②有权要求社会保险经办机构提供社会保险咨询等相关服务；③可以参加社会保险监督委员会，对社会保险工作提出咨询意见和建议，实施社会监督；④对侵害自身权益和不依法办理社会保险事务的行为，有权依法申请行政复议或提起行政诉讼。

此外，还有权对违反社会保险法律法规的行为进行举报、投诉。

【知识8-6】参加社会保险的个人享有哪些权利

大学毕业生依法缴纳社会保险费后，享有以下权利：

（1）有权依法享受社会保险待遇；

（2）有权监督本单位为其缴费情况；

（3）有权免费向社会保险经办机构查询、核对其缴费和享受社会保险待遇权益记录；

（4）有权要求社会保险经办机构提供社会保险咨询等相关服务；

（5）对侵害自身权益和不依法办理社会保险事务的行为，有权依法申请行政复议或提起行政诉讼。

此外，还有权对违反社会保险法律法规的行为进行举报、投诉。

【知识8-7】就业协议

1. 就业协议的定义

就业协议是《全国普通高等学校毕业生就业协议书》的简称，又叫三方协议，一般由教育部或各省、自治区、直辖市就业主管部门统一制表。就业协议在大学毕业生到用人单位报到、用人单位正式接收后自行终止。

2. 就业协议的作用

就业协议是明确大学毕业生、用人单位、学校三方在大学毕业生就业工作中的权利和义务的书面表现形式，能解决应届大学毕业生户籍、档案、保险、公积金等一系列相关问题。就业协议是学校将应届大学毕业生列入派遣计划的依据，由学校发给大学毕业生，大学毕业生签字，学校和用人单位盖章，大学毕业生本人保存一份作为办理报到、接转行政和户口关系的依据。

就业协议是为了保护应届大学毕业生而出具的一项书面协议。应届大学毕业生与用人单位达

成就业意向后签署三方协议，学校据此对应届大学毕业生进行派遣。

3. 关于无效就业协议

无效就业协议是指欠缺就业协议的有效要件或违反就业协议订立的原则从而不发生法律效力就业协议。无效协议产生的法律责任应由责任方承担。

例如，就业协议未经学校同意视为无效；有的协议经学校审查认为对大学毕业生显失公平，或违反公平竞争、公平录用的原则，学校可不予认可。

另外，采取欺骗等违法手段签订的就业协议无效，如用人单位未如实介绍本单位情况，根本无录用计划而与大学毕业生签订就业协议。

4. 解除就业协议

为了维护就业协议的严肃性和学校的声誉，大学毕业生与用人单位签订就业协议后，大学毕业生和用人单位都应认真履行协议。如果大学毕业生因特殊原因要求违约，则应承担违约责任。已签订就业协议的大学毕业生，如果要违约，则需办理解约手续。

（1）就业协议的解除类型。

就业协议的解除分为单方解除和三方解除。

①单方解除，包括单方擅自解除和单方依法或依协议解除。

单方擅自解除协议属于违约行为，解约方应对另外两方承担违约责任。

单方依法或依协议解除是指一方解除就业协议有法律上的或协议上的依据。例如，大学生未取得毕业资格，用人单位有权单方解除就业协议；大学毕业生被录用之后，可解除就业协议，或者依协议规定，大学毕业生未通过用人单位所在地组织的公务员考试，用人单位有权解除协议。此类单方解除，解除方无须对另外两方承担法律责任。

②三方解除是指大学毕业生、用人单位、学校三方经协商一致，废止原订立的协议，使协议不发生法律效力。此类解除因是三方当事人真实意思表示一致的体现，三方均不承担法律责任。三方解除应在就业计划上报主管部门之前进行，若就业派遣计划下达后三方解除，则还须经主管部门批准办理调整改派。

（2）解除就业协议的步骤。

①到原签协议书的单位办理书面同意的解约函（盖单位公章）。

②向招生就业部门提出书面申请（阐明解约理由），并附上单位及上级人事主管部门审核同意的解约函，交招生就业部门。

③招生就业部门根据有关规定审批换发新的就业协议。

【感悟反思】

【问题8-1】高校毕业生违约会带来哪些不良后果

《中华人民共和国民法典》第五百七十七条规定，当事人一方不履行合同义务或者履行合同义务不符合约定的，应当承担继续履行、采取补救措施或者赔偿损失等违约责任。

《普通高等学校毕业生就业工作暂行规定》第四十八条规定，对违反就业协议或不履行定向、委托培养合同的用人单位、毕业生、高等学校按协议书或合同书的有关条款办理，并依法承担赔偿责任。

因此，就业协议约定违约金是符合法律规定的，大学毕业生应当谨慎对待。

就业协议一经大学毕业生、用人单位、学校签署即具有法律效力，任何一方不得擅自解除，否则违约方应向权利受损方支付协议条款所规定的违约金。从实际情况来看，就业协议违约多为大学毕业生违约。

签约是一件非常严肃的事情，一定要认真对待，先想清楚再签约。不要随便签约，尤其是自己主观意愿不想去的单位，更不要随便签约，一旦签约更不要随便违约。一旦违约，无论对用人单位、学校还是个人，都会造成巨大伤害，还可能为自己的违约行为付出巨大代价。

大学毕业生违约，对个人而言，就要承担违约责任。这种违约责任，一种是看得见的，即支付违约金；另一种也许是看不见的，即个人信用不佳，用人单位通常不愿意接收频繁跳槽的员工。因此，大学毕业生要讲诚信、讲法治，认真履约。

除了本人应承担违约责任，往往还会造成其他不良后果，主要表现在：

（1）就用人单位而言，用人单位往往为录用大学毕业生做了大量工作，甚至对其将要从事的具体工作也有所安排。大学毕业生就业工作时间相对比较集中，一旦其因某种原因违约，势必使用人单位的录用工作付之东流，用人单位若选择其他大学毕业生，那么在时间上也不允许，从而给用人单位造成被动。

（2）就学校而言，用人单位往往将大学毕业生违约行为认定为学校的行为，从而影响学校和用人单位的长期合作关系。用人单位由于大学毕业生存在违约现象，而对学校的推荐工作表示怀疑，该用人单位也许在几年之内都不愿意到学校招聘。面对激烈的就业竞争，用人单位的需求就是大学毕业生择业成功的前提，如此下去，必定影响今后学校的大学毕业生就业工作，同时影响学校就业计划方案的制定和上报，并影响学校的正常派遣工作。

（3）就其他大学毕业生而言，用人单位到学校招聘，一旦与某位大学毕业生签订就业协议，就不可能再录用其他大学毕业生。若日后该大学毕业生违约，有些当初希望到该用人单位工作的其他大学毕业生由于录用时间等原因也无法补缺，从而造成就业岗位的浪费，影响其他大学毕业生就业。因此，大学毕业生在就业过程中应慎重选择，认真履约。

【问题思考】

（1）就业协议约定违约金是否符合法律规定？

（2）大学毕业生签订就业协议后，如果发生违约，则对本人、用人单位、学校、其他大学毕业生会带来哪些不良影响？

【问题8-2】高校毕业生如何与用人单位订立劳动合同

《中华人民共和国劳动合同法》关于劳动合同的订立有如下规定：

第七条规定，用人单位自用工之日起即与劳动者建立劳动关系。用人单位应当建立职工名册备查。

第八条规定，用人单位招用劳动者时，应当如实告知劳动者工作内容、工作条件、工作地点、职业危害、安全生产状况、劳动报酬，以及劳动者要求了解的其他情况；用人单位有权了解劳动者与劳动合同直接相关的基本情况，劳动者应当如实说明。

第九条规定，用人单位招用劳动者，不得扣押劳动者的居民身份证和其他证件，不得要求劳动者提供担保或者以其他名义向劳动者收取财物。

第十条规定，建立劳动关系，应当订立书面劳动合同。已建立劳动关系，未同时订立书面劳动合同的，应当自用工之日起一个月内订立书面劳动合同。用人单位与劳动者在用工前订立劳动合同的，劳动关系自用工之日起建立。

第十一条规定，用人单位未在用工的同时订立书面劳动合同，与劳动者约定的劳动报酬不明确的，新招用的劳动者的劳动报酬按照集体合同规定的标准执行；没有集体合同或者集体合同未规定的，实行同工同酬。

【问题思考】

认真阅读上述"高校毕业生如何与用人单位订立劳动合同"中的相关内容，结合相关规定，对以下各项描述，你认为正确的在"□"中画"√"，认为不正确的在"□"中画"×"。

□用人单位自用工之日起即与劳动者建立劳动关系。
□用人单位有权了解劳动者与劳动合同直接相关的基本情况，劳动者应当如实说明。
□用人单位招用劳动者，可以扣押劳动者的居民身份证和其他证件。
□用人单位招用劳动者，可以以其他名义向劳动者收取财物。
□建立劳动关系，应当订立书面劳动合同。
□用人单位与劳动者在用工前订立劳动合同的，劳动关系自用工之日起建立。
□已建立劳动关系，未同时订立书面劳动合同的，应当自用工之日起半个月内订立书面劳动合同。
□用人单位未在用工的同时订立书面劳动合同，与劳动者约定的劳动报酬不明确的，新招用的劳动者的劳动报酬按照集体合同规定标准的80%执行。

【问题8-3】高校毕业生如何处理劳动人事纠纷

高校毕业生与用人单位之间发生劳动人事争议，可以通过协商解决。当事人不愿协商或协商不成的，可以向调解组织申请调解；不愿调解、调解不成或达成调解协议后不履行的，可以向劳动人事争议仲裁委员会申请仲裁；对仲裁裁决不服的，除了法律另有规定的，可以向人民法院提起诉讼。

高校毕业生对用人单位违反劳动保障法律法规的情况，可向人力资源社会保障部门举报、投诉，劳动保障监察机构将依法受理，纠正和查处有关违法行为。

【问题思考】
（1）高校毕业生与用人单位之间发生劳动人事争议时，可以通过哪些途径或方式来处理？
（2）高校毕业生对用人单位违反劳动保障法律法规的情况，可以采取什么措施？

【问题8-4】就业协议与劳动合同有哪些区别

就业协议与劳动合同是用人单位录用高校毕业生时所订立的书面协议，但两者分处相互联系的不同阶段，它们的区别主要在于以下几个方面。

（1）有效期不同。
就业协议从签约日至大学毕业生到用人单位报到、正式接收后就自行终止；劳动合同则是在用人单位正式接收大学毕业生后开始生效的。劳动合同一经签订，就业协议便失效。

（2）签订身份不同。
大学毕业生签订就业协议时仍然是学生身份，一旦签订了劳动合同便成为劳动者身份。

（3）合同主体和见证方不同。
就业协议涉及学校、用人单位、大学毕业生三方，三方相互关联但彼此独立；而劳动合同是双方合同，它由劳动者和用人单位两方的权利与义务构成。

就业协议是大学毕业生在校时由学校参与见证，与用人单位协商签订的，是编制大学毕业生就业计划方案和大学毕业生派遣的依据。劳动合同是大学毕业生与用人单位明确劳动关系中权利与义务关系的合同，学校不是劳动合同的主体，也不是劳动合同的见证方。劳动合同是大学毕业生上岗后从事何种岗位、享受何种待遇及相关的权利和义务的法律依据。

（4）签订的内容不同。
大学毕业生就业协议的主要内容为大学毕业生如实介绍自身情况，并表示愿意到用人单位就业，用人单位表示愿意接收大学毕业生，学校同意推荐大学毕业生并列入就业计划进行派遣，不涉及工作后应享有的权利和义务。劳动合同的内容涉及劳动报酬、劳动义务、劳动保护、工作内容、劳动纪律等，更为具体，劳动权利和义务更为明确。

（5）签订的先后不同。

一般来说，就业协议签订在前，劳动合同订立在后。如果大学毕业生与用人单位就工资待遇、住房等有事先约定，则可在就业协议备注条款中予以注明，日后订立劳动合同时对此内容应予认可。

（6）制定依据与生效机制不同。

就业协议不是劳动合同，因此不适用劳动法律，制定就业协议的依据是国家关于高校毕业生就业的法规和规定，它受《中华人民共和国民法典》《普通高等学校毕业生就业工作暂行规定》等民事法律的限定和保护。它是大学毕业生和用人单位关于将来就业意向的初步约定，对于双方的基本条件及即将签订劳动合同的部分基本内容大体认可，并经用人单位的上级主管部门及高校就业部门同意和见证，一经大学毕业生、用人单位、高校、用人单位主管部门签字盖章即具有一定的法律效应，是编制大学毕业生就业计划和将来可能发生违约情况时的判断依据。

而劳动合同受《中华人民共和国劳动法》和《中华人民共和国劳动合同法》的限定和保护，大学毕业生签字认可，用人单位签字盖章，即具有法律效应。

【问题思考】

就业协议与劳动合同在有效期、签订身份、合同主体和见证方、签订的内容、签订的先后、制定依据与生效机制方面有哪些区别？

【问题8-5】劳动合同中的劳动报酬怎么写比较好

《中华人民共和国劳动合同法》规定了劳动合同中的必备条款，其中劳动报酬部分涉及用人单位和劳动者的切身利益，因此显得尤为重要。

劳动合同中工资构成这部分，绩效工资是要具体体现其所占工资的百分比？还是工资总额包含绩效工资，不明确体现具体的绩效比例？

1. 第一种写法

甲方（指用人单位）将根据现行的工资制度与规定及乙方（指劳动者）的工作岗位确定乙方的劳动报酬，其内容由基本工资、津贴和奖金等组成。例如，乙方的试用期月收入为税前4000元，转正后月收入为税前5000元；年终奖金根据公司当年经营业绩及员工绩效考核来发放。

2. 第二种写法

甲方将根据现行的工资制度与规定及乙方的工作岗位确定乙方的劳动报酬，其内容是由基本工资、全勤奖、绩效工资和奖金等组成的。例如，乙方的试用期收入为4000元/月，转正后基本工资为2400元/月，全勤奖为600元/月，绩效工资为2000元/月；年终奖金根据公司当年经营业绩及员工绩效考核来确定。

以上两种写法，第一种比第二种好一些。为什么呢？第二种写法的主要问题是在工资构成上把每个项目都规定死了，如全勤奖、绩效工资这些实际上都存在变数，是不能把具体金额写入合同中的，万一出现问题，员工可能拿不到合同里规定的报酬，企业与员工之间还可能发生纠纷。

3. 第三种写法

试用期工资不低于甲方相同岗位最低工资的80%或本合同约定工资的80%，且不低于当地职工最低工资标准。试用期满后实行（填计时或计件或绩效）工资制度，每月基本工资××××元，其余根据考核情况来确定。当月工资在次月月底前发放。

4. 第四种写法

（1）乙方正常出勤，且在规定工作时间内能把甲方安排的工作任务保质保量完成，即有权获得劳动报酬。

甲方实行岗位绩效工资制度，乙方的工作收入是在岗位工作的基础上，加奖金和津贴。甲方根据乙方的工作岗位和实际技术业务水平，确定乙方的岗位工资收入标准为××××元；乙方奖金与其工作数量和质量及出勤率等挂钩；津贴按国家和公司的相关规定执行。其中，试用期的工作收入为×××元/月。

（2）甲方发薪期为当月或次月的×日至×日。甲方对劳动报酬的支付延迟有合理解释的，不属于对乙方工资的拖欠。工资按照甲方规定的方式支付。

（3）本条第（1）款所列乙方收入为税前收入，乙方应依法缴纳个人所得税。

（4）甲方有权根据自身经营状况、经济效益及乙方的业务能力、绩效情况、岗位地点变化等对乙方的劳动报酬进行合理调整，即提高或降低，且乙方对甲方的决定没有异议。

（5）奖金和津贴的执行以甲方内部规章制度为依据。甲方有权根据需要制定奖金和津贴制度并对其进行修改、完善或废止。

【问题思考】

了解劳动合同中劳动报酬的4种写法后，思考以下问题：

（1）哪种写法比较完善、全面，对用人单位和劳动者都公正、公平？
（2）哪种写法存在较多的不确定性问题？
（3）哪几种写法对用人单位更有利一些？
（4）哪几种写法对劳动者更有利一些？

【交流探讨】

【话题8-1】高校毕业生签订就业协议时应该注意的细节问题

高校毕业生签订就业协议时应该注意以下细节问题：

（1）就业协议是由大学毕业生、用人单位和学校三方就大学毕业生就业方向签订的一种协议，由三方共同签署后生效，对签约的三方都有约束力。大学毕业生与用人单位经过双向选择达成就业意向后，必须签订学校统一发放的《高校毕业生就业协议书》，大学毕业生与用人单位签订的其他就业协议无效。避免签订"虚假"或"无效"的就业协议。

（2）就业协议在大学毕业生到用人单位报到、用人单位正式接收后自行终止。大学毕业生到单位报到后，应当在一个月内要求单位签订正式的劳动合同。

（3）签订就业协议的当事人必须具备合法的主体资格。对大学毕业生而言，就是必须取得毕业资格，如果大学毕业生在派遣时未取得毕业资格，则用人单位可以不予接收而无须承担法律责任。

（4）用人单位名称要有效，要看用人单位名称是否与单位的有效印鉴上的名称一致，如不一致，那么就业协议视为无效。

（5）专业名称要有效，大学毕业生填写自己的专业名称时，要与学校教务处的专业名称一致，不能使用专业名称的简写。

（6）试用期与见习期的时间要明确。外企、合资企业、私企一般采用试用期，根据合同期的长度，可以为1~3个月，通常试用期为3个月，不得超过6个月。国家机关、高校、研究所一般采用见习期，通常为1年。试用期和见习期只取其中之一，将另一项划去。

（7）不少单位为了留住大学毕业生，以高额违约金约束大学毕业生。大学毕业生和用人单位双方协定违约金，在协商中最好不约定违约金，或力争将违约金降到最低，通常违约金不得超过5000元。

（8）现行的大学毕业生就业协议属于格式合同，但备注中允许三方另行约定各自的权利和义务。为了防止用人单位承诺一套、另做一套，大学毕业生可将签约前达成的休假、住房、保险等福利待遇在备注中说明。如发生纠纷，则可以及时向法庭举证，维护自己的合法权利。

（9）签订就业协议时，必须严格按照规定的步骤进行。等用人单位填写完毕并盖章后再到学校就业部门鉴证盖章。切忌自己填写完毕就直接到学校毕业生就业部门盖章，以免用人单位最后填写时与承诺的不一致。如用人单位在填写工资待遇时与过去承诺的不同，引起大学毕业生不满，但因为其和学校都已经签字盖章，要么被迫接受，要么就被迫违约，赔偿用人单位。

（10）如果大学毕业生单方违约，则应当通过与用人单位协商来解决问题。

【话题探讨】

以下有关高校毕业生签订就业协议的各项描述，你认为正确的在"□"中画"√"，认为错误的在"□"中画"×"。

□大学毕业生与用人单位经过双向选择达成就业意向后，大学毕业生与用人单位签订《高校毕业生就业协议书》之外的其他就业协议无效。

□就业协议在大学毕业生到用人单位报到、用人单位正式接收后自行终止。

□如果大学毕业生在派遣时未取得毕业资格，用人单位可以不予接收而无须承担法律责任。

□当用人单位的名称与单位的有效印鉴上的名称不一致时，就业协议视为无效。

□就业协议中的专业名称可以使用简写名称。

□在就业协议的"备注"中允许三方另行约定各自的权利和义务。

□就业协议要等用人单位填写完毕并盖章后再到学校就业部门鉴证盖章。

□如果大学毕业生单方违约，那么应当通过与用人单位协商来解决问题。

【话题8-2】大学毕业生签订劳动合同的关键环节与注意事项

职场中，求职者面对激烈的就业竞争，"过五关，斩六将"，好不容易脱颖而出，拿到心仪企业的 Offer，但在签订劳动合同时，却可能因不懂法或一时马虎，让自己的合法权益受到损害。

因此，订立一份合法、规范的劳动合同就显得格外重要，这样才能保护我们自身的合法权益，并使劳动关系变得和谐。

【话题探讨】

认真阅读以下"大学毕业生签订劳动合同的关键环节与注意事项"中的相关内容，对大学毕业生签订劳动合同的关键环节与注意事项展开讨论：

（1）劳动合同中应包括哪些要件？

（2）劳动合同中要明确的重要条款有哪些？

（3）对签订劳动合同的时间、份数、盖章有何具体要求？

（4）在《中华人民共和国劳动合同法》中，有关劳动合同的内容变更与解除是如何规定的？

（5）什么情况下可以拒签劳动合同？

大学毕业生签订劳动合同的关键环节与注意事项

以下介绍求职者在签订劳动合同时需要把握的关键环节和注意事项，以便保护我们自身的合法权益，并使劳动关系变得和谐。

1. 劳动合同要件要齐全

2020年8月，刚毕业的大学生蔡同学到一家房产开发公司应聘。当时双方口头约定，公司除了包吃住，每月付给他工资4600元。但蔡同学实际拿到的月工资只有3000元。他开始以为自己是在试用期内，所以工资要低于约定的数字，所以没有太在意。可过了数月之后，他每个月到手的工资仍然只有3000元。蔡同学和公司对劳动报酬出现争议。

由于没有签订书面劳动合同，所以，双方对工资数额各执一词。后经人民调解委员会多次调解，公司与蔡同学最终达成协议，即由公司按每月4600元的标准向蔡同学补发工资差额。

《中华人民共和国劳动合同法》第十条规定，建立劳动关系，应当订立书面劳动合同；第十七条规定，劳动合同应当具备以下条款：用人单位的名称、住所和法定代表人或者主要负责人；劳动者的姓名、住址和居民身份证或者其他有效身份证件号码；劳动合同期限；工作内容和工作地点；工作时间和休息休假；劳动报酬；社会保险；劳动保护、劳动条件和职业危害防护；法律、法规规定应当纳入劳动合同的其他事项。

2. 工作时间与工作条件约定要明确

劳动者工作时间与工作条件要明确。有的劳动者为多挣钱，默认了企业严重超时的加班加点，这是违反劳动法的，现在越来越多的工资争议案就是由此引发的。另外，工作环境有毒有害，尤其是制革、制鞋、机械加工行业，都要在合同中对环境危害可能造成的伤害明确表达出来。

2020年5月，张某应聘到一家网络公司工作。由于外接工程多，所以，他们在施工的过程中平均每天都要加班4个多小时。然而，连续工作3个月后，公司竟然没有支付加班费。

为维护自己的合法权益，张某向劳动争议仲裁机构申请仲裁。之后，又向法院提起诉讼，法院支持了他的诉讼请求。

《中华人民共和国劳动合同法》第三十一条规定，用人单位应当严格执行劳动定额标准，不得强迫或者变相强迫劳动者加班。用人单位安排加班的，应当按照国家有关规定向劳动者支付加班费。

《中华人民共和国劳动法》规定，劳动者每日工作时间不超过八小时，平均每周工作时间不超过四十四小时。如果在每日八小时之外延长工作时间，则用人单位应当向劳动者支付不低于工资百分之一百五十的工资报酬；如果在休息日安排工作又不能安排补休，则须支付不低于工资百分之二百的工资报酬；如果在元旦、春节等法定休假日安排劳动者工作，则应支付不低于工资百分之三百的工资报酬。

3. 工作内容与具体地点要明确

劳动者要弄清自己的具体工作，并在劳动合同中注明工作内容和具体地点。

丁同学家住北京市海淀区四季青桥附近，她到离家很近的一个连锁超市应聘就职。过了一段时间，单位将她调到北京市大兴区的连锁店工作，因而发生纠纷。因劳动合同中只写了丁同学要在北京工作，而这起劳动争议案的焦点是劳动合同约定的工作具体地点不详，导致败诉。

赵同学应聘某汽车厂担任总装调试工，这是技术活儿，工资较高；后来，企业将他调到一个非技术的低薪岗位，他不愿意干，与企业出现劳动争议后，发现劳动合同上写的是担任"操作工"，这是一个范畴很广的工种，没有明确具体的工作性质，导致败诉。

4. 劳动报酬要明确

劳动合同中最重要的约定莫过于工资条款。对用人单位而言，劳动者工资与其收益是此消彼长的关系，没有签订书面劳动合同，或在订立劳动合同时粗枝大叶，很容易给用人单位创造随意降低劳动者工资的机会。

现实中，用人单位通常会采用格式化的合同范本，但对工资条款会进行修改，或者将工资条款笼统地规定为：参照国家有关发放工资标准或公司工资有关规定执行。经如此"模糊处理"后，用人单位就可以根据自己的需要增减员工工资，一旦出现争议就拿该工资条款当"挡箭牌"。

石同学被某酒店录用为正式员工，在签订劳动合同时，她没有细看就签了字。发工资时，她发现自己的月工资标准只有2200元，跟酒店口头承诺的工资标准相差甚远。

石同学找到老板理论时，老板拿出劳动合同说："工资条款中明确约定'工资按照国家有关标准执行'。当时本市的最低工资标准就是每月2200元，酒店发放工资的标准符合约定。"直到此时，石同学才发现劳动合同中的工资条款约定不明确，让酒店钻了空子。

劳动报酬的支付方式与支付时间也要明确，是现金还是通过银行支付到账户中。有的单位采用扣发员工一个月工资的方法留住员工，这种行为不具有法定效力。如果劳动合同终止后，用人单位拒绝提供被扣发的劳动报酬,那么劳动者可以通过劳动仲裁解决问题。

劳动报酬一定要明确,如标准工资是多少?有没有奖金?奖金是根据什么标准发放的?这些数据一定要在劳动合同中体现,不要轻信口头承诺。

郭同学到一家私企工作,合同上写的工资是每月4000元,公司承诺他每月能拿到5000元的工资。工作几个月后,郭同学拿到的工资还是每月4000元,因而发生纠纷。最后,因口说无凭,郭同学没有拿到他希望的工资。

因此,职场新人或变更工作单位的劳动者在签订劳动合同时,要尽可能详细地阅读、理解合同条款。在约定劳动报酬时,尽量写明工资标准、支付周期、支付方式等内容。

5. 社会保险要约定

有的企业以"不办社保可以多领工资"的说法来误导劳动者主动选择放弃社保。必须提醒劳动者:对于社保问题要有长远的考虑,工作时间越长,这个问题就越大,它涉及养老问题;一旦发生工伤、意外等,快速的解决方式是通过劳动者购买的社会保险,走工伤保险补助的绿色通道。因此,有社保就等于有保障。

6. 试用期限要合法

经过层层筛选,曾同学被一家食品公司录用。公司负责人对她说:"按照公司规定,凡新录用的职工都要先签订半年的试用合同,试用期月工资为3600元,试用合格后再签订正式的劳动合同。"

曾同学提出,她要与公司签订两年期限的劳动合同,该负责人答复道:"只有试用合格后才能签订劳动合同,现在不谈签订劳动合同的事。"

《中华人民共和国劳动合同法》第十九条规定,劳动合同期限三个月以上不满一年的,试用期不得超过一个月;劳动合同期限一年以上不满三年的,试用期不得超过二个月;三年以上固定期限和无固定期限的劳动合同,试用期不得超过六个月。同一用人单位与同一劳动者只能约定一次试用期。以完成一定工作任务为期限的劳动合同或者劳动合同期限不满三个月的,不得约定试用期。试用期包含在劳动合同期限内。劳动合同仅约定试用期的,试用期不成立,该期限为劳动合同期限。

该食品公司不说明要签订的劳动合同的期限有多长,就想对曾同学进行试用,这种做法是严重违反法律规定的。事实上,曾同学遇到的情形一旦实施,公司就不仅仅是违反试用期规定了,其面临的将是支付两倍工资的惩罚。对曾同学来说,如果愿意继续在该食品公司上班,那么,在签订劳动合同时就一定要在合同条款中对试用期做出明确约定。在试用期满之际,如果该食品公司在毫无理由的情况下提出延长试用期,那么曾同学一定要勇敢说不,不要为保住工作而妥协。

7. 合同条款要看懂

签订劳动合同时,必须仔细阅读合同条款,无异议后再签字。如果用人单位在签订劳动合同时催促你赶紧签字,还忽悠你说"劳动合同都是统一的,大家都这么签",则肯定有猫腻。如果是合法的劳动合同,那么有什么不能让人看的呢?

8. 单位的基本情况要清楚

签订劳动合同时,劳动者首先要弄清单位的基本情况,要判断其是否为合法企业,要知道其法人代表的姓名、单位地址、电话,这些信息可以通过上网查询工商登记信息获取,同时,要将这些内容明确写在劳动合同中。

9. 签订劳动合同要及时

如果用人单位自用工之日起超过一个月、不满一年未与劳动者签订书面劳动合同的话,则应当向劳动者每月支付两倍的工资。

10. 劳动合同要盖章

劳动合同要盖企业公章才具有法律效力。很多企业会让员工先签字,然后迟迟不把盖章后的劳动合同还给大家。一般超过一周不给，就要主动去问。千万不要因为公司以"走流程"为理由，直到试用期已过，但还没盖章，就莫名其妙地白干两个月。

11. 劳动合同要一式两份

劳动合同是证明劳动者与用人单位之间存在劳动关系（及工作相关事宜）的凭证，劳动合同必须一式两份，劳动合同盖章后，劳动者本人和用人单位要各保管一份。劳动合同是发生劳动争议时，劳资双方可出具的最直接、最有效的法律凭证。在办理工伤案件时，因劳动者手里没有劳动合同，要求用人单位赔偿而遭到拒绝的案例不在少数。有的企业在劳动合同签订后，把两份劳动合同都收走，发生争议时，劳动者手里没有劳动合同，该企业会不承认有此人。

12. 劳动关系的证据要保留

即使签订了劳动合同，仍要保存好能够证明劳动关系的证据，如工资条、入职面试字条、工作证件、体检表格、单位签字等。发生劳动纠纷时，应第一时间保留证据，寻求法律帮助。可提前向人事部门要你的考勤打卡记录，保存好工作邮件、企业邮箱等截图，打印工资银行流水，即收集一切证明你与公司存在劳动关系的证据，然后到公司所在地的劳动人事争议仲裁机构申请劳动仲裁。

提出劳动仲裁后，可能会遭到部门领导或 HR 人员的恶意恐吓，让你觉得从此在行业里混不下去了。千万别轻易退缩，要敢于提出自己的合理要求。因为企业也不愿意仲裁，更不愿意因为劳动纠纷被员工在互联网上匿名爆料或向媒体曝光。

通常企业会软硬兼施后提出友好解决（私了），如果企业给予的赔偿合理，那么可以考虑接受私了，留下宝贵的时间找更好的工作。

13. 变更内容要合法

吴某在一家市政服务公司做电焊工作。按照劳动合同约定，他预交了 3000 元保证金。劳动合同履行一个月后，公司以工作需要为由，要求他放弃电焊工作而改做绿化带养护工作。

吴某不同意公司的安排，在多次协商无果的情况下，他向公司所在地的劳动人事争议仲裁机构申请劳动仲裁，并要求解除劳动合同。劳动人事争议仲裁机构审理后支持了他的要求，同时要求公司退还其保证金并支付违约金 3000 元。

《中华人民共和国劳动合同法》第三十五条规定，用人单位与劳动者协商一致，可以变更劳动合同约定的内容。该公司在履行劳动合同一个月后，单方面要求吴某改换工种的做法，明显违反了合同约定，故应当承担相应的违约责任。

14. 解除劳动合同要合法

潘同学应聘到某皮革厂工作，并与厂里签订了为期两年的劳动合同。一天，潘同学在工作中右臂不慎被轧伤。伤愈出院后，厂方告知潘同学，他已被除名。

在多次协商未果的情况下，潘同学向劳动争议仲裁机构申请仲裁。仲裁机构审理后裁决皮革厂继续履行合同、负担医疗费用。皮革厂不服该裁决，向法院提起诉讼。法院经审理，做出与裁决内容一致的判决。

按照《中华人民共和国劳动合同法》第三十九条、第四十条、第四十一条的规定，对于劳动合同的解除有以下三种情形：一是因劳动者不符合录用条件、有严重过错或触犯刑律等，用人单位可以随时通知劳动者解除劳动合同；二是因劳动者不能胜任工作或因客观原因致使劳动合同无法履行，用人单位可以提前通知劳动者解除劳动合同；三是因经济性裁员，用人单位按照法定程序与被裁减人员解除劳动合同。

潘同学的情况不符合用人单位解除劳动合同的条件，因此，法院依法判决其胜诉。

15. 拒签空白的劳动合同

部分企业为应付检查拿出空白的劳动合同，先让劳动者签名、按手印，走一个过场，劳动者也不拿空白的劳动合同当回事，有的甚至没有盖章。一旦出现争议，因为这类合同是无效的，故劳动者的维权成本高昂。

16. 内容不合法的劳动合同要拒签

如女职工不得结婚生育、因工负伤的"工伤自理"，要求劳动者签订"生死契约"等，这些条款在法律上无效，劳动者可以拒签。

【训练提升】

【训练8-1】节假日加班，工资该怎样计算

2021年清明节放假调休时间为4月3日—5日共3天，如果企业中的员工在清明节假期加班，工资该怎样计算呢？

4月4日清明节当天加班为法定节假日加班。实行标准工时工作制或综合计算工时工作制的，用人单位安排劳动者在法定节假日工作的，应当按照不低于本人日或小时加班工资计发基数的300%支付加班工资，且不得以补休代替。计算公式为：法定休假日加班工资=加班工资的计发基数÷21.75×300%（21.75天为平均每月计薪天数）。

4月3日和4月5日加班为休息日加班。用人单位安排劳动者在休息日工作的，应首先安排其补休，补休时间不得少于加班时间。实行标准工时工作制的，用人单位若不能安排补休，则应支付不低于劳动者本人正常工作时间工资两倍的加班工资，日加班工资计算公式为：休息日加班工资=加班工资的计发基数÷21.75×200%。实行综合计算工时工作制的，劳动者在综合计算周期内的实际工作时间不应超过总法定标准工作时间，超过部分视为延长工作时间，用人单位应按150%支付劳动者加班工资。

如果企业中的员工在当年的元旦、"五一"国际劳动节、国庆节假期加班，查看当年有关部门的节日放假通知，以确定实际放假日期，然后将加班日期区分为法定节假日加班、休息日加班。如果用人单位不能安排补休，则分别计算法定休假日加班工资和休息日加班工资。

【训练8-2】大学生毕业时要办理的手续与要注意的问题

大学毕业生离开学校进入职场，是需要办理相关就业手续的。随着就业、落户政策的进一步宽松，就业手续的不断简化，许多大学毕业生更关注自己能不能找到一份好工作，而对就业中所涉及的户口、档案等问题不够重视，会引发一系列问题。

1. 需要准备的材料

（1）毕业生学籍材料；

（2）毕业生登记表；

（3）个人简历；

（4）证书的扫描复制件。

2. 签订就业协议与派遣

（1）就业协议；

（2）派遣；

（3）二次派遣。

3. 办理就业报到证取消后相关衔接事宜

4. 办理户口迁移证

5. 转递与管理学籍档案

6. 签订劳动合同

7. 人事代理

8. 办理社会保险

认真阅读以下"大学生毕业时要办理的手续与要注意的问题"中的相关内容，对照大学生毕业时要办理的手续和注意的问题，尽快熟悉以下办事流程。

（1）找到正式工作的办事流程。

签订就业协议→办理就业报到证取消后相关衔接事宜→迁移户口→转递学籍档案→入职并签订劳动合同。

（2）暂未找到工作的办事流程。

申请暂缓就业→继续找工作→逾期未找到→档案迁移，办理存档。

（3）"暂缓就业"的申请和取消。

①"暂缓就业"的申请。

可以由个人向学校提出暂缓就业申请，经学校统一审批后，上报上级毕业生就业指导机构批准，签订暂缓就业协议。

②"暂缓就业"的取消。

到就业单位，按照就业相关的规定办理即可。

大学生毕业时要办理的手续与要注意的问题

大学毕业生离开学校进入职场，是需要办理相关手续的。

1. 需要准备的材料

早做准备的人机遇更多。

（1）毕业生学籍材料。

学习期间的成绩单及双学位或辅修成绩单。

【提醒】

毕业生学籍材料由教务部门提供，由各院系负责毕业生档案工作的老师统一将上述材料在大学毕业生离校前期归档。

（2）毕业生登记表。

毕业生登记表即高等学校毕业生登记表。

【提醒】

毕业生登记表涉及学生的相关信息及其在校期间的经历，是证明大学生从学校顺利毕业的一份重要材料。

（3）个人简历。

简历是毕业生向就业单位提供的个人详细资料说明。简历主要包括个人基本信息、专业、个人工作简历、获得的证书等。

【提醒】

简历一定要简洁，突出个人能力，不要夸大其词。

（4）证书的扫描复制件。

一定要对自己的所有证书进行扫描，并以电子文档方式保存。

2. 签订就业协议与派遣

（1）就业协议。

学校是凭就业协议来派遣大学毕业生的。学校依据就业协议中的内容开出户口迁移证，同时转移学生档案。一般学校会要求大学生在规定的日期（如每年6月底）之前上交就业协议，学校再以就业协议为依据进行派遣，如果超过这一时限，学校会把学生的关系和档案一并派回原籍。

不想回原籍的大学生必须清楚自己是否符合要去的地方的落户条件。

如果你不符合某个城市的落户条件，又想到这个城市工作，则可以先将关系返回原籍，在原籍落户，到原籍人才中心存放人事档案，然后出来工作，等条件成熟后再办理人才引进相关手续。这样，你就不会遇到一些不必要的麻烦。

（2）派遣。

派遣就是用人单位接收大学毕业生户口档案关系并签订就业协议，学校直接将毕业生的户口和档案转至用人单位的一种形式，即一次性就业。

【提醒】

①派遣与签订就业协议的就业形式相对应，即对签订就业协议的毕业生采用派遣方式。②向毕业生发放户口迁移证，将户口和档案转至用人单位。

（3）二次派遣。

二次派遣又叫二分，是指毕业时大学生仍未落实工作单位，或者落实的工作单位不接收户口和档案，同时也无国内升学等其他去向，学校将其派遣回生源省区，由生源省区的毕业生就业主管部门负责在省内为其办理推荐、派遣等与就业相关的工作。

【提醒】

二分与签劳动合同、开具用人单位证明、自主创业、自由职业等就业形式相对应，毕业时户口迁移证中的单位名称为生源地就业主管部门。

3. 就业报到证取消后的衔接措施

2023年5月五部门联合发布的《关于做好取消普通高等学校毕业生就业报到证有关衔接工作的通知》提出了一系列衔接措施。

一是建立去向登记制度。教育部门建立高校毕业生毕业去向登记制度，作为高校为毕业生办理离校手续的必要环节。

二是明确户口迁移要求。高校毕业生户籍可以迁往就业创业地（超大城市按现有规定执行），也可以迁往入学前户籍所在地。

三是明确档案转递衔接。2023年起，组织人事部门和档案管理服务机构在审核和管理人事档案时，就业报到证不再作为必需的存档材料，之前档案材料中的就业报到证应继续保存，缺失的无须补办。

四是明确报到入职流程。用人单位可凭劳动（聘用）合同或就业协议（含网签协议）或普通高等教育学历证书或其他双方约定的证明材料，为高校毕业生办理报到入职手续。

五是明确信息查询渠道。用人单位、户籍和档案接收管理部门、公共就业人才服务机构在办理招聘录用、落户、档案接收转递等业务时，可通过查看学历证书、劳动（聘用）合同（就业协议、录用接收函）等，或通过全国高校毕业生毕业去向登记系统，查询离校时相应毕业去向信息。高校毕业生和有关单位可通过中国高等教育学生信息网查询和验证高校毕业生学历、学位信息。

要根据学校工作安排，办理就业报到证取消后相关衔接事宜。

4. 办理户口迁移证

户口迁移证是办理居民身份证、护照、签证、公证、购房保险、结婚、生育等事宜的必备材料，是大学生毕业时其户口从学校所在地派出所迁出的证明，直接关系到个人学习、工作和生活的各个方面。不管大学毕业生到哪里，都要在规定时间内把户口落下来，不要把户口迁移证一直放在口袋里。

不能将户口迁移证丢失，如果丢失则在报刊上刊登遗失声明，然后到户籍迁出地派出所补办。

【提醒】

①入学时户口迁到学校的毕业生，如果毕业时不主动迁出到目的地，学校一般会将户口打回

原籍。②迁移时，由学校所在地派出所开具户口迁移证，毕业生在其上注明的有效期内，带上户口迁移证和其他材料，到户口迁移证上的地址办理落户手续。③入学时户口未迁到学校的毕业生，按照工作所在地户籍管理要求到原籍所属公安机关办理户口迁移手续。④工作单位无法接收户口又不想迁回原籍的毕业生，可通过人事代理的方式把户口转到正规的人才市场，具体办理手续应咨询人才市场。

如何迁户口？

（1）户口在学校。

毕业时，可将户口迁到单位所在地、生源地、人才中心集体户，回生源地或用人单位报到。

（2）户口不在学校。

回生源地，把户口迁到用人单位所在地、人才中心集体户，或者不迁户。

5. 转递与管理学籍档案

档案指人事档案，也是人事管理和服务的依据。它与职称评定、办理各种人事手续、工龄计算、养老等有关。

真正能证明你学习经历的就是你的档案。档案里有各个时期的学籍卡、成绩单、在校期间表现、各方面的评语、奖惩情况，还有党团材料等。这些都是原始材料，不可复制，毕业生一定要重视自己的档案。

最好将档案交给各级人才交流机构保管，因为这些机构是专门管理档案的。档案存放在人才交流中心，既安全又方便。

【提醒】

毕业前档案由学校有关部门负责管理，签订了就业协议的，学校会根据就业协议来转移档案。

对考上村官的大学毕业生，合同期内，档案会转到当地人力资源公共服务机构保管。

对暂时没有找到工作的大学毕业生，可以申请暂缓就业，档案可由学校代为保管两年。逾期（超过两年）还没有找到工作的，档案转至生源地，需要毕业生及时办理存档。档案不允许个人保管。

对毕业后自主创业的大学毕业生，把户籍信息提供给学校，学校将档案转给人力资源服务机构，之后自己去办理个人委托存档。

在这里，提醒大家在档案转递时要注意以下几点：

①在没有搞清楚用人单位是否具有人事管理权之前，不要把档案转到用人单位，应该把档案转到用人单位所在地的人才交流中心。人才交流中心的工作人员经常碰到一些没有档案管理权的单位却在接收档案，个别单位甚至把大学毕业生的档案弄丢了，还有一些单位则为了防止大学毕业生跳槽而将档案扣住不放。

②要询问清楚用人单位的性质，如果是国家机关、国有事业单位、国有企业，那么这些单位或这些单位的主管部门是有人事管理权的，可以接收档案。其他各类非公企事业单位、各类民营机构是无人事管理权的，要通过人才交流中心来接收大学毕业生，大学毕业生的档案要放到人才中心。

③档案的转递是有规定程序的，在离开学校之前最好弄清楚你的档案在什么时间被转到了哪里。因为在现阶段，主管毕业生分配的单位还没有统一，各个城市的情况不一样，档案有的放在人事局，有的下放在人才交流中心，有的放在教育局，还有的城市成立了专门的分配办等。档案转进转出比较麻烦，最好做到一步到位。

6. 签订劳动合同

一般来说，大学毕业生在办理报到手续后，就可与用人单位签订劳动合同。劳动合同是劳动者与用人单位确立劳动关系，明确双方权利和义务的书面合同，也是维护劳动者和用人单位合法权益的法律保障。

现在使用的劳动合同一般是由劳动部门统一印制的格式合同，里面的必备条款有：①劳动合同期限；②工作内容；③劳动保护和劳动条件；④劳动报酬；⑤劳动纪律；⑥劳动合同终止条件；⑦违反劳动合同的责任；⑧双方还可以协商约定劳动合同补充条款。其中违反劳动合同的责任条款比较重要，因为《中华人民共和国劳动法》规定，双方可以协商约定责任的认定、赔偿的范围、计算方法和承担方式，用人单位提供的合同补充条款中常有这方面的约定，对这些要做到心中有数。

有些单位包括一些事业单位（如医院、学校等），为了保证大学毕业生在该单位长期工作，约定了很多提前解约的赔偿条款，务必认真对待。大学毕业生提前辞职的赔偿责任不应当过高，一般不应当超过大学毕业生的年工资。

7. 人事代理

人事代理指政府人事部门所属人才交流机构，接受用人单位或个人的委托，为其提供系列的人事管理服务，负责保管人事关系档案、考评技术职务、调整档案工资、核定工龄、接转党团组织关系等。

【提醒】

继续考研、出国、自由职业和灵活就业的大学毕业生，或者未就业而打算继续就业的大学毕业生，最好在生源地采用人事代理的方法来保管自己的户口和档案。

8. 办理社会保险

社会保险是由国家通过立法，多渠道筹集资金，对劳动者在因年老、失业、生病、工伤、生育而减少劳动收入时给予的经济补偿，从而使他们能够享有基本生活保障的一项社会保障制度，主要包括养老保险、失业保险、医疗保险、工伤保险和生育保险等项目，具有强制性的特点。

如果你是到国家机关、国有企事业单位工作，那么一般来说不用过多地考虑这个问题；如果你是到私营企业、民营机构或被聘用到不占其行政编制的机关事业单位工作，那么你就得提出这个问题，至少要提出参加基本养老保险和大病医疗保险。部分单位没有为员工上基本养老保险，这是违反《中华人民共和国劳动法》的。大学毕业生应尽力争取自己的权利，在暂时没有工作的情况下，也别忘了以个人名义参保。

除了以上列举的问题，也许还会遇到其他问题。应届毕业生最好到各地人才交流中心委托办理人事代理。一些大学毕业生在非公企事业单位工作多年以后，忽然发现自己的人事关系仍无着落；有的虽然与工作单位签了劳动合同，但没有到人才交流机构办理有关手续，致使自己的工龄、档案、保险等受到影响，职称不能及时申报，各类证明如考研证明、出国政审等没地方开具。有的大学毕业生认为，只要有工作，管它什么工龄、身份、档案、保险都不重要；有的大学毕业生认为，反正现在不包分配，因此不到毕业生分配部门报到，有没有人事关系也无所谓，到有一天需要某方面材料时就手忙脚乱，以致错过很多就业机会。

模块9　成功转换角色与适应职场环境

　　一边是企业求贤若渴，另一边是大学毕业生找工作越来越难，企业究竟具备什么样的特质才能赢得大学毕业生的青睐？而大学毕业生又应该具备什么样的素质才能被企业所赏识？如何才能跨越横亘在企业与大学毕业生之间现实与理想的鸿沟？

　　心理学研究表明，大部分人对工作所秉持的态度可以分为三种，即差事、职业、事业。

　　如果你把工作当成一份差事，只为了赚钱才做这份工作，那么你的工作态度可能会比较消极，上班的时候会常看时间，希望周末赶快到来。

　　如果你把工作当成一份职业，那么你会定下目标，希望自己能从工作中得到升迁及名誉。你会努力追求这些目标，有时还会把工作带回家，因为你一心只想把工作做好。不过，有时你会想，自己为什么要工作得这么辛苦呢？

　　如果你把工作当成一份事业，那么你会觉得自己的工作就是在实现自己的抱负。你会在工作中感受到快乐，你不会总是期待下班的时刻，也不会总是期待周末的到来，你或许连工作有没有酬劳都不在意，一直努力地工作。

　　显然，第一种是我们很多人都会竭力避免的，因为那样的工作状态，使工作变成一种束缚；而第三种是我们很多人都渴望的，因为那样的工作状态，使工作成为一种使命。作为初入职场的新人，要避免把工作当作差事，应将工作当作事业。

【分析思考】

【案例9-1】你不理职，职不理你

【案例描述】

　　【案例1】庄同学毕业于某大学的广告专业。在校期间，他曾在一家公司实习。由于庄同学设计的广告具有创意，便获得该公司参加网络广告大赛的资格，并获得一等奖。毕业后，在一家外企的招聘会上，他凭借该获奖证书成功应聘为该外企的员工。上班的第二天，上班签到的时间已过，他才赶到单位，并慢悠悠地走进办公室，还一脸傲气，这让经理感到非常不满。经理问他："你知不知道公司的上班时间？"他回答道："不就是迟到一点嘛，只要能创作出好的广告作品就行。""不，"经理斩钉截铁地回答道，"没有铁的工作纪律与好的工作作风，如何能创作出好的作品？"凭这一股子盛气和傲气，他在这里只干了三天，就被公司"炒鱿鱼"了。

　　【案例2】一家大型公司正在举行招聘会，其丰厚的待遇吸引了很多前来应聘的大学毕业生。有三位大学毕业生崔同学、祝同学、苑同学均通过了第一关。主考官端坐在桌子前，正在进行着最后的拍板。他出了一道题：用不足30个字来形容你与公司之间的关系。让这三位同学来回答。崔同学看了看，挥笔就在纸上写下：公司是一棵大树，我是大树底下的一片荫凉，有道是，大树底下好乘凉。祝同学是这样写的：公司是太阳，我是地球，地球绕着太阳转。苑同学想了想，提笔写下：公司是大海，我是一颗小水珠，我只有在大海里才能永远不干。主考官当即决定录取苑同学。

【案例分析】

　　案例1中的庄同学，看起来有点不知天高地厚，他认为自己有才能、有本事，却忽略了公司的工作纪律，没有职场上应有的工作作风，一副懒散、盛气凌人的样子，让其经理无法接受。事实上，不想当"自由人"，进职场就得约束自己，这是最起码的要求，做不到的话就只能被"炒鱿鱼"。

　　案例2中的苑同学认为，公司与个人是大海和小水珠的关系。一颗小水珠在我们的眼里实在

是太渺小了，但波澜壮阔的大海却是由无数颗小水珠构成的。一个能将自己比作一颗小水珠的人，他的心态一定是平和的。

求职的路上艰险重重，一定要去掉那些孤傲自大和心浮气躁，找一找做一颗小水珠的感觉，即放低心态。你不理职，职不理你；你若爱职，就得低调。

【案例9-2】坚持站好最后一班岗

【案例描述】

米琳同学大学毕业后来到南方工作，通过面试，她和另外两个女生被一家公司录取，试用期为一个月，期满合格将被正式聘用。

米琳同学和那两个女生都很努力。干到第29天时，公司按照她们三人的工作能力，一项项给她们打分。结果，米琳同学虽然表现优秀，但得分仍然比另外两个女生低。公司王经理托部下通知米琳同学："明天是你最后一天上班，后天就可以结账离开了。"

最后一天上班时，两个留用的女生和其他人都关心地对米琳同学说："反正公司明天会发给你一个月的工资，今天你就不必上班了。"米琳同学笑道："昨天的工作还有点没做完，我干完那点工作，再走也不迟。"到了下午三点，米琳同学最后的工作做完了。又有人劝她早点下班，可她笑笑，不慌不忙地把自己工作过的桌椅擦得干干净净、一尘不染，并和大家一同正点下班。她感觉自己很充实，站好了最后一班岗。其他员工见她这样做都非常感动。

第二天，米琳同学到公司的财务处结账，结完账，她正要离开，正好遇见王经理。王经理对她说："你不要走，从今天起，你到质量检验科去上班。"米琳同学一听，惊住了，她不相信会有这种好事。王经理微笑着说："昨天下午我暗中观察了你好久，你对工作认真负责。正好，公司的质量检验科缺一位质检员，我相信你到那里一定会干得很好。"

【案例分析】

有一种美丽叫坚持。滴水之所以穿石，是因为坚持；雄鹰之所以飞上蓝天，是因为坚持；石头缝里的小草之所以茁壮成长，也是因为坚持。

坚持使人成功，成就辉煌。从那些取得杰出成就的人身上，我们不难发现他们有一个共同点，那就是坚持。只有始终坚持正确的方向才有可能达到目标。坚持未必一定能成功，但没有恒久的坚持则注定要失败。一两天、一两年的坚持容易，难的是长久的坚持。

没有一种成功能一蹴而就。人生必然经历无数次的失败和挫折，经历无数次的磨难与考验。坚持能赋予人战胜困难的信心，让人积蓄力量、蓄势待发，提升一个人的精神境界。

坚持并不等于固执。只有在正确的道路上走下去才能保证成功，如果在坚持之前没有经过充分考虑，过度夸大坚持的作用，那么就成了固执。意大利著名诗人但丁曾经说过：走自己的路，让别人说去吧。在这句话里不仅包含文艺复兴运动所提倡的人文主义精神，而且包含追求真理的决心和毅力。

坚持是一种不可多得的美德。生活中我们凡事要善始善终，要有持之以恒的责任心，这样才能获得意想不到的收获。

【案例9-3】第一份工作决定职场前途

【案例描述】

贺同学大学毕业后在一家大公司找到一份文员的工作，虽然这份工作没有多少技术含量，工资也不高，但既舒适又体面，也不用承受太大压力。

初入职场，有很多东西要学，贺同学也算勤勤恳恳，可是一年以后，一切都熟悉了，她觉得工作跟玩似的，无非就是做做表格、复印一些文件、帮领导跑跑腿，无聊又无趣，根本没有任何上升空间。

眼看着同时入职的新人一个个升了职、加了薪，或者变成部门的骨干，可贺同学还是拿着当初的薪水，还是一个无关紧要的人物。很多次，她想要调岗，去做物流或跑销售，但一打听，这些工作都挺烦挺累，加班是常态，更别想有时间坐在办公室里聊天。放弃目前舒适的工作去受罪，实在不甘心，于是，她只得一边羡慕别人一边纠结。

贺同学在文员的岗位上一干就是三年。后来部门大换血，新的领导带来了新的文员，无奈，她只得接受人事部的调岗决定。好在有几个岗位可以选择，她选择做计划员，这份工作虽然不及文员轻松，但含金量颇高，很受公司重视，而且工资也高出很多。

刚开始，贺同学觉得自己因祸得福，一次人事变动让自己有了更好的工作，可是好景不长，她开始叫苦不迭了。这份工作需要了解公司产品，随时跑生产现场，与各个部门协调，还需要录入大量数据，忙得她脚不沾地、焦头烂额，别想坐下来聊天休息，连喝口水的时间都没有，就连周末也是电话不断，都是些急需处理的棘手问题。

两个月下来，贺同学人瘦了一圈，觉得自己天天都被放在火上"烤"，想想真不划算，还不如做文员呢，于是打了辞职报告，重新在另一家公司找了一份文员的工作。虽然偶尔也会羡慕别人拿高薪，嫉妒别人升职，但她再也不敢轻易换工作了。

与贺同学比起来，申同学的运气似乎要差一些。大学毕业后，她一直找不到合适的工作，最后不得不在一家小公司做销售。作为一个没经验、没背景的新人，最初的艰辛可想而知。她每天天不亮就起床，一边吃早餐一边在脑海里演练和客户见面的情景，坐在公交车上还翻看客户资料，打电话说到嗓子哑，感冒了还出差。

如此辛苦，头几个月也没多少业绩，还经常被其他同事抢单。申同学觉得特别委屈，无数次萌生辞职的念头，但转念一想，连个普通的销售员都做不好，还能做什么呢？天底下哪有轻松挣钱的工作？

无路可退，只得咬牙坚持。慢慢地，她积累了不少客户，也适应了职场上的激烈竞争，不再觉得辛苦，并凭借骄人的业绩做了部门主管。

后来，申同学不想过这种无规律的生活，主动申请调岗，于是到人事部做了个小职员。虽然新工作需要从头学习，但尝试过做销售的艰辛，这点困难根本不算什么，她不但很快胜任，还一路升职到经理的位置。

【案例分析】

老师、家长和职场前辈都不厌其烦地告诉我们，先就业再择业，别挑剔第一份工作，因为它只是一个跳板，积累了一定的经验，我们就可以往高处跳。如果我们一开始做舒适的工作，就会像贺同学那样，再也不愿意尝试艰辛的工作，自然也就失去了往高处跳的机会；如果我们一开始做烦琐、艰辛的工作，那么以后的每份工作几乎都可以轻松胜任。

初入职场，对一切都不甚了解，但有一种初生牛犊不怕虎的精神，一定会想方设法做好第一份工作。这个过程会成为一种惯性，你习惯了舒适就不想再艰辛，你习惯了艰辛就不怕艰辛，而所有的好工作都不会很舒适。

因此，对我们的第一份工作一定要挑剔再挑剔，剔掉那些轻松、舒适、没有发展的，挑烦琐、艰辛、"压力山大"、有挑战的，只有这样的工作才是通往成功的"阶梯"。

【案例9-4】谁在职场上没委屈，哪份工作不辛苦

【案例描述】

在线观看演员孙俪、罗晋主演的电视剧《安家》，从该剧中了解房似锦、徐文昌、宫蓓蓓三个角色的工作情况，身临其境地感受职场人的艰辛，思考哪些场景体现三个角色工作的艰辛，然后

阅读以下"谁在职场上没委屈，哪份工作不辛苦"中的相关内容。

谁在职场上没委屈，哪份工作不辛苦

电视剧《安家》讲述了房产中介公司里一家门店发生的故事，道尽了职场人的艰辛。

房似锦空降到上海静宜店担任店长，不过，是和老店长徐文昌一起担任双店长。她刚入职，下属都不服，更有老油条故意给她下马威，把10年没卖出去的跑道房推给房似锦卖。

除此之外，在工作中她也受尽客户的责备和刁难。

有一次，她带着一对老夫妇去办业务。下车的时候，那位男客户猛地一关车门，一下子把她的手指夹住了，房似锦疼得钻心，眼泪都要流出来了。

可这对老夫妇毫不在意房似锦的伤势，他们没有一句道歉的话，反而急着催促房似锦赶紧办手续。

房似锦没时间处理伤口，只好咬牙坚持，忍痛帮老夫妇办了手续。

其实，不仅是房似锦，人在职场，谁没有承受过委屈呢？

工作中，受领导批评、被客户训斥，这已经是见怪不怪的小事了，更有甚者，明明自己工作很努力，却被无端裁掉。

谁的职场不委屈？没受过委屈的员工，不足以谈职场。

职场很冷酷，不是你矫情的地方，没有人为你的委屈买单。职场不相信眼泪。

别以为只有普通员工会遭遇各种不公平，其实，那些硕士、博士、职场精英们也一样会有自己的委屈。

在电视剧《安家》里，宫蓓蓓是一位知名的妇产科专家，她身怀六甲，准备生二胎，可还照样加班加点，给病人做手术，一忙就忙到深夜。

宫蓓蓓两口子都是博士，虽然工作了七八年，但在上海还是买不起一套大房子。一家三口和公公婆婆挤在一套小房子里，连个书房都没有，别说书房，连个书桌都没地方放。

为了给学生改论文，她只好拿着计算机躲进厕所，坐在马桶上改论文。

没有一份工作不辛苦，也没有一份工作不委屈。

无论你是普通职员还是公司高管，无论你是职场新人还是资深员工，没有谁会一帆风顺，谁都会经历各种各样的磨难。

这是职场常态，也是人生常态。

工作如此艰辛，那我们为什么还要努力工作呢？

我们努力工作，很多时候不是为了自己，而是为了家人，这是我们的责任。

努力工作吧，拥有一份可观的收入，你才有能力照顾好自己，守护住家人。

当你努力工作时会发现，回报你的不仅仅是金钱。

房似锦走上房产中介之路，要感谢徐文昌。

四年前房似锦揣着1520元钱，一个人到上海打工，住不起酒店，天又下着大雨，她躲在银行ATM机旁边躲雨，打算就这么过一夜，徐文昌正好路过此地便看到她。

徐文昌得知她的窘况后主动帮她租了非常便宜的房子，还给她买了食物，并送给她一个安全插销。

徐文昌的举动温暖了房似锦的心。受徐文昌的影响，房似锦进入房产中介行业，并成为职场精英。

看着自己因为认真工作，带给别人温暖，还成了职场引路人，徐文昌特别欣慰。

很多时候，你努力工作，还会收获意外惊喜。

房似锦在工作中认识了客户韩信大哥，他们后来情同兄妹。

【案例分析】

有人说，上班和工作是两个完全不同的概念。

上班是被生活所迫而勉强、不情愿、被动去做的事情；而工作是积极、有奋斗目标，并能实现自身价值，让你乐在其中的事情。

工作给我们温饱，让我们实现自我价值，让我们在喜欢的领域遨游，感受别人感受不到的快乐，工作真的很快乐！

这时，你曾经遭受的种种委屈都化成了你成长的养分，陪伴你职场路上锐意进取。

没有一份工作不委屈，也没有一份工作完全令人满意，我们要做的就是熬过去！

努力工作一定有回报，回报或许会迟到，但一定不会缺席。

你写下的每一个字、搬过的每一块砖、熬过的每一个夜晚、流下的每一滴汗水，都会让你功不唐捐。

【学习领会】

使用思维导图、优化排序等方法梳理、理解各个知识点。

【知识 9-1】职业适应

职业适应是指个人的知识、能力、兴趣和性格特征与其正在从事或将要选择的工作相互适合的状态。

【知识 9-2】职业适应性

职业适应性是指一个人从事某项工作时必须具备的生理、心理素质特征。它是在先天因素和后天环境相互作用的基础上形成和发展起来的。职业适应度高，既表明个人的知识、技能和态度以及所受的教育与训练能对工作及其环境所产生的种种刺激做出协调的反应，又表明职业性质、职业类型、工作条件与个人需要、价值目标等相融合，能引起个体心理上的满足。另外，职业适应性不仅反映安全要求，而且反映效率要求。

职业适应性包括很多内容，但由于场合不同，可能会有不同的强调要点，如工作效率、无事故倾向、最低能力和特性要求、熟悉工作速度、意愿适应、个人背景等。

【知识 9-3】职业适应性测评

职业适应性测评就是通过一系列科学的测评手段，对人的身心素质水平进行评价，使人与职业匹配合理、科学，以提高工作效率、减少事故。职业适应性测评一般不具有强制性，仅作为人才选拔和留用的参考。

【知识 9-4】职业适应性的分类

职业适应性可分为一般职业适应性和特殊职业适应性两大类。

一般职业适应性指从事一般职业所需的基本生理、心理素质特征。特殊职业适应性指从事某一特定职业所需具备的特殊生理、心理素质特征。对个人从事某项具体工作的职业适应性测评包括一般职业适应性测评和特殊职业适应性测评两个方面。

【知识 9-5】角色与角色转换

大学毕业生选定了某职业，开始面对社会，这无疑是人生的一大转折。接下来面临的问题是如何尽快适应这一转折，完成由大学生角色到职业角色的转换。这一转换在人的一生中占有十分重要的位置，角色转换的成功与否直接影响事业的成败。因此，应当对此有充分的心理准备，以积极正确的态度认识新角色、实现新角色，避免在角色转换的过程中出现各种心理误区。

从大学生角色到职业角色的转换是我们人生中非常重要的一次转换。

1. 角色的含义

所谓角色是指一定社会身份所要求的一般行为方式及其相应的内在心理状态。社会对一个人的要求与期望，直接决定了他在社会结构中所处的位置和所担负的社会角色。一个人的态度、行为如果偏离了对他的角色期望，就会引起周围人的异议或反对。角色义务、角色权利和角色规范构成了社会角色的三大要素。社会角色的功能是一定的角色通过履行角色义务来实现的。为了履行角色义务，角色扮演者必须有一定的权利，按社会规定的行为规范来行动。人们总是同时担任着各种不同的角色，在一个人的角色中有主次之分，每个角色都至关重要。

2. 角色转换

人的社会任务或职业生涯不断变化，角色也随之变化。从一个角色进入另一个角色，这个过程称为角色转换。角色转换的变化从根本上说是社会权利和义务的变化。大学毕业生就业后的社会角色转换不是瞬间发生和完成的，而要有一个过程。大学毕业生初到一个新的工作岗位，对周围的一切还比较陌生，只有在熟悉本单位工作制度、了解本职工作业务程序、建立新的和谐的人际关系之后才能积极主动地开展工作，完成就业后的角色转换。

【知识9-6】大学生角色与职业角色

人在社会上的角色是变化的，大学生的角色也同样如此。大学生毕业就意味着要承担新的社会角色，但这种新的社会角色的确立并不是一蹴而就的，它是一个行为过程。一般来说，进入角色包括下列行为过程：获得承担某个角色的认可；表现出扮演这个社会角色必需的社会品质和才能；本能地或积极地从精神上和行为上完全地投入这一社会角色。择业的过程就是选择新角色的过程，新角色的获得使角色转换成为可能。每个社会角色都有自己的不同特点。也就是说，社会角色不同，社会责任就不同，社会规范就不同，社会权利也不同。

大学生角色是一个受教育者掌握本领、接受经济供给和资助、逐步完善自己的过程；职业角色是用自己已经掌握的本领通过工作为社会做贡献，具有一定的权利和义务，是以自己的行为承担社会责任的过程。大学毕业生往往迷恋于大学生那种无忧无虑的自由角色，而一时不能适应新的社会角色的转换，这是常见的一种现象。

大学生角色与职业角色的不同主要有以下几点。

（1）承担的责任不同。

大学生角色的责任是接受教育、储备知识、锻炼能力，力求全面发展；而职业角色的责任是以特定身份去履行自己的职责，依靠自己的本领或技能去完成工作。两种责任的履行所产生的后果也是有区别的。大学生角色责任履行得如何，主要关系到知识掌握的多少和能力培养的程度；而职业责任履行得如何则影响较大。

大学生是以学习、探索为主要任务的。首先，在校园里不怕犯错误，为学习而进行的尝试哪怕是错了，老师也会原谅你。所以，要是给大学生一个简单的角色定位，那就是你做错了也不用承担过多的社会责任，因为大学生有天然的"豁免权"。其次，大学生最快乐的事情就是有依靠，在学习方面可以依靠导师，有什么问题都可以向其请教；在生活上有什么困难可以依靠父母。总之，大学生在学校里基本没有什么负担。

成为一个职业人以后，应尽快适应社会。首先必须学会服从领导和管理，迅速适应领导的管理风格；职业人如果在工作中犯了错误，是要承担成本和风险责任及相应的社会责任的。

(2) 角色规范不同。

社会赋予角色的规范，就是社会提供的角色行为模式。大学生的规范多是从培养、教育角度出发，促使其以后能顺利成长为合格人才；社会赋予职业角色的规范则更为严格、具体，违背了就要承担一定的责任。

(3) 角色权利不同。

大学生角色的权利主要是依法接受教育，接受经济生活的保障和资助；职业角色则是依法行使职权、开展工作，并在履行义务的同时取得报酬。

(4) 面对的环境不同。

大学生在校园里过着一种相对简单而安静的生活，处于单纯而简单的校园文化气氛中。大学里，学习时间可弹性安排，有较长的节假日；学术上多鼓励师生讨论甚至争论；布置的作业或工作在规定时间内完成即可；大学生会被公平对待。但成为职业人后，在职场上所面临的社会环境是快速的生活节奏，工作任务又急又重，经常加班加点；上下班不能迟到早退，自由支配的时间少；对待员工不一定很公平；要承受不同地域的生活环境和生活习惯；每天要完成一件件具体的工作任务，由于缺乏实际工作经验，开始工作时往往不能得心应手；工作压力显著增加，给心理造成很大负担。

(5) 面对的人际关系不同。

处理好人际关系是大学毕业生走上社会后必须学会的课题。大学毕业生比较单纯，社会上的人际关系比学校中的同学关系要复杂得多，短期内会感觉不适应。

【知识9-7】大学毕业生的角色转换

大学毕业生从学生角色到职业角色的转换必然伴随着角色冲突、角色学习和角色协调等一系列过程。因此，大学毕业生在开始自己的职业生涯之前，应该学习相关知识，对自我尤其是对社会、对即将从事的职业进行深入细致的了解和调查分析，找出自身的不足，提高心理承受力，加强角色认知，做好上岗前的各项准备，以便顺利地实现角色转换。

1. 毕业前夕的角色转换

从大学生到职业人是一种社会角色的重要转换。

大学毕业生从找工作到毕业离校，时间跨度很大，可以说，这是大学毕业生转换角色的重要阶段。大学毕业生与用人单位签约时，就预示着迈出由学生角色向职业角色转换的第一步。一般来说，这个时候大学生大部分的课程已经学完，学校的教学计划主要是完成毕业生的实习实践和毕业设计（毕业论文），学生自主支配的时间相对较多。许多大学毕业生难免出现这样的心态：大学几年的努力在签订就业协议后基本尘埃落定，不用上班，不用上课，人生突然失去了目标，感觉很空虚。一些人难免把这段时间当成"最后的疯狂"，完全放松，甚至放纵。其实，在校学习期间的学习环境、学习条件及学习技能的训练都是最为理想的。因此，大学毕业生应该在签订就业协议到毕业离校这段时间里有针对性地学习知识、培养能力，提前奠定良好的心理基础和知识技能基础。

(1) 重视毕业实习和毕业设计，学习与未来工作岗位有密切联系的专业知识和专业技能。大学的课程设置总体上偏重于基础知识的学习和基本技能的培养，而不一定涉及特定岗位所需要的专业知识和技能。毕业实习和毕业设计是大学毕业生步入职场的一个必要的过渡阶段。对即将毕业的大学生来说，通过毕业实习和毕业设计，可以将自己所掌握的理论知识运用于实际，这不仅有利于加深对书本知识的理解和巩固，还能够发现自身不足，对自己的知识结构进行必要的补充和调整，提高观察、分析和解决问题的实际工作能力。

(2) 进行非智力因素技能的训练，提高多方面的能力。大学毕业生在智力上相差并不太大，而非智力方面的技能却是影响大学毕业生择业、就业和创业的重要因素。大学毕业生要敢于表现自己，充满自信，在公众面前不缩头缩脑往往会给人留下良好印象；加强书面表达能力和口头表达能力的培养，只有善于表现自己，才能在工作中脱颖而出。在与人交往的过程中要诚恳而不自卑，自尊而不自负，在与他人的竞争中做到争而不伤团结、赛而不失风格、获胜不忘形、失败不失态等，只有这样才能赢得领导和同事的信任与赞誉。

2. 试用期内的角色转换

大学毕业生参加工作后需要经过一段时间的试用期，考核合格之后才能转为正式员工。在校期间，大学生的学习和生活条件比较优越，空闲时间和可自由支配时间比较多，生活节奏也比较缓慢，压力较小；而参加工作后，特别是在试用期内，大学毕业生往往被安排到条件艰苦的基层去锻炼，而且工作繁忙，经常需要加班加点，属于自己的时间越来越少。在这种情况下，往往会加剧角色冲突。为此，大学毕业生应该加强试用期内的学习和认识，使角色转换顺利实现。

（1）重视岗前培训这个重要环节。岗前培训对刚走上工作岗位的大学毕业生是非常重要和必要的。它能让大学毕业生了解单位的基本情况，熟悉规章制度和工作程序，更重要的是通过岗前培训来树立集体主义观念，培养人际协调能力和奉献精神。从某种意义上讲，岗前培训可以直接反映他们素质的高低，因此用人单位都非常重视，并依此择优录用、分配岗位。大学毕业生一定要以认真的态度把握好这样一次充实自己、表现自己和提升自己的良机。事实证明，很多大学毕业生就是因为在岗前培训期间显露才华、表现出色而被委以重任的。

（2）要善于展现自己的知识。大学毕业生因为具有新知识，会受到同事的青睐和尊敬，但也容易与同事产生一定的距离。因此，大学毕业生在同事面前一定要表现得谦虚、随和，在尊重同事有丰富经验的同时，适时适度地展现自己的知识。例如，可以利用工作机会，特别是当同事在工作中遇到麻烦时，以谦虚诚恳的态度提出自己的见解，共同商讨，共同解决问题。也可以利用业余娱乐机会，发挥自己的知识优势，在交流中让同事了解你的为人和性格，表明自己的世界观、人生观和价值观，缩短与同事间的距离，成为大家的朋友。

（3）要树立工作的责任意识。大学毕业生对未来都有美好的期望，都想在事业上大干一场、建功立业。但多数人在走上工作岗位之初，一般不会被委以重任，而是先从最简单的辅助性工作做起，这也符合人才成长的基本规律。但是，有不少人凭借对工作的新鲜感和学识上的优越感，认为自己被"大材小用"了，对一些工作不愿意干，甚至开始闹情绪。其实，这是缺乏责任意识的表现。干任何工作都要有足够的热情，更要有丰富的经验和随机应变的能力。这种经验和能力的获得并非一朝一夕之功，它需要在平时的工作中积累和训练。显然，凭借热情和情绪是干不好工作的。因此，不管工作的大小、分工的优劣，大学毕业生都要以满腔的热情、高度的事业心和责任感来认真对待自己的工作。

（4）要培养实事求是的工作作风。大学毕业生具有较强的自尊心和自立意识，在工作上总想独当一面、取得成就。尽管很多人对待工作的态度是认真谨慎的，但在很多时候，工作中还是难免出现失误。工作失误并不可怕，可怕的是不能正确地认识失误，不能实事求是地去承认失误。如果工作中出现了失误，那么就要认真地分析原因，找准失误点；同时要敢于向领导和同事承认，并勇于承担责任，以得到领导和同事的理解；另外，要虚心学习、请教，总结经验和教训，以免类似失误再次发生。

【知识9-8】大学毕业生尽快完成角色转换的途径

许多大学毕业生走上工作岗位后，会对新环境产生不适应，主要是心理上、生活上、工作上、人际关系上和工作技能上的不适应。任何人对新环境都有一个适应过程。大学毕业生怎样才能尽快适应新环境呢？

1. 心理适应

一是要克服以下5种心理：

①对学生角色的依恋心理；

②观望等待的依赖心理；

③消极退缩的自卑心理；

④苦闷压抑的孤独心理；

⑤见异思迁的浮躁心理。

一般新人刚进入职场都是从基层做起的。俗话说"良好的开端是成功的一半"。首先，要做到心理适应，学会适应艰苦、紧张而又有节奏的基层生活。你缺少基层生活经历，可能暂时不习惯一些制度、做法，这时你千万不要试着用你的习惯去改变环境，而是要学会"入乡随俗"，主动适应新的环境。在这个阶段，要发挥自身健康的心理机能，培养出你的整体协作意识、独立工作意识和创造意识。

其次，要有自信。虽然在刚开始的时候你会做错事情，但只要能够总结经验，慢慢地，在同事的帮助下，你的整体协作意识、独立工作意识就会养成。

最后，做事要有耐心，要充分发挥自己的主观能动性和创造性，凡事要进行具体分析、具体对待，然后脚踏实地地工作，自然而然地，你会惊喜地发现，你的创造力也挺强的。要从基层工作做起，不断积累经验并提高能力，为今后的职业发展打下良好基础，形成一个有延续性的职业发展历程。

2. 生理适应

步入职场就成为一个职业人了，原来的许多生活习惯都得改变。也许在学校时喜欢睡懒觉，有时上课迟到，这些也许不会给你带来严重后果。但在工作期间，如果你犯懒病、娇病、馋病，那么就可能会给你带来非常严重的后果。

因此，为了自己的职业前途，应及时调整生活规律。当然，让你调整生活规律并非要求你成为一个机器人，是否要调整主要取决于你的工作环境与企业文化。

3. 岗位适应

大学毕业生容易将事情看得简单和理想化。在跨出校门之前，大家都对未来充满憧憬。如果刚出校门的大学毕业生不能适应新环境，那么大多与其事先对新岗位估计不足、不切实际有关。当按照过高的目标接触现实环境时，许多所谓的"现实所迫"让他们在初入职场时就走了弯路，以至于碰壁了还莫名其妙、不知所措，往往会产生一种失落感，感到处处不如意、事事不顺心。因此，大学毕业生在踏上工作岗位后，要根据现实调整自己的期望值和目标，要真正了解自己能做什么，应该往哪方面发展，不要频繁跳槽。如果大学毕业生可以为自己制定一个良好的职业规划，明确自己的职业目标是什么，在职场中自己该扮演什么角色，该怎样强化自己的职业并在这个行业钻研下去，那么就会得到较好的发展。

4. 知识技能适应

刚出道的大学毕业生可能文凭比用人单位里一些前辈高，但是经常会出现这样的情况：刚工作的大学毕业生什么都不会。因为在学校里比较注重的是学习理论知识，然而职场上更注重的是动手能力和累积的经验。因此，大学毕业生要不断学习，正所谓"干到老学到老"。竞争在加剧，学习不但是一种心态，更应该是一种生活方式。

在21世纪，实力和能力的打拼将越来越激烈。谁不学习谁就不能提高，也就无法去创新。同事、上级、客户、竞争对手都是我们的学习对象。谁会学习谁就会成功。学习既能增强自己的竞争力，也能增强所在企业的竞争力。

5. 人际关系适应

与"象牙塔"里单纯的人际关系不同,踏入职场,人际关系就会变得复杂。刚走上工作岗位的大学毕业生容易犯的毛病是过于高傲,而把姿态放低一点儿往往会获得好感。无论对领导还是对同事,无论喜欢还是讨厌,都要做到彬彬有礼。对待年长的同事,如果他没有职务,那么不妨称呼"某老师"或"某师傅",因为他们有很多工作经验值得你学习。努力工作,适当表现自己,最大限度地得到同事和领导的认可。在论功行赏时应展现大学毕业生的宽广胸怀,千万不要居功自傲。进入社会,不妨把自己的个性磨得圆滑一点儿。

如果你能够做到以上 5 种适应,那么你就能够胜任工作,并给领导和同事留下良好印象。

【感悟反思】

【问题 9-1】大学毕业生角色转换过程中容易出现哪些问题

大学阶段是职业角色的准备期,所学专业只对应某职业群,具体职业还有待选择,因而大学阶段的职业角色准备往往有一定的模糊性。大学毕业生在走向工作岗位之初对职业角色难免会有些不适应。

大学毕业生在从学生角色向职业角色转换的过程中,往往面临新旧角色的冲突。有些人受社会因素、家庭因素尤其是自身认知能力、人格心理发展、意志品质及情绪、情感等影响,不能正确认识角色转换的实质,或者在角色转换中不能持之以恒,出现一系列问题。

(1) 依恋和畏惧并存。

许多大学毕业生走上工作岗位后,怀着对学生角色的依恋,对全新的职业角色充满了畏惧。在角色转换过程中容易依恋学生角色,出现怀旧心理,面对与同事、领导的复杂的人际关系及职业责任压力,留恋相对单纯的学生时代。经过十多年的读书生涯,对学生角色的体验可以说是非常深刻了,大学生活使得大学生在学习、生活和思维方式上养成了一种相对固定的习惯。因此,在职业生涯开始之初,许多大学毕业生会自觉或不自觉地把自己置身于学生角色中,以学生角色的社会义务和社会规范来要求自己、对待工作,以学生角色的习惯方式来待人接物,来观察和分析事物。一些大学毕业生在刚走进新的工作环境时,不知道工作应该从何处入手、如何应对,在工作中缩手缩脚,怕担责任、出事故、闹笑话,怕造成不良影响,于是工作上放不开手脚,前怕狼后怕虎,缺乏年轻人的朝气和锐气。

大学生独立意识已经形成,但由于仍身为学生角色,没有养成完全独立的工作观念。有些大学生的独立意识只表现为生活方式的独立,而在学习上靠教师引导,经济上靠家长或奖学金。因此,大学生处于依赖与摆脱依赖的过渡期。他们一旦离开学校走向社会,就要承担起成人的职业角色,但成人的自觉性和独立性还没养成,工作上全靠领导安排,领导安排多少干多少,对自己的工作性质、范围、程度、相互关系还没有足够的认识。因此,在遵守角色规范方面还存在不足,但他人已不用对学生的眼光来看待他,而是按能独立承担职业义务的标准来要求他。

(2) 自傲与浮躁同在。

有些大学毕业生对人才的理解不够全面和准确,认为自己接受了比较系统正规的高等教育,拿到了学历,学到了知识,已经是比较高层次的人才了,因而看不起基层工作和基层工作人员。甚至认为一个堂堂的大学毕业生干一些琐碎的不起眼的工作是大材小用、有失身份。于是就轻视实践,放不下架子,实际上是眼高手低,大事做不了,小事又不做。

有些大学毕业生走上工作岗位后,面对新的工作环境、生疏的人际关系,缺乏应有的自信,工作中放不开手脚,特别是在知识分子密集的工作单位,看到别人工作经验丰富、驾轻就熟,相比之下觉得自己这也不行、那也不行,胆小、畏缩、不思进取、甘居人后,产生不求有功但求无过的消极心理。这些都不利于聪明才智的正常发挥。

有些大学毕业生在角色转换的过程中受社会环境的影响，表现出不踏实的浮躁作风和不稳定的情绪。一阵子想干这项工作，过一阵子又想干那项工作，对本职工作做不下去，缺乏敬业精神，不能深入工作内部了解工作性质、职责范围及工作技巧，就职很长时间仍不能定下心来进入新的角色。大学毕业生工作一段时间后，想换单位的情况时有发生。这是因为一些大学毕业生就职很长时间后仍然不能稳定情绪、进入职业角色，反而认为单位有问题，没有适合自己的岗位。事实上，如果不能静下心来踏踏实实地学习、适应工作，那么无论什么单位都不会适合。

【问题思考】

作为一名刚大学毕业的你，初入职场，你在角色转换过程中会出现以下哪些不良心理？你如何克服这些不良心理？

☐ 对学生角色的依恋心理
☐ 观望等待的依赖心理
☐ 消极退缩的自卑心理
☐ 苦闷压抑的孤独心理
☐ 见异思迁的浮躁心理

【问题9-2】职场新人融入新环境有哪些妙招

作为一名刚参加工作的职场新人，应快速地将自己融入企业这个大家庭，利用自己所学知识为企业创造价值，为企业做贡献。

许多大学毕业生走上工作岗位后，感受最深的是对新环境的诸多不适应，主要表现为心理上、生活上、工作上、人际关系上和工作技能上的不适应。任何人对新环境都有一个适应过程。那么如何尽快融入新环境呢？

1. 心理上融入

"同事们都是行业系统的子女""都是本地人"……很多职场新人无形中给自己设置了各种各样的壁垒，从心理上把自己放到了"圈外"。殊不知，来到这个环境中，自己和同事都是组织中的一员，同样在为组织做贡献。其实，并非别人要将你拒之门外，而是你自己要拒人千里之外。

初入职场，最重要的不是去找不同，而是要找相同。从心理上接纳自己，建立一种归属感，别拿自己当外人，以主人翁的心态和全局的视角多听、多记、多看，尽快熟悉组织的整个运作流程。

2. 观念上融入

初入职场的新人可能会感觉不适应，有许多看不惯的事情。其原因可能有两个：一个是性格和价值观与职场环境不匹配，冲突持续存在，真的不适合做这份工作，只能跳槽；另一个是没有调整好生活角色与职业角色之间的关系。

不同组织有不同文化，是崇尚宽松自由还是要求严格服从？是提倡创意革新还是凡事按部就班？职业环境中的要求和生活中自我的本性可能存在一些差别，关键在于能否及时调整转变。以职业人的身份服从组织理念只是为了将工作做好，生活中完全可以做回自我。如果不能扭转心态，遇到看不惯的事情就想跳槽，最终只会一事无成。

3. 外表上融入

"穿得靓不如穿得像"。不同职场环境有不同着装风格，并非一定要西装革履、越正式越好，也并非越时尚越好，职场新人切忌穿戴名牌奢侈品。衣着上一方面要考虑工作氛围，另一方面要考虑工作中经常接触的业务对象的类别。最简便的方法是效仿周围同事的着装风格。只有穿着得体、注重礼仪，才能在新环境中得到认同，尽快被接纳为团队中的一员。

4. 语言上融入

不同职场环境习惯使用的语言风格不同，同一个词语在不同环境可能会有不同的理解。如人们认为政府部门的工作人员爱打官腔儿，文人学者说起话来总是酸溜溜的，其实都源于不同的语言习惯。只有学会用特定的职场语言进行沟通，才能表示你是个地地道道的"圈儿里人"。

另外，同事是关注时事还是热衷于NBA？是喜好健身还是高雅艺术……从他们的生活方式中找出共同的话题，是职场新人迅速融入环境的法宝。

5. 行动上融入

参加单位组织的各种聚会和体育活动是与同事拉近距离、建立信任的极好机会，一旦收到此类邀约一定要参与。在未了解同事的秉性及单位对聚会的态度的情况下，不要轻易做聚会的发起人，还要避免加入小团体。

【问题思考】

你作为一名职场新人，融入新环境时，根据你的思想观念、性格特点、做事风格、能力现状，从心理、观念、外表、语言、行动等方面分析自己快速融入新环境的优势和不足。应采取哪些措施弥补你的不足，以尽快适应职场新岗位和新环境？

【问题9-3】大学毕业生在角色转换过程中应该培养哪些角色转换意识

大学毕业生在角色转换过程中有些不适应是自然的，对此要有充分的认识，加强角色转换意识，积极缩短适应期，而不应因此而造成职业心理障碍、失去信心。如果把求职比作职业生活的序幕，那么就业才是正剧的开始。

大学毕业生步入社会之初，在角色转换的过程中，一般要经历角色领悟、角色认知、角色适应、角色实现、职业流动等阶段。怎样才能顺利地度过适应期呢？应注重培养哪些角色转换意识？

1. 在角色领悟阶段，立足现实，增强独立意识

刚走上工作岗位的大学毕业生应尽快从对大学生活的沉湎中解脱出来。学生时代相对单纯、自由，在学习生活上依赖教师和家长，大学毕业生工作后要承担一定的社会责任，要在工作中独当一面，人们也开始把大学毕业生作为一个独立的社会人来看待，这就要求大学毕业生有独立意识。

2. 在角色认知阶段，虚心学习，树立角色意识

大学毕业生作为职业岗位上的新手，必须充分地了解和熟悉工作环境，以及工作对象的特点和规律，从而对工作有较全面的认识和把握。因此，应关心和主动搜集有关信息，如本职业的传统和现状，本单位的历史和前景等。在工作之余，应主动与领导和同事交往；对本职工作所需的知识、技能，有针对性地进行积累，这样才能适应自己的角色。

社会好比一个大舞台，每个人都有自己的角色位置。大学毕业生进入职场后，应认清自己在工作环境中所承担的工作角色及该角色的性质、职责范围，弄清楚工作关系中上级赋予自己的职权和自己所承担的义务。如果角色意识淡漠，一意孤行，我行我素，该请示的擅作主张，该自己处理的事情不敢做主或推给领导、同事，那么势必与新环境格格不入。

3. 在角色适应阶段，敬业务实，强化责任意识

现在大学生的就业竞争非常激烈，但对企业来说，要想招聘到一些比较满意的新员工也不是一件容易的事。一般情况下，企业在招聘时，人事部门会青睐于具有强烈责任心的优秀应聘人员。实践证明，选择某个职业，只有具备强烈的责任心才能取得成功。一份工作刚做几天就觉得没兴趣或嫌待遇不好，然后跳槽，任何用人单位都不喜欢这样的人。

如果你暂时遇到一些困难或麻烦，那么不要因为退缩而放弃好不容易得到的工作。应冷静地找到问题的症结并及时进行处理，你的经历和经验会成为一笔宝贵的财富，并将终身受益。

4. 在角色实现阶段，大胆实践，加强协作意识

大学毕业生在工作中是个新手，缺乏工作经验和应对办法，但没必要因此而自卑、退缩。只有敢于实践、多请教，才能把理论知识和实际工作结合起来，在实践中完善自己的知识结构，充分发挥自己知识上的优势。

良好的同事关系是事业成功的重要保证。在学生时代，同学之间虽然也有一定的协作，但完成学习任务主要还是靠自身的努力；而在现代的生产活动和科研活动中，集体的协作具有越来越重要的作用，良好的同事关系是事业成功的重要保证。因此，增强协作意识，不仅对更快、更好地完成角色转换，而且对今后的迅速成长、走向成功，都具有重要意义。

5. 在职业流动阶段，勇于改变，提高竞争意识

在我国，个人的职业岗位是相对稳定的，许多人第一次选择的职业成为其长期从事的职业，甚至是终身职业。他们立足本职，努力做好工作以求得到进一步发展。但也要看到，在社会主义市场经济体制的大环境下，职业流动越来越频繁。职业流动是指劳动者在不同职业之间的变动，也是角色转换的过程。当一个人不适合在原岗位上发展时，可以另辟蹊径、转换职业，寻求新的目标和新的成才道路，去创造出新的业绩。不适合某个单位，可能有自身的原因，也可能有单位本身或领导的问题。正是在对环境的积极适应、主动寻求和进行力所能及的改变中，才能使自己变得强大有为。合理的职业角色转换不仅能满足社会需求，而且也符合个人追求成就的愿望。

需要指出的是，并不是所有的职业流动都是合理的。合理的职业流动能够促进角色转换，反之将使角色转换出现障碍。合理的职业流动是指由于个人的能力不能发挥或确实不适合某一职业而流动。但有的流动却是受社会环境中其他因素的影响，如从众心理，这山望着那山高，这样的流动仍然不能解决角色的适应问题。因此，对职业流动应当审慎，盲目的、非科学的职业流动会对社会造成一定的损失，对个人的角色适应也是不利的。

【问题思考】

在角色转换的过程中，大学毕业生应注重培养角色转换的意识，包括独立意识、角色意识、责任意识、协作意识、竞争意识，这些角色转换意识中哪些你已基本具备？哪些还需加强？

【问题9-4】大学毕业生应该如何面对工作中的挫折

1. 积极调整工作心态

刚走出校园的大学毕业生大都有"天高任鸟飞，海阔凭鱼跃"的豪迈情怀。但是，随着高校教育的普及，大学生就业成为一个大众化的社会问题，由此产生的身份和地位不受重视的现象也随之而来。因此，大学毕业生应先调整心态，正视、接纳现实，恰当地评价自己，放低姿态，一切从零开始。

确立健康、坚定的工作心态——没有最好的工作，只有最合适的工作；没有一劳永逸的工作，只有不断接受挑战的工作。只有这样，才能找到自己的就业之路，实现人生价值。

大学生从毕业到进入社会、参加工作，需要经历角色转变。角色转变成功与否，关键取决于工作心态的调整。

如何调整工作心态？

（1）适当调节心理预期。

理想与现实之间的差距巨大会增加内心的失落感，感到事情的发展已经超出自己的预期。因此，要多给自己积极的心理暗示，凡事都要循序渐进，学会耐得住寂寞，多听、多看、多学。

（2）放低姿态，从基础工作做起，不断积累工作经验。

对职场新人来说，职场中的每次经历都是很好的学习机会，有助于自己的成长。牢记"三人

行,必有我师焉",虚心向同事学习,尽快掌握工作岗位需要的各种业务知识,结合实际工作灵活运用自己所学的知识。只有这样,才能尽快适应新环境,提高工作效率,创造自己的工作业绩。事业的辉煌不是一蹴而就的,需要不断地积累点滴业绩。

（3）主动沟通,创造良好的工作关系。

要本着实事求是、诚心待人的态度与人沟通,提高沟通的主动性,缩短与同事之间的距离。同时要克制感情、冷静处理,工作中出现错误时应主动承担责任。通过与部门主管、同事的沟通,有助于增进相互的理解及人际关系的处理,更好地适应工作环境。

（4）不断学习、锐意进取,高标准要求自己。

俗话说"活到老学到老"。刚离开校园踏上工作岗位,往往会忽视学习,感觉学习是学生时期的任务,这是不可取的。大学毕业生要成才,就需要在社会这个大熔炉里"锻造",只有不断探索新方法,不断地给自己"充电",才能适应瞬息万变的社会。这对于从"学校人"到"职业人"的转变也是至关重要的。机会总是留给有准备的人,当机会来临时,有准备的人往往会将其牢牢地把握住。

2. 正确面对工作中的挫折

面对职场的压力,对毫无工作经验的新入职场的大学毕业生来说,总会遇到困难和挫折。但在面对困难与挫折时,有些人选择放弃,有些人选择坚持、勇敢面对。

（1）以平静的心态笑对挫折。

应该认识到,在前进的道路上遭受挫折是不可避免的。因此,不要害怕遭受挫折,也不要屈服于挫折,而应该感激你所遇到的挫折,要使自己的心态保持宁静、稳定,将其所带来的损失减小到最低。

（2）以正确的态度分析挫折。

遭遇挫折时,不要仅仅忙着计算自己的损失,还要计算自己从中得到的收获。不要过分夸大挫折而忽视其中的积极因素。塞翁失马,焉知非福。也许失去的比得到的多,如磨炼了自己的意志,提高了自己的心理承受能力,解除了自己的某些利益束缚,使自己可以放开手脚以得到更好的发展等。

（3）以坚强的意志战胜挫折。

内因是变化的根据,外因是变化的条件,外因通过内因起作用。面对挫折,首先要做的就是战胜自我。战胜了自我,战胜挫折就有了可靠的支点。每个人在遭遇挫折时,都不能消极地等待他人和社会的救助,而应该首先想到依靠自身的努力摆脱困境。要在客观分析造成挫折的原因的基础上,总结经验教训,努力改变其形成的条件,在挫折中奋起,使事件朝着积极的方面发展。

如何正确地面对工作中的挫折？首先,当遇到挫折时,不能就此放弃,要用冷静的态度客观地分析失败的原因,进行正确的受挫归因分析。出错的原因,其实往往是缺少工作经验。因此,困难和挫折并不可怕,可怕的是不能勇敢地面对,往往失败离成功只有一步之遥。

其次,乐观面对。挫折虽然能够给人带来心情的不愉快,但同时也可以锻炼人的意志。不少新入职场的大学毕业生只想到成功,没有想到失败,一旦遭受挫折就会一蹶不振,陷入苦闷、焦虑的情绪中而不能自拔。

最后,调整目标,脚踏实地,争取新的机会,争取获得下一次的成功。一个真正的强者在面对失败时通常能够认真反思,吸取经验教训,努力去争取新的机会。

总之,初入职场的大学毕业生应积极调整心态、勇敢面对挫折,制定正确的职业生涯规划,尽快实现角色转变,融入社会集体生活。人的一生,从求学到工作、从学艺到谋生,会经历无数次角色转换,每一阶段的人生角色赋予的内容和要求是不同的。因此,只有适应每次人生角色的转换,才能更好地经营自己的人生,才能最大化地发挥个人的价值,并全景化地实现自己的社会价值。在不变中求变，适应每次人生角色的转换，必将取得最终的成功。

【问题思考】

(1) 面对挫折，如何积极调整心态，成功实现角色转换？

(2) 身在职场，应如何正确面对工作中的困难与挫折？

【交流探讨】

【话题9-1】从大学生角色到职业角色的角色转变内容有哪些

大学生离开校园进入不同行业，会迎接人生第一份工作的挑战。对涉世未深、缺乏职业规划能力的大学毕业生来说，现实与理想中的岗位相差甚远，面临巨大转型压力。转型需要6个转变，这对第一份工作能否选好、做好是至关重要的。在转型的过程中，敬业、心态、诚信、礼仪是助力职场新人成功的四大法宝。

1. 从"要"到"给"的转变，从"索取"到"贡献"的转变

大学生因为父母的付出，可以从家庭得到宠爱与照顾；因为老师的付出，可以得到知识与技能；因为社会和国家的付出，可以在社会得到资助与培养。

大学生要转换成职业人，必须先付出，否则什么也得不到。将索取的心态变成贡献的心态，是成为职业人的关键。从企业的角度来说，企业对人的判断有两个要求，其一叫作潜力，看你未来成长的空间；其二叫作贡献，看你对这个团队能够产生什么样的价值。作为职业人，应考虑自己能为单位带来什么、能为企业创造什么，而不应首先考虑单位能给自己什么样的回报。只有既能为企业做出贡献，自己又能持续发展的员工才是受欢迎的。

2. 从"犯错有补救的机会"到"犯错没有挽回的机会"的转变

大学里，考试成绩不好不会给班级和学校造成经济损失，还会有补考的机会；如果你不能和同学融洽地相处，那么仍然可以保持自己的个性，孤芳自赏；如果你不喜欢某个老师，那么你可以期盼下学期换一个老师；如果迟到、旷课，那么只是耽误你自己的学习，与其他同学没有关系。

大学毕业生从校园走上社会成为职业人，如果工作出现失误，可能会造成重大经济损失，甚至没有挽回的机会；如果与同事关系不好，会被组织认为没有团队合作精神，将成为出局的人；如果迟到、旷工，耽误的是整个团队的业绩，你随时有被开除的可能；作为职业人，在单位里你必须成为社会、企业财富的创造者。

3. 从悠闲的校园生活向紧张的工作模式转变

悠闲的校园生活被紧张的职场打拼所代替，使这些在家里备受呵护的大学毕业生进入"断乳期"，像在奶奶、姥姥娇惯下自由淘气的孩子，刚被送到幼儿园，因为受到纪律、时间的约束而感到浑身不自在。

每当新生力量进入单位，都会带来新的气息，同时也会带来一些问题。对大多数刚走上工作岗位的大学毕业生来说，除了要有工作能力，还要有实干精神、沟通能力。不但要完成好自己的每项工作，还要做自己不愿意做的事情。能否做好工作中那些自己不愿意做的事情是一个人是否成熟的标志，也是一个人能否获得成功的主要因素。要做好自己不愿意做的事情，学会向职场妥协、向现实妥协。

4. 从宏大的"人生理想"向现实的"职业理想"转变

第一份工作对大学毕业生的冲击是巨大的，从高高的"象牙塔"上走下来的他们用理想化的思维方式来做事。然而就业压力大、选择余地小，能够专业对口就已经很不容易了，他们感到理想与现实之间的落差太大，或许一时难以接受。先前宏大的理想，在现实面前已经失去目标和动力，感到理想是遥遥无期的事情，因此情绪低落。当务之急是要把理想转化为职业目标，并通过

切实可行的方法来实现职业目标。实现职业目标有很多途径,要结合自己的综合因素去选择一条最适合自己的途径,更快地实现职业目标,从而最终实现职业理想。

5. 从单纯的处理问题方式向复杂的人际关系转变

刚入职的大学毕业生,崭新的生活方式、陌生的社会环境、复杂的人际关系会让他们感到不习惯,没有认真地思考一些细节上的问题,因此难以适应,甚至四处碰壁。

在做人方面,首先要揭掉自我标签,低调做人。有些大学毕业生个性张扬,彰显自我风格,追求与众不同。但工作岗位不是上演个人秀的舞台,因此,刚入职的大学毕业生做事一定要低调,少说多看,尽快熟悉人际关系,以便融入环境。锐气藏于胸,和气浮于脸,才气见于事,义气施于人。复杂的人际关系是社会构成的一部分,处事时,对领导要先尊重后磨合,对同事要多理解慎支持,对朋友要善交际勤联络。现实中可能亲和力太小,摩擦力太大,一不小心,天时、地利、人和都离你而去。融入环境的手段之一是要学习基本的礼仪知识。职场有职场的规则,单纯讲礼貌是不够的。身处其中,一言一行、一举一动都要符合职场规范。礼仪是构成形象的一个更广泛的概念,包括语言、表情、行为、环境、习惯等,相信没有人愿意在社交场合上因为失礼而成为众人关注的焦点,并因此给他人留下不良印象。对大学毕业生来说,礼仪是一门必修课,不要在职场上碰了钉子才去补课。

6. 从系统的理论学习向多方位的实际应用转变

大学里,人才培养方案中规定了学习的课程,也有现成的教材,有教师给予指导。到了工作岗位,实际动手能力靠培养、练习,而实际应用是多角度、全方位的。没有人告诉你哪个该学、怎么学习,知识积累全靠自己。

当大学毕业生进入用人单位时,单位都会对他们进行入职培训,只有多学、多看、多虚心请教,才能积累工作经验。在职场要以谦逊的态度向别人请教,这并不是什么难事。放下架子,虚心请教,你会发现别人身上值得你学习的东西有很多,你自己身上也有别人值得学习的东西。虚心求教,既能很快进步,又能建立良好的人际关系,使自己尽快融入集体中,既受益匪浅又让人喜欢。

【话题探讨】

根据自己的体会和想法,说一说大学毕业生应该如何适应6个转变。

【话题9-2】大学毕业生如何成功"蜕变"

高中的我们,踌躇满志,立志考取梦想学府。
大学的我们,自由环境,思索未来无限可能。
职场的我们,全新挑战,努力发挥自己的价值。
但是,职场中的成长不会轻而易得,只有一次次地"蜕变",才能勾画未来。
大学毕业生作为职场新人,如何才能成功完成"蜕变",尽快实现角色转换呢?

1. 调整就业心态,做好心理准备

调整就业心态,做好心理准备,这是角色转换的基础。过硬的职业技能对职业成功固然重要,但充分的心理准备更是不可缺少的。因此,大学毕业生要有抗挫折的心理准备。一般来说,事业不会是一帆风顺的,如果心理准备不足,则会产生过激情绪,导致能力低下。因此,大学毕业生要提前调整心态,充分做好心理上的受挫准备。在事业顺利时不沾沾自喜,在事业失意时不自暴自弃,这是事业成功者的必备素质。

在工作中要考虑如何提高工作效率,怎样处理与领导和同事的关系。在工作中遇到不尽如人意的事情,要用平常心去对待。不以事小而不为,做一些烦琐的小事情是很有必要的。事情虽小,可过程却十分重要,可以把小事当作培养职业素质的途径之一。

2. 热爱本职工作，培养职业兴趣

热爱本职工作，安心工作岗位，这是角色转换的前提。刚走上工作岗位的大学毕业生，应当尽快从学生的学习生活模式中走出来，全身心地投入到工作中。如果"身在曹营心在汉"，不仅对角色转换不利，而且会影响职业兴趣的培养和工作成绩的取得。

3. 安心本职工作，培养吃苦精神

安心本职工作是实现角色转换的重要条件之一。刚毕业的大学毕业生如果不安心工作，整天三心二意，那么对其角色转换是没有好处的。甘心吃苦是实现角色转换的重要条件之一。只有甘于吃苦才能很快地适应工作，及时进入角色。

4. 虚心学习知识，提高工作能力

虚心学习知识，提高工作能力，这是角色转换的重要手段。大学毕业生在校期间学习的东西毕竟是有限的，很多知识和能力需要在工作实践中去学习、锻炼和提高。

事实证明，面对全新的职业，大学毕业生只有放下架子，甘当小学生，虚心向有经验的技术人员、领导、师傅等学习，一切从头学起，才能与周围的人打成一片，才能学会为人处事，并在业务上有所长进，不断丰富自己的专业知识，提高自己的专业技能，最终达到自我完善和提高。

5. 勤于观察思考，善于发现问题

勤于观察思考，善于发现问题，这是角色转换的有力保障。大学毕业生进入职业角色，只有善于观察问题，才能发现问题；只有运用自身掌握的知识去努力解决问题，才能掌握大量的第一手资料，分析、研究职业对象的内部规律，也才能培养自己的独立见解，逐步具备独立开展工作的能力，更好地承担角色责任。

6. 勇挑工作重担，甘于无私奉献

勇挑工作重担，乐于奉献，这是完成角色转换的重要标志。大学毕业生走上工作岗位后，应当严格要求自己，树立主人翁意识，增强社会责任感，培养无私奉献的精神，任劳任怨，不计较个人得失，努力承担岗位责任，主动适应工作环境，促使自己更好、更快地完成角色转换。

【话题探讨】

大学毕业生作为职场新人，如何才能成功"蜕变"，尽快地实现角色转换？

【训练提升】

【训练9-1】熟悉职场新人快速适应职场新岗位和新环境的方法

新人到新的环境中工作，迈出的第一步很重要，第一步迈得好后面的工作会顺风顺水，迈得不好可能工作中障碍重重。很多人在刚进入职场时都会感觉自己难以融入这个环境。但职场新人在进入职场后，不能因为自己难以融入这个环境就选择放弃。有什么方法可以让职场新人快速融入职场新环境呢？

1. 明确目标

当我们满怀希望、斗志昂扬地参加工作时，总是对未来充满憧憬，有自己的奋斗目标，这个目标激励着我们前进。只有明确奋斗目标，知道自己想要的是什么，才能在职场上有所作为。

大学生毕业后，应当对自己的人生做出清晰的规划。无论你的工作看起来有多么微不足道，在自己的岗位上都应该有一个目标。建议大家在工作之初想清楚你工作的目的是什么，并结合目的给自己制定长期、中期、短期的工作目标，以使自己在工作时更有激情和方向。

2. 重新定位

大学毕业生进入职场，一定要对自己有新的定位，告诉自己现在是职场新人了，是这个单位的一员。通过重新定位，学会以谦逊的态度对待同事，不要把自己孤立起来，要认识到自己和身

边其他人是一样的。

无论你有多么怀念学校生活、对职场有多陌生，都要找准自己在职场上的定位，确定人生的目标和方向。

3．熟悉环境

人到一个陌生的环境往往会表现得很不安，做事也不太容易放得开，可以先从熟悉工作环境做起。

4．注意外表

外表不是外貌，外表常常是你给人留下的第一印象，是你的妆容穿着、言行举止。如果你的外表良好，那么常常能够传递一种友善的、容易亲近的信息，甚至能够吸引他人与你交流。要注意言行的礼貌得体，让他人对你产生好感。

5．谦虚有礼

如果老员工给予你帮助，哪怕只是借了一支笔给你，那么你也应该说声"谢谢"。对年长的女同事可以亲热地称其为"某姐"，年纪相差不是太大的就以其职务来称呼，如某经理。男人似乎在这方面不太介意，称呼某经理、某主任即可。当别人需要你的帮助时，应尽可能地保持谦虚，而不要让别人觉得你在自以为是。

6．遵守纪律

俗话说"没有规矩不成方圆"。任何一个用人单位都不会喜欢一个不遵守规章制度的员工，尤其是新员工。当新员工进入新的工作环境后，首先要了解自己的工作职责、单位的规章制度，做到心中有数。

7．认识同事

新的工作环境中会遇到同事，适应职场环境离不开与其相处。无论你的性格是否开朗，都应该积极主动地去认识新同事。通过与同事的交流，可以了解各方面的信息，在同事的带领下你会迅速熟悉职场环境。

可以在熟悉工作环境的同时主动认识同事，并尽可能多地对号入座。在吃饭或下班时，可以主动和同事聊几句，传递一种友好的态度，在新的工作单位构建良好的人际关系。这样做可以使你更好地和同事打成一片。

8．懂得分担

职场新人通常做一些相对简单的工作。在空闲时，要主动观察身边同事有没有需要帮忙的，在提供帮助时自己也能学到一些东西。

做完自己的事情，可以看一看身边同事在忙什么，能帮忙的就主动帮忙，这样同事会逐渐信任你，使自己更快地融入工作中。

9．学会独立

与学校不同的是，职场上每个人都有自己的事情要做，没有谁会像学校老师一样手把手、不厌其烦地教你。遇到不懂的地方，可以先观察和分析别人是怎么做的，尽量自己解决问题，真的难以解决再向他人请教。独立地处理问题能使你迅速成长，积累更多经验和信心。

10．学会变通

职场有职场的规则，这些规则可能与你之前的人生观、价值观有所不同。假如你的工作环境让你觉得自己的价值观被颠覆，不要据理力争，要学会变通。职场规则可能是你的职场前辈一直遵循的。

在工作中遇到难以接受的事情，要学会变通，通过询问，用柔和的方式坚持自己的主张，不可能让所有人适应你的规则。

(1) 完成以下各项任务。

①厘清三件事。

一是要做什么事，二是需要配合别人做什么事，三是自己可以做主做什么事。把这三件事弄明白可不是一件简单的事，需要领导、HR人员和同事的大力配合。

②确认三个职责。

一是自己对谁负责，也就是你有事向谁汇报、找谁去解决，他解决不了怎么办；二是自己要对哪些结果承担责任；三是需要承担责任的惩罚标准和处分办法是什么。

③认识三个人。

一是直接领导，二是师傅（就是指定带你的人），三是需要你配合的那个同事。

④熟悉三类制度。

一是公司的通用制度，二是部门制度，三是与自己工作相关的制度（如岗位工作标准）。

⑤清晰三个通道。

一是个人发展通道，二是职工职级通道，三是职工上升通道。

⑥和四种人处理好关系。

一是直接领导，二是同事，三是客户（包括内部客户），四是资历深的同事（元老）。

(2) 作为职场新人，为了快速适应新岗位和新环境，给出以下问题的答案。

- 短期工作目标是什么？
- 初入职场，新的定位是什么？
- 外表方面你会尝试做出哪些改变？
- 学生时期，你认为自己在文明礼貌和遵守纪律方面做得如何？进入职场你觉得是否需要进一步加强？
- 初到一个新环境，你能很快认识新同事并记住新同事的姓名吗？
- 学习、工作中你是否懂得分担？遇到问题能否独立解决？遇到难以接受的事情，能否变通？

【训练9-2】大学毕业生要养成关注职场细节的习惯

作为职场新人，我们应该注意小事情、小细节，要从细节上做起，真正完成从学生角色向职业角色的转换，不断养成关注职场细节的习惯。

1. 工作态度

(1) 上下班要守时。

(2) 尽量早到晚退。

(3) 对工作充满热情。

(4) 手脚麻利，眼里有活儿。

(5) 在工作时间内不闲聊。

(6) 尽量保证工作不出错。

2. 工作状态

(1) 工作要紧张有序。

(2) 要展现积极的工作态度。

(3) 努力做好交办的每件事情。

(4) 把各项工作做到心中有数。

(5) 在预定时间内完成工作。

(6) 完成任务时注意轻重缓急。

（7）工作中提高创新意识。

3．职场礼仪

（1）注意第一印象。

（2）穿着得体。

（3）言谈举止得体。

（4）谦逊有礼。

4．人际交往

（1）处理好与同事的关系。

（2）尽快融入公司，创造良好的人际环境。

（3）尊重同事，虚心向其请教。

（4）请教问题要把握尺度。

（5）尊重每个同事。

5．处事方式

（1）学会控制自己的情绪。

（2）工作中不抱怨。

（3）不卷入是非旋涡。

（4）理性看待得与失。

（5）不急于表现自己。

（6）适当地为别人捧场。

6．熟悉公司

（1）尽快了解企业文化。

（2）了解公司的组织结构。

（3）熟悉公司的运作机制。

（4）了解公司的发展战略。

7．适应职场

（1）转变学生时代的心态和行为。

（2）适应现有规则。

（3）提升承受力。

（4）别被失败挫伤。

8．提高能力

（1）尽快掌握岗位上需要的技能。

（2）尽快学习业务知识，迅速高效地完成本职工作。

（3）多记录、多总结、多反思。

（4）乐于学习，及时充电。

认真阅读以下"大学毕业生要养成关注职场细节的习惯"中的相关内容，了解大学毕业生在职场应关注的八大类40个细节。

大学毕业生要养成关注职场细节的习惯

作为职场新人的大学毕业生，应该注意小事情、小细节，从关注细节做起，养成关注职场细节的习惯。

1. 工作态度

（1）上下班要守时。

刚上班，早点儿来，晚点儿走，轻易不要为私事请假。主动干一些如打水、扫地、整理内务的事情，这是每个新上岗的人员都应该做的事情。

（2）尽量早到晚退。

工作时间能反映一个人的工作态度。刚开始工作时肯定有诸多不了解的事情，多花些时间，让自己更快地适应工作。

（3）对工作充满兴趣。

现实生活中，我们每个人都尊重并乐于接受那些对工作充满兴趣和热情的人。如果职场新人进入一个新的工作环境后希望同事能快速接纳自己，那么就要用最快的速度融入工作环境。如果对自己所从事的工作不十分了解，那么要经常向从事过该工作的同事请教，久而久之，同事就会发现你是一个非常上进并很努力的人。大家都喜欢与认真又上进的人交朋友，只要你足够努力就一定能融入工作环境。

（4）手脚麻利，眼里有活儿。

因为是职场新人，所以刚到新的工作环境要注意手脚勤快一些，如每天上班早到十分钟，打扫一下卫生。平时遇到别人打印或复印东西，可以帮忙跑跑腿。

（5）在工作时间内避免闲聊。

工作中闲聊，不但会影响个人的工作进度，同时也会影响其他同事的工作情绪，甚至妨碍工作场所的安宁，招来领导的责备。所以，工作时间绝对不要闲聊。

（6）尽量保证不出错。

对做完的工作要仔细检查，保证不出错。手头工作做好后，要多检查几遍。因为是新手，出现错误是不可避免的，但要保证不犯低级错误，如写错字、算错数等。不犯可以避免的错误，不要让领导认为你工作不专心。

2. 工作状态

（1）工作要紧张有序。

刚开始工作量往往不大，不能坐在那里发呆，要设法使自己忙碌起来，如翻阅有关文件、档案资料，收集、整理有关资料等。对领导交办的工作，应尽心尽力，力争高效、高质量地完成。办公桌要保持光亮整洁，文件要摆放得井井有条。

可以为同事做一些辅助性工作，如打印资料、填写简单表格等，既给人留下勤快的印象，又易与同事保持良好关系。

（2）展现积极的工作态度。

作为职场新人，要积极学习，尽快胜任本职工作。工作初期，多学习工作所需要的知识和技能，积极主动承担工作任务，不计较个人得失。只有这样才能尽快得到同事和领导的认可，并融入集体。

领导交办的工作，不要计较是否需要加班，不要让领导催促，必须主动完成，且尽可能做得更好，这样才能给领导留下好印象。

（3）努力做好交办的每件事。

初为上班族，对领导或同事交办的每件事，无论大小都要尽力克服一切困难，力求在最短的时间内尽善尽美地完成。只有做好每件事，才能取得领导、同事的好感与信任。

（4）对各种工作做到心中有数。

对每天的工作要多思考，可以一上班先列出一天要做的工作，快下班时再一一排查是否已经完成。工作是"死"的，人是"活"的，多想一想技巧，可以使工作进行得更顺利、快捷。

（5）在预定时间内完成工作。

一项工作从开始到完成，必定有预定的时间，而你必须在这个时间内将它完成，绝不可借故拖延，能提前完成最好。

（6）完成任务时注意轻重缓急。

如果有些工作不能很快完成，那么应该从重要的工作着手，但要先将应做的事情逐一记录下来，以免遗忘。若无法暂停正在进行的工作以完成领导临时交办的工作，应该立即提出，以免误事。在没有充分了解领导所交代的工作之前，要问清楚后再做，不能自作主张。

（7）工作中提高创新意识。

刚毕业的大学生，较少受传统思想的影响，容易提出和接受新的经营观念。对一些承载着企业创新和研发任务的部门来说，需要他们的加入，他们也容易实现快速晋升，走上职场发展的快车道。

创新能力意味着对传统说"不"，因此，从迈入职场的那天起就要培养自己多动脑、多观察、多总结的习惯，通过日积月累，总会有展现自己才能的那一天。

3. 职场礼仪

（1）注意第一印象。

第一印象在人际交往中所具备的定势效应有很大的稳定性，一个人留给他人的第一印象就像深刻的烙印，很难改变。

（2）穿着得体。

不同性质的单位有不同的审美标准和习惯。新入职的人要根据工作性质、岗位选择适宜的服装。以整洁、大方、顺应潮流为宜，不要穿过于追逐时尚、过于休闲的服装，相对保守正规一些的服装会给人留下好印象。

（3）言谈举止得体。

得体的言谈举止表现为亲切、热情、有礼貌、有理智、讲道德、讲信用。在待人接物中，一方面要切忌傲气，另一方面要避免过于谦卑，也不要过于随便。

（4）谦逊有礼。

与你是否为职场新人无关，做人都要谦逊有礼，尊重前辈、言语得体、细心周到、敏锐体贴，这些体现的是你的高情商，这样的人无论到哪里都是受欢迎的人。

4. 人际交往

（1）与同事处好关系。

同事关系是最好处理也是最难处理的，要有一个度。适当交流、关系融洽能为你顺利开展工作提供很大帮助。当你和同事处理好关系后，你会发现自己的职场一帆风顺，有困难时会有人帮你解决，犯错了会有人指出，有了难事会得到不同程度的帮助。

但要记住，同事不是亲人，大家同在一个单位工作是有利益关系的，关系融洽即可，不要过于亲密。

（2）尽快融入公司，创造良好的人际环境。

和谐的人际环境应该如何创造？一方面，公司要尽量给新员工创造一个良好的沟通环境，让新员工和老员工尽快融到一起，让新员工在与老员工的交流中慢慢融入公司的企业文化中。另一方面，新员工要主动与老员工沟通，在短时间内成为大家庭中的一员，体会到和大家相处的快乐，为自己搭建一个良好的人际平台，利于今后工作的开展。只有当新员工融入企业中，才能创造出一个快乐的环境，才能在这种环境中体会到快乐。

职场新人出现各种各样的不适应是正常现象。遇到这些不适应，应调整自己的心态，尽快让自己完成从学生角色到职业角色的转换，尽快融入公司，适应工作环境，以便更快地进步。从这一层面上说，这种不适应能使职场新人更快地成熟起来。但如果太看重这种不适应，甚至因此出现心理问题等，那么对工作就完全无益了。

（3）尊重同事，虚心请教。

刚到公司，所有工作对你来说都是陌生的，诸多事情都不知如何处理，因此，应多向同事请教。要有一种从零做起的心态，放下架子，尊重同事，不论对方年龄大小，只要比你先来公司，都有可能是你的老师，要虚心请教、不断学习、埋头苦干。

（4）请教问题要把握尺度。

职场新人要主动向同事请教工作上的问题，但要把握尺度，也要有虚心的态度。问过的问题尽量不要再问第二遍，也不要问第二个人，可以自己记下来，多练几次，寻找技巧。别人也有自己的工作，总被打扰也是会烦的。

（5）尊重每个同事。

在现实生活中，我们都知道尊重一个人是被其接受的一个基本前提。职场新人在工作岗位上一定要懂得尊重每个同事，这样才能让他们很快接纳你。

5. 处事方式

（1）学会控制自己的情绪。

职场中人与人的关系不像学校那么单纯，需要自己用心经营。在学校发脾气，老师和同学不会太介意。

身在职场，控制不好自己的情绪，只会显得自己无能且不好相处，会降低自己在同事和领导心中的印象分，导致自己与晋升无缘。

（2）工作中不抱怨。

大部分的职场新人在刚进入工作岗位时都会感觉到巨大的压力，这些压力可能来自并不看好自己的领导或繁重的工作任务，也可能来自同事的排外心理。但在刚进入职场时，即使自己感觉到这些巨大的压力，也不能在同事面前抱怨。因为你身边的每个同事都经历过与你一样的阶段，作为"过来人"在他们的眼里会觉得你的这些压力并不值得一提。因此，如果你在他们面前抱怨的话，那么他们会认为你是一个无病呻吟的人，他们自然也就不愿意接受你。

（3）不要卷入是非旋涡。

总有一些人喜欢说长道短、评论是非。职场新人不可能了解事情的来龙去脉，更缺乏正确分析判断的能力，因此，最好保持沉默，不要参与议论，以免卷入是非旋涡。

（4）理性看待得与失。

生活中我们都知道，即使付出了也不一定会得到回报。但很多人却接受不了这样的事实，以至于钻进一个死胡同里出不来。对不能理性看待自己的得与失，认为付出了就必须得到回报的员工，任何企业都不会欢迎。

如果你的付出与回报不成比例，那么不妨冷静下来扪心自问：这样的结果是不是由于自己不善于表达所致？所以，应该学会在适当场合控制自己的情绪，学会有效沟通，但切忌过度表现自己。

（5）不要急于表现自己。

凡事不要急于表现自己，应该多方面考虑，注意团队合作。对于某项工作有意见时，不要随意提出质疑，应多向同事取经，否则很容易孤立自己。

（6）适当地为别人捧场。

当别人聊天夸耀自己的妆容或服饰时，要懂得适当捧场。要与同事多沟通，拉近彼此之间的距离，消除陌生感，这样有什么集体活动时他们也会想着叫你一起参加。

6. 熟悉公司

（1）尽快了解公司文化。

每个公司都有自己的发展史和企业精神，都有一些成文或不成文的规矩，平时要抓紧时间，多翻阅公司的一些材料，多注意观察，会使你少犯错误、少出纰漏。

（2）了解公司的组织结构。

首先必须了解公司内部的组织，知道每个单位所负责的工作及主管。除此之外，还要了解公司的经营方针及公司的工作方法。这对你日后的工作将大有助益。

（3）熟悉公司运作的机制。

不同公司有不同的运作机制、不同的企业文化和企业禁忌。每个刚入职的员工必须让自己尽快熟悉这些，以免犯错而不自知。

（4）了解公司的发展战略。

刚参加工作时，不要把眼光只局限于公司的现状、眼前的利益，要多和领导沟通，了解公司的发展方向和前景。只有这样你才能对公司充满信心，找到自己的定位和今后努力的方向，个人目标和公司目标就能有机地融合在一起，自己与公司共同成长。

7. 适应职场

（1）转变学生时代的心态和行为。

心态非常重要。在学校时有的大学生比较懒散，晚上神采奕奕，白天无精打采，出现上课迟到等问题。如果进入职场后不能尽快改变，那么可能在短时间内就会被职场所淘汰。

（2）适应现有规则。

职场新人要明白，只有在规则中变得强大，才能去改变规则，而不是在羽翼未丰之前就试图去挑战形成已久的规则。只有自己从新人变成强者才有资格去改变、去制定新的规则。

（3）提升承受力。

在工作中我们难免会出错，会被领导批评，会有很多来自不同方面的压力。面对这些，我们要挑战自己，并勇于接受一切挑战，积极面对领导的批评，面对工作中的压力。只有拥有强大的承受力，调整好心态，才能乐观地面对职场，充分发挥自己的才智。

（4）别被失败挫伤。

职场新人在工作中难免出现差错，下次尽量避免即可，同时要鼓励自己：无论多么伟大的人都有可能会犯错。

8. 提升能力

（1）尽快掌握岗位上的技能。

职场新人除了要适应公司外部的大环境和内部的人际关系，还要快速掌握自己岗位上的技能。因为你来公司的目的是工作，所以掌握岗位技能就成为重中之重。

（2）尽快学习业务知识，迅速高效完成本职工作。

你必须有丰富的知识，才能完成领导交代的工作。这些知识与学校所学的可能有所不同，学校中所学的是书本上的死知识，而工作所需要的是实践经验。作为职场新人，大家对你的评价很大部分在你的工作能力和学习能力上。如果你能高效地完成本职工作，甚至还能够为同事分担一些工作，那么大家就会对你刮目相看。

（3）多记录、多总结、多反思。

工作不是一年两年的事情，要在工作中不断提升个人的工作能力和工作价值。这就需要对自己的工作、他人的工作多记录、多总结、多反思，发现存在的问题就寻找改进的办法，在实践中逐步提高自己的工作能力。

（4）乐于学习，及时充电。

进入职场仍然需要学习。不要每天下班后就去刷剧或逛商场。人与人之间的差别，不仅仅在于工作的那8个小时里，更在于8小时之外你在干什么。初入职场，要规划好自己的闲暇时间，尽量多学一些业务知识，或者学一些其他知识。要知道，现在企业缺的是人才，尤其是具有综合知识的高素质复合型人才。

如果你想成长得比同龄人更快，想在职场上晋升得更快，那么你就得比别人多学习、多努力。

结合自己的思想观念、性格特点和现状表现，为尽快适应职场，我们要从细节着手改善。现将大学毕业生适应职场应关注的细节的八个方面（工作态度、工作状态、职场礼仪、人际交往、处事方式、熟悉公司、适应职场、提升能力）划分为三个层次，即已经改善的细节问题、正在改善的细节问题、下一步急需改善的细节问题。请将相应细节问题的标题编号填入表 9-1 中，并对下一步急需改善的细节问题提出具体的改善措施。

表9-1 适应职场应关注的细节问题

细节问题类型	已经改善的细节问题	正在改善的细节问题	下一步急需改善的细节问题
工作态度			
工作状态			
职场礼仪			
人际交往			
处事方式			
熟悉公司			
适应职场			
提升能力			

【训练9-3】大学毕业生要努力适应职场规则

职场新人需要学习很多东西，每个人的认知架构不同，个性与性格也不同，但相同的是要遵守职场中的规则。

1．思维方式决定行为方式

（1）感恩的思维方式。

初入职场要学会感恩，感恩一切帮助过自己的人，帮助自己克服困难的人，帮助自己了解职场的人，这些人往往能在今后的工作中为自己提供助力。自己以善意去对待别人的时候，别人会感受到。从心理学角度讲，帮助人与被帮助人之间的感情关系是：帮助你的人对你的好感要超出你对他的好感。

（2）认真做事的思维方式。

每个单位都需要认真做事的员工，所以工作态度决定了其今后的发展方向。浑水摸鱼、假装努力，最终欺骗的只能是自己。不要试图走捷径，捷径只适合少部分人而不是所有人。只有不断让自己的能力得到提升，才能成为有价值的人。

（3）人际交往的思维方式。

职场要维护好彼此之间的关系，但不要过分交心。在职场中每个人都在追逐自己的利益，没有人会因为与你的友情就放弃升职加薪的机会。

2．行为方式决定未来的方向

（1）学会少说多做。

人有一张嘴、两只手，这已经明确地告诉你——少说多做。能用行动去解决的事情，尽量不要用嘴去解决。大多数嘴上表达的内容需要行动去证明，所以要省掉动嘴的过程，而用行动来证明，新人尤其要注意这一点。

（2）处理好同事关系。

跟同事相处要把握以下原则："同流不合污"，无论融入哪个"圈子"都要有自己的判断，该做什么、不该做什么，要有自己的原则；不在同事面前发脾气，没有谁有义务承受你的坏脾气，请不要把你的不良情绪带到工作中，如果自己的情绪都控制不了，那么没有谁愿意跟一个失控的人一起工作；不聊同事的隐私，不背后诋毁同事，只有做到独善其身才能广结人缘，不卷入是非之中，这样在公司才会有一个良好的同事关系，创造和谐的工作环境，有益于自己的事业发展。

（3）不要争功劳。

职场新人首先要做好自己的事，不要争功。即使争到功劳，又能得到什么呢？职场新人争到的功劳远比失去的东西要多。

3．责任心比能力更重要

重视自己的工作，把每项工作都按时完成，把每件事情都当作一次锻炼，一点一滴地积累经验。只有把责任放在最前端，才能把能力凸显出来。因此，刚踏入社会的你，先努力培养自己尽职尽责的工作精神吧。

（1）工作有计划，工作进度主动汇报。

在职场中，要学会有计划地工作。有计划地开展工作能有效地利用时间，并高效地完成工作。要清楚自己在做什么，能达到什么效果，给公司带来什么效益。主动向领导汇报自己的工作进度与效果，能更好地与领导交流，领导也能对你工作中遇到的困难提供一些帮助和建议，这样可以加快你的工作进度，同时也能达到领导的要求。

（2）多给领导建议，多替领导解决问题。

在工作中，不要觉得自己是刚进入职场的，遇到问题就留给领导，抱着只要领导决定我就执行的态度，这是错误的。遇到问题要敢于提出自己的想法，敢于打破常规，多说自己的见解。这样不管是否能帮助领导解决问题，也要让领导知道你在思考、在用心做事，同时也会增加与你的交流。在不断思考的过程中，你也能发掘自己的潜能，提升自己的业务水平。

（3）多读书，多学习。

职场新人要认识到学习的重要性，读书可以让你变得有气质，变得自信，变得更有竞争力。在市场竞争如此激烈的今天，学习的步伐永远不能停止。

4．团队合作很重要

（1）善于从配合中学到东西。

大多数职场新人不具备独当一面的能力。因此，要在配合中学到东西，了解每个人的分工，自己分内的事情能否做到更好。学习别人如何在团队中配合工作、协同完成项目。

（2）避免个人英雄主义。

很多职场新人不知深浅，总认为自己很能干、能力出众，总想尽快体现个人价值，在能力不足以承担责任的时候往往"翻车"。

（3）明白个人能力是有限的。

一个人永远打不过一群人。因此，要知道团队配合的重要性。

5．处理好上下级关系

（1）下级服从上级。

下级服从上级是必须遵守的规则。上下级之间信息不对等，掌握的资源有很大差别。下级服从上级时，可以保留意见，但必须执行，这对职场新人很重要。

（2）与上级保持良好的关系。

作为职场新人，上级永远比自己的话语权大，得到上级的关注与赏识，对自己今后的工作是一种助力，要利用好助力让自己在职场中走得更远。

（3）避免与上级发生冲突。

与上级发生冲突，吃亏的是自己，对于职场新人尤其如此。再有理由，也不要公开与上级发生冲突。

从思维方式、行为方式、责任心、团队合作、处理好上下级关系等方面分析你的现状，如果存在明显劣势，则有针对性地开展训练。

反侵权盗版声明

电子工业出版社依法对本作品享有专有出版权。任何未经权利人书面许可,复制、销售或通过信息网络传播本作品的行为,歪曲、篡改、剽窃本作品的行为,均违反《中华人民共和国著作权法》,其行为人应承担相应的民事责任和行政责任,构成犯罪的,将被依法追究刑事责任。

为了维护市场秩序,保护权利人的合法权益,我社将依法查处和打击侵权盗版的单位和个人。欢迎社会各界人士积极举报侵权盗版行为,本社将奖励举报有功人员,并保证举报人的信息不被泄露。

举报电话:(010)88254396;(010)88258888
传　　真:(010)88254397
E-mail: dbqq@phei.com.cn
通信地址:北京市海淀区万寿路 173 信箱
　　　　　电子工业出版社总编办公室
邮　　编:100036